ERIC H. CLINE

Nach 1177 v. Chr.

ERIC H. CLINE

Nach 1177 v. Chr.

Wie Zivilisationen überleben

Aus dem Englischen von Jörg Fündling

Die Originalausgabe erschien 2024 unter dem Titel *After 1177 B.C. The Survival of Civilizations* bei Princeton University Press, 41 William Street, Princeton, New Jersey 08540; in Großbritannien: 99 Banbury Road, Oxford OX2 6JX
© 2024 by Princeton University Press

wbg Theiss ist ein Imprint der Verlag Herder GmbH.

Für die deutschsprachige Ausgabe:
© Verlag Herder GmbH, Freiburg im Breisgau 2024
Alle Rechte vorbehalten
www.herder.de

Lektorat: Wanda Löwe, Berlin
Umschlaggestaltung: Herder Verlag nach dem Design
der Originalausgabe von Karl Spurzem
Umschlagmotiv: Joseph Mallord William Turner (1775–1851),
The Decline of the Carthaginian Empire, 1851
Alle Karten im Buch: Michele Angel
Satz: Carsten Klein, Torgau

Herstellung: GGP Media GmbH, Pößneck
Printed in Germany

ISBN Print: 978-3-534-61002-0
ISBN E-Book (EPUB): 978-3-534-61022-8
ISBN E-Book (PDF): 978-3-534-61021-1

Für
Diane Harris Cline
Altertumswissenschaftlerin und Cellistin

Inhalt

VORWORT
»It's the End of the World as We Know It« (... and I Don't Feel Fine) 9

PROLOG
Willkommen in der Eisenzeit 25
War es wirklich ein Dunkles Zeitalter? 28

KAPITEL 1
Das Jahr der Hyänen, als die Menschen verhungerten
Ägypten, Israel und die südliche Levante 33
Sturm im Mumiental – Ägypten während der 21. Dynastie 40 • Israeliten und Philister 46 • König David 51 • Edom und die Edomiter 54 • Khirbet Qeiyafa und Tel Gezer 56 • Pharao Siamun und die Cachette von Deir el-Bahari 59 • Salomo in Megiddo und Jerusalem 61 • Scheschonq/Schischak 65 • Bienenfleißig 68 • Scheschonqs Nachfolger 71 • Resümee 73

KAPITEL 2
Eroberer aller Länder, Rächer Assyriens
Assyrien und Babylonien 75
Tiglatpileser I. 82 • Hier lebt niemand mehr 87 • Assyrien und Babylonien im 10. Jahrhundert v. Chr. 91 • Hormudz Rassam und die Tore von Balawat 93 • Wiederaufstieg der Assyrer 98 • Salmanassar III. 105 • Die Schlacht von Qarqar 108 • Hasaël und Jehu 110 • Klare Verhältnisse schaffen 114 • Resümee 118

KAPITEL 3
Das Mittelmeer wird zum phönizischen Binnenmeer
Phönizien und Zypern 119
Zypern und die Umstellung auf die Eisenverarbeitung 124 • »Kriegerbestattungen« und der Obelos des Opheltas 132 • Unternehmungslustige Phönizier im 11. Jahrhundert 136 • Phönizisches Gebiet und Kontakte zu anderen Küsten 139 • Phönizier, Zyprer und Griechen 141 • Könige von Byblos und Tyros 143 • Anhaltende Kontakte im 9. und 8. Jahrhundert v. Chr. 152 • Resümee 153

KAPITEL 4
König des Landes Karkemiš
Anatolien und Nordsyrien 155
Hethiter und Neuhethiter 158 • Neuhethiter in Tayinat und Karkemiš 164 • Das Land Urartu 170 • Salmanassar III. und die nördliche Levante 176 • Salmanassar III. und die Landesherren von Karkemiš 178 • Resümee 180

KAPITEL 5
Im Schatten der Palastruinen
Ägäis 183
Inzwischen auf Kreta 189 • Die Ankunft des Alphabets 191 • Noch einmal »Kriegerbestattungen« 196 • Der Heros von Lefkandi 201 • Die reiche Athener Dame und andere Bestattungen 204 • Späte Resilienz und Anpassung 208 • Resümee 210

KAPITEL 6
Vom Kollaps zur Resilienz 211
Ein Sinn für Enden und Anfänge 212 • Der adaptive Zyklus und die Berichte des Weltklimarats (IPCC) 215 • Kategorien und Ranglisten 228 • Andere Kategorien? 237 • Verwundbarkeit, Fragilität und Resilienztheorie 245 • Kollaps *und* Transformation 253 • Mykener oder Phönizier? 255

EPILOG
Ende eines Dunklen Zeitalters 259

Nachwort und Dank 265

Anhang 274
Im Text erwähnte Könige und Herrschaftszeiten 274
Die Personen der Handlung 283
Anmerkungen 287
Quellen- und Literaturverzeichnis 333
Register 389

Jemand hat mal gesagt, seine Lieblingsepochen in der Geschichte seien die, in denen alles zusammenbrach, weil dann etwas Neues geboren wurde.

JULIAN BARNES, *The Sense of an Ending*
(*Vom Ende einer Geschichte*, 2011)

VORWORT

»It's the End of the World as We Know It«
(… and I Don't Feel Fine)

Dieses Buch begann ich eines frühen Morgens im Februar 2019 auf dem Balkon einer Mietwohnung im kretischen Rethymnon zu schreiben. Dort waren wir, weil das Fulbright-Stipendium meiner Frau Diane für ihre Lehrtätigkeit an der Universität Kreta begann. Ich hatte mir an unserer Heimatuniversität ein Freisemester gesichert, damit ich sie begleiten konnte; nun genossen wir die schwache Wintersonne und besuchten vertraute archäologische Fundorte, ehe Dianes Seminare begannen. Außerdem staunten wir, wie allgegenwärtig die Antike im Marketing der Gegenwart ist – auf Bildern hielt Ariadne ein Wollknäuel und sprangen Menschen der minoischen Zeit über Stiere. Das wäre noch keine große Überraschung gewesen, nur schmückten diese Szenen die Seitenwände eines verstaubten Kühlschranks voller Cola, der vor einem Laden in einer Gasse tief im Herzen der Altstadt stand.

An diesem besonderen Morgen war es still und friedlich. Vor mir ging die Sonne über Homers geliebtem Mittelmeer auf, links von mir erhoben sich in der Ferne die schneebedeckten Gipfel der Weißen Berge. Die Welt schien in Ordnung zu sein, während ich an meinem Kaffee nippte und durchs Internet surfte, online Zeitung und Zeitschriften las und mit halbem Ohr die gestreamten Nachrichten hörte.

Abb. 1: Coca-Cola-Automat in Rethymnon, Kreta (Foto: E. H. Cline).

Dann begann ich genauer zuzuhören, was die BBC berichtete. Gewarnt wurde dort vor dem möglichen Zusammenbruch unserer heutigen Zivilisation mit freundlicher Hilfe einer Vielzahl wechselwirkender Faktoren vom Klima bis zur Wirtschaft. Einer Studie zufolge, die gerade erschienen war und die die Journalisten jetzt

VORWORT: »IT'S THE END OF THE WORLD AS WE KNOW IT«

hastig zusammenfassten, könnten sie bald zu »ökonomischer Instabilität, erzwungenen Migrationsbewegungen großen Ausmaßes, Konflikten, Hungersnöten und potenziell zum Kollaps sozialer und ökonomischer Systeme führen«.[1] Es war fast auf den Tag genau fünf Jahre her, dass ich *1177 v. Chr. Der erste Untergang der Zivilisation* herausgebracht hatte, ein Buch, das die Ursachen jenes Zusammenbruchs untersuchte, der vor über 3000 Jahren in der Ägäis und im Ostmittelmeerraum am Ende der Bronzezeit stattfand.[2] Darin beschrieb ich, wie das Leben in diesen Regionen – modern gesprochen, vom heutigen Griechenland bis zum Iran und Irak und von der Türkei bis nach Ägypten – im 15.–12. Jahrhundert v. Chr. aussah. Ich beschrieb die damaligen G8 – Mykener, Minoer, Hethiter, Zyprer, Kanaaniter, Ägypter, Assyrer und Babylonier – und untersuchte anschließend die möglichen Ursachen jenes Zusammenbruchs, der ihrer internationalisierten Welt ein Ende gemacht hatte, obwohl es weitgehend immer noch ein Rätsel ist, wie genau es dazu kam und warum es so rasch und umfassend geschah.

Zu den möglichen Faktoren und Ursachen, die ich behandelte (einschließlich der ausführlicheren Version in der überarbeiteten und erweiterten Ausgabe von 2021), zählten Klimawandel, Dürre, Hungersnöte, Erdbeben, Invasionen und Seuchen. Ich kam zu dem Schluss, dass keiner dieser Faktoren für sich allein katastrophal genug gewesen wäre, auch nur eine bronzezeitliche Zivilisation in der Ägäis und im östlichen Mittelmeer zu zerstören, geschweige denn alle. Eine Kombination aus allen, vielen oder der Mehrzahl dieser Effekte jedoch hätte einen regelrechten Sturm aus Schicksalsschlägen mit Multiplikator- und Dominoeffekten erzeugt, der zum schnellen Zerfall einer Gesellschaft nach der anderen geführt haben könnte – teilweise deshalb, weil das globalisierte Netzwerk im Mittelmeerraum zerbrach und damit auch die Wechselbeziehungen, von denen jede

VORWORT: »IT'S THE END OF THE WORLD AS WE KNOW IT«

Zivilisation abhängig war. Damals zog ich das Fazit: »Kurz gesagt konnten die blühenden Kulturen und Völker der Bronzezeit [...] den Ansturm so vieler Stressfaktoren auf einmal schlicht nicht überleben.«[3]

***

Kreta ist einer der Orte, an denen die Zivilisation praktisch zusammenbrach und jene fortgeschrittene Gesellschaft, die wir als minoisch bezeichnen, am Ende der Bronzezeit so gut wie verschwand und durch eine neue Form ersetzt wurde. Auch die Mykener auf dem nahe gelegenen griechischen Festland, das als Heimat von Achilleus, Odysseus, Aias und der in *Ilias* und *Odyssee* beschriebenen griechischen Staaten bekannt ist, überlebten nicht – oder zumindest nicht ihre Gesellschaft und Kultur. Niemand behauptet heute, minoisch oder mykenisch zu sein. Darum war ich von den Nachrichten an jenem Tag ziemlich bestürzt – sie trafen mich, könnte man sagen, mit einer besonderen Note von »zukünftigem Déjà-vu«, schließlich machen nun wir uns Sorgen, dass uns und unserer globalisierten Welt vielleicht ein katastrophaler Zusammenbruch bevorsteht. Das Ende der Welt, wie wir sie kennen – wie R.E.M. einst sangen –, könnte das zwar durchaus sein, aber mir war echt nicht gut dabei zumute. Wenn uns wirklich ein weiterer Zusammenbruch bevorsteht, dachte ich mir, ist es dann zu früh, sich Gedanken über den Wiederaufbau zu machen? Wird der überhaupt möglich sein?

Daneben fragte ich mich, wie es wohl damals für die Menschen war, als ihre bronzezeitliche Welt zusammenbrach. Was machte hinterher jedes dieser Gebiete und die Menschen darin – oder was machten sie je nachdem auch nicht – aus der oder den Situationen, in denen sie sich wiederfanden? Wusste damals irgendjemand, dass man mitten in einem Kollaps steckte?[4] Wie formierten sie sich neu und erholten sich, sofern sie das denn taten? Waren sie resilient? Wandelten sie sich? Oder gingen sie einfach unter und wurden durch neue Staaten, neue Gesellschaften ersetzt? An solchen Themen bin nicht nur ich interessiert. In den letzten Jahren haben sich andere Archäologen und Althistorikerinnen darangemacht, der Frage gründlicher nachzugehen, was nach einem Zusammenbruch geschieht – nicht nur im Fall des Zusammenbruchs der spätbronzezeitlichen Kulturen, sondern mit Blick auf jede Menge anderer Gesellschaften und Zivilisationen der letzten Jahrtausende, die einem jähen Verfall unterlagen, ob vollständig oder teilweise. Diese Fälle reichen von der Harappa-Kultur im Industal vor 4000 Jahren über die Römer in Italien am Ende der Antike bis zu den Maya im Mittelamerika des 9. Jahrhunderts n. Chr. und noch vielen anderen. Manche überlebten nicht, anderen dagegen gelang irgendwie der Übergang und sie konnten sich erfolgreich wieder festigen oder neu erfinden.[5]

Zu den Begriffen, die heute in die Debatte geworfen werden, wenn man das Überleben von Krisen in der Gegenwart beschreibt, zählen »Coping«, »Anpassung«, »Transition« und »Wandel«. Besonders beliebt geworden ist das Wort »Resilienz«, denn inzwischen ist klar, dass, wie ein Forscherpaar gesagt hat, »Kollaps und Resilienz zwei Seiten derselben Medaille sind; ein Kollaps tritt ein, wenn die Resilienz verloren geht, und resiliente Systeme brechen mit geringerer Wahrscheinlichkeit zusammen«. Der Princetoner Historiker John Haldon und seine Kolleginnen haben darauf hingewiesen, dass es von drei Umständen abhängt, wie Gesellschaften der Vergangenheit auf Stress reagiert haben: von ihrer Komplexität, ihrer Flexibilität und ihrer systemischen Redundanz; »alles zusammen bestimmt die Resilienz des Systems«.[6]

***

VORWORT: »IT'S THE END OF THE WORLD AS WE KNOW IT«

Das alles prägte sich mir rund acht Monate nach unserer Rückkehr aus Kreta noch tiefer ein, im Winter und Frühjahr 2020, als die Covid-19-Pandemie die Vereinigten Staaten traf und sich nach dem Tod von George Floyd Jr. die Black-Lives-Matter-Proteste auf das ganze Land ausweiteten. Den ganzen Sommer und Herbst hielten die Demonstrationen an und verliefen teils friedlich, schlugen teils aber auch durch Protestgegner und das Vorgehen der Bundespolizei in Gewalt um.

Ein Jahr später war die Lage, obwohl es nun einen neuen US-Präsidenten gab, nicht besser. Im August 2021 publizierten die Vereinten Nationen einen extrem pessimistischen Bericht zum Klimawandel und der Nationale Rat der US-Nachrichtendienste legte einen Bericht zur Pandemie vor, der feststellte, sie habe »die ökonomische Ungleichheit vertieft, die Ressourcen der Regierung stark belastet und nationalistische Stimmungen angeheizt«. Etwa zur gleichen Zeit kam es in Kalifornien und Griechenland zu Großbränden, und in der globalen Lieferkette entwickelten sich Probleme, die Verbrauchern Schwierigkeiten bereiteten, wenn sie alles Mögliche vom Laptop bis zum Auto kaufen wollten.[7]

In diesem Moment erschienen mir meine Gedanken während unseres Kreta-Aufenthalts nicht länger als müßige akademische Denkübung. Zur bisherigen Liste der Stressfaktoren hatten sich nun auf einmal eine weltweite Pandemie, ungewöhnlich starke Wald- und Buschbrände, schwere Stürme und weitere Anzeichen eines Klimawandels, Lieferprobleme auf globaler Ebene und schwere soziale Verwerfungen entlang politischer Trennlinien in den Vereinigten Staaten gesellt.

Und im neuen Jahr besserte sich die Lage nicht. Im Frühjahr, Sommer und Frühherbst 2022 erlebten wir, wie Russland in der Ukraine einfiel, neue Covid-19-Stämme sich rasch auf der ganzen Welt verbreiteten und mehr darüber ans Licht kam, was am 6. Januar 2021 im Kapitol in Washington geschehen war. Besorgt war ich schon vorher gewesen, jetzt aber fragte ich mich ernsthaft,

VORWORT: »IT'S THE END OF THE WORLD AS WE KNOW IT«

ob ein neuer »perfekter Sturm« aus Katastrophen angekommen sei und ein weiterer Zusammenbruch vor der Tür stehe, wie ich ihn damals für das Jahr 1177 v. Chr. beschrieben hatte. Alles ist atemberaubend schnell passiert – viel schneller als damals im 12. Jahrhundert v. Chr., meinem persönlichen Maßstab für Kulturkatastrophen.

Die Fragen, die ich mir auf Kreta stellte und die sich andere Forschende schon seit einiger Zeit gestellt haben, stellen nun die US-Regierung und viele Medienvertreter.[8] Was passiert nach dem Zusammenbruch einer Gesellschaft? Ist sie endgültig weg, oder kommt sie wieder auf die Füße? Kann man einfach die Scherben aufsammeln und weitermachen? Rekrutiert die Mannschaft Nachwuchs aus der zweiten Liga, und zwar neue Menschen und eine neue Gesellschaft? Oder können die Überlebenden Resilienz zeigen und sich den neuen Umständen anpassen, indem sie einen Übergang vollziehen und sich in eine »neue Normalität« begeben? Schon 1988 sagte der Archäologe George Cowgill: »[D]er ›Kollaps einer Zivilisation‹ […] ist eine viel kompliziertere Vorstellung, als wir uns zu denken angewöhnt haben.«[9] Dasselbe gilt für die Wiedergeburt oder den Wandel einer Zivilisation. Und dies wollen wir auf den folgenden Seiten gemeinsam erkunden, indem wir uns anschauen, was in der Zeit nach dem Zusammenbruch der Spätbronzezeit in der Ägäis und im östlichen Mittelmeerraum tatsächlich geschah.

***

Bevor wir anfangen, noch eine kurze Warnung. Wie wir sehen werden, war die Lage nach dem Kollaps am Ende der Bronzezeit vielschichtiger, als man denken könnte. Als das internationale Netzwerk zerbrach, das die gesamte Ägäis und den östlichen Mittelmeerraum zusammengehalten hatte (und zerfallen ist es zweifellos), mussten die einzelnen Gesellschaften ihre Entscheidungen in Überlebensfragen allein treffen. Ihre Optionen waren einfach. Wenn sie überleben wollten, mussten sie die Probleme bewältigen oder sich anpassen oder aber zur neuen Normalität wechseln. Wenn nicht, standen sie vor dem Untergang. Das wird deutlich, wenn man die Zeit unmittelbar nach dem Zusammenbruch betrachtet und die Lage der betroffenen antiken Gesellschaften untereinander vergleicht, und genau das will ich in den nächsten Kapiteln tun. Mich interessiert nicht nur, wer überlebte und wie oder warum, sondern auch, wer nicht und warum nicht.

Ich sollte erwähnen, dass der erste Entwurf zu diesem Buch ähnlich wie *1177 v. Chr.* einer chronologischen Ordnung folgte und einzeln darauf einging, was in welchem Jahrhundert nach dem Kollaps geschah. Später entschied ich mich jedoch, dass ein geografischer Ansatz einen besseren Eindruck vermittelt, wie welche Gesellschaft im Lauf der Zeit auf den Zusammenbruch reagierte, indem sich die Einwohner jeder Region aus den Nachwehen der Katastrophe herauszuarbeiten suchten, die sie alle betroffen hatte. Auch so gibt es zwischen den verschiedenen Kapiteln aber in mehrfacher Hinsicht Querverbindungen. Im Wesentlichen haben wir acht Beispiele vor uns, was man nach einem Zusammenbruch tun sollte und was nicht.

Als Wegweiser für unsere Reise und die Art, wie ich die Geschichte erzähle, dienen konkrete Objekte – meist Inschriften und Texte auf Stein, Ton, Papyrus und anderen Materialien, aber auch andere Gegenstände aus der Antike. Indem ich diese Quellen präsentiere, die allem zugrunde liegen, strebe ich gleichzeitig nach gedanklicher Transparenz – ich will nicht nur vorführen, *was* wir wissen, sondern auch, *woher* wir es wissen. Wie sich jedoch zeigen wird – besonders bei den Assyrern, Babyloniern und Ägyptern, die umfangreiches Schriftmaterial hinterlassen haben –, gibt es in vielen Fällen genug Details (manchmal vielleicht zu viele), um einige hochrangige Personen und deren Leistungen in den Blick nehmen zu können, aber nicht immer genug für die Mitglieder der unte-

VORWORT: »IT'S THE END OF THE WORLD AS WE KNOW IT«

ren sozialen Schichten. Noch dazu sind bei einigen Gesellschaften, etwa den Mykenern, Minoern und Zyprern, Einzelheiten zu den meisten Personen dieser Zeit heute verloren, egal ob reich oder arm, hochrangig oder unbedeutend. Daher wird sich meine Schilderung von Kapitel zu Kapitel stark unterscheiden. Wenn möglich, gehe ich näher auf Einzelheiten und Geschichten ein, je nach verfügbarer Menge und Art der Informationen, aber wo es geht, versuche ich einen gemeinsamen Nenner an historischem Kernwissen zu vermitteln.[10]

Wer lebt, wer stirbt, ich schreib' ihre Geschichte (um den Musical-Hit *Hamilton* abzuwandeln). Und wer Probleme hat, die Figuren, die auftreten, ohne »Besetzungsliste« auseinanderzuhalten, findet am Ende des Buches ein Verzeichnis mit den wichtigsten Personen und deren Hintergrund.

Vor Augen halten müssen wir uns auch, dass diese Geschichte viel unaufgeräumter sein wird als die der Bronzezeit. Tatsächlich reden wir besser von »Geschichten« im Plural, nicht von einer einzigen, denn wenn wir uns die Reaktionen der verschiedenen Gesellschaften dieser Jahrhunderte ansehen, haben wir es mit einer Mittelmeersphäre zu tun, die durch den Zusammenbruch der verflochtenen Welt, wie man sie gekannt hatte, zersplittert ist. Ein wenig wird das an den Blick in ein Kaleidoskop erinnern: Manche Elemente sind verbunden und verknüpft, aber häufig sind die Einzelteile voneinander getrennt oder hängen nur locker zusammen. Erst das Ende dieser Erzählung wird sie wieder zusammenbringen. Doch bietet sich uns hier die einmalige Möglichkeit zu erforschen, was nach dem Zusammenbruch eines Systems passiert, indem wir die Geschichte nicht nur *einer* Gesellschaft wie der Maya oder der Römer im Detail untersuchen, sondern die von acht verschiedenen. Und genau das werden wir in den ersten fünf Kapiteln dieses Buches tun. Anschließend werden wir sammeln und analysieren, was wir dabei gelernt haben, und werden eine Art Rangfolge der Gesellschaften nach ihrer Resilienz und ihrem

Erfolg oder Misserfolg beim Sich-Anpassen oder beim Wandel aufstellen. Als Kriterien und Definitionen dafür nutzen wir die des Weltklimarats. So können wir entscheiden, was davon für unsere heutige Welt wichtig ist – in der Hoffnung, dass es uns einiges in der Frage lehrt, wie wir unsere eigenen Gesellschaften gegen die potenziellen Katastrophen, mit denen wir es derzeit zu tun haben, resilienter machen können.

VORWORT: »IT'S THE END OF THE WORLD AS WE KNOW IT«

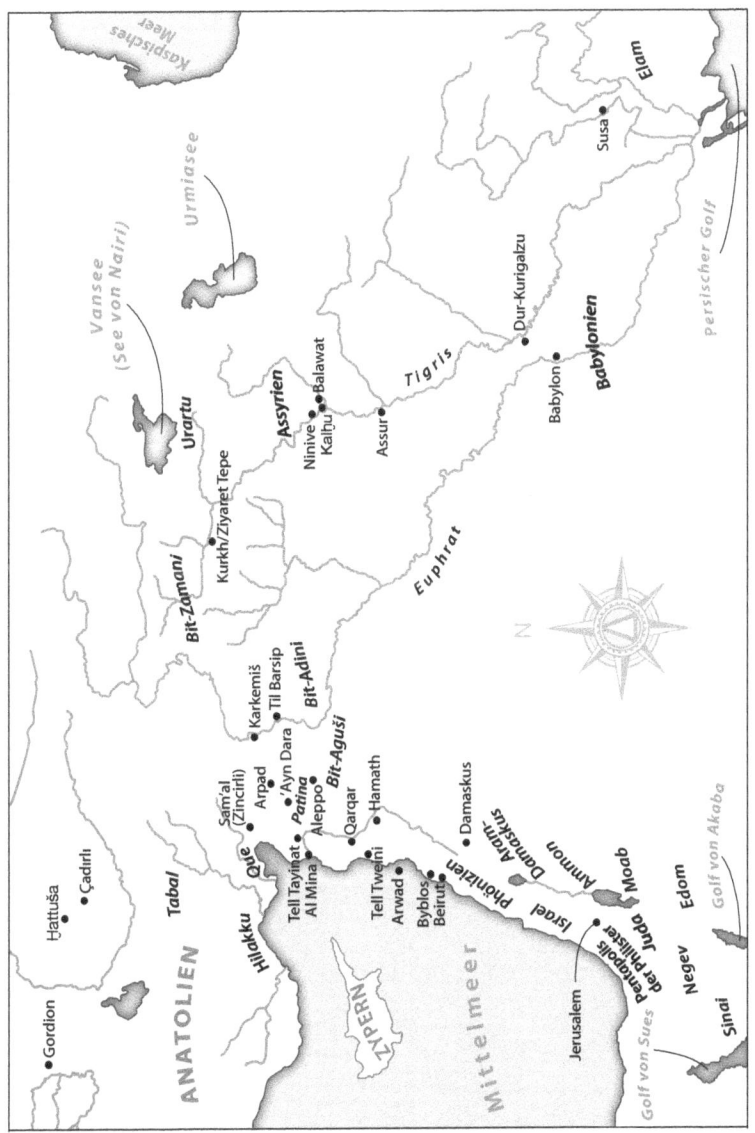

Karte 1: Übersicht über das östliche Mittelmeer in der Eisenzeit mit neohethitischen, aramäischen und mesopotamischen Fundorten und den Königtümern der südlichen Levante (nicht alle Fundorte verzeichnet).

VORWORT: »IT'S THE END OF THE WORLD AS WE KNOW IT«

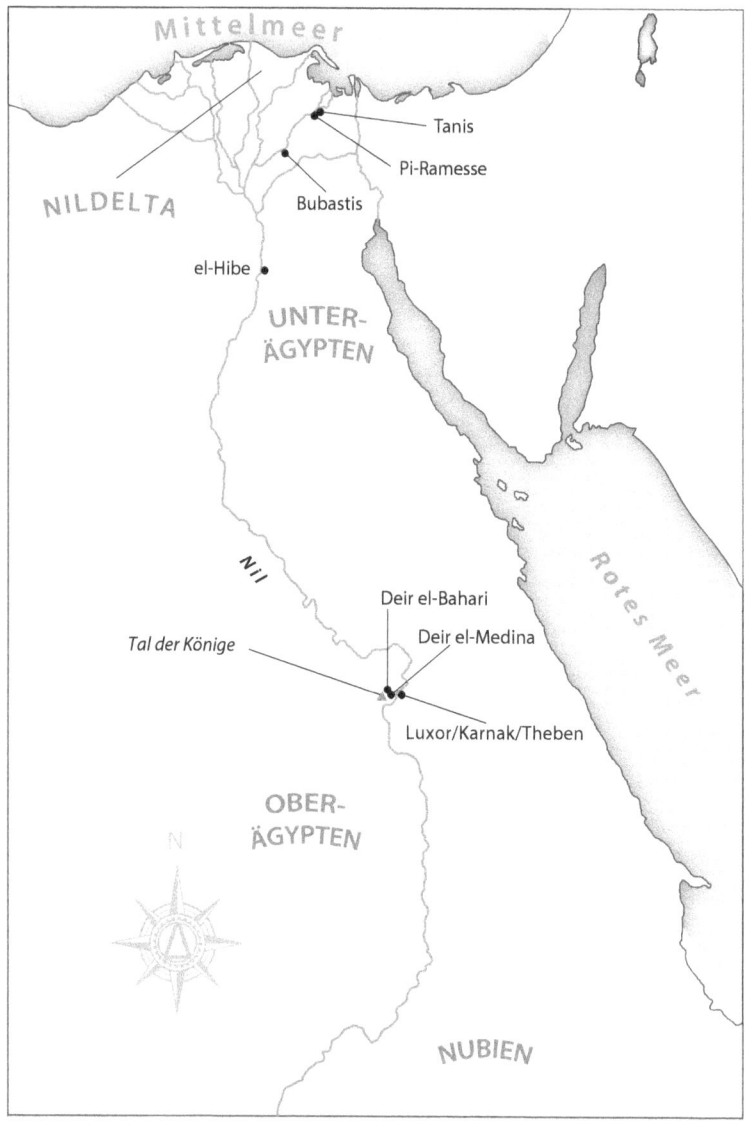

Karte 2: Ägypten während der Eisenzeit mit den im Text erwähnten Orten und Gebieten.

VORWORT: »IT'S THE END OF THE WORLD AS WE KNOW IT«

Karte 3: Die Levante während der Eisenzeit mit den im Text erwähnten Orten und Gebieten.

VORWORT: »IT'S THE END OF THE WORLD AS WE KNOW IT«

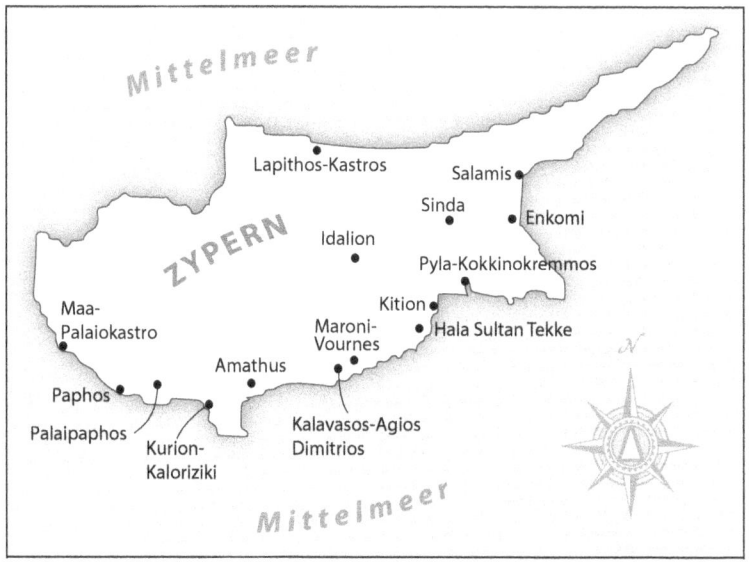

Karte 4: Zypern während der Eisenzeit mit den im Text erwähnten Orten und Gebieten.

Karte 5: Das westliche Mittelmeer während der Eisenzeit mit den im Text erwähnten Orten und Gebieten.

VORWORT: »IT'S THE END OF THE WORLD AS WE KNOW IT«

Karte 6: Die Ägäis während der Eisenzeit mit den im Text erwähnten Orten und Gebieten.

PROLOG

Willkommen in der Eisenzeit

Sie brausten aus dem Norden heran und schwangen schimmernde Waffen aus scharfem Eisen. Kurz nach 1200 v. Chr. bereiteten die harten dorischen Krieger der mykenischen Zivilisation ein rasches Ende. Griechenland stürzte in das erste dunkle Zeitalter der Welt. Laut dem griechischen Historiker Thukydides war der Trojanische Krieg da erst achtzig Jahre her.[1]

Die frühen Archäologen und Historiker, die zum heutigen Griechenland arbeiteten, übernahmen das Konzept einer gewaltsamen »Dorischen Wanderung«. Laut ihren Szenarien brachten die Angreifer neue Formen von Fibeln, andere Bestattungsweisen, Keramik und – was das Wichtigste war – eiserne Schwerter mit.[2] Diese Geschichte wurde Teil der kanonischen Erzählung in Handbüchern zum antiken Griechenland und steht immer noch an prominenter Stelle in manchen Sammelwerken, darunter der jüngsten Ausgabe der *Columbia Electronic Encyclopedia*, in der es heißt: »Das mykenische Handelsreich und der daraus erwachsende kulturelle Einfluss bestanden von 1400 bis 1200 v. Chr., als die Invasion der Dorer eine Phase des Niedergangs für Griechenland einleitete.«[3]

Nur hat es die Invasion der Dorer wahrscheinlich nie gegeben.

***

Infrage gestellt wurde die Existenz einer Dorischen Wanderung bereits 1966 von Forschern wie Rhys Carpenter und wird es noch heute. Man hat sie als »verwirrenden Fall einer Invasion ohne Invasoren« bezeichnet, als »gelehrte Fata Morgana« und als »außergewöhnliche, paradoxe Situation, in der es kein Anzeichen für die Anwesenheit eines feindseligen Eindringlings gibt«. Höflich drückte sich Joseph Tanner aus, der führende Experte für Zusammenbrüche: »Ganz einfach gesagt, haben [...] die Dorer sonderbar wenige archäologische Spuren hinterlassen«, während Gregory Nagy es so sagte: »Es gibt keinen Grund, eine ›Dorische Invasion‹ anzunehmen [...], wenn die Dorer tatsächlich schon auf der Peloponnes als Bevölkerungssubstrat ›da‹ waren.«[4]

Tatsächlich braucht man zur Erklärung keines der oben genannten »Belege« die Ankunft eines neuen Volkes, und mittlerweile wissen wir, dass einige der sogenannten Innovationen bereits in der Bronzezeit entstanden, darunter Schwerter vom Typ Naue II und Violinbogenfibeln. Andere Innovationen, etwa die Technik der Eisenerzeugung, entwickelten sich erst nach der Zerstörung der Paläste und nicht davor oder gleichzeitig, wie wir noch sehen werden. Noch dazu hielt sich die mykenische Keramik weitere anderthalb Jahrhunderte, nachdem alles zusammenzubrechen begonnen hatte – bis in die Mitte des 11. Jahrhunderts v. Chr.[5]

Außerdem gibt es aus dieser Phase starke Hinweise auf Kontinuität trotz des jähen, totalen Aussetzens der politischen und sozialen Systeme, die auf dem griechischen Festland während der Bronzezeit bestanden hatten. Beispielsweise wird in der Linguistik die These vertreten, dass sich einige Charakteristika des dorischen Dialekts bereits in der Sprache der Linear-B-Texte ausmachen lassen, die die Mykener verwendeten, einer Frühform des Griechischen. Damit sind die verschiedenen Dialekte vielleicht einfach von verschiedenen griechischsprachigen Gruppen verwendet worden, die den großen Kollaps überlebten, und nicht von Invasoren aus ferneren Gegenden.[6]

Außerdem gibt es keinen großen Zustrom neuer Bevölkerungsgruppen. Vielmehr deuten archäologische Surveys genau auf das Gegenteil hin, denn unmittelbar nach dem Zusammenbruch kam es auf dem griechischen Festland zu einem dramatischen Bevölkerungsrückgang. Die früheren Schätzungen, wonach die Bevölkerung vom 13. bis zum 11. Jahrhundert v. Chr. zwischen 75 und 90 % abnahm, gelten heute als etwas zu hoch, aber aktuelle Einschätzungen bewegen sich immer noch zwischen 40 und 60 % – damit wäre eine geschätzte Bevölkerung von rund 600 000 Menschen auf dem griechischen Festland gegen Ende der Bronzezeit auf rund 330 000 in der Frühen Eisenzeit gesunken.[7]

Allerdings sind sie nicht alle gestorben. Manche Überlebende zogen einfach in andere Gebiete Griechenlands um, die vorher unbesiedelt gewesen waren, jetzt aber vielleicht sicherer erschienen als die alten Wohnorte. Wieder andere könnten noch weiter weggezogen sein, nach Osten in Gegenden wie Zypern oder Kanaan oder westwärts nach Italien, Sardinien oder Sizilien.[8]

Einfach ausgedrückt, ist bisher trotz über einem Jahrhundert Grabungstätigkeit noch kein eindeutiger Beweis für die Dorische Wanderung zum Vorschein gekommen. Sie ist ein Mythos oder eine literarische Tradition, die antike griechische Autoren schufen, um teilweise zu erklären, wie es kam, dass im 1. Jahrtausend v. Chr. verschiedene Dialekte des Griechischen gesprochen und geschrieben wurden, aber sie wird von keinerlei materiellen Zeugnissen gestützt.

***

Wenn die Vorstellung von einer Invasion der Dorer in der Forschung inzwischen seit mehreren Jahrzehnten abgehakt und zu den Akten gelegt ist, warum – so kann man mit Recht fragen – wird sie dann immer noch diskutiert? Tatsache ist, dass der Glaube an sie außerhalb der kleinen akademischen Gemeinde weiter besteht, trotz der skeptischen Sicht der Wissenschaft auf die invasive »Dorische Wanderung«. Sarah Morris spricht vom »hartnäckigen Phantom der Dorer« und erklärt: »So sehr die Dorer heute von beruflich Sachkundigen für Geschichte, Sprachen und Archäologie verworfen werden, ihren festen Platz haben sie weiterhin [...] in Schulbüchern und Klassenzimmern. Mit anderen Worten: Die Didaktik – vom Lehrplan über das Schulbuch bis zur Kursbeschreibung – hat mit der Forschung nicht Schritt gehalten.«[9]

Statt des Konzepts einer »Dorischen Wanderung« spielen Spezialisten für die Eisenzeit heute lieber mit dem Gedanken, dass es innerhalb Griechenlands selbst zu Migrationsbewegungen gekommen sein könnte, als Überlebende des Zusammenbruchs in andere Gebiete zogen und die Hochburgen der Bronzezeit verließen.[10] Das könnte einem ganz buchstäblich nur als Frage der Wortwahl vorkommen, aber zwischen den beiden Bewegungstypen Migration und Invasion gibt es einen himmelweiten Unterschied. Während der eine oft friedlich verläuft und sich manchmal über erhebliche Zeiträume hinzieht, deutet der andere Begriff ein gewaltsames, viel plötzlicheres Ereignis an, bei dem Menschen von außen ins betreffende Gebiet kommen. Tatsächlich ist eine derartige Migration überlebender Populationen nach einem Systemkollaps wie dem am Ende der Bronzezeit ganz üblich. Ein weiteres gutes Beispiel dafür trat etwa um 1300 n. Chr. im Südwesten der heutigen USA auf, als die Bevölkerung nach einer dramatischen Klimaverschlechterung geschlossen aus dem Grenzgebiet von Arizona, Colorado, New Mexico und Utah (den »Four Corners«) nach Süden ins Tal des Rio Grande auswanderte.[11]

War es wirklich ein Dunkles Zeitalter?

Wenn sich heute zeigen lässt, dass die frühere Forschungsmeinung zur dorischen Invasion Griechenlands nicht korrekt war, was könn-

WAR ES WIRKLICH EIN DUNKLES ZEITALTER?

te dann sonst noch falsch an der Beschreibung der Jahrhunderte gleich nach dem Zusammenbruch der Bronzezeit sein, die die Forschung lange als »das erste Dunkle Zeitalter« bezeichnet hat? Tatsächlich müssen wir uns fragen, ob es wirklich ein Dunkles Zeitalter war. Ist das eine zutreffende Beschreibung des Lebens in der gesamten Region nach dem Kollaps, besonders wenn die Dorische Wanderung niemals stattgefunden hat?

Vor drei Jahrzehnten nannte Nicholas Coldstream diese Phase für Griechenland »ein Zeitalter des totalen Analphabetismus und – in den meisten Regionen der Ägäis – ein Zeitalter der Armut, schlechter Kommunikationswege und der Isolation von der Außenwelt«. Doch genau zur selben Zeit schrieb der Archäologe Willie Coulson, dass diese Periode zwar nach allgemeiner Wahrnehmung »ein Tiefpunkt der Kunst- und Lebensqualität […], eine primitive, mit Armut geschlagene Zeit« gewesen sei, merkte aber an, dass wir keine brauchbare allgemeine Definition hätten, auf die sich alle Forscher einigen könnten.[12]

Das Wörterbuch *Merriam-Webster* definiert ein Dunkles Zeitalter als »eine Zeit, in der eine Zivilisation einen Niedergang durchläuft«. Dafür führt es zwei Beispiele an: 1. »die Phase der europäischen Geschichte von etwa 476 bis etwa 1000 n. Chr.« (die uns hier nicht betrifft) und 2. »die drei bis vier Jahrhunderte lange Phase der griechischen Geschichte ab etwa 1100 v. Chr.« (die unser Thema ist). Es liefert zusätzlich eine allgemeine Definition als »Zustand der Stagnation oder des Abstiegs«.[13]

Tatsächlich lassen sich die Kriterien, die der Archäologe Colin Renfrew schon 1979 für einen Systemzusammenbruch aufstellte, auch als Kriterien für ein Dunkles Zeitalter verwenden (das laut Renfrew stets auf einen Systemzusammenbruch folgt), wenn man den Blick exklusiv auf die Gesellschaft richtet. Dazu zählen 1. der Zusammenbruch der Zentralverwaltung, 2. das Verschwinden der traditionellen Elite, 3. ein Zusammenbruch der zentralisierten Wirtschaft, 4. Siedlungsverlagerungen und 5. ein Bevölkerungsrückgang. Ihnen möchte ich als spezifische Symptome eines Dunklen Zeitalters noch 6. einen Verlust der Schriftlichkeit und 7. eine Pause im Errichten von Monumentalbauten hinzufügen.[14]

Tabelle 1: Gesellschaftliche Veränderungen, die auf einen Systemkollaps und ein anschließendes Dunkles Zeitalter hindeuten

Aspekt	während und nach dem Kollaps
Zentralisierte Wirtschaft	Zusammenbruch
Zentralregierung/-verwaltung	Zusammenbruch
Traditionelle Eliten	Verschwinden
Siedlungen	Verschiebung/Verlagerung
Bevölkerung	Rückgang
Schriftlichkeit	Verlust
Eindrucksvolle Bauten	Verschwinden

Joseph Tainter merkt an, dass der Systemzusammenbruch einer Kultur oder Gesellschaft normalerweise auch als Ende »der künstlerischen und literarischen Merkmale der Kultur und des Schutzschirms aus Dienstleistungen und Verteidigung gilt, den eine Regierung gewährt«. Die Folgen beschreibt er so: »Der Informationsfluss sinkt, die Menschen treiben weniger Handel und interagieren weniger, und insgesamt gibt es eine geringere Koordination zwischen Einzelnen und Gruppen. Die Wirtschaftsaktivität sinkt […], während Künste und Literatur einem so starken quantitativen Rückgang unterliegen, dass häufig ein Dunkles Zeitalter folgt. Tendenziell sinkt die Bevölkerungsgröße und für die, die übrig bleiben, schrumpft die bekannte Welt.« Jedoch ist ein soziopolitischer Zusammenbruch laut Tainter völlig normal, ja sogar im Lebenslauf der meisten komplexen Gesellschaften zu erwarten.[15]

Daher überrascht es vielleicht nicht, dass gegen Ende des 8. Jahrhunderts v. Chr. der griechische Dichter Hesiod darüber klagte, dass er in genau so einer Zeit lebe. »Wäre ich doch nicht unter den Menschen der fünften Generation«, schrieb er, »sondern entweder vorher gestorben oder später geboren! Denn jetzt lebt ja wirklich ein Geschlecht aus Eisen; nie ruhen sie am Tag von Mühe und Leid aus und nachts hören sie nicht auf, zugrunde zu gehen – die Götter werden ihnen drückende Sorgen geben.«[16] Hesiod und dem wachsenden Gebrauch des neuen Metalls verdanken wir den Spitznamen »Eisenzeit« für diese Periode als Alternative zum oft verwendeten »Dunklen Zeitalter«.

War es denn nun ein Dunkles Zeitalter? Oder sollte man es heute als etwas anderes betrachten, vor allem dann, wenn man nicht nur auf die Gesellschaften schaut, sondern auch auf die Personen, aus denen sie bestand? Oder wie James Scott fragte: »Dunkel für wen und in welcher Beziehung?«[17]

Diese Frage bildet den Kern unserer Untersuchungen. Wie war es für die, die nach dem Zusammenbruch lebten, und worin unterschied sich die Lage in jedem der betroffenen Gebiete? Was war zum Überleben nötig? Das wollen wir in den nächsten Kapiteln herausfinden, indem wir jeder Gesellschaft und jeder Gegend – manchmal kursorisch, aber häufig sehr detailreich, je nachdem, was die Quellenlage zulässt – auf ihren Wegen und Abwegen vom 12. bis ins 8. Jahrhundert v. Chr. folgen, ehe wir dann zur Analyse übergehen. Fangen wir also an.

KAPITEL 1

Das Jahr der Hyänen, als die Menschen verhungerten

Ägypten, Israel und die südliche Levante

Der schnelle Messerstich eines Mörders in die Kehle beendete 1155 v. Chr. die zweiunddreißigjährige Herrschaft des ägyptischen Pharaos Ramses III. Zwei Jahrzehnte zuvor hatte Ramses einen gewaltigen Sieg über die Seevölker errungen, jetzt aber erlag er einer kümmerlichen Haremsverschwörung, die eine seiner Frauen namens Tiye und sein unwichtiger Sohn Pentawere angezettelt hatten.

Von dem heute als »Haremsverschwörung« bekannten Mord erfuhr die moderne Ägyptologie erstmals vor rund 150 Jahren.[1] Die Details stehen in sechs Papyri, von denen einige oder alle ursprünglich Teil einer einzigen Rolle gewesen sein könnten, die ein geschäftstüchtiger Antiquitätendieb in Stücke schnitt und dann an verschiedene Personen und Orte verkaufte. Das längste dieser Dokumente ist heute als Juristischer Papyrus Turin bekannt und (was angesichts des modernen Namens vielleicht nicht überrascht) im Turiner Museo Egizio beheimatet. Erworben wurde es zunächst durch Berardino Drovetti, der in den ersten Jahrzehnten des 19. Jahrhunderts französischer Generalkonsul in Ägypten war;

Drovetti verkaufte den Papyrus anschließend an den König von Sardinien und schließlich fand er seine Bleibe im Museo Egizio.[2]

Der Papyrus enthält viele Einzelheiten über die vier Prozesse gegen die als Attentäter Angeklagten. Ausgeheckt wurde die Verschwörung anscheinend durch Tiye, die ihren Sohn mit Ramses III., Prinz Pentawere, gern auf dem Thron sehen wollte. Angeklagt wurden vierzig Verschwörer, sowohl Mitglieder des Harems als auch Hofbeamte, die dann in vier Gruppen vor Gericht kamen. Eine Reihe von ihnen wurde schuldig gesprochen und mit der Todesstrafe belegt; mehrere zwang man, sich noch im Gerichtssaal das Leben zu nehmen. Unter den zum Tode Verurteilten war auch Pentawere und man nimmt an, dass das ebenfalls für seine Mutter galt, obwohl über ihren Prozess kein Bericht erhalten ist.

Zwar war bekannt, dass Ramses III. schon tot war, ehe in diesem Fall die Urteile gesprochen wurden, aber aus den Papyri geht nicht hervor, ob der Anschlag Erfolg hatte, und unter Ägyptologen blieb die Frage lange offen. Erst 2012, als man CT-Scans an der Leiche Ramses' III. durchführte, ließ sich diese Frage klären. Die Leiche hatte man über ein Jahrhundert zuvor entdeckt – 1881 in der »Cachette«, dem Mumienversteck von Deir el-Bahari nahe dem Totentempel der Hatschepsut, wohin die Mumie zu Beginn der 21. Dynastie im späten 10. Jahrhundert v. Chr. aus Sicherheitsgründen von Priestern gebracht worden war, nachdem es über ein Jahrhundert lang zu einer Serie von Grabräubereien in Königsgräbern gekommen war.

Nach dem Artikel im *British Medical Journal* war klar, dass man Ramses die Kehle durchgeschnitten hatte. Das scharfe Messer, von dem die Wunde stammte, war ihm direkt unter dem Kehlkopf bis an die Nackenwirbel in den Hals gestoßen worden und hatte seine Luftröhre und alles Weichgewebe in dieser Region durchtrennt. Der Tod trat höchstwahrscheinlich sofort oder fast sofort ein. Während der Einbalsamierung legte man ein schützendes

KAPITEL 1: DAS JAHR DER HYÄNEN

Amulett mit dem Horusauge in die Wunde, entweder zum Schutz oder zur Heilung, obwohl es dem König in seinem irdischen Leben nicht mehr helfen konnte. Ein dicker Leinenkragen um den Hals verbarg die Stichwunde. Daher konnten die Forscher erst bei der Analyse des CT-Scans durch den dicken Stoff sehen und die Verletzung erkennen, die den Pharao getötet hatte.[3]

Zusammen mit Ramses III. fand man im Königsversteck eine zweite Leiche, den Körper eines 18 bis 20 Jahre alten Mannes, der nur als »Unbekannter E« bekannt ist. Weil der Körper in eine rituell unreine Ziegenhaut eingewickelt und nicht richtig mumifiziert war, ist vorgeschlagen worden, es handle sich um den schuldigen Prinzen Pentawere. Wie DNA-Tests andeuten, könnte der Mann ein Sohn Ramses' III. sein, aber über diese Folgerung ist sich die Ägyptologie keineswegs einig. Der forensische Befund, zu dem ein verzerrtes Gesicht und Halsverletzungen gehören, weist darauf hin, dass der Mann wahrscheinlich erdrosselt wurde.[4]

Der Mord gab für die nächsten Jahrhunderte die Stimmung in Ägypten vor, denn die Zeit danach, die Jahre nach dem Sieg über die Seevölker, war nicht idyllisch. Beispielsweise haben wir inzwischen Hinweise, dass die große Dürre, die sich durch Daten aus sogenannten Klimaproxys von Italien bis in den heutigen Iran verfolgen lässt und die ich für einen der wichtigsten Stressfaktoren im Vorfeld des Zusammenbruchs der Späten Bronzezeit halte, etwa um diese Zeit schließlich auch Ägypten traf. Dazu kam es, weil die Wassermenge des Nils sich verringerte, als der Niederschlag im Äthiopischen Hochland abnahm – ein Zustand, der etwa 200 Jahre anhielt. Es überrascht nicht, dass dies wiederum zu einer Ernährungskrise und folglich zu Hungersnöten in Ägypten führte, außerdem zu damit verknüpften Wirtschaftsproblemen, darunter ausbleibenden Lohnzahlungen, die in Ramses' 29. Herrscherjahr in einen Streik und eine Demonstration der Arbeiter in Deir el-Medina mündeten – wahrscheinlich einer der frühesten Fälle von Arbeitskampf in der Geschichte.[5]

KAPITEL 1: DAS JAHR DER HYÄNEN

Als Ramses III. starb, endete gleichzeitig diese Epoche der ägyptischen Geschichte, obwohl seine Söhne und Enkel die Dynastie noch vier Jahrzehnte lang fortsetzten. Zwar brachen Ägyptens Kultur und Gesellschaft nicht vollständig zusammen und die Ägypter verschwanden nicht vom Erdboden, aber besonders erfolgreich war ihr Übergang zur neuen Weltordnung nach dem Zusammenbruch der Bronzezeit auch nicht. Sie überlebten, jedoch in stark reduzierter Form; zu den »Großmächten« ihrer Zeit wie noch in der Blütephase der 18. und 19. Dynastie hätte man sie nicht mehr gezählt.

Stattdessen waren die Ägypter die nächsten zwei Jahrhunderte lang durch eine intrigengeschüttelte Regierung gelähmt, ganz zu schweigen von Nachfolgekrisen und Rivalitäten, die dazu führten, dass es in verschiedenen Gebieten Ägyptens zeitweise zwei, drei und manchmal sogar vier Herrscher nebeneinander gab. Gelegentlich trat ein starker Anführer auf, etwa Scheschonq I., ein libyscher Herrscher, der die 22. Dynastie gründete. Aber das geschah erst gegen 945 v. Chr., über 200 Jahre nach dem Tod Ramses' III., und auch das war nicht von Dauer.

***

Die acht Pharaonen nach Ramses III. hießen alle Ramses (IV. bis XI.) und unter ihrer Herrschaft befand sich Ägypten in stetigem Niedergang. Die ersten beiden Könige, Ramses IV. und V., saßen zusammen nur zehn Jahre auf dem Thron und taten wenig Nennenswertes.[6] Zum Tod von Ramses V. gibt es ebenfalls spannende Fragen, denn er könnte das Opfer eines weiteren Unglücks geworden sein, das vielleicht mit dem Zusammenbruch am Ende der Bronzezeit zu tun hat – einer Seuche. Auf seinem mumifizierten Gesicht sind immer noch Pusteln sichtbar, was zu der Vermutung geführt hat, dass er gegen 1140 v. Chr. an den Pocken gestorben sein könnte. Vielleicht wird das durch Texte bestätigt, die von neuen Grä-

KAPITEL 1: DAS JAHR DER HYÄNEN

bern sprechen, welche für Ramses und andere Mitglieder seiner Familie in den Felsen geschlagen wurden. Anschließend bekamen die Arbeiter einen Monat Urlaub »auf Kosten des Pharaos« (also mit vollem Lohn), danach wurde das Tal der Könige sechs Monate lang für Besucher gesperrt, was man als Quarantäneversuch interpretiert hat.[7]

Unter der Herrschaft Ramses' V. kontrollierte Ägypten noch die Kupferbergwerke in Timna auf der Sinai-Halbinsel, aber sein Name ist der letzte, der sich in diesem Gebiet findet. Ebenso ist sein Nachfolger Ramses VI. der letzte Pharao, dessen Name in den Türkisminen von Serabit el-Chadim erscheint, ebenfalls auf dem Sinai. Üblicherweise wird dies so gedeutet, dass die Ägypter ungefähr um 1140 v. Chr. die Kontrolle über die südliche Levante verloren und/oder sich von dort zurückgezogen hatten.[8] Interessant ist, dass eine kleine bronzene Statuenbasis aus Megiddo, die die Chicagoer Expedition in den 1930er Jahren fand, die Kartusche Ramses' VI. trägt. Häufig wird sie als Beweis angeführt, dass das kanaanitische Megiddo bis dahin noch nicht überwältigt worden war, aber der Fundkontext ist umstritten und kann nicht herangezogen werden, um solche Argumente zu stützen.[9]

Als Ramses VI. 1133 v. Chr. starb, verschütteten die Arbeiter, die sein Grab im Tal der Könige anlegten, versehentlich das Grab Tutanchamuns, das daneben lag; so blieb es erhalten und konnte 1922 n. Chr. von Howard Carter und Lord Carnarvon entdeckt werden. Anschließend kam der Sohn des Pharaos als Ramses VII. an die Macht. Von seiner Herrschaftszeit wissen wir nicht viel, aber Texte aus den (höchstens) zehn Jahren, die er regierte, zeigen, dass der Getreidepreis in die Höhe schnellte und die Wirtschaft instabil war.[10]

So ähnlich gingen die Probleme nach der nur einjährigen Herrschaft Ramses' VIII., ebenfalls ein Sohn Ramses' III., der wohl erst als alter Mann Pharao wurde, für den nächsten Herrscher weiter, Ramses IX. (ca. 1126–1108). Er blieb 18 Jahre auf dem Thron, und in dieser Zeit mehrten sich die Schwierigkeiten in Ägypten, besonders in Form von Grabräuberei, Hungersnot und Unruhen durch »Fremde« nahe dem Arbeiterdorf in Deir el-Medina. Vielleicht verlor Ägypten damals zum ersten Mal die Kontrolle über Obernubien und die dortigen Goldminen. Denkbar ist auch, dass es unter Ramses IX. zwei konkurrierende Herrscher in Ägypten gab, was in den kommenden Jahrhunderten zum Normalfall wurde.[11]

Zu den Rechtsdokumenten dieser Zeit zählen die als »Grabräuberpapyri« bekannten Texte. Es gibt ein Dutzend oder mehr aus der Zeit Ramses' IX.–XI., darunter der Papyrus Abbott und der Papyrus Leopold-Amherst aus dem 16. Herrscherjahr Ramses' IX. Darin finden wir detaillierte Beschreibungen, wie Gräber in der Nekropole der Könige, aber auch in privaten Gräberfeldern beraubt wurden. Anscheinend war es gerade in diesem Jahr 16 zu den meisten derartigen Plünderungen gekommen. Einige Grabräuber wurden gefasst und während der anschließenden Verhöre und Prozesse zu Geständnissen gebracht. Die Diebe wurden durchweg zum Tode verurteilt, wahrscheinlich durch Pfählen, denn das war die übliche Strafe für das Plündern eines Königsgrabes.[12]

Begonnen hatten die Raubaktionen aber noch früher, denn wir wissen, dass irgendwann vor dem Jahr 9 Ramses' IX. Diebe ins Grab Ramses' VI. eindrangen. Auch hier fasste man einige der Diebe. In einem Papyrusfragment in Liverpool, dem Papyrus Mayer B, gestand einer der Festgenommenen: »Ich verbrachte vier Tage damit, in [das Königsgrab] einzubrechen, und wir waren zu fünft. Wir öffneten das Grab und betraten es. Wir fanden einen Korb, der auf 60 Kisten lag.« Anschließend schilderte er den Fund von Bronzekesseln, bronzenen Waschbecken und verschiedenen weiteren Bronzegegenständen. Außerdem öffneten die Räuber zwei Truhen mit Kleidung, die genau beschrieben wird.[13] Dass Bronze- und nicht etwa Goldobjekte erwähnt werden, ist besonders interessant und könnte ein Reflex des gesunkenen Wohlstands seit den Tagen Tutanchamuns sein.

Leider bricht der Text an dieser Stelle ab, also wissen wir nicht, was die Räuber sonst noch fanden und/oder mitnahmen, wie ihre Tat entdeckt oder welche Strafe später verhängt wurde, obwohl es wahrscheinlich die Todesstrafe war. Was wir jedoch wissen: Als 1898 die Mumie Ramses' VI. im Grab Amenophis' II. gefunden wurde, wohin sie später zu ihrem Schutz verbracht worden war, stand fest, dass sie »von den Grabräubern grausam attackiert worden war – Kopf und Rumpf waren mit einer Axt in Stücke gehackt worden«. Der britische Archäologe Peter Clayton bemerkt: »Die Priester hatten die Stücke pietätvoll auf einem Brett neu eingewickelt, damit das Ganze einem Menschen ähnelte. Als Elliot Smith es 1905 untersuchte, fand er in den Binden Teile von mindestens zwei anderen Körpern: die rechte Hand einer Frau und die verstümmelte rechte Hand mit Unterarm eines anderen Mannes. Wo der Hals des Königs hätte sein müssen, lagen sein abgetrenntes linkes Hüftbein und Teile des Beckens.«[14]

Einige Probleme aus der Zeit Ramses' IX. dauerten auch unter seinem Nachfolger Ramses X. an, der am Ende des unruhigen 12. Jahrhunderts für kurze Zeit herrschte. Laut den spärlichen Aufzeichnungen aus seiner Zeit waren die Hauptprobleme ein anhaltender Nahrungsmangel und, damit verbunden, ein Rückgang von Aktivitäten, die mit Arbeit zu tun hatten (wohl aus Hunger), außerdem die Gegenwart weiterer, nicht genannter Fremder in und um Deir el-Medina.[15] Der Nachfolger, Ramses XI., sollte der letzte Ramses sein – seine Herrschaft markierte den Beginn des neuen Jahrhunderts und zugleich das Ende der 20. Dynastie.

Insgesamt war das 12. Jahrhundert v. Chr. in Ägypten von Nahrungsknappheit, politischen Machtkämpfen und anderen Problemen geprägt. Wie resilient waren die Ägypter? Sie konnten die Krise bewältigen und weiterexistieren, aber eigentlich misslang ihnen ein richtiger Übergang, denn weder passten sie sich besonders gut an, noch wandelten sie sich irgendwie. Folglich beobachten wir nicht nur soziale Probleme, sondern auch einen raschen Verfall der einstigen Rolle Ägyptens als große internationale Macht.

Sturm im Mumiental
Ägypten während der 21. Dynastie

Ramses XI. herrschte in Ägypten zu Beginn des 11. Jahrhunderts v. Chr. fast dreißig Jahre lang, von ca. 1098 bis 1070. Seine Herrschaftszeit war mit Abstand die längste aller Pharaonen der 20. Dynastie. Seine ersten 19 Jahre verliefen relativ friedlich, obwohl es weiterhin zu Grabräuberei und Hungersnöten kam. Ein Papyrus spricht von einer Frau, die aus einem Grab entwendetes Gold besaß und behauptete, sie habe es als Bezahlung für etwas Essen im »Jahr der Hyänen, als die Menschen verhungerten«, erhalten. Es sollte noch schlimmer kommen, denn in der zweiten Hälfte von Ramses' Herrschaft stand Ägypten im Zeichen von Zerfall und Bürgerkrieg, der mit rivalisierenden Herrschern endete.[16]

Den Großteil seiner Verwaltungsstrukturen hatte Ägypten bis dahin bewahren können, jetzt aber, als die Hohepriester des Amun in Theben mit den Königen um die Herrschaft über das Land kämpften, begann das System zusammenzubrechen. Ein Hohepriester des Amun namens Herihor, der im *Reisebericht des Wenamun* genannt ist (auf den ich in Kapitel 3 eingehen werde), beanspruchte die Kontrolle über Nubien und Oberägypten und legte sich den Titel »Vizekönig von Kusch« und »Wesir des Pharao« zu. Im 19. Herrscherjahr Ramses' XI. regierte Herihor über Oberägypten und Nubien bis nach Theben. Jetzt wurde dieses Jahr als »Jahr 1 der Erneuerung« bekannt (nach dem ägyptischen *wehem mesut*, »Wiederholung der Geburten«), obwohl diese »ramessidische Renaissance« kaum eine Renaissance in unserem Sinn war.[17]

Zur gleichen Zeit übernahm ein Beamter namens Smendes die Macht im Norden, also in Unterägypten, vor allem in der Umgebung von Pi-Ramesse im Nildelta. Auch er taucht im *Reisebericht des Wenamun* auf, ebenso seine Frau Tanetamun, die vielleicht eine Tochter Ramses' XI. war. Ramses selbst blieb zwar Pharao, war aber praktisch zur Marionette reduziert. Damit war die Herrschaft über Ägypten auf drei Personen verteilt – Ramses XI., Herihor und Smendes –, wobei die beiden Letzteren dem Namen nach Ramses Gehorsam leisteten, tatsächlich aber unabhängig handelten.[18]

Das Zerbrechen Ägyptens war keine Hilfe bei der Antwort auf die Krisen dieser Zeit. Grabräuberei blieb ein so großes Problem, dass Herihor und die anderen Priester einige Königsmumien aus ihren eigentlichen Gräbern im Tal der Könige entfernen ließen. Beispielsweise brachte man die Mumie Ramses' II. im 15. Herrscherjahr des Smendes zeitweise im Grab Sethos' I. unter. Später mussten beide Könige erneut umziehen, zuletzt Ende des 10. Jahrhunderts in die »Cachette«, das Mumienversteck von Deir el-Bahari.[19]

Gleich nach dem Tod Ramses' XI. im Jahr 1070 v. Chr. wurde Smendes Pharao, begründete damit eine neue Königsdynastie, die 21., und herrschte die nächsten 25 Jahre lang. Damit beginnt die Dritte Zwischenzeit, die insgesamt eine Zeit der Umwälzungen mit chaotischen Zwischenphasen war – und mit einigen wenigen relativen Wohlstands. Smendes und seine direkten Nachfolger regierten über ein Jahrhundert lang bis ca. 945 in der neuen Hauptstadt Tanis im Nildelta.[20]

Herihor wiederum herrschte von Theben aus weiterhin über Oberägypten, womit das Land nun zweigeteilt war. Anscheinend bestand diese Lage unter Herihors Nachfolger Pinudjem I. weiter, der nach Herihors Tod vom Hohepriester zum König aufrückte. Höchstwahrscheinlich war er mit Henuttaui, wohl einer Enkelin Ramses' XI., verheiratet. Damit waren beide neue Herrscherfamilien mit der letzten Dynastie verbunden – und so begann die Wiedervereinigung von Ober- und Unterägypten.[21]

Die Aufgabe, die Gräber im Tal der Könige zu schützen, wurde fortgeführt, indem man zehn Königsmumien in einen Nebenraum des Grabes Amenophis' II. verbrachte. Unter ihnen waren die Leichen von Thutmosis IV., Amenophis III., Merenptah, Siptah, Sethos II. sowie Ramses I., V. und VI. 1898 entdeckte der französische Ägyptologe Victor Loret, der gerade zum Direktor der ägyptischen Altertumsbehörde ernannt worden war, das Grab und sämtliche Königsmumien, unter ihnen auch den oben erwähnten Ramses VI. Zwar erforschte er das Grab sorgfältig und führte ein Grabungstagebuch, doch ist nicht mehr als ein Vorbericht publiziert. Ironie der Geschichte: Lange nach Pinudjems Tod wurde auch seine Mumie zur sicheren Verwahrung in das Versteck in Deir el-Bahari geschafft.[22]

***

Smendes, der etwa 1043 v. Chr. starb, wurde wahrscheinlich in Tanis bestattet und eröffnete so eine Reihe von Gräbern der 21. Dynastie. Etwa fünf Jahre nach seinem Tod kam nach der kurzen Herrschaft eines anderen Monarchen ein Sohn Pinudjems I. namens Psusennes I. auf den Thron und regierte am Ende fast fünfzig Jahre (ca. 1039–991). Ab seinem Herrschaftsantritt waren Ober- und Unterägypten wieder vereint. In seine Zeit gehört vielleicht auch der erste Fall eines ägyptischen Auftretens in der Levante seit beinahe einem Jahrhundert.[23]

Die Belege dafür liefern teilweise die Gold- und Silbergefäße aus dem Grab des Psusennes in Tanis sowie weitere Objekte, darunter Uschebtis (kleine Statuetten in Menschengestalt, die in Gräber gestellt wurden, um der bestatteten Person im Leben nach dem Tod zu dienen). Entdeckt wurde es 1939–40, als gerade der Zweite Weltkrieg begann, vom französischen Ägyptologen Pierre Montet. Seine Funde übertrafen alle Erwartungen – man hat von einer der reichsten altägyptischen Bestattungen gesprochen, die je gefunden wurden, nur übertroffen vom Grab König Tutanchamuns.[24]

Als Montet die Grabkammer das erste Mal betrat, sah er in der Mitte des Raumes einen Sarkophag aus massivem Silber, umgeben von Bronzegefäßen und anderen Objekten; weitere Gegenstände säumten die Wände. Die Wandgemälde bestätigten, dass es sich um das Grab Psusennes' I. handelte. Montet alarmierte König Faruk, der damals das moderne Ägypten beherrschte, und wartete die Ankunft des Monarchen ab, ehe er den Sarg öffnete. Der Ägyptologe Bob Brier beschreibt diesen Moment so: »Als der Sarg am 25. März 1939 geöffnet wurde [...], zeigte sich eine Goldmaske, die den längst verstorbenen Pharao bedeckte.« Doch es war nicht Psusennes. Stattdessen gaben die Hieroglyphen an, dass die Mumie im Sarkophag ein bis dahin unbekannter König war, Scheschonq IIa. Das war überaus seltsam, denn seinem Namen nach zu schließen gehörte dieser König zur Dynastie nach der des Psusennes, der 22., die vielleicht ein Jahrhundert später regierte. Noch dazu lag Scheschonq nicht allein in der Vorkammer, denn dort fanden sich auch die Mumien der letzten beiden Könige der 21. Dynastie, Siamun und Psusennes II. Zwischen ihnen hatte man Scheschonqs Sarkophag abgestellt.[25]

Wenn Scheschonq IIa im Grab Psusennes' I. lag, wo lag dann Psusennes? War auch hier eine Königsmumie während der Antike umgebettet oder versteckt worden? Weit war die Mumie nicht gekommen, wie sich zeigte, und Montet brauchte nicht lange, bis er das herausfand. Schon im nächsten Jahr, als er ab Mitte Januar 1940 fortfuhr, die verschiedenen Grabbeigaben aus dem Raum zu entfernen, der in Wirklichkeit nur die Vorkammer des eigentlichen Grabes war, bemerkte er in der Westwand zwei versteckte, kaum sichtbare Türen. Später schrieb er: »Wir begannen mit der Nordöffnung. Kleine Steinblöcke ließen sich leicht entfernen, aber dann versperrte uns ein großer Granitblock den Weg, der so exakt in den Gang eingepasst war, dass wir es einige Zeit für unmöglich hielten, ihn zu entfernen. Als wir durch den äußerst schmalen Spalt elektrisches Licht fallen ließen, sahen wir drinnen zwei Metallgegenstände, einen schimmernden und einen grün angelaufenen, dazu einen massiven Stein.«[26]

Als Montet schließlich den Sperrstein entfernen konnte, indem er ein Kabel sechsmal um ihn legte und den Stein mit einer Winde wegzog, ging er den Gang weiter entlang und fand sich in einem schmalen Raum wieder. Es war eine der beiden Grabkammern mit einem massiven Sarkophag aus rosa Granit, umgeben von Gold- und Silbergefäßen, dazu Kanopenkrügen (in denen die konservierten Eingeweide der Mumie lagen) und anderen Gegenständen. Inzwischen war seit der Entdeckung des Grabes fast ein Jahr vergangen – aber hatte Montet nun endlich den Pharao gefunden? Er selbst bemerkte: »Die Inschriften, die den Sarkophag links und rechts einrahmten, und die auf der Ostseite verrieten uns, dass wir diesmal bei Psusennes angekommen waren.«[27]

Doch ursprünglich war der Sarkophag eindeutig für Pharao Merenptah bestimmt und verwendet worden, den ersten Pharao, der 1207 v. Chr. die Seevölker bekämpfte und von »Israel« sprach. All seine Kartuschen waren ausgemeißelt und durch den Namen des Psusennes ersetzt worden, aber es blieben genug Reste, um die Originaltexte erkennen zu lassen. Kurz vorher war Merenptahs Mumie ins Grab Amenophis' II. verlegt worden, also war dieser Sarkophag (der innerste von dreien) jetzt zur Wiederverwendung frei. Folglich hatte man ihn anscheinend von seinem Originalstandort im Tal der Könige in dieses Grab in Tanis verbracht.[28]

Ende Februar hob Montet den schweren Deckel des rosa Sarkophags. Drinnen fand er »einen zweiten Sarkophag aus schwarzem Granit in Form einer Mumie«. Dem Stil nach hatte dieser Sarg einmal einem Vornehmen der 19. Dynastie gehört. Unverzüglich öffnete Montet ihn. Im Innern lag ein dritter Sarkophag, diesmal aus massivem Silber. Als sein Deckel abgehoben wurde, sah man keine Särge mehr, nur eine Goldmaske und ein vergoldetes Mumienbrett, die den Leichnam des Königs bedeckten. All seine Binden und das Fleisch waren vollständig verwest; nur ein blankes, aber mit Goldschmuck überhäuftes Skelett war noch übrig. Die Hieroglyphen bestätigten, dass Montet endlich Psusennes I. gefunden hatte, der seitdem den Beinamen »der silberne Pharao« trägt. Der Ägyptologe brauchte weitere zehn Tage, um sorgsam die Goldmaske und anschließend die Gebeine des Psusennes zu bergen; schließlich wurden sie mit anderen Gegenständen aus dem Grab ins Museum nach Kairo transportiert.[29]

Hinter der anderen versteckten Tür lag allerdings noch eine weitere Grabkammer. Ursprünglich war sie für Mutnedjmet, die Frau Psusennes' I., bestimmt gewesen, aber irgendwann hatte man ihren Leichnam entfernt und durch den von Psusennes' unmittelbarem Nachfolger Amenemope ersetzt. Unklar ist, wann dieser Austausch stattfand oder wieso Siamun, Psusennes II. und Scheschonq IIa alle nicht in eigenen Gräbern lagen, sondern in der Vorkammer zum Grab Psusennes' I. Vielleicht wurden Siamun und Psusennes II. von vornherein hier beigesetzt, aber der Ägyptologe Aidan Dodson hat darauf hingewiesen, dass Pflanzenreste an der Mumie Scheschonqs »in die Knochen eingewachsen zu sein scheinen, während der Sarg in stehendem Wasser lag«. Das ist vielleicht ein Hinweis, dass Scheschonqs ursprüngliches Grab überschwemmt wurde und man ihn deswegen in der Vorkammer des Psusennes neu beisetzen musste.[30]

Zwar hatte Montet ein intaktes Pharaonengrab mit einigen Objekten gefunden, die ebenso spektakulär waren wie die in der Gruft Tutanchamuns, nur waren die weltweiten Medien damals eher mit dem laufenden Weltkrieg beschäftigt als mit einem schon lange toten Pharao. Folglich ist diese faszinierende Entdeckung nicht so zur Kenntnis genommen und gewürdigt worden, wie sie es verdient, obwohl die Schätze einen eigenen Raum im Kairoer Museum bekamen und heute in Räumen ausgestellt sind, in denen früher Schätze Tutanchamuns standen.[31]

***

Außerdem hatte Montet Hunderte Uschebtis im Grab des Psusennes gefunden. Heute sind sie über verschiedene Museen und Privatsammlungen verstreut, so Shirly Ben-Dor Evian, die früher im Jerusalemer Israel Museum Kuratorin für ägyptische Archäologie war.[32] In den Beständen dieses Museums sind vier davon – drei wurden in Psusennes' Grab gefunden, der vierte stammt wahrscheinlich aus einem geplünderten Grab aus der Nähe. Alle sind aus Kupfer. Eine Statuette trägt die Inschrift »Psusennes«, eine andere den Namen seiner Frau Mutnedjmet und die beiden übrigen den des Generals Wendjebaendjed, der in einer Nebenkammer des Psusennes-Grabes bestattet worden war.

Ben-Dor Evian und ihre Kollegen führten an den vier Uschebtis eine Bleiisotopenanalyse durch, eine Technik zur Herkunftsbestimmung des Kupfers, aus dem sie bestehen. Spannend ist, dass das Kupfer in allen vier aus der Araba-Region des Negev-Hochlands kommt, im heutigen Grenzgebiet zwischen Jordanien und dem Sinai. Hier liegen die Kupferbergwerke im Timna-Tal (im Sinai), manchmal »König Salomos Minen« genannt, und die im jordanischen Wadi Faynan. Offensichtlich bezog Ägypten, das in der Bronzezeit einen Großteil seiner Kupferimporte aus Zypern erhalten hatte, jetzt mindestens einen Teil aus dieser Region. Das ist eines der Indizien, dass nach einer durch den Kollaps entstandenen Unterbrechung der internationale Handel zwischen Ägypten und der südlichen Levante wieder eingesetzt hatte.[33]

Israeliten und Philister

In diesem ersten Kapitel versuche ich zwei Regionen abzudecken. Wenn ich an dieser Stelle erst die Levante genauer in den Blick nehme, ehe wir nach Ägypten zurückkehren, wo sich immer mehr Erzählstränge verdichten, dann vermittelt uns ein Papyrus namens *Onomastikon des Amenemope*, der 1890 in einem Krug bei el-Hibe in Ägypten gefunden wurde, einige Details. Heute ist der Text aus sage und schreibe neun verschiedenen Abschriften bekannt. Ein Teil des Papyrus, der Völker und Orte aufzählt, erwähnt drei der Gruppen, aus denen sich die Seevölker zusammensetzten – die Šerden (Šardana), die Tjekker und die Peleset (Philister) –, sowie drei Städte – Aschkelon, Aschdod und Gaza.

Den Andeutungen des Papyrus zufolge hatten sich Überreste der drei Gruppen in diesen Städten niedergelassen oder waren darin von den, wie Ramses III. behauptete, siegreichen Ägyptern angesiedelt worden. Bemerkenswert ist nicht nur, dass wir hier außer den Peleset auch auf die Tjekker stoßen, sondern auch, dass die genannten Städte drei der fünf Mitglieder der sogenannten philistäischen Pentapolis sind – Aschdod, Aschkelon und Gaza befanden sich an einem Küstenstreifen im Süden Kanaans und lagen am selben Ort wie die heutigen Städte dieses Namens oder in ihrer Nähe, während Ekron (Tel Miqne) und Gat (Tell es-Safi) weiter landeinwärts lagen. Archäologische Befunde in vier der fünf Städte (in Gaza hat es noch keine Ausgrabungen gegeben) deuten an, dass sie in der Bronzezeit allesamt kanaanäische Städte waren, dann aber ungefähr vom selben Zeitpunkt an, nämlich im späten 12. und im 11. Jahrhundert v. Chr., erste materielle Spuren der philistäischen Kultur aufweisen.[34]

Nicht ganz ein Jahrzehnt später wurde 1899 der Fundort Tell es-Safi als das philistäische Gat identifiziert und gemeinsame Ausgrabungen des amerikanischen Archäologen Frederick Bliss und seines irischen Kollegen Robert Alexander Stewart Macalister begannen. 1914 legte Macalister eines der ersten englischsprachigen Bücher vor, die ausschließlich den Philistern gewidmet waren: *The Philistines, Their History and Civilization*. Erneute Grabungen an dieser Stelle begannen 1996 unter Leitung von Aren Maeir von der Bar-Ilan-Universität in Ramat Gan (Bezirk Tel Aviv). Sie haben viele neue Informationen geliefert.[35]

Anfangs sah es so aus, als würden die Philister »der rechtmäßige Erbe des altägyptischen Reiches in Kanaan«. Doch es sollte anders kommen. Stattdessen übernahmen die Israeliten den Großteil des ehemaligen Kanaan und nach Auseinandersetzungen mit den Philistern seit der Zeit des Israelitenkönigs Saul, aber auch noch unter David und dessen Sohn Salomo, »ging der Status als Ägyptens Erbe« in dieser Region am Ende »auf Israel über«.[36] Einmalig waren die Israeliten zu dieser Zeit, indem sie einem Monotheismus anhingen. Je nachdem gelten sie als neu in der Gegend oder als eine Gruppe, die schon länger im Hintergrund gewartet hatte, denn der Zeitpunkt und die Art, wie sich die Israeliten am Ende im Land Kanaan niederließen, sind komplizierte, umstrittene Fragen.

Zahlreiche Gelehrte haben sich zu diesem Thema zu Wort gemeldet, unter anderem mit Hypothesen, die die biblische Exodus-Erzählung einbauen und eine gewaltsame Eroberung Kanaans durch die Israeliten annehmen, an deren Ende entweder ein Genozid oder eine friedlichere Art der Integration stand, wie sie die Bücher Josua und Richter der hebräischen Bibel auf unterschiedliche Art beschreiben. Auch andere Möglichkeiten sind vorgeschlagen worden, wonach die Israeliten Nomaden oder Halbnomaden waren, die friedlich in das Gebiet einsickerten, oder aber Bauern im Hochland, die sich gegen kanaanäische Herren auflehnten, oder sogar, dass aus Teilen der ansässigen kanaanitischen Bevölkerung selbst allmählich »Israeliten« wurden. Diese Theoriemodelle kennt man unter den Schlagworten »Eroberung«, »Friedliche Infiltration«, »Bauernrevolte« und »Unsichtbare Israeliten«.[37] Die jüngsten Debatten kreisen eher um anthropologische Fragen nach der Ethnizität der Israeliten, insbesondere mit Bezug auf die anderen Völker, die sich etwa zur selben Zeit ebenfalls in dieser Region herausbildeten.[38] Zu ihnen zählen die Philister, die das Küstengebiet der südlichen Levante übernehmen.

Egal welcher Theorie die einzelnen Forscher folgen, sicher ist, dass eine Inschrift Pharao Merenptahs auf einem Siegesmonument, das Sir William Matthew Flinders Petrie 1896 entdeckte, einen Sieg der Ägypter über ein Volk namens »Israel« reklamiert, das etwa um

1207 v. Chr. im Land Kanaan lebte. Außerdem wissen wir, dass – wie auch immer die früheren Ereignisse und die Art aussahen, in der die Israeliten die Bühne betraten – ihre ersten Siedlungen Ende des 12. Jahrhunderts oder doch etwa um diese Zeit schon bestanden und deren Anzahl im frühen 11. Jahrhundert explodierte. So viel ist dank einer Vielzahl archäologischer Studien bekannt, die in der Region spätestens seit den 1960er Jahren durchgeführt wurden.[39]

Angesichts dieser Tatsachen und unabhängig davon, ob die Israeliten nun mehrere Jahrzehnte lang im Sinai geschmachtet hatten oder schon im Land anwesend waren, nur eben »unsichtbar«, oder über Jahrhunderte langsam ins Land eingesickert waren, nutzten sie vielleicht einfach das Chaos in Kanaan aus, das während des Zusammenbruchs herrschte. Das politisch-militärische Vakuum, das der Rückzug der Ägypter hinterließ, und die Zerstörung der verschiedenen kanaanäischen Städte müssen bedeutet haben, dass die Israeliten nun Gebiete erreichen konnten, die sie aus eigener Kraft nie hätten besetzen können. Dadurch hätten sie ganz Kanaan oder den Großteil davon bis zum Ende des 12. Jahrhunderts v. Chr. übernehmen können.[40]

Noch bleibt dieses Szenario spekulativ, aber es beantwortet plausibel die Frage nach dem Wie, der die meisten übrigen Hypothesen die Antwort schuldig bleiben. Wer die wundersam wirkende Hand Gottes am Werk sieht, braucht hier nicht weiterzufragen, für die anderen aber bleibt es eine berechtigte Frage, wie sonst die Israeliten wohl die eindrucksvollen kanaanitischen Städte hätten angreifen und einnehmen können. Unter normalen Umständen konnten sie das wohl nicht, jedenfalls nicht aus eigener Kraft. Sobald jedoch die Seevölker ihre Invasion der kanaanäischen Küste gestartet hatten, ein fester Teil der übrigen Desaster (Dürre, Hungersnot, Aufstände usw.), die die kanaanitische Kultur in die Knie zwangen, und sobald sich die Ägypter aus der Region zurückgezogen hatten, konnten die Israeliten vielleicht die Ruinen der größeren Städte besetzen und einige der Städtchen ganz von sich aus einnehmen, womit sie die Eroberung Kanaans vollendeten. Wahrscheinlich schrieben die späteren Autoren der Bibel das ganze Verdienst an der Einnahme und Zerstörung der kanaanäischen Städte den Israeliten zu, ohne die Rolle der Seevölker auch nur zu erwähnen, weil sie Letztere nur in Gestalt der biblischen Philister kannten, die Saul und David während ihrer Herrschaft solchen Ärger machten.[41]

Neuere Studien zu Klimaveränderungen von Dafna Langgut an der Universität Tel Aviv und ihren Kollegen weisen auf einen möglichen Zusammenhang zwischen den frühen Israeliten und Philistern sowie einem zeitweiligen Nachlassen der schweren Dürrephase hin. Vielleicht schon 1150 v. Chr., auf jeden Fall nicht später als etwa 1100, scheint die verfügbare Feuchtigkeit in der südlichen Levante einen Sprung nach oben gemacht zu haben, was zu etwas feuchteren Klimaverhältnissen führte, die wiederum »intensiven Oliven- und Getreideanbau« erlaubten.[42]

Die günstigeren Umstände hielten sich in dieser Region eventuell bis etwa 950 v. Chr., was ungefähr der Zeitspanne des ersten Auftretens der Israeliten entspricht. Langgut und ihre Kollegen stellen fest: »Die verbesserten Bedingungen im Hochland während des Iron Age I erlaubten den Neuanfang der Siedlungsaktivität, die den Hintergrund zum Aufstieg des antiken Israel darstellt [...]. Ähnliche Bedingungen in anderen hoch gelegenen Regionen der Levante könnten zur Entwicklung entsprechender Siedlungssysteme geführt haben, die andere biblische Völker hervorbrachten: die Aramäer in Syrien und die Ammoniter und Moabiter in Transjordanien.«[43]

Diese Idee wird inzwischen von einer weiteren neuen Studie gestützt, die die These aufstellt, dass gerade dieses Gebiet zu den wenigen Regionen zählte, in denen die Bevölkerung zu Beginn der Eisenzeit – also in der Phase gleich nach dem Kollaps – zunahm, statt zu sinken. Wenn das zutrifft, könnte die Bevölkerungszunahme das Ergebnis der Gründung der neuen Königreiche in der Levante sein, darunter Israel und Juda, aber auch Moab, Ammon und Edom, obwohl die Forschungsdebatte noch anhält, ob es in diesen Gebieten Einwohner gab, die den Zusammenbruch überlebt hatten – sehr wahrscheinlich Nomaden, wie manche behauptet haben – oder ob alle neu in der Region waren und erst in der Zeit danach eingewandert waren.[44]

König David

Unsere Hauptquelle für die folgenden Ereignisse ist die hebräische Bibel, die – wenn wir die Erzählung wörtlich nehmen – berichtet, dass die Philister den noch jungen Israeliten und ihrem frisch gesalbten König Saul mit seinen Söhnen im späteren 11. Jahrhundert Probleme machten. Die Lage spitzte sich zu, als Saul und sein Nachwuchs in der Jesreel-Ebene nicht weit von Megiddo (dem biblischen Harmagedon) gegen die Philister kämpften. Dort wurde Saul laut dem biblischen Bericht etwa im Jahr 1016 v. Chr. mit drei seiner Söhne an den Hängen des Berges Gilboa im Kampf getötet und man hängte ihre Leichen an die Stadtmauern von Bet Sche'an (1 Samuel 28–31; 2 Samuel 1; 1 Chronik 10).

Bald darauf übernahm einer der überlebenden Söhne Sauls, Ischbaal (oder Ischboschet), die Nordhälfte des jungen israelitischen Königreichs, während sich David zum König über Juda erklärte, die Südhälfte (2 Samuel 2,1–4,8). Später übernahm David auch die Nordhälfte und gründete etwa um 1000, was wir heute als »davidisch-salomonisches Großreich« bezeichnen.[45]

Leider bestätigen keinerlei archäologische oder epigrafische Quellen diese Erzählungen der Bibel, also sind wir nicht in der Lage, ihre Zuverlässigkeit unabhängig zu prüfen – doch trotz vieler Diskussionen wirken sie plausibel, besonders angesichts der übrigen Ereignisse, die zu dieser Zeit in der Umgebung stattfanden. Noch dazu hatten wir bis vor Kurzem nicht einmal außerbiblische Belege, dass es David je gegeben hat, so seltsam das erscheinen mag. Das alles änderte sich 1992.

KAPITEL 1: DAS JAHR DER HYÄNEN

In jenem Sommer arbeitete Gila Cook als Grabungsarchitektin für die Ausgrabungen am Fundort Tel Dan (dem antiken Lachisch) nördlich des Sees Genezareth im heutigen Israel. Geleitet wurde die Grabung von Avraham Biran, einem altgedienten, angesehenen Archäologen und Professor am Jerusalemer Campus des Hebrew Union College. Biran hatte damals schon über 25 Jahre in Tel Dan gegraben, seit 1966. Der Ort selbst liegt mitten in einem wunderschönen Naturschutzgebiet, zu dem die eiskalten Quellen des Jordans und ein großartiges Restaurant gehören, das Touristen und Einheimischen Fisch serviert.

Cooks Ziel an diesem Tag war es, die Steine einer kürzlich freigelegten Mauer zeichnerisch genau zu dokumentieren. Doch der Tagesplan kam ins Kippen, als das schräge Sonnenlicht Schatten auf einen bestimmten Stein warf und eine Inschrift sichtbar wurde, die in seine Oberfläche geritzt war und die vorher niemand bemerkt hatte. Geschrieben war sie auf Aramäisch in phönizischen Buchstaben. Als sie nun gelesen wurde, erwies sich der Text als Sensation, denn er enthielt die Worte *Beit David* – das »Haus David«. Es war das erste Mal, dass eine Inschrift aufgetaucht war, die den biblischen König David erwähnte – ja sogar das erste Mal, dass man außerhalb der Bibel einen Beleg für die Existenz König Davids gefunden hatte.[46]

Es zeigte sich, dass der Stein vermutlich Teil eines größeren Monuments gewesen war, das man höchstwahrscheinlich gegen 841 v. Chr. errichtet hatte, fast anderthalb Jahrhunderte nach Davids Herrschaftszeit (ca. 1000–970). Noch im selben Jahr fand die Expedition weitere Fragmente dieses Monuments, obwohl viele Teile noch fehlen. Zwar ist die Inschrift immer noch Gegenstand wissenschaftlicher Debatten und Diskussionen, aber anscheinend erinnerte sie an die Einnahme Tel Dans durch den Aramäerkönig Hasaël, dessen Gebiet sich gleich nördlich davon in Aram-Damaskus befand und der etwa 842–796 v. Chr. regierte. Wir werden ihm später noch begegnen.

Abb. 2: Die Inschrift von Tel Dan. Die Worte *Beit David* sind weiß hervorgehoben (akg-images /Album/Oren Rozen).

Die fragmentarische Inschrift lautet im gegenwärtigen Zustand so:

> [...] *mein Vater zog aus [gegen ihn, als] er in [...] kämpfte. Und mein Vater legte sich nieder, er ging zu seinen [Vätern]. Und der König von I[s]rael drang vorher ins Land meines Vaters ein. [Und] Hadad machte mich zum König. Und Hadad zog vor mir her und ich ging fort von den sieben [...] meines Reichs/meiner Könige, und ich erschlug [mächt]ige [...] Köni[ge], die Tau[sende [...] Streit]wagen bespannten und Tausende Wagenpferde. [Ich tötete Jo]ram [...] den Sohn A[habs], König von Israel, und tötete [Ahas]jahu, den Sohn [Jorams, den Köni]g des Hauses David. Und ich legte [ihre Städte in Trümmer und verwandelte] ihr Land in [eine Einöde ...].*[47]

Die Entdeckung dieser Inschrift beendete einen Streit, der in akademischen Kreisen getobt hatte. Manche Forscher bezweifelten, dass David und Salomo, die Herrscher im 10. Jahrhundert v. Chr., je existiert hatten, denn bis dahin hatte man für beide Könige kein außerbiblisches Zeugnis. Daher war die Entdeckung dieser Inschrift, die das Haus David erwähnte und damit indirekt andeutete, dass es einen historischen David (den Dynastiegründer) gegeben hatte, überaus wichtig. Der Bezug auf David und die von ihm gegründete Dynastie lässt vermuten, dass auch Salomo höchstwahrscheinlich existiert hat, denn er ist Davids Sohn.[48]

Am Rande will ich erwähnen, dass eine mögliche, jedoch hochumstrittene zweite Erwähnung des Hauses David auf der sogenannten Mescha-Stele vorkommt. Diese Inschrift, die vor allem für ihre Erwähnung von »Omri, König von Israel« bekannt ist, sah und identifizierte zuerst der anglikanische Missionar F. A. Klein 1868 in Dibon im heutigen Jordanien. Obwohl ein Drittel des Textes heute fehlt, bleibt sie die längste bis dato im Heiligen Land gefundene Monumentalinschrift und ist eine der ersten je gefundenen außerbiblischen Inschriften, die eine Person oder einen Ort aus der hebräischen Bibel nennt – beispielsweise Israels König Omri neben (möglicherweise) dem Haus David.[49]

Edom und die Edomiter

Der biblischen Darstellung zufolge zählte das nahe Königreich Edom zu den von David eroberten Territorien, als er sich als König etablierte. Es lag südlich und östlich von Davids ursprünglichem Machtbereich, ungefähr im Raum des Wadi Faynan im heutigen Jordanien.

Die biblischen Geschichten von der Eroberung Edoms durch David könnten einen zusätzlichen Beleg für die Verbindung zwischen Timna und Ägypten darstellen, denn hier erfahren wir, dass während der Kämpfe der edomitische Kronprinz Hadad, der damals noch ein Kleinkind war, heimlich aus dem Land geschafft und nach Ägypten in Sicherheit gebracht wurde (1 Könige 11,14–22). Als Hadad älter wurde, heiratete er die Schwester der ägyptischen Königin und bekam mit ihr einen Sohn namens Genubat, ehe er nach Davids Tod nach Edom zurückkehrte und später gegen König Salomo rebellierte.[50]

Auch hier fehlen zwar unabhängige Belege für diese Geschichte, aber der Ägyptologe Kenneth Kitchen schlägt vor, es sei Psusennes I. gewesen, der Hadad Zuflucht in Ägypten gewährte, dazu »ein Haus, Verpflegung und Land« (1 Könige 11,18). Psusennes, dessen lange Herrschaft bis etwa 991 v. Chr. dauerte und den wir schon kennengelernt haben, überschnitt sich mit Davids Herrschaftszeit um mindestens ein Jahrzehnt, wenn nicht noch mehr. Möglich ist aber auch, dass die Episode in die Herrschaftszeit von Amenemope fiel, des Sohnes Psusennes' I., der nach dem Tod seines Vaters rund zehn Jahre lang regierte und von seiner Hauptstadt Tanis aus die Macht der 21. Dynastie auf ganz Ober- und Unterägypten ausdehnte.[51]

Erstmals genau erforscht wurde das Königreich Edom durch den schillernden amerikanischen Archäologen Nelson Glueck im Zuge seiner Forschungen in Jordanien während der 1930er Jahre. Glueck, ordinierter Rabbiner und späterer Präsident des Hebrew Union College in Cincinnati, ist einer der wenigen Archäologen, die je auf dem Titelblatt der Zeitschrift *Time* abgebildet worden sind (1963; schon vorher war dort 1931 James Henry Breasted erschienen, der Gründer und Direktor des Oriental Institute an der University of Chicago). Stark geleitet durch die hebräische Bibel, bezog Glueck die Kupferminen im Wadi Faynan in der Araba-Senke auf König Salomo, den er den ersten »Kupfermagnaten« der Welt nannte, doch diese Zuschreibung gilt heute als unwahrscheinlich.

In jüngerer Zeit begannen 1997 zwei Jahrzehnte Forschung im Zuge des Edom Lowlands Regional Archaeology Project der

University of California San Diego und des jordanischen Ministeriums für Altertümer. Inzwischen hat das Projekt zahlreiche Publikationen von Forschern wie Tom Levy, Mohammad Najjar, Erez Ben-Yosef und anderen hervorgebracht. Ihre Untersuchungen der Kupferminen im Wadi Faynan haben gezeigt, dass es schon im 11. Jahrhundert v. Chr. einen jähen Anstieg der Nutzung dieser Bergwerke wie auch der im nahen Timna gab, der sich im 10. und 9. Jahrhundert fortsetzte. Die neue Förderung von Kupfererzen im Wadi Faynan machte Zypern vielleicht seine bisherige beherrschende Rolle im Export von Kupfer streitig.[52]

Der Aufstieg Edoms und der Edomiter wird inzwischen in Verbindung mit der Ausbeutung dieser Kupferressourcen gebracht. Erez Ben-Yosef von der Universität Tel Aviv vermutet, dass Verwaltung und Durchführung des Abbaus anfangs von archäologisch sonst unsichtbaren Wanderhirten geleistet wurden, die die Chance zum Betrieb der Minen nutzten, als die ägyptischen Behörden sich nach dem Kollaps zurückzogen. Ben-Yosef zufolge wurden die nomadischen Bergleute schließlich sesshaft und wurden zu dem Volk, das die Bibel Edomiter nennt. Besonders die letzte These hat eine lebhafte Debatte ausgelöst, die noch anhält. Wenn es im Wadi Faynan schon vor Salomos Zeit Bergbau gab, ist außerdem Gluecks Hervorhebung von Salomos Präsenz dort entweder irrelevant oder nicht so wichtig, wie Glueck dachte.[53]

Khirbet Qeiyafa und Tel Gezer

Weitere Entdeckungen könnten ebenfalls aufschlussreich für die Größe von Davids Machtgebiet sein, ziehen aber ihrerseits neue Debatten nach sich. Ein hervorragendes Beispiel ist Khirbet Qeiyafa im Tal Elah südwestlich von Jerusalem, wo angeblich der Kampf zwischen David und Goliath stattfand. Ausgegraben wurde dieser Fundort ab 2007 durch Yossi Garfinkel von der Hebräischen

Universität Jerusalem. Garfinkel datierte ihn ins 10. Jahrhundert v. Chr. und bezog ihn auf König David und den damaligen Umfang seines Territoriums. Khirbet Qeiyafa liegt nicht weit von den Philisterstädten Tell es-Safi (dem biblischen Gat) und Tell Miqne (dem Ekron der Bibel), doch Garfinkel meint, sein Grabungsort liege gleich hinter einer im Wesentlichen unsichtbaren Grenze und damit in Davids Königreich statt im Philistergebiet. Er hat außerdem vorgeschlagen, Khirbet Qeiyafa mit dem biblischen Scha'arajim zu identifizieren, das in der Erzählung von David und Goliath auftaucht (1 Samuel 17, v. a. 52), aber alle anderen Archäologen sind dieser Identifikation nicht gefolgt.[54]

Neben vielen weiteren Funden hat der Ort bisher zwei Inschriften geliefert. Eine ist rund um den Rand eines Vorratsgefäßes in einer anscheinend kanaanitischen Alphabetschrift angebracht und könnte den Personennamen ʼIšbaʻal enthalten, vielleicht der Besitzer des Kruges. Die andere, 2008 entdeckte Inschrift hat für viel lebhaftere Diskussionen gesorgt. Sie besteht aus fünf Zeilen in schwarzer Tinte auf einer Tonscherbe (so eine beschriftete Scherbe nennt man in der Archäologie ein Ostrakon). Obwohl noch immer nicht ganz klar ist, was die Zeilen besagen, reichen die verschiedenen Deutungen und Übersetzungen vom Alltäglichen bis ins Verstiegene, was zum Teil daran liegt, dass sich nicht alle einig sind, mit welcher Sprache wir es zu tun haben. Die meisten neigen inzwischen zu einer vom Phönizischen abgeleiteten Version der althebräischen Schrift. Ein früher Übersetzungsversuch enthielt unter anderem die Zeilen »Richte über den Sklaven und die Witwe, richte über die Waise und den Fremden. Tritt ein für das Kleinkind, tritt ein für den Armen und die Witwe«, aber diese Lesart ist nach wie vor hochumstritten.[55]

Weiterhin gibt es eine Inschrift, die mit den anderen nichts zu tun hat, aus dem nicht weit weg gelegenen Gezer, die ebenfalls aus dem 10. Jahrhundert v. Chr. zu stammen scheint. Mit Recht ist sie berühmt, obwohl wir sie keiner besonderen Herrschaftszeit zuweisen können, weder David noch einem anderen Herrscher. Es handelt sich um den sogenannten Gezer-Kalender, eine Steininschrift, die entweder paläohebräisch ist (die älteste bekannte Version des Hebräischen) oder vielleicht phönizisch.

Abb. 3: Replik der Kalenderinschrift von Gezer (Foto E. H. Cline).

Gefunden wurde sie vor langer Zeit, 1908 durch den schon erwähnten R. A. S. Macalister, der im Auftrag des Palestine Exploration Fund in London grub. Der Text beschreibt die wichtigsten landwirtschaftlichen Tätigkeiten im Jahreslauf und gewährt damit Einblick ins damalige Leben in der Region. Er lautet. »Zwei Monate Einbringen, zwei Monate Aussaat, zwei Monate späte Aussaat, ein Monat Flachsbrechen, ein Monat Gerstenernte, ein Monat Ernte und Vollendung, zwei Monate Traubenschneiden, ein Monat Sommerfrüchte.«[56]

Pharao Siamun und die Cachette von Deir el-Bahari

Eine wichtige Rolle spielt Gezer auch in einer Bibelstelle, die berichtet, ein ägyptischer Pharao habe die Stadt erobert und anschließend als Teil der Mitgift an Salomo übergeben, als dieser die Tochter des Pharaos heiratete (1 Könige 9,16–17). Dort heißt es: »[…] der Pharao, der König von Ägypten, war hinaufgezogen, hatte Gezer eingenommen und mit Feuer verbrannt und die Kanaaniter erschlagen, die in der Stadt wohnten, und hatte seiner Tochter, Salomos Frau, den Ort zum Geschenk gegeben; und Salomo baute Geser wieder auf […].«[57]

Auffällig ist, dass der Name des Pharaos, der Gezer eroberte und niederbrannte, nicht genannt wird. Einige Vertreter der biblischen Geschichte und der Ägyptologie haben vorgeschlagen, der fragliche Herrscher Ägyptens könnte Pharao Siamun aus der 21. Dynastie gewesen sein, der zwanzig Jahre lang regierte (ca. 979–958 v. Chr.). Tatsächlich gibt es in Gezer Hinweise auf eine Zerstörungsschicht, die etwa in diese Zeit fallen und möglicherweise etwas mit einem Feldzug Siamuns zu tun haben könnte, obwohl es keine eindeutigen Verbindungen zwischen beiden gibt.[58]

Falls dieser Bericht eine reale Grundlage hat, dann hatte es nach dem Kollaps eindeutig eine Veränderung der Machtdynamik gegeben, denn in der Bronzezeit hätte ein ägyptischer Pharao seine Tochter niemals mit einem ausländischen König verheiratet. Doch wir haben schon gesehen, dass in der Eisenzeit andere Spielregeln galten – erinnern Sie sich, dass der Bibel zufolge während der Herrschaftszeit Davids die Schwester der ägyptischen Königin mit dem jungen Hadad, dem Kronprinzen von Edom, verheiratet worden war?[59] Nun hören wir von einer weiteren derartigen Ehe. Doch Salomo scheint die ägyptische Prinzessin gut behandelt zu haben und baute ihr in Jerusalem angeblich ein eigenes Anwesen: »Und die Tochter des Pharao zog herauf von der Stadt Davids in ihr Haus, das Salomo für sie gebaut hatte« (1 Könige 9,24).

Möglicherweise war eine solche Königsehe, wie sie häufig Teil irgendeines Bündnisses oder bilateralen Vertrags war, Teil eines Versuchs, Siamuns Herrschaft in Ägypten zu stabilisieren, denn dort lief es vielleicht nicht gut für ihn. Beispielsweise könnten sich Sorgen um die Sicherheit in Theben als neue Umverteilung von Königsmumien geäußert haben. Zunächst wurden einige in Siamuns 10. Herrscherjahr ins Grab der Königin Inhapi gebracht. Etwas später (manche würden sagen, erst im 11. Herrscherjahr Scheschonqs I., etwa 935 v. Chr.) endeten sie zusammen mit anderen, darunter jetzt auch die Könige Ahmose I., Thutmosis I.–III., Sethos I., Ramses I.–III. sowie Mitglieder der Familie Pinudjems II., in einem Grab nahe Deir el-Bahari. Ursprünglich scheint es das Grab der Königin Ahmose-Nefertari aus der 18. Dynastie gewesen zu sein, das kurz zuvor für die Familie Pinudjems II. genutzt worden war.[60]

Dieses Versteck, das heute meist als »Cachette von Deir el-Bahari« bezeichnet wird (mit der offiziellen Grabnummer TT 320), war gut gewählt, denn es blieb fast drei Jahrtausende lang unentdeckt. Erst vor rund 150 Jahren, irgendwann um 1870, wurde es nach der heute meistverbreiteten Version der Geschichte von einem Mitglied der Familie Abd el-Rasul entdeckt, angeblich, als der Mann nach einer Ziege suchte, die in den Grabschacht gefallen war. Aber diese Geschichte glauben nur wenige, sondern es wird eher vermutet, dass er gezielt nach Gräbern zum Ausrauben suchte, denn anschließend wurde die Lage des Grabes ein gut gehütetes Familiengeheimnis. Die Familie behandelte es als ihre private Schatzkammer und verkaufte innerhalb von rund zehn Jahren ein kostbares Objekt nach dem anderen an wohlhabende europäische und amerikanische Touristen.

Schließlich flog die Masche 1881 durch Emil Brugsch auf, den Gaston Maspero losgeschickt hatte, der neue Direktor der ägyptischen Altertumsbehörde. Brugsch engagierte mehrere hundert Dorfbewohner und entfernte innerhalb von rund 48 Stunden sämtliche verlagerten Pharaonen und Königinnen samt ihren Beigaben aus dem Grab, wobei er zugunsten einer schnellen Entnahme auf genaue Aufzeichnungen verzichtete, wo er was vorgefunden hatte. Heute zählt die Sammlung aus Königsmumien und Grabbeigaben seit Jahrzehnten zu den kostbarsten Schätzen des Museums in Kairo.[61] Inzwischen liegen sie in einer eigens für sie hergerichteten Krypta im Nationalmuseum der ägyptischen Zivilisation im Kairoer Vorort Fustat. Leider bedeutete die hastige Verlagerung, dass außer den eigentlichen Objekten alle Informationen verloren gingen oder nicht festgehalten wurden; hätte man das Grabinventar langsam und planmäßig entnommen, wären viele weitere Daten gewonnen worden – zum Vergleich: Die Bergung der Gegenstände aus Tutanchamuns Grab durch Howard Carter, die 1922 begann, dauerte zehn Jahre.

Salomo in Megiddo und Jerusalem

Während Carter sorgfältig die Objekte im Grab Tutanchamuns dokumentierte und entfernte, begannen Archäologen vom Oriental Institute der University of Chicago 1925 mit Ausgrabungen in Megiddo, das heute im Norden Israels liegt, damals aber im britischen Mandatsgebiet Palästina. Drei Jahre später, 1928, legten sie mehrere große Gebäude frei, durch die Mittelgänge zwischen aufrechten Steinen und Objekten verliefen, die wie Futtertröge aussahen. Der Grabungsleiter P. L. O. Guy deutete diese Bauten als Ställe und schickte ein Telegramm an den Institutsleiter James Henry Breasted. Ein Teil davon lautete: »glauben Ställe Salomos gefunden zu haben«.

Die Nachricht machte weltweit Schlagzeiten, aber noch heute, ein Jahrhundert danach, tobt der Streit um sie. Die meisten Archäologen meinen zwar, dass es sich tatsächlich um Ställe handelt, aber die Mehrheit glaubt nicht länger, dass Salomo sie erbaut hat. Den Radiokarbondaten, Keramikstilen und anderen chronologischen Indizien zufolge wirkt es heute wahrscheinlicher, dass sie entweder im 9. Jahrhundert errichtet wurden, vielleicht unter Omri oder dessen Sohn Ahab, oder sogar erst im 8. Jahrhundert, vielleicht unter Jerobeam II.[62]

Ähnliches geschah, als mehrere Jahrzehnte später der berühmte israelische Archäologe Yigael Yadin und sein Grabungsteam in Megiddo und Hazor arbeiteten und feststellten, dass die großen Eingangstore beider Städte gleich aussahen – ein heute als »Sechs-Kammer-Tor« bekannter Bautyp. Außerdem stellte Yadin bei Durchsicht der Grabungsdokumentation Macalisters aus Gezer fest, dass das dortige Stadttor ebenfalls diesem Bautyp entsprach. Er datierte alle drei Tore in die Zeit Salomos und erklärte, für Eingangstore, wie man sie bei solchen Städten fand, habe es eine »salomonische Blaupause« gegeben.[63]

Doch genau wie im Fall von »Salomos Ställen« stammen auch diese Stadttore vielleicht aus dem 9. Jahrhundert und der Zeit Omris und Ahabs oder sogar aus dem 8. Jahrhundert und von Jerobeam II., nicht aus dem 10. und der Zeit Salomos. Die Diskussion darüber hält schon einige Zeit an und ist manchmal ziemlich hitzig, aber heute sieht es so aus, als habe sich auch dieser mögliche Beleg für Salomos Bautätigkeit in Luft aufgelöst.[64]

***

SALOMO IN MEGIDDO UND JERUSALEM

Die literarischen Belege, um die es in dieser Debatte geht, bestehen in einer einzigen Bibelstelle, die diese Städte namentlich als Beispiele für Orte nennt, die Salomo angeblich befestigte: »Und so verhielt sich's mit den Fronleuten, die der König Salomo aushob, um zu bauen des Herrn Haus und sein Haus und den Millo und die Mauer Jerusalems und Hazor und Megiddo und Geser« (1 Könige 9,15).

Beachtung verdient, dass diese Passage Salomo auch den Bau des ursprünglichen Tempels in Jerusalem (»des Herrn Haus«) zuschreibt. Dafür wendete sich der König laut der Bibel an Hiram, den König von Tyros, das im einstigen Zentrum von Kanaan lag und sich heute im Libanon befindet. Angeblich stellte Hiram Handwerker und sogar den Bauplan des Tempels (1 Könige 5,1–7,51). Obwohl die Archäologie noch nichts gefunden hat, was diese biblische Geschichte direkt bestätigt (oder auch nur die Existenz Salomos, seine Herrschaft oder die Ausmaße seines Königreichs), stecken die Berichte der Bibel über Salomos Herrschaft voller Details über seine Beziehungen zu Hiram und Tyros.[65]

In diesem Fall erfahren wir außerdem noch Näheres: »Und Hiram sandte zu Salomo«, nämlich: »Ich habe die Botschaft gehört, die du mir gesandt hast. Ich will alle deine Wünsche nach Zedern- und Zypressenholz erfüllen. Meine Leute sollen die Stämme vom Libanon hinabbringen ans Meer, und ich will sie in Flöße zusammenlegen lassen auf dem Meer bis an den Ort, den du mir sagen lassen wirst, und will sie dort zerlegen und du sollst sie holen lassen. Aber du sollst auch meine Wünsche erfüllen und Speise geben für meinen Hof. So gab Hiram Salomo Zedern- und Zypressenholz nach allen seinen Wünschen. Salomo aber gab Hiram zwanzigtausend Sack Weizen zum Unterhalt für seinen Hof und zwanzigtausend Eimer gepreßtes Öl. Das gab Salomo jährlich dem Hiram« (1 Könige 5,22–25; vgl. auch 2 Chronik 2,1–16).[66]

In diesem Zusammenhang sprach Hiram auch davon, dass er Handwerker zu Salomo schicken werde: »So sende ich nun einen tüchtigen und verständigen Mann, Hiram, meinen Berater; er ist der Sohn einer Frau von den Töchtern Dan, und sein Vater ist ein Tyrer gewesen. Der versteht zu arbeiten mit Gold, Siber, Kupfer, Eisen, Steinen, Holz, rotem und blauem Purpur, feiner Leinwand und Scharlach und Bildwerk zu schnitzen und alles, was man ihm aufgibt, kunstreich zu machen« (2 Chronik 2,12–14).

Weil von Salomos Tempel nichts mehr steht, ist seine Beschreibung in der Bibel (1 Könige 6,14–22) alles, was wir haben. Wie zu erwarten, nimmt die Forschungsdebatte über sein tatsächliches Aussehen kein Ende, aber der Tempel scheint dem entsprochen zu haben, was die Archäologie als »Langraumtempel« bezeichnet – das heißt, er war ein langes, rechteckiges Gebäude, das man an einer Schmalseite betrat. Hinter einem langen Hauptraum lag ein viel schmalerer Raum, bekannt als das »Allerheiligste«, wo man Gegenstände wie die Bundeslade aufbewahrte.

Die damals gängigste Tempelform in der südlichen Levante war jedoch der »Breitraumtempel«, der viel gedrungener war und den man in der Mitte der Längsseite betrat. Ein Beispiel für diese Bauform gibt uns der Tempel des 10. Jahrhunderts v. Chr. in Arad bei Beersheba im Süden des heutigen Israel. Der Langraumtempel ist weiter nördlich verbreiteter, etwa in ʿAyn Dara in Nordsyrien, wo ein Tempel stand, der als das nächste noch erhaltene Vergleichsstück gilt, wie Salomos Tempel vielleicht einmal aussah.[67] Es ist gut möglich, dass Hirams Handwerker die Blaupause zum Grundriss des salomonischen Tempels ebenso mitbrachten wie die Baumaterialien.

Außerdem erfahren wir, dass Salomo Hiram aus Dankbarkeit zwanzig Städte im heutigen Nordisrael gab, Hiram sie aber nicht annehmen wollte (1 Könige 9,10–14). Zusätzlich taten sich beide zusammen, um eine Schiffsexpedition nach Ophir zu schicken (1 Könige 9,26; 2 Chronik 8,17; 9,10), dessen Lage bis heute nicht gesichert ist. Außerdem heißt es, Hiram habe Expeditionen nach Tarsis entsandt (1 Könige 10,21–22; 2 Chronik 9,21), das man häufig mit Tartessos in Spanien gleichsetzt, ohne dass es dafür eine feste Grundlage gäbe.[68] Jüngst ist vorgeschlagen worden, König Salomo könnte auch an phönizischen Expeditionen nach Spanien in dieser Zeit teilgenommen haben, vor allem in die Region Huelva, um Silber und andere Waren zu erwerben, aber dafür gibt es überhaupt keinen Beweis und dieser Hypothese fehlt jedes Indiz, das sie stützen könnte.[69]

Scheschonq/Schischak

An diesem Punkt unserer Geschichte verschlingen sich die Fäden Ägyptens und der südlichen Levante erneut, diesmal jedoch, weil Ägypten endlich wieder zu Kräften kam, was es Scheschonq I. verdankte. Er kam Mitte des 10. Jahrhunderts etwa um 945 v. Chr. auf den ägyptischen Thron, als Nachfolger Psusennes' II., der Ägypten nach dem Tod Siamuns regiert hatte. Siamun und Psusennes II. waren die letzten Könige der 21. Dynastie. Scheschonq sollte der erste König der neuen 22. Dynastie werden.[70]

Scheschonq war libyscher Herkunft, doch seine Familie lebte schon seit Generationen in Ägypten und sein Onkel Osorkon der Ältere war tatsächlich unmittelbar vor Siamun König von Ägypten gewesen. Scheschonq beließ die Hauptstadt in Tanis, brachte Theben aber unter engere Kontrolle, indem er seinen Sohn Iupet zum Hohepriester des Amun ernannte. Damit ersetzte er die bisherige Priesterdynastie und brachte Ägypten für einige Jahrzehnte ein gewisses Maß an Einheit zurück. Außerdem ist Scheschonq der erste Pharao seit dem Kollaps am Ende der Bronzezeit, der Berichte über Militäroperationen in der Levante hinterlassen hat.[71]

An diesem Punkt kann auch die hebräische Bibel wieder ins Spiel kommen, denn wie es sich trifft, erzählt sie, dass ein ägyptischer Pharao namens Schischak Jerusalem belagerte und einige Jahre nach König Salomos Tod, also irgendwann um 930–

925 v. Chr., eine nicht genannte Menge an Gold und anderen Schätzen aus der Stadt, dem Palast und dem Tempel wegschleppte. »Aber im fünften Jahr des Königs Rehabeam zog Schischak, der König von Ägypten, herauf gegen Jerusalem und nahm die Schätze aus dem Hause des Herrn, alles, was zu nehmen war, und nahm alle goldenen Schilde, die Salomo hatte machen lassen« (1 Könige 14,25–26).[72]

Obwohl einige das bestreiten, sind die meisten Bibelhistoriker und Ägyptologen der Meinung, dass der in der Bibel genannte Pharao Schischak mit niemand anderem als Scheschonq I. gleichzusetzen ist. Teils beruht dies auf einer Inschrift, die Scheschonq am sogenannten Hof der Bubastiten im Tempel von Karnak in Ägypten anbringen ließ, der Teil der ersten großen Erweiterung dieses Tempelkomplexes seit der 20. Dynastie war. Zwar wird auch diese Inschrift kontrovers diskutiert, aber sie führt eine Liste der Städte auf, die Scheschonq in jenem Gebiet angriff, das einmal das Großreich Davids und Salomos gewesen war. Zu ihnen zählt Megiddo neben anderen Städten der Jesreel-Ebene, darunter Taanach und Schunem.[73]

Scheschonqs Liste eroberter Städte hat im Lauf der Jahre große Aufmerksamkeit und einige Skepsis erregt, aber der Beweis, dass sie den Tatsachen entspricht, ist vielleicht schon vor fast einem Jahrhundert erbracht worden, nämlich Ende 1925, als Archäologen der University of Chicago während ihrer ersten Grabungssaison in Megiddo ein beschriftetes Steinfragment bargen, auf dem die Kartusche Scheschonqs I. eingemeißelt war. Freigelegt worden war es durch den früheren Ausgräber Gottlieb Schumacher, der dort von 1903 bis 1905 arbeitete, doch die Bedeutung des Fragments war verkannt worden, und deshalb warf man es auf eine Schutthalde neben einem Suchschnitt, wo es das Chicagoer Team zwanzig Jahre später fand.

Als James Henry Breasted sein Team im März 1926 besuchen kam, konnte er die Hieroglyphen auf dem geborgenen Fragment entziffern, und bald verbreitete sich die Nachricht von seiner Entdeckung in aller Welt und zog ebenso weite Kreise wie zwei Jahre später die von »Salomos Ställen«. Anscheinend bestätigte das Fragment Scheschonqs Behauptungen, denn man vermutete, dass es von einem ursprünglich vielleicht etwas über drei Meter hohen Monument stammt, das in Megiddo nach der Einnahme der Stadt durch ägyptische Truppen errichtet wurde.[74] Da Schumachers Team die Position des Fragments jedoch nicht notiert hatte, wissen wir nicht, in welcher Grabungsschicht Megiddos es gefunden wurde.

Dennoch glaubten einige Gelehrte zeitweise, sie könnten bestimmen, welche Stadt Scheschonq erobert hatte, nämlich die als Megiddo VI A bekannte Fundschicht. Diese Stadt, die mal als letzte kanaanitische, mal als erste israelitische Stadt an diesem Standort bezeichnet worden ist, brannte irgendwann im 10. Jahrhundert v. Chr. bis auf die Grundmauern ab. Die Ausgräber aus Chicago fanden in den Hausruinen unbestattete Skelette und die Überreste von Holzpfosten und Bäumen in situ, also in ihrer ursprünglichen Lage. Andere Forscher meinen, die Zerstörungen könnten von König Davids Kriegern oder sogar von den Philistern stammen. Die Funde – darunter außer den Skeletten und verbrannten Bäumen und Pfosten auch gerissene und schräg liegende Mauern – deuten allerdings eher auf ein Erdbeben hin, das vielleicht auch mehrere Orte in der Nähe verwüstet hat.[75]

Besonders interessant an Scheschonqs Angriff auf Megiddo ist, dass die Stadt zu dieser Zeit vielleicht bereits im Nordreich Israel lag. Dieses Nordreich wurde von Jerobeam zur selben Zeit gegründet, als Rehabeam das Reich Juda im Süden gründete, nachdem das Großreich sich nach Salomos Tod in die beiden Königreiche gespalten hatte. Damals bestand zwischen Jerobeam und Schischak bereits eine Beziehung, denn die Bibel berichtet, dass Jerobeam vor Salomos Tod nach Ägypten geflohen war und dort unter Scheschonqs/Schischaks Schutz gelebt hatte: »Salomo aber trachtete danach, Jerobeam zu töten. Da machte sich Jerobeam auf und floh nach Ägypten zu Schischak, dem König von Ägypten, und blieb in Ägypten, bis Salomo starb« (1 Könige 11,40).[76]

Das bedeutet: Wenn Scheschonq tatsächlich militärisch gegen Megiddo und die übrigen Städte in der Jesreel-Ebene vorging, wie seine Inschrift in Karnak und das Stelenfragment in Megiddo nahelegen, dann muss er – je nach Zeitpunkt – entweder gegen die Truppen Jerobeams gekämpft haben, des Mannes, dem er bis kurz zuvor Schutz geboten hatte, oder aber – diese Möglichkeit hat Nadav Na'aman von der Universität Tel Aviv erwogen – Scheschonqs Feldzug in den Norden könnte teilweise den Zweck gehabt haben, Jerobeam überhaupt erst auf den Thron des Nordreichs Israel zu setzen. Ein solches Vorgehen wird in der Bibel jedoch nicht erwähnt, allerdings könnte es einst in der heute verlorenen »Chronik der Könige von Israel« gestanden haben (zu ihr z. B. 1 Könige 14,19).[77]

Eine interessante Einzelheit ist, dass Jerusalem in der erhaltenen Liste der von Scheschonq I. angegriffenen Städte *nicht* vorkommt und auch nicht in das »Itinerar« des Feldzugs passt, der auf dem Tor des Bubastiden-Hofes festgehalten ist. Allerdings gibt es auf den Mauern, die Scheschonq dem Vorhof in Karnak hinzufügte, riesige Freiflächen, und hätte er länger gelebt, wären wahrscheinlich weitere Bilder und Inschriften ergänzt worden, darunter ein oder mehrere andere Feldzüge, zu denen der Angriff auf Jerusalem gezählt hätte.[78]

Bienenfleißig

In seiner Ortsliste in Karnak erwähnt Scheschonq auch Tel Rehov, eine große kanaanitische Stadt im Tal von Beth Shean, der es irgendwie gelang, den Übergang zur Eisenzeit so gut wie unbeschadet zu bewältigen. Es ist einer der größten archäologischen Tells der südlichen Levante und besteht aus einem niedrigen Hügel, der am

Südende von einem höheren überragt wird; beide haben eine Ausdehnung von zehn bis elf Hektar. Bekannt ist Tel Rehov seit 1939, als zwei angesehene Archäologen – Ruth Amiran, eine Keramikspezialistin, und Avraham Biran, der später Tel Dan ausgrub – an der Oberfläche eine Tonscherbe mit einer protokanaanitischen Inschrift fanden; von 1997 bis 2012 stand es im Zentrum einer umfangreichen Ausgrabung unter Leitung von Amihai Mazar von der Hebräischen Universität Jerusalem.[79]

Auch der Zerstörung durch Scheschonq scheint die Stadt entgangen zu sein – nur um durch ein Erdbeben verwüstet zu werden, das dem Stratum VI im letzten Drittel des 10. Jahrhunderts v. Chr. ein Ende machte (vielleicht dasselbe Beben, das die oben erwähnte, ähnlich benannte Schicht VI A in Megiddo zerstörte). Vor einigen Jahren machte Tel Rehov Schlagzeilen, als in der Folgeschicht, Stratum V, die die letzten Jahre des 10. und das erste Viertel des 9. Jahrhunderts umfasst, ein Bienenhaus freigelegt wurde. In dieser Schicht scheinen Beziehungen zum Ausland für die Stadt nichts Ungewöhnliches gewesen zu sein, denn es finden sich phönizische, zyprische und sogar griechische Keramik, dazu ägyptische Fayenceamulette und Fischgräten vom Nilbarsch.[80]

Erbaut wurde das Bienenhaus im Herzen eines dicht besiedelten Stadtviertels, nicht etwa am Rand, wie man erwartet hätte.[81] Die Ausgräber fanden 30 Bienenstöcke und schätzen, dass es einmal 180 in drei parallelen Reihen gewesen sein könnten. Jeder Stock bestand aus einem Hohlzylinder aus ungebranntem Ton, mit Stroh vermengt, der nicht ganz einen Meter lang war und ein Volumen von etwas über 50 Liter hatte. Ein Ende des Zylinders war bis auf ein kleines Flugloch verschlossen, durch das die Bienen nach Wunsch hinein- und hinauskriechen konnten. Am anderen Ende saß ein abnehmbarer Tondeckel, über den die Besitzer den Stock öffnen und den Honig entnehmen konnten.

Innerhalb der Stöcke fanden sich die Überreste von Waben und die von echten Bienen – Augen, Muskeln, Beine und Flügel –, die

KAPITEL 1: DAS JAHR DER HYÄNEN

zu den frühesten je im Nahen Osten gefundenen zählen. Faszinierend ist, dass es anscheinend anatolische Honigbienen waren, keine einheimische Unterart. Tatsächlich haben die Ausgräber vermutet, dass diese Bienenschwärme aus rund 500 Kilometern Entfernung »direkt oder indirekt aus einem der neuhethitisch-luwischen Staaten in der Südtürkei ins Beth-Shean-Tal importiert wurden«.[82]

Schätzungen zufolge konnte jeder Bienenstock jährlich bis zu fünf Kilo Honig abwerfen, dazu ein halbes Kilo Wachs oder mehr, womit die 180 Stöcke fast 1000 Kilo Honig und fast 100 Kilo Wachs pro Jahr erbracht hätten. Das erklärt vielleicht zum Teil, wieso das alte Israel in der hebräischen Bibel oft als »Land, in dem Milch und Honig fließen«, bezeichnet wird (z.B. Exodus 3,8; Numeri 14,8; Deuteronomium 31,20). So viel Honig und Wachs waren viel mehr, als in der Stadt verbraucht werden konnte, also haben die Archäologen vermutet, dass die Einwohner beides vielleicht eintauschten oder verkauften – Bienenwachs war für zahlreiche Zwecke gefragt, darunter auch medizinische.[83]

Ein in der Nähe des Hauses gefundener Krug trägt die Aufschrift »gehört Nimschi«, also haben die Ausgräber vorgeschlagen, das Bienenhaus könnte im Besitz der Familie Nimschi gewesen sein, zu deren Nachkommen Jehu zählte, der König von Israel am Ende des späten 9. Jahrhunderts. Allerdings wurde das Bienenhaus später durch ein gewaltsames Ereignis zerstört, wahrscheinlich ein weiteres Erdbeben, das die Stöcke unter fast einem Meter herabgestürzter Lehmziegel und verbrannter Holzbalken begrub. Mit dieser Zerstörung endete im späten 10. oder frühen 9. Jahrhundert auch Stratum V, aber dem Fundort und Jehu werden wir im Verlauf des Buches noch begegnen.[84]

Scheschonqs Nachfolger

Wahrscheinlich beeinflussten Scheschonqs Feldzüge auch die Reiche Moab, Ammon und Edom, vielleicht aus dem ägyptischen Wunsch heraus, die Kupferminen wiederzugewinnen, die man einmal kontrolliert hatte. Vor einigen Jahren fand man bei einem Survey im Bereich der Kupferminen im Wadi Faynan einen Skarabäus Scheschonqs – vielleicht ein Überrest des königlichen Interesses an diesem Gebiet.[85]

Außerdem scheint Scheschonq mit anderen Mächten seiner Zeit eher diplomatische als militärische Beziehungen gesucht zu haben. Unter anderem schickte er eine Statue von sich nach Byblos, wo König Abibaal prompt eine eigene phönizische Inschrift auf ihr anbrachte. Etwa 924 v. Chr., wohl nicht lange nach seinem Feldzug gegen Israel und Juda, scheint Scheschonq gestorben zu sein. Zwar dürfte er in Tanis bestattet worden sein, doch sein Grab ist nie gefunden worden.[86]

Sein Sohn und Nachfolger Osorkon I. schickte ebenfalls eine Statue nach Byblos und der dortige König Elibaal setzte seine eigene Inschrift zu Osorkons Porträt.[87] Der Pharao scheint also die diplomatischen Beziehungen Ägyptens zu Byblos und vielleicht auch zu anderen Mächten fortgesetzt zu haben. Womöglich regierte Osorkon I. volle 35 Jahre, von 924 bis 889 v. Chr. Auch sein Grab ist wie das seines Vaters noch nicht gefunden worden. Auf Ägyptens Thron folgte ihm ein eher unscheinbarer Pharao, Takelot I., von dem sehr wenig bekannt ist. Vielleicht herrschte zu seiner Zeit Scheschonq IIa, dessen Sarg im Grab Psusennes' I. gefunden wurde, als Gegenpharao. Es gibt noch zwei weitere Ensembles aus Königsnamen von Pharaonen namens Scheschonq (heute als IIb und IIc bezeichnet), und die Meinungen sind geteilt, ob sie in derselben kaum bekannten Phase echte Könige waren oder ob es sich um eine Frühform der Titel Scheschonqs I. beziehungsweise um den Schreibfehler eines antiken Schreibers handelt.

Der nächste Pharao jedoch, Osorkon II., dessen Herrschaft man heute auf ca. 872–831 v. Chr. ansetzt, schickte höchstwahrscheinlich tausend Fußsoldaten in die Schlacht von Qarqar, wo sie 853 als Teil einer Koalition gegen Salmanassar III. von Assyrien aufmarschierten – von dieser Schlacht, zu der auch Ahab Streitwagen und Krieger stellte, wird in Kapitel 2 die Rede sein. Eine Alabastervase mit der Kartusche Osorkons II. ist in Samaria in jenem Palast gefunden worden, den man Omri und Ahab zuschreibt, worin sich vielleicht irgendeine nähere Beziehung zwischen Ahab und Osorkon spiegelt. Irgendwann schickte auch Osorkon eine Statue von sich nach Byblos, aber anders als bei seinen Vorgängern Scheschonq I. und Osorkon I. setzte, wer immer damals in Byblos herrschte, seinen Namen anscheinend nicht auf die Statue.[88]

Zu Hause war das Ende der Herrschaft Osorkons II. ebenso wie die ganze Zeit seines Nachfolgers Scheschonq III. (831–791 v. Chr.) von inneren Problemen überschattet, darunter Aufstände und ein Bürgerkrieg. Gegen 810 war Ägypten in vier Teile zerrissen und vier Pharaonen herrschten gleichzeitig.[89] Das Land hatte eindeutig einen Tiefpunkt erreicht.

Nur zu bald führte diese Lage zu einer schrittweisen Übernahme Südägyptens durch kuschitische Könige aus Nubien, die ab ca. 750 v. Chr. (auch wenn sich noch einige Lokalherrscher halten konnten) als 25. Dynastie die Herren des ganzen Landes waren. Die Kuschitenherrschaft führte zu einer Erholung der Wirtschaft und Macht Ägyptens, sah sich zuletzt aber in die Konflikte zwischen den levantinischen Stadtstaaten und Assyrien hineingezogen, und assyrische Invasionen Ägyptens trieben die nubischen Könige 664 v. Chr. zum Schluss in ihr Kerngebiet zurück.

Die 26. Dynastie, die von Saïs im Nildelta aus regierte, gewann die Unabhängigkeit zurück. Ihre Mitglieder wandelten sich aus assyrischen Vasallen zu assyrischen Verbündeten und dann zu Herren ihres eigenen Geschicks. Die persische Invasion von 525 markierte das Ende Ägyptens als eigenständige Macht, und während des 4. Jahrhunderts v. Chr. ging das Land in die Hände Alexanders des Großen und seiner makedonischen Erben, der Ptolemäer, über. Insgesamt gewann Ägypten, obwohl es den Kollaps am Ende der Bronzezeit besser überstand als manche anderen Regionen, nie wieder seinen alten Glanz zurück.

Resümee

Wenn man »Erfolg« als eine Rückkehr des Zusammenhalts und der Einbindung in internationale Handelsnetze auf dem Stand vor dem Kollaps definiert, dann schnitt Ägypten nach dem Zusammenbruch nicht gut ab. Zwar bestand es weiter, jedoch auf einem niedrigeren soziokulturellen Existenzniveau; verschiedene Gruppen konkurrierten um die Herrschaft, die internationale Rolle war eingeschränkt und Ägyptens Macht die meiste Zeit über relativ gering. Ägypten konnte die Machtposition, die es einst im Neuen Reich besessen hatte, nie wieder erreichen. Nur gelegentlich konnte ein Herrscher wie Scheschonq I. versuchen, die Dinge wieder dahin zu bringen, wo sie in der 18. oder frühen 19. Dynastie gewesen waren, oder Reichtümer ansammeln, wie sie im Grab Psusennes' I. zur Schau gestellt wurden, aber das war jedes Mal nur etwas Vorübergehendes.

Was die Bewohner der südlichen Levante angeht, werden sie sowohl auf den letzten Seiten dieses Buches wie auch für andere Forscher in der Zukunft der Zündstoff für weitere Debatten sein. Nicht nur hält die Debatte an, wie und wann die Israeliten ins Land Kanaan kamen, sondern es lässt sich auch darüber streiten, ob die Südkanaaniter dabei scheiterten, den Wandel zur Eisenzeit zu vollziehen, und in die neuen Königreiche der Region assimiliert wurden, darunter Israel, Juda, Edom, Ammon und Moab, oder ob man sie als Subjekte einer erfolgreichen Transformation sehen sollte, die tatsächlich einen bedeutenden, ethnisch identifizierbaren Bevölkerungsanteil in diesen neu gegründeten Königreichen ausmachten.

Im Vergleich dazu erging es sowohl Assyrien als auch Babylonien in den Jahrhunderten nach dem Kollaps erheblich besser. Doch auch dort hatte man mit einer ordentlichen Portion Herausforderungen zu kämpfen.

KAPITEL 2

Eroberer aller Länder, Rächer Assyriens

Assyrien und Babylonien

»Töter der weitverbreiteten Horden der Ahlamu und Zersprenger ihrer Heere [...], Eroberer aller Länder, Rächer Assyriens!« So stolz beschrieb sich Aššur-reša-iši I., König Assyriens von 1133 bis 1116 v. Chr., auf zahlreichen Fragmenten von Tonzylindern, die man in Ninive im antiken Mesopotamien gefunden hat.[1] Ihm und seiner Prahlerei verdanken wir die ersten königlichen Schriftdokumente Assyriens seit dem Kollaps am Ende der Bronzezeit.

Die »Ahlamu«, von denen der König spricht, sind heute besser als Aramäer bekannt. Am besten kennt man sie vielleicht aus der hebräischen Bibel, die Abraham mit den berühmten Worten zitiert: »Mein Vater war ein Aramäer« (Deuteronomium 26,5). Ihre Sprache wurde später im ganzen Alten Orient zur Lingua franca, zur gemeinsamen Verkehrssprache, aber bis dahin sollten noch mehrere Jahrhunderte vergehen.[2]

Man nimmt an, dass die nomadischen oder halbnomadischen Aramäer von veränderten Klima- und Umweltbedingungen in der Region stark betroffen waren – beispielsweise durch ein Ausbleiben der Regenfälle in Mesopotamien und eine Verlagerung des Hauptlaufs des Euphrat, der sich etwa um diese Zeit nach Westen verschob. Das führte zum Schrumpfen der für die Bewässerung verfügbaren Landfläche und zu einer zunehmenden Versalzung in Nordmesopotamien.³ Daraufhin begannen die Aramäer mit Raubzügen und Angriffen auf Städte und Ortschaften in den von Assyrien kontrollierten Gebieten, die unter derselben Verschlechterung der Anbaubedingungen zu leiden hatten und ebenfalls ärmer als vorher waren.

Trotz seiner Prahlerei errang Aššur-reša-iši offenbar keinen entscheidenden Sieg über die Aramäer, denn auch sein Sohn Tiglatpileser I. musste später gegen sie kämpfen. Die Aramäer blieben für die Assyrer ab dem 12. Jahrhundert ein Problem, und im 9. Jahrhundert konnten sie schließlich in der gesamten Region »Kleindynastien« gründen, wie es Nicholas Postgate ausgedrückt hat.⁴

Die Herrschaft Aššur-reša-išis begann ziemlich bescheiden mit Bautätigkeit in den Städten Assur (nördlich vom heutigen Tikrit) und Ninive (das vom heutigen Mossul auf dem Ostufer des Tigris überbaut ist). Hier errichtete er Tempel und Paläste, dazu vielleicht ein Waffenarsenal.⁵

Das Arsenal wurde vielleicht sofort genutzt, denn als eine seiner Leistungen führt Aššur-reša-iši an, er habe erfolgreich den Angriffen des babylonischen Königs Nebukadnezar I. widerstanden, der von 1125 bis 1104 v. Chr. herrschte. Zwar fing Nebukadnezar den Krieg an, doch er unterlag Aššur-reša-iši und den Assyrern gleich zweimal. Beim ersten Mal musste Nebukadnezar auf dem Rückzug seine Belagerungsmaschinen verbrennen, damit sie nicht in assyrische Hände fielen. Beim zweiten »kämpfte ich mit Nebukadnezar, führte seine völlige Niederlage herbei, metzelte seine Krieger nieder und erbeutete sein Lager. Vierzig seiner Streitwagen samt Ausrüstung wurden weggenommen und Karaštu (?), der Feldherr Nebukadnezars, gefangen.«⁶

Das wissen wir aus der sogenannten *Synchronistischen Geschichte*, die Teil einer als *Assyrische und Babylonische Chroniken* oder auch kurz *Mesopotamische Chroniken* bekannten Textserie ist. Diese Dokumente zählen Ereignisse in Assyrien und Babylonien auf und ordnen ihnen jeweils ein Datum zu. Geschrieben sind sie in der dritten Person, also in der Form neutraler Beobachtungen, und sie waren ein Teil der Bemühungen zeitgenössischer oder annähernd zeitgenössischer Chronisten, die Aufzeichnungen beider Regionen miteinander abzugleichen. Heutige Historiker, die das 2. und 1. Jahrtausend v. Chr. in diesem Raum untersuchen, wissen das sehr zu schätzen.[7]

Zusätzlich stammen einige unserer wichtigsten Informationen aus Berichten, die die Taten der einzelnen Könige schildern, oft von Jahr zu Jahr. Diese »assyrischen Königsannalen«, wie man sie heute nennt, wurden so verfasst, als hätte der König selbst sie geschrieben (obwohl Schreiber die eigentliche Arbeit erledigten), und beschreiben seine Feldzüge und andere Leistungen, Bauten und so weiter. Aus ihnen erfahren wir wichtige Details, etwa die Zahlen der an einer Schlacht beteiligten Truppen, der Getöteten und Gefangenen; allerdings muss man sie mit einer Prise Skepsis zur Kenntnis nehmen, weil sie von Übertreibungen wimmeln und die Zahlen durchaus überhöht sein können. Außerdem können die jeweiligen Details eines Jahres sich je nach Inschrift unterscheiden, denn nicht immer waren die Einzelexemplare exakte Abschriften. Eines aber bleibt immer konstant und stimmig: Allem Anschein nach sind die assyrischen Könige nie besiegt worden, was doch recht unglaubwürdig erscheint.[8] Eindeutig waren die Texte ebenso sehr Propaganda wie historische Aufzeichnungen.

Zu den sonstigen königlichen Quellen zählen auch monumentale Reliefs, die Schlachtszenen, Jagden und den König bei der Entgegennahme von Tributen zeigen. Häufig schmückten solche Reliefs die Palastmauern, doch man konnte sie auf alles Mögliche meißeln, von Thronbasen und großen aufrechten Stelen bis hin zu natürlichen Felshängen an Flüssen. Außerdem gab es Verwaltungstexte auf Tontafeln, darunter Briefe, Staatsverträge, Quittungen, Berichte über Vorzeichen und anderes.[9]

Zusätzliche Informationen stammen aus den verschiedenen Versionen der sogenannten *Assyrischen Königsliste*. Diese Aufzählung, die in den Abschnitten zur Frühzeit Assyriens unglaubhaft wirkt, dafür in späteren Passagen zuverlässiger, erhebt den Anspruch, alle assyrischen Könige von den allerersten, die »in Zelten lebten«, bis zum Ende der Herrschaft Salmanassars III. 722 v. Chr. zu nennen. Weiterhin gibt es noch die *Eponymenlisten*, Aufzeichnungen, die unter anderem kurz von Ereignissen sprechen, die jeweils in ein bestimmtes Kalenderjahr fielen (jedes Jahr war mit dem Namen eines besonderen assyrischen Amtsträgers, des *limu*, verknüpft, damit alle wussten, welches Jahr gerade war) und die vielleicht zuverlässiger als alle bisher genannten Quellentypen sind.[10]

Manche dieser Quellengattungen setzen erst später ein, etwa die Monumentalreliefs an assyrischen Palastmauern, die regelmäßig erst im 9. Jahrhundert erscheinen, aber einige tauchen schon früher auf, bereits im 12. Jahrhundert. Das alles versorgt uns mit einer Fülle an historischen Informationen, doch auch hier müssen wir uns wieder hüten, die Einzelheiten wortwörtlich zu nehmen. Was dürfen wir glauben? Was ist Übertreibung des Königs und seiner Schreiber? Was ist wahr und was »wahr, aber übertrieben«?

Erste Zeugnisse dieser Quellengattungen wurden bereits von den Pionieren der Archäologie in Mesopotamien wie Austen Henry Layard, Paul Émile Botta und Hormudz Rassam vor über einem Jahrhundert geborgen – und bis heute kommen neue Funde dazu. Nicht immer kann man ihre Methoden gutheißen – von den Grabungstechniken bis hin zur kolonialistischen Einstellung der auswärtigen Archäologen –, doch sie gruben die versunkenen Städte Assyriens und Babyloniens aus, die man bis dahin nur aus der hebräischen Bibel gekannt hatte, und brachten ihre Geschichte ans Licht.[11]

Doch wie es bei so alten Zeiten immer der Fall ist, besonders bei denen, die man auf dem Weg über Archäologie und Archäologen zu fassen bekommt, haben wir Probleme mit der ungleichen

Quellenverteilung. Die Art ihrer Überlieferung führt dazu, dass wir häufig auf staatliche Dokumente oder die Archive von Händlern und Herrschern aus den obersten Gesellschaftsschichten beschränkt sind, auch wenn wir manchmal genaue Daten wie etwa die Ernteerträge eines bestimmten Jahres bekommen. Wo wir dennoch Informationen über Wirtschaft und Soziales haben, stehen sie oft im Kontext von Krisen und Erfolgen, um die sich der König kümmert. Immerhin kommen wir damit an manche Appetithappen, an Informationen aus dem damaligen Alltag, wenn auch nur gelegentlich.[12]

Deshalb können wir solche Fragen normalerweise nur auf Staatsebene behandeln und nicht auf den untersten Ebenen der Gesellschaft, denn für sie fehlen uns schlicht und ergreifend die Schriftquellen, und selbst archäologische Funde liefern nicht immer eindeutige Daten für die Ärmsten der Armen. Außerdem haben wir – bis auf wenige ungewöhnliche Ausnahmen – normalerweise auch keine Quellen, die zeigen, wie Könige, Bürgermeister oder andere Herrscher auf Schicksalsschläge reagierten. Zwar kennen wir Belege für einige Einzelfälle, in denen der König der Hethiter oder von Ugarit während einer Hungersnot um Hilfe bat oder meldete, dass feindliche Schiffe oder Truppen gesichtet worden waren, aber häufig können wir nur das Endergebnis sehen, das zwangsläufig dadurch zustande kam, wie man reagierte (oder auch nicht) und ob die Reaktion erfolgreich war.

Jedenfalls hat Nebukadnezar vielleicht etwas aus seinen zwei anfänglichen Niederlagen gegen Aššur-reša-iši und die Assyrer gelernt, denn später führte er erfolgreich Krieg gegen seine Nachbarn, die Elamiter, die einige Jahrzehnte zuvor Babylon angegriffen und eine Abschrift des Codex Hammurabi sowie eine Mardukstatue gestohlen hatten. Leicht war der Sieg jedoch nicht. Ein erster Feldzug musste auf dem Marsch nach Elam abgebrochen werden, als eine Seuche unter den babylonischen Truppen wütete. Ein späteres Gedicht erzählt das aus Nebukadnezars Sicht. »Erra, Mächtigster der

Götter, dezimierte meine Krieger. Die Schwächung fesselte meine Pferdegespanne […], ein Dämon tötete meine stolzen Rösser […]. Ich begann den Tod zu fürchten und rückte nicht zum Kampf vor, sondern kehrte um.«[13]

Erfolgreicher war da ein zweiter Feldzug. Eine Inschrift auf einem *kudurru*, einem wohlbekannten Typ (symbolischer) Grenzsteine, die man häufig im Umfeld von Tempeln findet, nennt eine Landschenkung und mehrere Privilegien, die Nebukadnezar einem gewissen Šitti-Marduk gewährte, einem der Offiziere bei diesem zweiten Angriff gegen Elam. Unter anderem beschreibt die Inschrift detailliert den Marsch nach Elam und dann die Schlacht, in der Šitti-Marduk von seinem Streitwagen aus heldenhaft zur Rechten des Königs kämpfte.[14]

Der Überraschungsangriff wurde im Juli ausgeführt, als die Elamiter am wenigsten mit ihm rechneten – und das zu Recht, denn der Marsch nach Elam war wie ein Marsch vor die Tore der Hölle. Die Sonnenglut, so erfahren wir, »sengte wie Feuer«; die Wege, über die die babylonische Armee sich dahinschleppte, »brannten wie offene Flammen!« In den Brunnen war kein Wasser und andere Orte, wo sie ihren Durst stillen konnten, gab es nicht. »Die besten der großen Pferde gaben auf, die Beine des starken Mannes versagten«, so die Inschrift, aber Nebukadnezar und seine Armee zogen weiter. »So eilte sich der mächtige König und erreichte das Ufer des Flusses Ulaya. Beide Könige trafen sich dort und begannen die Schlacht. Zwischen ihnen brach ein Brand aus, das Angesicht der Sonne verdunkelte sich von ihrem Staub, Wirbelwinde wehten, tobend war der Sturm! In den Stürmen ihrer Schlacht konnte der Krieger im Streitwagen nicht seinen Nebenmann sehen.« Am Ende wurde die elamitische Armee in die Flucht geschlagen, ihr König »verschwand«. »So siegte König Nebukadnezar, nahm Elam und plünderte dessen Besitz.«[15]

Zwar brachte Nebukadnezar nicht die Hammurabi-Stele heim, wohl aber die geraubte Statue des Marduk. Dafür blieb er in den

Annalen der Babylonier in Erinnerung. Den Elamitern versetzte er sogar einen so harten Schlag, dass es von ihnen für die nächsten paar hundert Jahre praktisch keine Schriftquellen und kaum archäologische Spuren gibt. In der Anfangsphase des Zusammenbruchs am Ende der Späten Bronzezeit hatten sie zwar Resilienz bewiesen, nach dieser Niederlage jedoch landeten sie hart. Vor dem späten 8. Jahrhundert v. Chr. spielten sie in der internationalen Politik keine Rolle mehr.[16]

***

Insgesamt erwiesen sich Assyrer und Babylonier unter den betroffenen Gesellschaften als die resilientesten, die am erfolgreichsten die Nachbeben des Zusammenbruchs bestanden. Es gelang ihnen, ihre Schriftkenntnis zu bewahren, groß angelegte Bauprojekte in Angriff zu nehmen und ihre Herrschaftssysteme zu erhalten. Dennoch kamen auch sie nicht unbeschadet davon. So deuten archäologische Funde aus Surveys im Gebiet des antiken Babylonien darauf hin, dass es in den 300 Jahren vom Kollaps am Ende der Bronzezeit bis zum Anfang des babylonischen Wiederaufstiegs nach 900 v. Chr. einen Bevölkerungsrückgang von bis zu 75 % gegeben haben könnte.[17]

Zusätzlich gibt es – laut A. Kirk Grayson, der für die Publikation aller bekannten assyrischen Königsinschriften in einer seit den späten 1980er Jahren erschienenen Reihe verantwortlich war – so gut wie keine Königsinschriften aus den 75 Jahren vom Ende der Herrschaft Tukulti-Ninurtas I. 1208 v. Chr. bis zur Zeit Aššur-reša-išis. Besonders überraschend ist, dass wir keine derartigen Inschriften vom König Aššur-dan I. haben, der in diesem Zeitraum fast fünfzig Jahre lang herrschte, von 1179 bis 1133.[18]

Vielleicht sollten wir den Mangel an Königstexten in dieser Zeit als Anzeichen dafür sehen, dass der Kollaps am Ende der Bronzezeit die Assyrer härter getroffen hat, als wir bisher dachten. Sicher wissen können wir das allerdings nicht, weil sie möglicherweise auf vergängliche Materialien wie Leder, Holz oder Bleibleche geschrieben haben könnten, auch wenn sie aus unbekannten Gründen zeitweise keine Königsinschriften mehr in Stein meißelten.

Andererseits weist der Assyriologe Eckart Frahm darauf hin, dass es normal gewesen sei, Königsinschriften auf Stein oder Ton zu schreiben, also könnte die Lücke tatsächlich etwas zu bedeuten haben.[19]

Zum Glück setzen die assyrischen Königstexte mit der Herrschaft von Aššur-reša-iši I. wieder ein, zu einer Zeit, in der es möglicherweise eine fünfzigjährige Atempause in der Dürrephase gab, die den ganzen östlichen Mittelmeerraum und die Ägäis getroffen hatte.[20] Wenn das stimmt, muss Aššur-reša-iši I. von dieser klimatischen Gnadenfrist profitiert haben.

Tiglatpileser I.

Auf Aššur-reša-iši folgte sein Sohn Tiglatpileser I., der den assyrischen Thron 1115 v. Chr. bestieg. Seine Herrschaft dauerte fast vierzig Jahre, bis 1076. Er rühmte sich ähnlicher Erfolge wie sein Vater und erklärte einmal, dass er bei der Verfolgung der Aramäer den Euphrat insgesamt 28-mal überquert habe, 14 Jahre lang je zweimal. Ebenfalls wie sein Vater widersetzte er sich ein oder zwei Angriffen der Babylonier, darunter wieder einmal Nebukadnezars I.[21]

Bekannt ist Tiglatpileser uns aus den vielen Inschriften, in denen seine Schreiber seine Macht rühmten, zu großen Teilen wohl in übertriebener Weise:

Tiglatpileser, starker König, König des Weltalls, König von Assyrien, König aller vier Weltgegenden, Umzingler aller Verbrecher, kühner junger Mann, gnadenloser kraftvoller

> *Mann, der mit dem Beistand der Götter Assur und Ninurta handelt, der großen Götter, seiner Herren, und (dadurch) seine Feinde niedergeworfen hat, der wachsame Fürst, der auf Befehl des Gottes Šamaš, des Kriegers, gesiegt hat durch Kampf und Macht von Babylon im Land Akkad bis zum Oberen Meer des Landes Amurru und dem Meer des Landes Nairi und der Herr von allem geworden ist [...] Vorstürmender, dessen wilde Schlachten alle Fürsten der vier Weltgegenden fürchteten, sodass sie sich in Verstecke flüchteten wie Fledermäuse und sich in unzugängliche Gebiete verkrochen wie Springmäuse.*[22]

Außerdem hielten die Schreiber auf zahlreichen Tonprismen mit achteckigem Querschnitt mit vielen, oft grausigen Details fest, was Tiglatpileser I. mit jenen unglücklichen Soldaten des Feindes machte, die sich nach seinen Siegen nicht in Verstecke flüchten oder in unzugängliche Gebiete verkriechen konnten.

Beispielsweise ging er, nachdem er im ersten Jahr seiner Herrschaft angeblich eine Koalition aus fünf Königen und deren insgesamt 20 000 Mann starke Armee überwältigt hatte, gleich daran, die Leichen zu schänden, ihren Besitz zu fleddern und die Übrigen gefangen zu nehmen: »Wie ein Sturmdämon häufte ich die Leichen ihrer Krieger auf dem Schlachtfeld an und ließ ihr Blut in die Mulden und Ebenen der Berge fließen. Ich schnitt ihnen die Köpfe ab und stapelte sie wie gehäufte Korngarben rund um ihre Städte. Ich führte ihre Beute, ihr Eigentum und ihren Besitz ohne Zahl fort. Ich nahm ihre verbliebenen 6000 Soldaten, die vor meinen Waffen geflohen waren und sich mir unterwarfen, und betrachtete sie als Volk meines Landes.«[23] In ähnlichem Ton fährt die Inschrift weiter fort, zählt Siege über zahlreiche andere, jeweils namentlich genannte Gruppen auf und wandert dabei kreuz und quer durch Teile der heutigen Türkei, des Iraks und der Küstenregionen der Levante.[24]

KAPITEL 2: EROBERER ALLER LÄNDER, RÄCHER ASSYRIENS

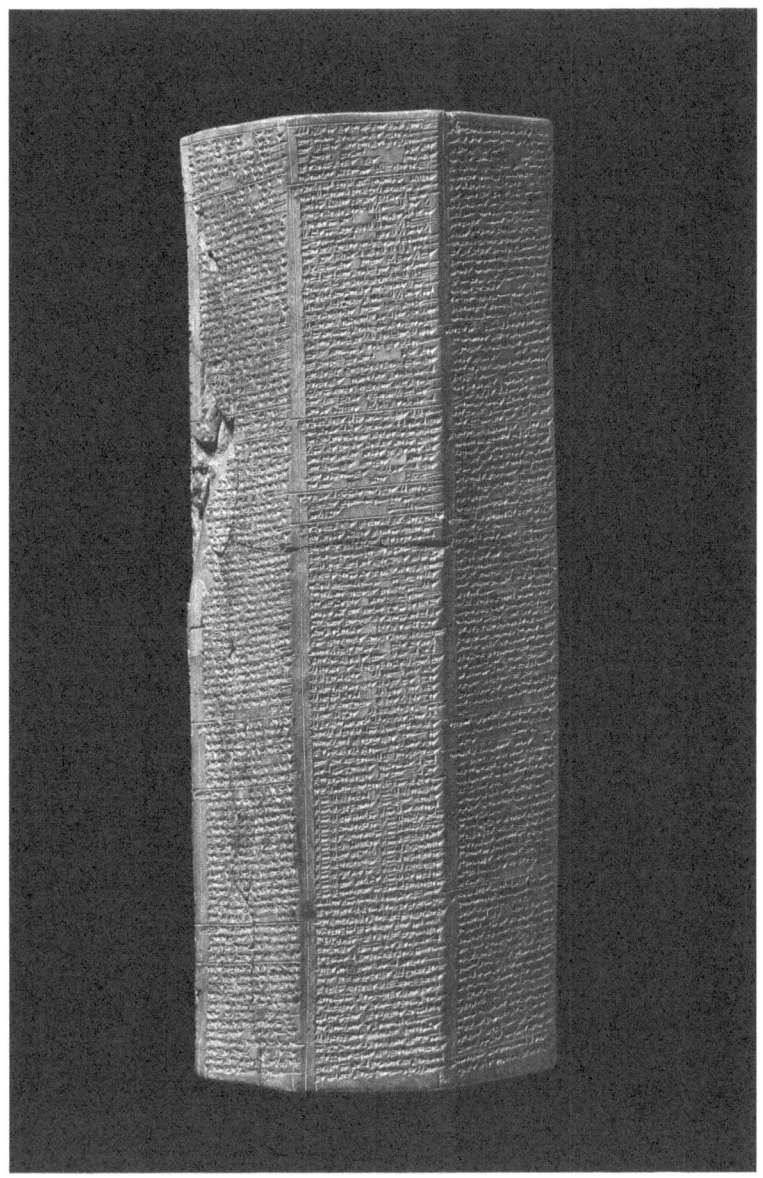

Abb. 4: Tonprisma Tiglatpilesers I. London, British Museum (bpk/The Trustees of the British Museum).

Auch die Flüche, die Tiglatpileser seine Schreiber ans Ende dieser langen Inschrift setzen ließ, waren genug, um jeden nachdenklich zu machen. Diese Flüche richtete er gegen jeden, der »meine monumentalen oder Toninschriften zerbricht oder tilgt, sie ins Wasser wirft, verbrennt, mit Erde zudeckt [...], der meinen geschriebenen Namen austilgt und seinen eigenen Namen hineinsetzt oder der sich irgendetwas Schädliches überlegt und es zum Schaden meiner Monumentalinschriften ins Werk setzt«. Die Götter Anu und Adad rief er an, den potenziellen Täter zu verfluchen, in dem er einen künftigen König oder Herrscher vermutete: »Mögen sie seine Herrschaft stürzen. Mögen sie die Fundamente seines Königsthrons ausreißen. Mögen sie sein Adelshaus beenden. Mögen sie seine Waffen zerschmettern, seine Armee unterliegen und ihn in Fesseln vor seinen Feinden sitzen lassen. Möge der Gott Adad sein Land mit furchtbaren Blitzen treffen und sein Land mit Not, Hunger, Mangel und Seuchen schlagen. Möge er gebieten, dass er nicht einen Tag länger lebt. Möge er seinen Namen und Samen aus dem Land vertilgen.«[25] Und zu den Aramäern vermerkt eine frühe Inschrift, dass Tiglatpileser sechs ihrer Städte eroberte, bis auf die Grundmauern niederbrannte und ihren Besitz raubte. Außerdem machte er viele aramäische Krieger nieder und verfolgte sie auf Flößen aus aufgeblasenen Ziegenhäuten über den Euphrat.[26]

Obwohl die Aramäer zu den gefährlichsten Feinden der Assyrer zählten und häufig als Erzfeinde der Assyrerkönige hingestellt wurden, gerade in der Frühzeit Tiglatpilesers I., waren sie nicht seine einzigen Widersacher. In derselben frühen Inschrift erklärt der König, die Kontrolle über eine Vielzahl anderer Länder, Berge, Städte und Fürsten übernommen zu haben, die ihm und Assur ebenfalls feindlich gesinnt gewesen seien. »Ich rang mit sechzig gekrönten Häuptern und gewann in Schlachten den Sieg über sie, füg[te] Assyrien Land hinzu und seiner Bevölkerung Menschen«, prahlte er. »Ich dehnte die Grenze meines Landes aus und herrschte über all ihre Länder.«[27]

In anderen Inschriften – darunter eine Reihe Tontafeln und Fragmente von Obelisken, die Archäologen in Assur gefunden haben, sowie auf dem sogenannten Zerbrochenen Obelisken aus Ninive, der inzwischen auf Tiglatpilesers Zeit umdatiert ist – beschreibt der Herrscher, wie er mehrere Paläste und andere Gebäude in Assur und anderswo neu bauen und wiederherstellen sowie lange vernachlässigte Gräben und Kanäle neu ausheben ließ. Außerdem zählt er noch mehr Feldzüge auf, so im Westen im heutigen Syrien und im Libanon. Er tötete und/oder fing wilde Stiere, Elefanten und Löwen am Fuß des Libanongebirges und anderswo, dazu Panther, Tiger, Bären, Wildschweine und Strauße, fällte Zedernstämme und nahm die Balken mit nach Hause, um sie in einem Tempel zu verbauen, und zog dann ins Land Amurru (die Küstenlandschaft Nordsyriens) weiter und eroberte es.

Außerdem erhielt er Tribute aus den Küstenstädten Byblos, Sidon und Arwad, wo sich die Phönizier niederzulassen begannen, und zählt Schenkungen exotischer Tiere auf, zu denen ein Krokodil und »ein großes Affenweibchen von der Meeresküste« gehörten. Auf dem Zerbrochenen Obelisken und anderswo erläutert Tiglatpileser, dass die Letztgenannten ihm von einem ägyptischen Pharao geschenkt wurden – wahrscheinlich von Ramses XI., dem letzten König der 20. Dynastie – und zu ihnen auch ein »Flussmann« zählte, hinter dem man früher einen Wasserbüffel oder auch ein Nilpferd vermutete, ehe kürzlich festgestellt wurde, dass es sich wohl eher um eine Mittelmeer-Mönchsrobbe handelt.[28]

Weiterhin berichtet Tiglatpileser, er habe bei seinem Aufenthalt in Arwad eine sechsstündige Schiffstour unternommen und auf See »ein *nahiru*, das man Seepferd nennt«, erlegt. In einer späteren Inschrift ergänzt er, das Wesen mit einer selbstgemachten Harpune erlegt zu haben. Trotz zahlreicher Debatten hat sich die Forschung noch immer nicht festgelegt, was genau ein *nahiru* ist; manche haben vorgeschlagen, es habe sich um einen kleinen Wal, eine Robbe oder einen Hai gehandelt, aber ein anderer Text erwähnt das Elfenbein eines *nahiru*, und tatsächlich tendiert die derzeitige Forschungsmeinung zu einer Ansprache als Nilpferd.[29]

Dies ist das erste Mal, dass die phönizischen Küstenstädte nach dem Zusammenbruch der bronzezeitlichen Hochkulturen in einer Inschrift erwähnt werden, die nicht von dort stammt. Ausführlicher werde ich im nächsten Kapitel auf sie eingehen, aber vorläufig können wir sie schon in ihren Kontext einordnen, denn die neue Welt des späten 12. Jahrhunderts v. Chr. sah ganz anders aus als der Höhepunkt der Spätbronzezeit im 14. Jahrhundert v. Chr. Damals hatten die Könige Assyriens zu den Großmächten gezählt und große, königliche Geschenke mit anderen Herrschern von Ägypten bis Ḫattuša getauscht, während die bescheideneren Kleinkönige von Byblos, Sidon, Tyros und anderen kanaanitischen Städten der Region untereinander und mit den Großmächten Handel und Diplomatie trieben. Jetzt, da Tiglatpileser I. am Ruder war, und erst recht später, ab dem 9. Jahrhundert, nahmen sich die Assyrer von den Phöniziern und anderen einfach, was sie wollten, indem sie die kleineren, besiegten Städte plünderten oder Tribut forderten oder gleich beides.

Hier lebt niemand mehr

Ende Oktober 2021 beschrieb ein Artikel zweier Journalisten in der *Washington Post* einige der Probleme, vor denen heute der südliche Irak steht. »Hier lebt niemand mehr«, schrieben sie. »Während der Klimawandel eine extreme Erwärmung auslöst und das Wasser im ganzen Alten Orient knapper wird, trocknet hier das Land aus. Im gesamten Süden des Irak fühlt es sich nach Ende an.«[30]

Damit hätten sie ebenso gut die Lage im antiken Assyrien vor 3000 Jahren beschreiben können, denn gegen Ende der Herrschaft Tiglatpilesers I. begann der Zerfall, der in gut 150 Jahren Niedergang gipfelte, ehe sich die Dinge wieder zu bessern begannen.[31]

Schwere Zeiten waren nun auch bei den Assyrern angebrochen und ebenso bei ihren babylonischen Nachbarn im Süden. Der italienische Historiker Mario Liverani hat die These aufgestellt, die Krise hätte sich in Mesopotamien eigentlich viel früher bemerkbar machen müssen, sei aber durch starke Anführer wie Tiglatpileser I. in Assyrien und Nebukadnezar I. in Babylonien verzögert oder nach hinten verschoben worden.[32] Tatsächlich war ein Großteil der erfolgreichen Resilienz dieser beiden Gesellschaften gleich nach der Katastrophe wohl die Folge davon, dass sie in ihrer Notzeit solche Führungspersönlichkeiten hatten.

Wir wissen, dass beide Mächte, noch während sie unter den Naturereignissen litten, weiter gegeneinander kämpften. So führte Tiglatpileser I. im 11. Jahrhundert zweimal gegen Babylonien Krieg, eroberte mehrere Städte und brachte Beute heim nach Assur. Besonders nennen die Inschriften die Städte Babylon und Dur-Kurigalzu, »die großen Städte von Karduniaš [Babylonien] samt ihren Festungen«. Sein Gegner war Marduk-nadin-aḫḫe, ein König von Babylon, der ca. 1099–1082 regierte und seinerseits vorher die assyrische Stadt Ekallate überfallen und die Statuen der zwei Gottheiten Adad und Sala geraubt hatte; das schrie nun nach Rache.

Tiglatpileser behauptet, er habe Marduk-nadin-aḫḫe beide Male besiegt, die Paläste des Königs in Babylon erobert und verbrannt und die Statuen zurückgeholt. Inzwischen gibt es jedoch starke Indizien, dass Tiglatpileser die erste dieser Schlachten, in der zwei seiner Söhne fielen, vielleicht verlor und Marduk-nadin-aḫḫe erst im zweiten Feldzug wirklich besiegte.[33]

Sogar die genauen Daten dieser Angriffe nennt Tiglatpileser, doch sind sie in Jahresnamen angegeben. Der erste Angriff fiel in das Jahr, das nach dem Beamten Aššur-šuma-eriš benannt war, der zweite ins Jahr des Ninu'ayu. Wie wir heute wissen, waren das wahrscheinlich die Jahre 1092 und 1091, also Tiglatpilesers 22. und 23. Herrscherjahr. Wahrscheinlich unternahm Marduk-nadin-aḫḫe einige Jahre später 1086 einen Gegenangriff.[34]

Nach der Rückkehr nach Assur erbaute Tiglatpileser einen großartigen Palast, der angeblich vollständig aus Zedernholz vom Libanon bestand und den er »Palast des Königs aller Länder« nannte. Außerdem errichtete er einen Tempel für An und Adad, zwei assyrische Götter, und eine Reihe kleinerer Bauten, darunter einen aus Buchsbaumholz, der ausschließlich als Waffenlager des Königs diente. Dazu befahl er die Errichtung einer Statue des *nahiru*, das er in Amurru mit einer Harpune getötet hatte; sie sollte aus Basalt bestehen und war vermutlich mindestens lebensgroß. In der Stadt Ninive ließ er ähnliche Bauten und Paläste erbauen, dazu einen königlichen Garten und einen Kanal zu dessen Bewässerung.[35]

***

Die assyrischen Texte dieser Zeit erwähnen ausdrücklich neue Angriffe der Aramäer und eine Reihe von Katastrophen, doch außerdem stoßen wir nun – praktisch zum ersten Mal in diesen Inschriften – auf Hinweise, dass es in der Region Klimaprobleme gab. So heißt es in einem Text aus dem 32. Herrscherjahr Tiglatpilesers I., 1082 v. Chr., es habe eine so schwere Hungersnot gegeben, dass die Bevölkerung in Kannibalismus verfiel – »[d]ie Menschen aßen einer des anderen Fleisch«, so der entsprechende Eintrag in den *Assyrischen Chroniken*. Dieselbe Notiz erwähnt, dass Aramäer in jenem Jahr »das Land plünderten, die Straßen in ihre Gewalt brachten und [viele befestigte Städte Assyriens] besiegten und einnahmen«. Um ihr Leben zu retten, mussten die assyrischen Bürger in die Berge nordöstlich von Erbil fliehen.[36]

Und dann fiel zwei bis sechs Jahre später (1080–1076) gegen Ende von Tiglatpilesers langer Herrschaft die Ernte komplett aus. Begleitet wurde dies durch einen weiteren Einfall der Aramäer, was kaum überraschen kann, weil auch sie unter der Hungersnot und dem Ernteausfall gelitten haben müssen. Allerdings überrascht, dass sie vielleicht sogar Tiglatpileser selbst zur Flucht zwangen.

»Alle Feldfrüchte Assyriens waren zerstört«, klagen die *Assyrischen Chroniken*. »Aramäische ›Häuser‹ [also Eindringlinge] durchzogen das Land um Ninive und Kilizi; Tiglatpileser, König von Assyrien, zog sich ins Land Katmuhi zurück.« Katmuhi (oder Katmuhu) wird normalerweise mit einer Berggegend nahe der heutigen Stadt Midyat im türkischen Teil Kurdistans identifiziert.[37]

Die Assyrer überlebten zwar den Hunger, die Dürre und die Angriffe am Ende der Zeit Tiglatpilesers I., aber es war der Anfang ihres Niedergangs. Das Ende kam nach der Herrschaft von Aššur-bel-kala, einem Sohn Tiglatpilesers I., der ca. 1074–1057 regierte. Er hat uns eine Reihe von Inschriften hinterlassen. Nur falls es irgendwen reizte, in Zukunft etwas mit seinen Inschriften zu machen, ließ er auf die Rückseite einer Statue einen Fluch einmeißeln: »Was den betrifft, der meine Inschriften und meinen Namen entfernt: Die göttlichen Šebetti, die Götter des Westens, werden ihn mit Schlangenbissen schlagen.«[38]

Mit dem Ende der Herrschaft Aššur-bel-kalas gegen 1057, als die Assyrer seit 1177 ihren eigenen Zusammenbruch rund 120 Jahre lang aufgeschoben hatten, lässt die Forschung die sogenannte mittelassyrische Zeit enden. In dieser Herrschaftszeit hatte die Dürre erneut zugeschlagen, in den Jahren zwischen 1060 und 1050, begleitet von Aufständen und weiteren Invasionen der Aramäer (die die babylonischen Quellen dieser Zeit manchmal »Sutäer« nennen). Danach werden Dürren mit der Regelmäßigkeit eines Uhrwerks alle zehn Jahre verzeichnet, laut assyrischen wie babylonischen Quellen 1040, 1030, 1020 und 1010 v. Chr. Außerdem gab es während der Dürre von 1040 »Unruhen und Aufruhr«, während der von 1010 eine Seuche und dann noch mehr Not und Hunger während einer Dürre im Jahr 1007.[39] Die nächste Phase reicht bis tief ins 10. Jahrhundert und ist abermals gekennzeichnet durch Dürre, Hunger, Unruhen und politische Zersplitterung.

Alles in allem war das 11. Jahrhundert v. Chr. wohl keine gute Zeit, um in Assyrien oder Babylonien zu leben, ob man nun Assyrer, Babylonier oder Aramäer/Sutäer war. Und doch gab es Licht am Ende des Tunnels, denn als die Assyrer in der zweiten Hälfte des 10. Jahrhunderts unter Führung ihrer Könige Aššur-dan II. und Adad-nirari II. wieder auftauchten, gründeten sie das neuassyrische Reich, das den Alten Orient anschließend fast 300 Jahre lang dominieren sollte.

Assyrien und Babylonien im 10. Jahrhundert v. Chr.

Während des Großteils des 10. Jahrhunderts war die Lage in Assyrien und Babylonien nicht besser, als sie im 11. Jahrhundert gewesen war. So scheint gegen 1007 eine Getreideknappheit in Mesopotamien begonnen zu haben, die die nächsten zwanzig Jahre anhielt. Eine Inschrift auf einem babylonischen *kudurru*-Grenzstein spricht ausdrücklich von »Not und Hunger unter König Kaššunadin-aḫi« (1007–1005). Wir erfahren, dass »die regelmäßigen Opfer [an die Götter] unterblieben und die Trankopfer aufhörten«. Auch während der Herrschaft des folgenden Königs scheint alles so weitergegangen zu sein, denn dieselbe Inschrift überliefert folgenden Satz eines Priesters aus der Stadt Sippar: »Die Tempelopfer an Šamaš [den Hauptgott] haben aufgehört.«[40]

Ab etwa 970 begannen während eines etwa 30-jährigen Zeitraums die Aramäer wieder anzugreifen, einmal neun Jahre in Folge. Wir wissen, dass dies in der Zeit des babylonischen Königs Nabumukin-apli (978–843) geschah, denn die *Babylonischen Chroniken* vermerken: »Die Aramäer waren kriegslustig, darum konnte der König nicht nach Babylon gehen.« Außerdem gibt es Anzeichen, dass es 954 zu einer Hungersnot kam, und rund fünfzehn Jahre später, gegen 940 v. Chr., werden eine weitere Nahrungsknappheit und der Hunger, den sie auslöste, erwähnt.[41]

Unter der Herrschaft von König Aššur-dan II. (934–912) erholte sich Assyrien allmählich wieder. Zunächst griff er die verschiedenen aramäischen Kleinkönigreiche an und gewann assyrisches Gebiet zurück, das im Jahrhundert davor verloren gegangen war. In seinen Annalen sagt Aššur-dan II. voller Stolz, dass er Assyrer heimgeholt habe, die zuvor aus dieser Gegend geflohen waren. »Ich brachte die erschöpfte Bevölkerung Assyriens zurück, die angesichts von Mangel, Hunger und Nahrungsknappheit ihre Städte und Häuser verlassen hatte und in andere Länder hinaufgegangen war«, schrieb er. »Ich siedelte sie in Städten und Wohnsitzen an, die angemessen waren, und sie wohnten in Frieden.«[42]

Die Erholung dauerte unter seinem Nachfolger Adad-nirari II. an (911–891), der so erfolgreich war, dass er wieder damit begann, den assyrischen Landbesitz auszuweiten, was letztendlich zu dem Riesengebilde führte, das wir heute das neuassyrische Reich nennen. In den 21 Jahren, die er auf dem Thron saß, führte er praktisch jedes Jahr Krieg – im Westen gegen die Aramäer, im Süden und Osten gegen die Babylonier sowie im Norden gegen Urartu.[43]

Insbesondere beansprucht Adad-nirari Siege über zwei babylonische Könige nacheinander und nicht weniger als sieben Einfälle ins Land Ḫanigalbat für sich (das in der Spätbronzezeit als das Königreich Mitanni bekannt gewesen war). Zu der Beute, die er machte, zählten ein goldener Thron, polierte Goldschüsseln und sogar ein »seiner Königswürde angemessenes goldenes Zelt«. Dazu tötete er von seinem Streitwagen aus bei verschiedenen Jagden 360 Löwen, 240 Wildstiere und sechs Elefanten und stellte laut seinen Inschriften Tempel wieder her, die es dringend nötig hatten.[44]

Äußerst interessant an diesem Zeitpunkt für den Beginn des neuassyrischen Wiederaufstiegs ist, dass er anscheinend hervorragend zu neuen Befunden passt, wonach sich das Klima genau um diese Zeit besserte. Eine neue Studie auf der Grundlage von sogenannten Speläothemen (mineralischen Ablagerungen) in der Höhle Kuna Ba in Kurdistan, die im Nordosten des Iraks liegt, rund 300 Kilometer südöstlich von Ninive, besagt, dass die Phase zwischen ca. 925 und 725 v. Chr. viel feuchter als jede andere war, die die Assyrer seit dem Ende der Spätbronzezeit erlebt hatten. Wie die Autoren anmerken, ist diese Periode »synchron mit den wichtigsten Phasen der imperialen Expansion Assyriens (ca. 920–730 v. Chr.)« und schloss »eine Spitzenfeuchtzeit, hier als assyrisches Megapluvial bezeichnet«, ein, die von 850 bis 740 dauerte und in dieser Region »eine der feuchtesten Perioden der letzten 4000 Jahre« war.[45] In den assyrischen Aufzeichnungen dieser Zeit gibt es zudem keine weiteren Hinweise auf Hungersnot oder Dürren. Wenn diese Neufunde etwas zu sagen haben, dann sieht es eindeutig so aus, als hätten die Neuassyrer keine Zeit verloren, den Klimawandel zu nutzen.

Hormudz Rassam und die Tore von Balawat

Informationen über die nächste wichtige Phase im Wiederaufstieg der Neuassyrer lieferte ein ungewöhnliches Geschenk, das 1877 an Hormudz Rassam ging, einen irakischen Archäologen aus Mossul, der beim bekannten britischen Forscher Layard gelernt hatte. Zu dieser Zeit lebte Rassam nach einer glänzenden Karriere im halben Ruhestand in London. Als er ein Paket öffnete, das ihm ein Freund aus dem Irak geschickt hatte, fand er darin brüchige Bronzefragmente, in die Kriegerszenen und kurze Inschriften hineingetrieben waren. Dem Freund zufolge hatte sie ein Dorfbewohner gefunden, als er ein Grab beim Örtchen Balawat aushob – heute identifiziert man es mit dem antiken Imgur-Enlil, das rund 27 Kilometer südöstlich von Mossul lag.[46]

Als das British Museum Rassam im Jahr darauf einlud, aus dem Teilruhestand in den Irak zurückzukehren und Grabungen in Ninive zu leiten, nahm er an und nutzte die Gelegenheit, auch in Balawat ein paar Suchgrabungen vorzunehmen. Wie sich zeigte, gehörten die Bruchstücke, die man ihm geschickt hatte, zum obersten einer Reihe von Bronzebändern, die ursprünglich der Zierrat zweier großer Holztüren gewesen waren, die jeweils rund sechs Meter hoch und 2,40 Meter breit waren. Die Türflügel gehörten zu dem Tor eines Palasteingangs, den Salmanassar III. dort erbaut hatte, der Assyrien von 858 bis 824 v. Chr. regierte.

Insgesamt gab es acht Paar Beschläge für die beiden Türen, jeder rund 2,40 Meter lang und 30 Zentimeter hoch. Während Rassam sich durch die sechs Meter Erde und zusammengestürzten Lehmziegel grub, die die Bänder nun umgaben und festhielten, traf er die meisten von ihnen noch in der Originallage an, immer ein Paar über dem anderen. Irgendwann war das Holz der Tore verbrannt oder einfach mit der Zeit zerfallen, und nur die Bronzebänder »standen« noch am alten Ort und ähnelten, wie Rassam später schrieb, auf kuriose Weise einer Hutablage. Sie waren »mit Treibarbeiten versehen, die eine Fülle von Themen zeigten, darunter Kampfszenen, triumphale Umzüge und religiöse Handlungen«, alles »in Felder unterteilt, die von einer Borte aus Rosetten eingefasst waren«.[47]

Tatsächlich zeigte sich, dass die Bilder und Inschriften Feldzüge aus den ersten zwölf Jahren, wenn nicht mehr, der Herrschaft Salmanassars ab 858 v. Chr. festhielten. Wir sehen, wie feindliche Städte belagert und gefangene feindliche Krieger gepfählt werden, dazu verschiedene andere Bilder, die entweder thematisch oder durch ihre Grausigkeit interessant sind. Jede Szene begleitet eine Inschrift, die das jeweilige Ereignis nennt. Zu den erwähnten Städten zählen Tyros, Sidon und Karkemiš, dazu andere in Urartu (das nördlich von Assyrien im Osten Anatoliens lag) und im übrigen Mesopotamien. Für unsere Rekonstruktion, wie die Reiche und Ereignisse dieser Zeit aussahen, sind die Bänder überaus wichtig.

Die ausgegrabenen Bänder schickte Rassam ins British Museum, wo sie heute zusammen mit anderen Objekten ausgestellt sind, die, wie er sagte, in Balawat gefunden wurden. Doch fast sofort stellten mehrere Kuratoren des Museums seine Funde infrage, darunter der bekannte Ägyptologe E. A. Wallis Budge. In der maßgeblichen Publikation der Fragmente durch das British Museum meldete Budge öffentlich Zweifel daran an, dass sie aus Balawat stammen konnten. »Nachdem ich den Hügel untersucht hatte«, schrieb er im Vorwort, »erschien es mir unmöglich zu glauben, dass dieser unbedeutende Fundort einen assyrischen Tempel enthalten haben könnte. [...] Daher müssen wir schließen [...], dass der Ort, an dem die hier publizierten Bronzereliefs gefunden wurden, noch nicht gesichert ist.«

Der Autor des Bandes, L. W. King, ein Kurator am British Museum, stimmte ihm zu: »Wir dürfen den Schluss ziehen, dass die einheimischen Finder der Tore sich sorgsam bemüht haben, den wahren Ort ihrer Entdeckung zu verheimlichen.« Beide Kuratoren unterstellten außerdem, Rassam könnte alle Bänder angekauft haben, denn in dem Band schrieben sie, er habe sie »erworben« und »sichergestellt«, nicht etwa ausgegraben.[48] Wir müssen uns wundern, wieso Budge und King an Rassams Aussagen zweifelten, wahrscheinlich aber war es entweder tief verwurzelter Rassismus, Kolonialismus, Kollegenneid oder eine Mischung aus allem.

Interessanterweise – vielleicht wegen dieser Anschuldigungen – übergab Rassam dem British Museum nicht die ersten Fragmente, die ihm sein Freund im Irak geschickt hatte. Stattdessen blieben sie im Besitz seiner Familie und wurden später von der Walters Art Gallery in Baltimore angekauft, wo sie sich noch heute befinden. Andere Fragmente, die alle von den beiden obersten Bänderpaaren stammen, die Dorfbewohner beim Ausheben von Gräbern auf dem Hügel entdeckt hatten, fanden ihren Weg durch die Hände verschiedener Kunsthändler in andere Museen und Privatsammlungen.[49]

Auf die Spitze wurde die Angelegenheit getrieben, als Rassam mit Unterstützung Layards Klage erhob, um seinen guten Ruf wiederherzustellen. Erst 1955 wurde er endgültig entlastet – auf unerwartete Weise. Es begann damit, dass das British Museum in diesem Jahr das »Department of Western Asian Antiquities« schuf und seine Magazine neu ordnete. Zur allgemeinen Überraschung tauchten in einer oder mehreren Kisten, die schon seit Jahrzehnten unbeachtet in den Magazinräumen verstaubten, weitere Bronzebänder von einem anderen Türflügelpaar auf. Auch sie waren von Rassam nach London geschickt, aber vergessen worden. Viele waren immer noch in Zeitungspapier eines Exemplars der *Times* aus dem Jahr 1880 eingewickelt – wohl die Zeit, als sie aus den Kisten oder Behältern ausgepackt worden waren, die Rassam nach London gesandt hatte. Sie alle stammten aus einem älteren Palast am selben Ort, den Salmanassars Vater Assurnasirpal II. erbaut hatte, der von 883 bis 859 n. Chr. regiert hatte. Das können wir mit Bestimmtheit sagen, denn obwohl der Rest des Palasts noch nicht gefunden worden ist, tragen sieben Bänder die Inschrift »Palast Assurnasirpals, des Königs des Weltalls, König von Assyrien, Sohn Tukulti-Ninurtas, des Königs von Assyrien, des Sohnes Adad-niraris, ebenfalls König von Assyrien«.[50]

Dieses zweite Ensemble aus Beschlägen hatte Rassam in seinen Berichten und der Grabungspublikation beschrieben: Sie stammten von Türen, die etwa halb so hoch gewesen seien wie das Paar Salmanassars III. und rund 20 Meter von ihm entfernt gestanden hätten. Doch in einem Brief ans British Museum schrieb Rassam 1878: »Leider ist dieses zweite kleine Bauwerk sehr stark beschädigt […] kaum war es aufgedeckt, als es auch schon in Stücke zerfiel.« Fast zwei Jahrzehnte später schrieb er in seinem Buch etwas ganz Ähnliches: »Es wurde sehr stark mitgenommen angetroffen, und sobald es der Luft ausgesetzt war, zerbröckelte es.« Kein Wunder, dass dieser zweite Satz Torbeschläge lange als verschollen galt – niemand hatte erwartet, dass Rassam die Stücke eingesammelt und ebenfalls nach London geschickt hatte, aber genau das hatte er getan.[51]

Als die zusätzlichen Bänder aus den Magazinen wieder aufgetaucht waren, ergab ihre Untersuchung, dass die Szenen auf dem unteren Paar beinahe identisch sind: Beide zeigen Gefangene »aus

Ḫatti« (was hier Nordsyrien meint) und Assyrer in einem Festzug. Die übrigen Bänder bieten weitere Szenen, darunter mehrmals Männer aus Ḫatti sowie Löwen- und Stierjagden. Insgesamt vermitteln sie uns wie die Bänder auf dem Tor Salmanassars III., die Rassam vorher gefunden hatte, einen beachtlichen visuellen Eindruck von einigen Feldzügen Assurnasirpals.[52]

Die (Wieder-)Entdeckungen in den Magazinen des British Museum brachte dessen Kuratorium dazu, 1956 eine weitere Expedition nach Balawat zu finanzieren, diesmal unter Leitung des britischen Archäologen Max Mallowan, des Ehemanns der Krimiautorin Agatha Christie. Sofort stieß das Team auf weitere Bronzebeschläge mit Inschriften. Sie stammten von einem weiteren, kleineren zweiflügligen Tor, das ebenfalls in die Zeit Assurnasirpals II. gehört. Das Tor führte zu einem Tempel für Mamu (der vielleicht der assyrische Gott der Träume war), den Assurnasirpal dort zur gleichen Zeit wie seinen Palast hatte erbauen lassen. Mallowans Entdeckung der neuen Bänder bewies, dass Rassam über seine älteren Funde in Balawat die Wahrheit gesagt hatte.[53] Mehr noch, Mallowans Team konnte herausfinden, dass das von ihnen entdeckte Tor Jahrhunderte später zerstört worden war, gegen 612 v. Chr., als das neuassyrische Reich endete. Man konnte sogar feststellen, dass im Moment der Zerstörung ein Flügel des Doppeltors geschlossen gewesen war und der andere offen gestanden hatte.[54]

Später wurden Mallowans Bänder im British Museum konserviert und restauriert; dabei stellte sich heraus, dass die Szenen auf ihnen Feldzüge und Feinde, die Assurnasirpal Tribut brachten, darstellten. Insbesondere weisen Inschriften und Ikonografie wiederum auf Städte in Phönizien und Urartu hin, außerdem auf Karkemiš und mehrere aramäische Stützpunkte am Euphrat.[55] Danach wurden die Beschläge an den Irak zurückgegeben, wo sie ab 1974 im Museum von Mossul ausgestellt waren. Leider wurde es 2003 geplündert und 2015 noch vom IS angegriffen. Viele der von Mallowan gefundenen Bänder sind heute verschollen, weil sie entweder geraubt oder vernichtet wurden, daher ist es ein Glück, dass sie bereits eingehend studiert und in einem 2008 erschienenen Band von John Curtis und Nigel Tallis, Kuratoren am British Museum, publiziert worden sind.[56]

Wiederaufstieg der Assyrer

Die Balawat-Beschläge von den verschiedenen Toren zeigen uns, was im 9. Jahrhundert v. Chr. im Alten Orient vorging. Tatsächlich sind sie nur ein Teil aus einer Fülle von Material, mit dem arbeiten kann, wer eine Rekonstruktion dieser Zeit versucht – von Königsinschriften aus assyrischen Palästen über bildliche Darstellungen und weitere von Archäologen gefundene Überreste bis zu Einzelheiten der hebräischen Bibel. Daher können wir uns ein ziemlich gutes Bild davon machen, was im östlichen Mittelmeerraum geschah, als sich die verschiedenen Gesellschaften und Kulturen daranmachten, die vernetzte Welt wiederherzustellen und zu festigen, die am Ende der Bronzezeit untergegangen war.

Beispielsweise fällt in dieses Jahrhundert die anhaltende Erholung und Expansion des assyrischen Reiches, das Mario Liverani eher als dünnes Netz verbundener Siedlungen und Stützpunkte beschrieben hat, die anfangs in »fremden Ländern« errichtet wurden, denn als zusammenhängenden »Ölfleck«, der das Land bedeckte.[57] Mit dem Wiederaufstieg der Assyrer sehen wir, wie viele kleinere Konkurrenten und kleine Stadtstaaten durch das erste Großreich des neuen Jahrtausends ersetzt werden. Das vom Kollaps geschaffene Vakuum ließ sich, als die Welt sich erholte, mit neuen politischen und ökonomischen Strukturen füllen, etwa dem phönizischen Mittelmeerhandel. Weil Assyrien keine starken Rivalen hatte, füllte es am Ende das politische Vakuum und wurde der resilienteste große Staat unter denen, die sich vom Zusammenbruch am Ende der Spätbronzezeit erholten. Während die Assyrer das taten, führten sie vieles neu ein, was spätere Reiche dann übernahmen: stehende Heere, wirksame Kommunikationsmittel und Transportsysteme sowie politische Propaganda (wie die Torinschriften aus Balawat).

Tukulti-Ninurta II. (890–884 v. Chr.) brachte all das in Bewegung, indem er Krieg in Teilen des heutigen Syrien und der südöstlichen Türkei führte. Auf diesen Anfängen baute dann sein Nachfolger Assurnasirpal II. auf, der in derselben Gegend Feldzüge unternahm und unter anderem die Stadt Tuschan einnahm und neu gründete. Inzwischen hat man sie als den Siedlungshügel Ziyaret Tepe am oberen Tigris in der Südosttürkei identifiziert, wo ein archäologisches Team unter Leitung von Tim Matney von der University of Akron vielleicht den Königspalast gefunden hat, den Assurnasirpal gebaut haben will.[58]

Diesen König betrachten manche Forscher als den ersten, der ernsthaft damit begann, Gebiete im Alten Orient wieder fest in den Griff Assyriens zu bekommen. Assurnasirpals Herrschaft beschreibt Grayson als eine der wichtigsten Phasen der mesopotamischen Geschichte; er verweist auf die große Zahl ausführlicher Königsinschriften, die riesige Menge von Bauprojekten, die er unternahm, besonders in Kalḫu, aber auch anderswo, und die Zahl der Kriegszüge, die das assyrische Reich erweitern sollten.[59]

Die Schreiber Assurnasirpals II. gaben sich große Mühe bei der Schilderung, wie barbarisch er die Gefangenen auf seinen Feldzügen behandelte. Selbst innerhalb einer einzigen Inschrift wird das wieder und wieder beschrieben, eine grausige Liste dessen, was auf diesen Kriegszügen geschah. In einer dieser Inschriften, die als Kurkh-Monolith bekannt ist, schreibt der König von einem unglücklichen Herrscher, den er besiegt hatte: »Ich häutete Bur-Rammanu, den Verbrecher, und spannte seine Haut über die Mauer der Stadt Sinabu.«[60]

KAPITEL 2: EROBERER ALLER LÄNDER, RÄCHER ASSYRIENS

Abb. 5: Kurkh-Monolith Assurnasirpals II. London,
British Museum (bpk/The Trustees of the British Museum).

Dies ist eine von zwei Inschriften, die der britische Archäologe John Taylor 1861 in Kurkh entdeckte, heute bekannt als die Stadt Üçtepe in der Türkei, nicht weit von Ziyaret Tepe. Die andere Inschrift setzte später Assurnasirpals Sohn Salmanassar III.; sie beschreibt unter anderem die Ereignisse während der Schlacht von Qarqar. Beide Inschriften schenkte Taylor 1863 dem British Museum und beschrieb sie im *Journal of the Royal Geographic Society of London*, wo er kurz seinen Besuch der Fundstätte skizzierte und wie er die Inschriften praktisch offen herumliegend entdeckt hatte: »Ich hatte das große Glück, eine Steinplatte mit dem Abbild eines assyrischen Königs zu entdecken, das auf beiden Seiten mit langen Inschriften in Keilschriftzeichen bedeckt war. […] Ein wenig unterhalb davon, am Hang des Hügels und beinahe vollständig von Schutt bedeckt, legte ich einen weiteren perfekten Überrest derselben Art frei.«[61] Es fällt etwas schwer zu glauben, dass die Inschriften einfach auf der Oberfläche lagen statt tief im Innern des Hügels, aber Taylor spricht nicht von Grabungsarbeiten, also müssen wir ihn wohl beim Wort nehmen.

Nicht nur auf dem Kurkh-Monolithen rühmt sich Assurnasirpal II. seiner Taten. In einem anderen Fall schrieb er zu einem Angriff auf die Stadt Pitura: »Ich eroberte die Stadt. Ich machte 800 ihrer Kämpfer mit dem Schwert nieder und schlug ihre Köpfe ab. Ich nahm viele Soldaten lebendig gefangen. Den Rest verbrannte ich. Ich führte wertvolle Tribute von ihnen fort. Ich baute vor ihrem Tor einen Haufen aus lebenden Menschen und Köpfen auf. Ich pfählte auf Stangen 700 Soldaten vor ihren Toren. Ich ebnete die Stadt ein, zerstörte sie und verwandelte sie in Schuttberge. Ich verbrannte ihre jugendlichen Jungen und Mädchen.«[62]

Auch gegen den babylonischen König Nabu-apla-iddina (der ca. 887–855 herrschte) kämpfte Assurnasirpal II., griff das aramäische Königreich Bit-Adini an und wiederholte die einige Jahrzehnte ältere Behauptung Aššur-dans II., er habe »die geschwächten Assyrer zurückgebracht, die wegen Hunger und Nahrungsknappheit in andere Länder hinaufgegangen waren«.[63]

***

KAPITEL 2: EROBERER ALLER LÄNDER, RÄCHER ASSYRIENS

Nach nur wenigen Herrschaftsjahren verlegte Assurnasirpal II. seine Hauptstadt von Assur nach Kalḫu (das Kalah der Bibel), das eher im Zentrum des assyrischen Gebiets lag. Fortan diente Kalḫu fast 200 Jahre lang als assyrische Hauptstadt, von 879 bis 706 v. Chr. Später kannte man es als Nimrud, und unter diesem Namen wurde es durch die Ausgrabungen Layards berühmt, die 1845 begannen.[64]

Hier baute Assurnasirpal II. sofort einen Palast, der heute als »Nordwest-Palast« bezeichnet wird. Die ersten Überreste dieses riesigen Bauwerks kamen gleich am ersten Tag ans Licht, als Layard zu graben begann, nachdem er in der Nacht davor geträumt hatte, unterirdische Paläste mit »gigantischen Monstern«, »Skulpturen und endlosen Inschriften« zu finden. Genau das fand er, denn die Palastmauern waren überall mit Alabasterplatten geschmückt, auf denen Reliefs und Inschriften die Leistungen des Königs, seine heldenhaften Eroberungen, seine Beute und den eingezogenen Tribut, seine Beschreibung des Palastbaus und so weiter schilderten.[65] Im Grunde hatte Assurnasirpal eine ganz neue Gattung der historischen Kunst erfunden, als er seine Siege und damit Zusammenhängendes als Reliefs (und nicht nur Inschriften) auf den Wänden seines Palasts darstellte (und auf bronzenen Torbeschlägen wie in Balawat), eine Praxis, die spätere Assyrerkönige in ihren Palästen fortsetzten.

Auf Hunderten Platten, die die Palastmauern bekleideten, fand Layard das, was heute als »Standardinschrift« Assurnasirpals bekannt ist. Sie beschreibt unter anderem den Bauprozess:

Ich trug den alten Ruinenhügel ab und grub tief hinunter bis zum Wasserspiegel. Ich senkte die Fundamentgrube bis in eine Tiefe von 120 Ziegelschichten ab. Ich gründete darin einen Palast aus Zedernholz, Zypresse, dapranu-Wacholder, Buchsbaum, meskannu-Holz, Terebinthe und Tamariske als meinen Königssitz und zu meiner Bequemlichkeit als Herrscher auf ewig. Ich machte Abbilder von Tieren der Berge und

Meere in weißem Kalkstein und parutu-Alabaster und stellte sie an die Palasttüren. Ich schmückte ihn prächtig aus; ich umgab ihn mit Bronzenägeln mit rundem Kopf. Ich hängte in seine Tore Türen aus Zeder, Zypresse, dapranu-Wacholder und meskannu-Holz. Als Beute aus den Ländern, über die ich die Herrschaft erlangte, nahm ich in großer Menge Silber, Gold, Zinn, Bronze und Eisen und setzte sie hinein.[66]

Nach der Beschreibung der österreichischen Assyriologin Karen Radner war Assurnasirpals neuer Palast riesig: Er bedeckte eine Fläche von 200 × 130 Metern (beinahe vier Fußballfelder). Jedes Tor wurde von *lamassu* genannten Stier- oder Löwenkolossen mit Flügeln und Menschenköpfen bewacht. Im Innern lagen Höfe, Säle und Privatgemächer für die Königsfamilie.[67]

Als der Bau fertig war, veranstaltete Assurnasirpal II. ein Riesenfest; das Gelage dauerte volle zehn Tage. Laut einer Inschrift, die der König später aufstellen ließ und die bei Mallowans Grabungen gefunden wurde, waren fast 70 000 Menschen zu der Eröffnungsfeier eingeladen. Dazu zählten die gesamte Bevölkerung der Stadt sowie Menschen aus dem gesamten Reich, außerdem 5000 fremde Abgesandte, unter ihnen Vertreter der Phönizierstädte Tyros und Sidon. Auf der Speisekarte standen mehr als 17 000 Schafe, Lämmer, Kälber und Rinder, je 10 000 Tauben und Turteltauben, Tausende sonstige Vögel, je 10 000 Fische, Eier und Brote sowie Unmengen an Gemüse, Obst, Nüssen und Gewürzen, darunter Granatäpfel, Trauben, Pistazien (geschält wie ungeschält), Rüben, Oliven, Zwiebeln und Knoblauch. Heruntergespült wurde das alles mit 10 000 Krügen Bier, 10 000 Schläuchen Wein und nur hundert Gefäßen Milch.[68]

Um einen solchen Überschuss zu produzieren und für ein einziges Fest verwenden zu können, müssen Assurnasirpal II. und die Assyrer bei ihren umfangreichen Feldzügen und mit der Beute und den Tributen, die sie erbrachten, sehr erfolgreich gewesen sein. Wie Trevor Bryce bemerkte, sind solche Waren – die den besiegten

Städten abgenommen und danach häufig jährlich als Tribute geleistet wurden – zweifellos der wahre Grund für die assyrischen Kriegszüge. Sie spülten alles Mögliche in die neuassyrischen Schatzkammern, von Holz über Edelmetalle und Luxusmöbel bis zu exotischen Gegenständen. All das brauchte die assyrische Wirtschaft und all das trug zu ihr bei.[69] Doch darf man den Propagandawert dieses besonderen Fests und die politische Botschaft, die es außerdem sendete, nicht unterschätzen.

***

Assurnasirpal zog außerdem gegen das Land Amurru, das südlich von Karkemiš lag, und gegen das noch südlichere Phönizien. Er zog Tribute aus Amurru und von den Phönizierstädten Tyros, Sidon, Byblos und Arwad ein (das nach seiner Beschreibung auf einer Insel lag). Eindrucksvoll erklären seine Inschriften: »Ich reinigte meine Waffen im großen Meer« (dem Mittelmeer). Zwar sind wir bei den Assyrern schon vorher auf solche Aussagen gestoßen, aber Assurnasirpal war der erste König seit vielen Generationen, der das getan hatte. Zu den Tributen zählten Metallgegenstände (»Silber, Gold, Zinn, Bronze«) und »Leinengewänder mit mehrfarbigem Besatz, ein großes Affenweibchen, ein kleines Affenweibchen, Ebenholz, Buchsbaumholz, Elfenbein von *nahiru*«.[70]

Einiges davon können wir vielleicht auf den Bronzebeschlägen sehen, die Mallowan in Balawat fand, denn man vermutet, dass die mittleren Bänder auf den Toren aus dem Mamu-Tempel, den Assurnasirpal II. errichtete, wahrscheinlich phönizische Städte und phönizische Würdenträger, die Tribut bringen, zeigen oder zeigten. Eine Szene auf der linken Tür, der heute das Bild der eigentlichen Stadt fehlt, zeigt vierzehn Männer mit Abgaben, von denen sechs in Booten phönizischer Bauart reisen – »mit Bug und Heck in Form von Entenköpfen«. Ihr Gegenstück auf der rechten Tür zeigt, wie der Assyrerkönig von diesen Männern den Tribut entgegennimmt, darunter große zweihenklige Kessel; dabei sind zwei der Boote zu sehen. Hier ist die Stadt noch erhalten, dargestellt als befestigter Ort, der auf einer Insel zu liegen scheint, also handelt es sich mit einiger Wahrscheinlichkeit um Tyros (oder vielleicht auch um Arwad). In allen Fällen werden die Männer mit weichen Mützen »mit herabhängenden Spitzen« und Stiefeln »mit Schnabelspitzen« gezeigt. Eine Reihe tiefer sehen wir auf dem linken Beschlag eine fast identische Szene, diesmal mit der Stadt, die abermals von Wasser umgeben dargestellt ist, also vielleicht auf einer Insel lag, dazu zwei weitere Boote phönizischen Typs und sechs Männern, die Tribut bringen.[71]

Salmanassar III.

Als Salmanassar III. König wurde, vergrößerte er die assyrische Armee beträchtlich und setzte die unerbittlichen Feldzüge seines Vaters fort. In seinen Inschriften bezeichnete sich Salmanassar als »großer König, starker König, König des Weltalls, König wie kein anderer, Drache, die Waffe, die alle Gegenden zerstört«.[72] Das war nicht übertrieben.

Um sein Reich zu erweitern, führte Salmanassar in jedem einzelnen Jahr seiner 34 Jahre währenden Herrschaft Krieg und griff so ziemlich jedes Gebiet, jeden kleinen oder großen König in seiner Reichweite an. Am Ende einer langatmigen Inschrift gab er einen numerischen Überblick, wie viele Männer seine Armee in den ersten 20 Feldzugsjahren getötet oder gefangen genommen hatte, dazu über die erbeuteten Tiere: »110 610 Gefangene, 82 600 Getötete, 9920 Pferde (und) Maultiere, 35 565 Rinder, 19 690 Esel (und) 184 755 Schafe.«[73] Wenn man den Zahlen glauben darf, sind sie verblüffend.

Außerdem kam Salmanassar auch dem frisch an die Macht gekommenen König Babylons Marduk-zakir-sumi (ca. 855–819) zu Hilfe, dessen jüngerer Bruder sich gegen ihn erhoben hatte. Salmanassar besiegte den Bruder und erreichte gute Beziehungen zu den Babyloniern. Das zahlte sich später aus, als derselbe babylonische König einige Jahre später Salmanassars Sohn Šamši-Adad V. bei der Niederschlagung einer Revolte in Assyrien half.[74]

Während seiner zahlreichen Feldzüge, darunter mehrere gegen Urartu im fernen Norden, kämpfte Salmanassar auch im Amanusgebirge in der heutigen Südosttürkei und »fällte Zedernholzstämme« (auch »Libanonzedern« genannt) und Balken aus Wacholderholz. Außerdem zog er weiter nach Südwesten ins Gebiet des heutigen Libanon; wohl bei dieser Gelegenheit sammelte er einige der Tribute ein, die man auf den Toren aus Balawat sieht. Ein solcher Fall erscheint auf Beschlag III des Tores, das er in Balawat errichtete. Hier lautet die Inschrift des oberen Registers: »Der Tribut der Schiffe der Männer von Tyros und Sidon, den ich empfing.« Begleitet wird sie von einer Szene, auf der Schiffe von der Inselstadt Tyros losfahren und Waren auf dem Festland ausgeladen werden.[75]

Abb. 6: Salmanassar III. in Tyros. Man beachte die Schiffe im oberen Register. Ausschnitt aus Beschlag III der Balawat-Tore. London, British Museum (bpk/The Trustees of the British Museum).

SALMANASSAR III.

Das Fragment eines weiteren Beschlags, das zu den ursprünglich Rassam geschenkten gehört und sich heute in der Walters Art Gallery in Baltimore befindet, zeigt ein zweites Beispiel von Tributen, die Salmanassar von den Phöniziersstädten empfing. Die Inschrift dazu lautet: »Ich erhielt Tribut von den Städten der Völker von Tyros und Sidon: Silber, Gold, Zinn, Bronze, Wolle, Lapislazuli, Karneol.« Diese Inschriften und Bilder bestätigen den Bericht auf der Inschrift des Monolithen Salmanassars, wo es heißt: »Die Tribute der Könige der Meeresküste empfing ich. Zur Küste des breiten Meeres marschierte ich zu Recht und im Triumph.«[76] Sie bestätigen auch, was wir über den Tribut wissen, den Salmanassar und andere neuassyrische Könige von Tyros, Sidon und den anderen Städten an der phönizischen Küste verlangten.

Außerdem kämpfte Salmanassar viele Male gegen die Aramäer, die sich inzwischen in verschiedenen kleinen Stadtstaaten niedergelassen hatten, die hauptsächlich dort lagen, wo sich heute Teile des Libanons, Syriens und des Iraks befinden. Viele dieser Kleinkönigreiche hatten Namen, die mit *Bit-* begannen (was wie das hebräische *beit* »Haus von …« heißt und jeweils die Stammesherkunft spiegelt) – etwa Bit-Adini, Bit-Zamani, Bit-Aguši und so fort. Ironischerweise waren es Salmanassar und die Assyrer, die ab dem 9. Jahrhundert der aramäischen Sprache zur Blüte und Ausbreitung verhalfen – denn während der König die Aramäer unterwarf, begann er Schreiber zu beschäftigen, die als Teil des Apparats, der die neu eroberten Gebiete mitverwalten sollte, Aramäisch sprechen und schreiben konnten. Andere Aramäer übernahmen nach und nach weitere Rollen in der assyrischen Bürokratie.[77]

Salmanassars Reich war so weitläufig, dass er zusätzlich ein neues System für eine zügige Kommunikation einführte. Am besten lässt es sich mit dem »Ponyexpress« vergleichen, wie er in den USA im 19. Jahrhundert bestand, nur verwendeten die Assyrer Maultiere statt Pferden. Das war eine Alternative zu der bisherigen Praxis, wo ein einzelner Bote einen Brief oder ein Dekret den ganzen Weg beförderte. Jetzt schufen die Assyrer ein Relaissystem entlang der als »Königsstraße« benannten Route, bei dem ein Reiter eine festgelegte Strecke zurücklegte und anschließend den Brief oder die Depesche dem nächsten Reiter übergab, der dann wieder bis zum nächsten Haltepunkt ritt und alles dem nächsten weitergab und so weiter, bis der Brief sein Ziel erreichte. Offensichtlich war das viel schneller, aber nicht so sicher wie die Entsendung eines einzelnen Privatboten. Diese Methode schneller Kommunikation verwendeten die Assyrer auch während der nächsten Jahrhunderte.[78]

Die Schlacht von Qarqar

Die berühmteste Schlacht Salmanassars III. – oder zumindest eine der von Historikern am häufigsten erwähnten – ist die Schlacht von Qarqar, die in seinem 6. Herrschaftsjahr (853 v. Chr.) stattfand. Überaus detailreich ist die Episode in der Inschrift auf seinem Monolithen festgehalten, wo es heißt, dass Salmanassar gegen eine Allianz aus zwölf Königen kämpfte.

Grayson hat dieses Bündnis »Damaskus-Koalition« getauft, denn in seinen Reihen war auch Hadad-ezer (Adad-idri), der König von Aram-Damaskus, der 1200 Streitwagen, 1200 Reiter und 20 000 Fußsoldaten in die Schlacht führte. Hinzu kamen Irhulenu, König von Hamat, der 700 Wagen, 700 Reiter und 10 000 Infanteristen stellte, und Ahab, König von Israel, mit 2000 Wagen und 10 000 Mann (wichtig ist, dass Ahabs Existenz hier erstmals außerhalb der Bibel bezeugt ist). Es kamen 1000 Soldaten aus Ägypten, wohl von Osorkon II. geschickt, und weitere aus den phönizischen Städten Byblos, Arwad und Tall ʿArqa (Irqata). Alles in allem konnten die Verbündeten somit fast 4000 Wagen und 2000 Reiter, über 40 000 Fußsoldaten und 1000 Kamele ins Feld führen.[79]

Doch Salmanassar besiegte die Koalition, die ihm entgegenzutreten gewagt hatte. »Ich fällte mit dem Schwert 14 000 Krieger, ihre Kämpfer, (und) ließ auf sie Vernichtung herabregnen, wie es der Gott Adad wollte«, sagt er in einer Inschrift. »Ich füllte die Ebene mit ihren hingestreckten Leichen und (erschlug) ihre zahlreichen Truppen mit dem Schwert. Die Ebene war zu klein, als dass die (unglaublich vielen) Leichen ausgestreckt daliegen konnten, die weitläufige Gegend reichte nicht, um ihnen allen Platz zum Begräbnis zu bieten. Ich staute den Orontes mit ihren Leichen an wie eine Brücke.«[80]

Die Episode wird noch in mindestens fünf weiteren Inschriften erwähnt. Laut ihnen soll die Zahl getöteter Feinde weit größer gewesen sein; auf einem Satz Tontafeln aus der Hauptstadt Assur, einer Version der Annalen Salmanassars III., und auf zwei Kolossalstatuen von Stieren, die Layard in Nimrud/Kalḫu fand, verdoppelt der König die Anzahl beinahe: Er »tötete mit dem Schwert 25 000 ihrer Kämpfer (und) erbeutete von ihnen ihre Wagentruppe, Kavallerie, Kriegsausrüstung«. Auch fügte er ein neues Ende an und behauptete: »Um ihr Leben zu retten, rannten sie davon, stiegen auf Boote, fuhren aufs Meer hinaus.«[81]

Die Schlacht ist auch auf Beschlag IX der Balawat-Tore dargestellt. Hier sehen wir die Einnahme mehrerer Städte in der Nachbarschaft von Hamat, darunter das brennende Qarqar selbst. Salmanassar sitzt in einem Zelt und vor ihm werden Gefangene und Beutestücke aus der Stadt vorbeigeführt.[82]

Einige Jahre später, während seines 18. Herrscherjahres, erhielt Salmanassar nach eigenen Angaben erneut Tribute aus den Phönizierstädten Sidon und Tyros. Von dieser Inschrift gibt es mehrere Versionen; in einer heißt es genauer, dass den Tribut »Ba'alimanzer von Tyros« leistete, der unmittelbar vor »Jehu aus dem Haus Omri« genannt wird. Wahrscheinlich ist der Herrscher mit Baal-ma'zer [Baal-azor] II. von Tyros (855–830 v. Chr.) gleichzusetzen, den der römische Historiker Josephus erwähnt.[83]

Außerdem empfing Salmanassar Tribut »aus dem Land Musri«, also aus Ägypten, das im heutigen Hebräisch immer noch »Misraim« heißt. Zu den Abgaben gehörten »zweihöckrige Kamele, ein Wasserbüffel, ein Nashorn, eine Antilope, Elefantenkühe, Menschenaffen«. Früher dachte man, der damalige Pharao sei Takelot II. gewesen, da man aber die Herrschaft Osorkons II. inzwischen bis 831 laufen lässt, ist wahrscheinlicher, dass dieser die Tribute schickte. Eine andere Inschrift Salmanassars besagt, er habe drei Jahre später, 838 v. Chr., wiederum Abgaben aus Tyros, Sidon und Byblos erhalten.[84]

Etwa zur gleichen Zeit, seit ca. 839, richtete Salmanassar seine Aufmerksamkeit zusätzlich auf Südostanatolien, auf eine Region und ein Reich namens Tabal, die sich nach dem Zusammenbruch der Hethiter dort gebildet hatten. Prompt schlug Salmanassar die dortigen syrohethitischen Könige, ebenso die Herrscher in einem nahen Gebiet Kilikiens, das damals als Adanawa bekannt war (assyrische Inschriften nennen es auch Que, verschiedene luwische Inschriften Hiyawa oder Adana). Trevor Bryce hat darauf hingewiesen, dass der Name »Hiyawa« von »Aḫḫiyawa« kommt – dem Namen der Hethiter für die Mykener. Das könnte bedeuten, dass es gleich nach dem bronzezeitlichen Kollaps eine Migration vom griechischen Festland in dieses Gebiet gegeben hatte.[85]

Hasaël und Jehu

In den Jahren nach der Schlacht bei Qarqar 853 v. Chr. überquerte Salmanassar III. den Euphrat zahlreiche weitere Male und führte in Syrien mehrere neue Feldzüge, unter anderem gegen verschiedene Neuauflagen der sogenannten Damaskus-Koalition, die ursprünglich von Hadad-ezer, dem König von Damaskus, geführt wurde. Diese Offensiven fielen in Salmanassars sechstes, zehntes, elftes, 14., 18., 21. und 22. Herrscherjahr. Während der letzten Feldzüge erwähnen die Annalen für Damaskus einen neuen Aramäerkönig – nicht Hadad-ezer, sondern Hasaël, der als »Sohn eines Niemands« bezeichnet wird, was bedeutet, dass er ein Usurpator war.[86]

Bisher habe ich den Aramäern in diesem Buch nicht annähernd so viel Platz eingeräumt, wie sie verdienen. Sie wurden nie zu einem Reich und scheinen sich vorwiegend mit ihren jeweiligen Kleinkönigreichen oder Stadtstaaten identifiziert zu haben. Doch dieser neue Herrscher von Aram-Damaskus, Hasaël, hatte anscheinend andere Pläne. Erwähnt habe ich ihn in Verbindung mit der Stele aus Tel Dan, die er wahrscheinlich Ende der 840er Jahre nach Feldzügen in dieser Region errichten ließ. Inzwischen vermutet man, dass er außerdem etwa zur gleichen Zeit mehrere weitere Orte im Nordreich Israel angriff, darunter mit einiger Wahrscheinlichkeit Megiddo und Hazor.[87]

Besonders interessant ist, dass Hasaëls Inschrift in Tel Dan nicht nur vom Haus David spricht, sondern zwei Könige namentlich erwähnt, Joram von Israel und Ahasja von Juda, die zur Zeit Hasaëls regierten und anscheinend Opfer seiner Feldzüge wurden, denn er erklärt, beide getötet zu haben. Interessant ist, dass diese Inschrift eine Parallelversion zu einem Bericht in der hebräischen Bibel darstellt, wo dieselben zwei Könige (Joram und Ahasja) nicht von Hasaël getötet werden, sondern von einem treulosen Armeeoffizier namens Jehu – demselben Jehu, dessen Name schon im Zusammenhang mit dem Bienenhaus in Tel Rehov fiel.

Laut der biblischen Darstellung verübte Jehu seine Morde nach einer Schlacht bei Ramot-Gilead, nach der er umgehend den Thron Israels an sich riss und gleich darauf die Herrschaft übernahm. Auch Jorams Mutter, die berüchtigte Jesebel, Witwe König Ahabs und Tochter Ethbaals, des phönizischen Königs von Tyros, wurde während dieser Revolte ermordet (vgl. 2 Könige 9,14–16. 22–28. 32–37; 10,1–17; 2 Chronik 22,5–9).

Unbekannt ist, wieso die Geschichte von Jehu in der hebräischen Bibel und die Inschrift in Tel Dan so viele Ähnlichkeiten aufweisen, aber für die beiden Könige verschiedene Mörder nennen. Man hat vermutet, Jehu könnte im Auftrag Hasaëls gehandelt haben, aber darüber debattiert die Forschung weiterhin, besonders, da weder die Bibel Hasaël erwähnt noch Hasaëls Inschrift Jehu.[88]

An dieser Stelle wird Salmanassar III. ein weiteres Mal wichtig, denn fast unmittelbar darauf scheint er 841 v. Chr. Hasaël besiegt zu haben. Im Zuge des Feldzugs in seinem 18. Herrscherjahr sagt Salmanassar: »Um sein Leben zu retten, lief er [Hasaël] davon; ich verfolgte ihn. Ich setzte ihn in seiner Königsstadt Damaskus gefangen, rodete seine Gärten.« Außerdem will er in diesem Jahr 16 000 Kämpfer Hasaëls getötet und 1121 seiner Streitwagen sowie 479 Reiter erbeutet haben. 838 v. Chr., drei Jahre später, musste er allerdings erneut gegen ihn kämpfen.[89]

***

Inzwischen wird vermutet, dass Hasaël seine Niederlage(n) gegen Salmanassar verschmerzen konnte und in den folgenden Jahrzehnten vielleicht das Südreich Juda verwüstete, unter anderem Tell es-Safi (das Gat der Bibel), eine der fünf ursprünglichen Philisterstädte, wo die Archäologie nun einen riesigen, rund zweieinhalb Kilometer weit in den Fels gehauenen Belagerungsgraben freigelegt hat. Hasaëls Eroberung von Gat belegt 2 Könige 12,18 (»Zu der Zeit zog Hasaël, der König von Aram, herauf und kämpfte gegen Gat und eroberte es«), und gleich darauf hören wir, dass er auch gegen Jerusalem marschierte und sich erst zurückzog, als ihn König Joasch von Juda bestochen hatte (2 Könige 12,19).[90]

In dieselbe Zeit wird außerdem eine riesige Zerstörung datiert, die der Schicht IV in Jehus Heimatstadt Tel Rehov ein Ende machte. Auch sie hat man Hasaël und seiner Invasionsarmee zuschreiben wollen. Die Schäden waren so groß, dass der niedrigere Hügel dieses Ortes nie wieder besiedelt wurde; nur der obere blieb ein weiteres Jahrhundert lang bewohnt, dann wurde auch er zerstört, diesmal 732 v. Chr. von Tiglatpileser III. und den Neuassyrern.[91]

Man hat auch vermutet, Hasaëls Feldzug oder Feldzüge in den Süden könnten das Ziel gehabt haben, den Kupferhandel unter Kontrolle zu bringen, vor allem die Minen in Edom. In der Tat kam der Kupferbergbau in der Araba-Senke und im Wadi Faynan zu dieser Zeit jäh zum Erliegen, allerdings kann sich die Wiederaufnahme des Abbaus in den Minen auf Zypern ebenso ausgewirkt haben wie Hasaëls Vorstöße; außerdem ist kürzlich die These geäußert worden, der eigentliche Grund für die damalige Schließung der Bergwerke könnte ein Brennstoffmangel für die Schmelzöfen gewesen sein.[92]

Irgendwann kämpfte Hasaël anscheinend auch entweder weiter nördlich oder östlich; danach ließ er vermutlich mehrere Gegenstände mit Inschriften versehen und weihte sie dem Tempel des Hadad in Damaskus. Mehrere dieser Objekte sind inzwischen in archäologischen Fundkontexten aufgetaucht, jedoch sehr weit weg von Damaskus. Der erste Fund war vor über einem Jahrhundert eine Scheuklappe für Pferde aus Bronze, die ausgerechnet im Heiligtum des Apollon in Eretria auf der Griechenland vorgelagerten Insel Euböa ans Licht kam. Ursprünglich war das Stück am Auge eines Pferdes angebracht und zwang es, im Kampf nur nach vorn zu blicken; nach Eretria wurde es wahrscheinlich irgendwann im späten 8. Jahrhundert v. Chr. als Weihegeschenk gebracht. Ein anderer Stifter hinterließ eine dreieckige Bronzeplatte, eine »Rossstirn«, die den Kopf des Pferdes schützte, während des frühen 6. Jahrhunderts v. Chr. im Heraion (dem Hera-Heiligtum) auf Samos. Beide Stücke gehörten wahrscheinlich zum selben Pferdegeschirr, denn sie tragen die gleichlautenden aramäischen Inschriften: »Was Hadad unserem Herrn Hasaël von 'Umqi [oder 'Amqi] im Jahr gab, als unser Herr den Fluss überschritt.« Unklar ist, wie diese zwei Teile so lange nach ihrer Herstellung in die Ägäis kamen, aber man hat vermutet, sie könnten aus dem Tempel des Hadad geraubt worden sein, als Tiglatpileser III. 732 v. Chr. Damaskus eroberte.[93]

Nota Kourou von der Universität Athen teilt außerdem mit, dass es »ein unpubliziertes Räuchergerät aus dem Apollonheiligtum in Delphi« gibt, das vielleicht eine ähnliche Inschrift trägt. Außerdem gibt es eine zweite bronzene Scheuklappe, die im selben Bereich von Eretria in einem Kontext aus dem 8. Jahrhundert gefunden wurde, aber sie weist keine Inschrift auf und stammt vielleicht von einem anderen Geschirr, da beide Klappen für das rechte Auge sein sollen.[94]

Doch es bestehen auch Meinungsverschiedenheiten, wie man die Inschrift auf einigen dieser Stücke deuten soll. Ist es Hasaël oder das Pferdegeschirr, die aus 'Umqi/'Amqi stammen? Wenn es die Bronzestücke sind, kann man einen Feldzug Hasaëls nach Nordsyrien annehmen, denn damals nannten die Neuassyrer die Umgebung von Tell Tayinat manchmal Unqi/Umqi. Doch 'Amqi ist außerdem ein Name, der während der Bronzezeit für die Bekaa-Ebene im Libanon verwendet wurde, also handelt es sich möglicherweise um eine Herkunftsangabe Hasaëls: »Hasaël aus 'Amqi«. Das hieße dann, dass er einfach einen Standardfeldzug über den Euphrat führte, statt weiter nordwärts zu ziehen.[95] Im Augenblick lässt sich nicht entscheiden, welche der beiden Möglichkeiten die wahrscheinlichere ist.

Klare Verhältnisse schaffen

Weniger als ein Jahr nachdem Jehu sich den Thron Israels gesichert hatte, das er von 841 bis 814 regierte, musste er genau wie Hasaël Salmanassar III. entgegentreten – und kapitulierte sofort. Auf einem 1,80 Meter hohen Steinmonument, das als Schwarzer Obelisk bekannt ist, gefunden von Layard in Nimrud/Kalḫu und heute im British Museum in London, sieht man Jehu huldigend vor Salmanassar knien.

Abb. 7: Schwarzer Obelisk Salmanassars III. mit der Unterwerfung Jehus. London, British Museum (bpk/The Trustees of the British Museum).

Die Bildunterschrift gibt ihm das Prädikat »von Bit-Humri [d. h. aus ›dem Haus Omri‹]« und beschreibt den Tribut, den er bringt, darunter »Silber, Gold, eine Goldschüssel, Goldgefäße, goldene Eimer, Zinn, die Stäbe der Hand des Königs, Speere«. Wie Tammi Schneider von der Claremont Graduate School in Kalifornien und andere angemerkt haben, überrascht es, dass diese Episode, wie Jehu sich vor Salmanassar beugt und Tribut zahlt, nirgendwo in der hebräischen Bibel auftaucht.[96]

Einige Jahrzehnte später kam Adad-nirari III. auf den Thron Assyriens und regierte von 810 bis 783 v. Chr. Er behauptet, in seiner Zeit wichtige Siege errungen zu haben, darunter mehrere im heutigen Syrien und Israel. In einem Text, einer Stele aus Tell er-Rimah, schildert Adad-nirari die Unterwerfung »der gesamten Länder Amurru (und) Ḫatti« – das heißt, des Großteils von Syrien. Insbesondere will er vom König von Damaskus einen riesigen Tribut erhalten haben, darunter 2000 Talente Silber, 1000 Talente Kupfer, 2000 Talente Eisen und »3000 Leinengewänder mit mehrfarbigem Saum«. Gleich im nächsten Satz der Stele rühmt er sich, dass er außerdem »den Tribut von Joaš, dem Samaritaner, empfing« (also Joasch/Jehoasch, dem König Israels, der ca. 804–789 v. Chr. regierte) – auch dies wird in der Bibel nirgendwo erwähnt – sowie von »dem Volk von Tyros (und) Sidon«, also scheint sicher, dass sein Feldzug weit nach Süden führte.[97]

In einem zweiten in Nimrud gefundenen Text, der als Kalah-Inschrift bekannt ist, behauptet Adad-nirari sogar, noch höhere Tributsummen vom König von Damaskus erhalten zu haben: »2300 Talente Silber, 20 Talente Gold, 3000 Talente Bronze, 5000 Talente Elfenbein, Leinengewänder mit mehrfarbigem Saum, ein Bett aus Elfenbein, eine Liege mit Einlegearbeiten aus Elfenbein«. Weiter sagt er, alle Könige Babyloniens seien seine Vasallen geworden und er habe das gesamte Küstengebiet Syriens und die ganze südliche Levante erobert (oder unterworfen), darunter »Tyros, Sidon, Humri [Samaria/Israel], Edom (und) Palastu, bis zum großen Meer im Westen [dem Mittelmeer]«. Soweit wir wissen, ist das die erste Nennung von »Palastu«, also Philistäa, und der Philister im engeren Sinn. Interessant ist, dass Salmanassar neben Tyros und Sidon auch ausdrücklich Edom und das Nordreich Israel erwähnt.[98]

***

Doch das war nur der Anfang der imperialen Expansion Assyriens, die wir in vielen Details kennen. Nur wenige Jahrzehnte nach Adad-niraris Herrschaft griffen Assyrerkönige wie Tiglatpileser III., Salmanassar V. und Sargon II. das Nordreich Israel an und zerstörten es 720 v. Chr. schließlich. Nicht lange danach richtete Sanherib 701 v. Chr. das Südreich Juda übel zu; damals wurde die Stadt Lachisch zerstört und Jerusalem belagert. Diese Ereignisse werden sowohl in der hebräischen Bibel als auch in assyrischen Inschriften geschildert, aber sie sind nicht Thema dieses Buches, also werde ich ihre Geschichte ein andermal erzählen müssen.

Spätere neuassyrische Könige dehnten das Reich bis nach Ägypten, Arabien, in den Iran und die Türkei aus, um es mit modernen geografischen und politischen Begriffen zu sagen. Schließlich aber erlagen sie Ende des 7. Jahrhunderts v. Chr. dem aufstrebenden neubabylonischen Reich, genau wie die Neubabylonier letztendlich im 6. Jahrhundert den Persern erliegen sollten. Auch diese Ereignisse gehören nicht mehr zu der Geschichte, die ich hier erzähle, aber schon jetzt können wir sehen, dass auf die vielen Reiche und Großreiche der Spätbronzezeit im 1. Jahrtausend noch größere Reiche folgten – Assyrien, nach ihm Babylonien, Persien, Griechenland und dann Rom –, deren Herrschaftsgebiete sich nacheinander über den ganzen Alten Orient erstreckten.

Resümee

Was haben wir aus diesem letztendlich kursorischen Schnelldurchgang durch Mesopotamien in den Jahrhunderten nach dem Kollaps am Ende der Späten Bronzezeit gelernt?

Es ist klar, dass die Assyrer und Babylonier dem Zusammenbruch und der Umbruchphase von der Bronze- zur Eisenzeit anfangs erfolgreich standhielten, dass dann aber beide Zivilisationen zeitverzögert von Dürren, Hunger und Seuchen getroffen wurden, ehe sie sich wieder nach oben arbeiteten. Die Assyrer brauchten zwei Jahrhunderte, bis sie – mit Macht – im späten 10. und frühen 9. Jahrhundert ihr Comeback erlebten, als das Wetter sich besserte, es feuchter wurde und sich damit die Auswirkungen der Dürre minderten; die Babylonier mussten jedoch fast bis zum Ende des 7. Jahrhunderts v. Chr. warten.[99]

Elam kam anfangs so gut wie unversehrt davon, aber nur, um von den Babyloniern Ende des 12. Jahrhunderts vernichtend geschlagen und im Grunde als Machtfaktor eliminiert zu werden; die aktuell verfügbaren Quellen deuten an, dass es erst Ende des 8. Jahrhunderts wieder entstand. Nennen müssen wir auch die Aramäer, die das Chaos nach dem Kollaps nutzten, um sich in diesen Jahrhunderten im ganzen Alten Orient festzusetzen.

Und natürlich betrafen, beeinflussten und/oder überfielen die Assyrer während ihres Reichsaufbaus am Ende so gut wie alle in diesem Buch betrachteten Gesellschaften, darunter die Phönizier und die Zyprer.

KAPITEL 3

Das Mittelmeer wird zum phönizischen Binnenmeer

Phönizien und Zypern

Generationen von Schulkindern haben gelernt, dass die Phönizier vor allem wegen ihrer Schrift bekannt und in Erinnerung sind. Übernommen (und angepasst) wurde sie in der Ägäis und später in Italien, wo sie die Basis dessen bildete, was wir heute als griechisches und als lateinisches Alphabet kennen (das heute verwendet wird, um auf Englisch, Französisch, Deutsch, Italienisch, Spanisch, Tschechisch, Türkisch und in zahlreichen anderen Sprachen zu schreiben). Weit verbreitet war sie auch im eisenzeitlichen Kanaan, wo sich bald modifizierte Versionen entwickelten und für Inschriften auf Althebräisch, Aramäisch, Moabitisch, Ammonitisch und Edomitisch Verwendung fanden. Zu den anderen heutigen Schriften, die Alphabete verwenden, welche als direkt oder indirekt vom Phönizischen abgeleitet gelten, zählen Syrisch, Arabisch (vermittelt durch das nabatäische Aramäisch) und sogar Kyrillisch (vorwiegend aus dem griechischen Alphabet entstanden).[1]

Die Beifallsbekundungen setzten mit den späteren Griechen ein. Herodot etwa berichtet, Phönizier,»die zu jenen gehörten, die mit Kadmos in das heute Boiotien genannte Land gekommen waren«, hätten dort in Mittelgriechenland die Stadt Theben gegründet. »Diese mit Kadmos angekommenen Phöniker [...] brachten viele andere Kenntnisse in unser Land und darunter auch das Alphabet, das, wie ich glaube, den Griechen vorher unbekannt gewesen war. [...] Mit der Zeit veränderte sich der Klang und mit ihm auch die Form der Buchstaben. Die Griechen, die damals in ihrer Umgebung lebten, waren zum Großteil Ionier, und nachdem die Phöniker sie die Buchstaben gelehrt hatten, verwendeten sie sie mit kleinen Änderungen weiter und nannten sie ›phönikisch‹, was ja auch nur gerecht war, da die Phöniker sie ja nach Griechenland gebracht hatten.«[2]

Andere antike Autoren äußern sich ähnlich, so etwa Diodor aus Agyrion, ein auf Sizilien geborener griechischer Historiker, der im 1. Jahrhundert v. Chr. schrieb: »Als Kadmos aus Phönizien die sogenannten Buchstaben brachte, war wiederum Linos [ein einheimischer Gelehrter] der Erste, der sie in die griechische Sprache übertrug, jedem Zeichen einen Namen gab und dessen Form festlegte. Zusammen heißen die Buchstaben nun ›phönikisch‹, weil sie den Griechen von den Phöniziern gebracht wurden.«[3]

Doch außerdem sagt er: »Und als Antwort auf jene, die behaupten, dass die Syrer die Entdecker der Buchstaben seien, dass die Phönizier sie von den Syrern gelernt und dann an die Griechen weitergegeben hätten und dass diese Phönizier es gewesen seien, die mit Kadmos nach Europa gefahren seien und die Griechen die Buchstaben deshalb ›phönikisch‹ nennen, sagt man uns andererseits, dass die Phönizier diese Entdeckung nicht als Erste machten, sondern nicht mehr taten, als die Formen der Buchstaben zu verändern, worauf die Mehrheit der Menschheit die Schreibweise so verwendete, wie die Phönizier sie entwickelt hatten, und so bekamen die Buchstaben die Bezeichnung, die wir oben erwähnt haben.«[4]

Die meisten heutigen Gelehrten stimmen Diodor zu. Statt das Alphabet zu erfinden, haben die Phönizier es höchstwahrscheinlich standardisiert. Noch dazu würden die meisten Forscherinnen und Forscher behaupten, dass das eigentlich kein Alphabet war, wie wir es heute definieren, sondern eher ein sogenannter Abjad – eine reine Konsonantenschrift, die keine Vokale hat. Die Griechen veränderten die phönizische Schrift so, dass sowohl lange als auch kurze Vokale markiert wurden, und schufen damit das, was wir heute als griechisches Alphabet kennen. Das Wichtige und Revolutionäre an der Standardisierung und Verbreitung des Alphabets durch die Phönizier ist, dass eine Alphabetschrift nicht so kompliziert ist wie die nichtalphabetischen Schriften im antiken Mesopotamien und Ägypten. Das wiederum bedeutete, dass der Alphabetisierungsgrad potenziell ansteigen konnte, denn jetzt konnten alle – von den untersten Bevölkerungsschichten bis zu den höchsten – viel leichter lesen und schreiben lernen. Kurzum, Schriftkenntnisse waren zwangsläufig nicht mehr auf eine kleine Elite beschränkt wie während der Bronzezeit.[5]

Außerdem schreiben wir den Phöniziern häufig die Herstellung von Purpur zu sowie jahrhundertelange, fast ungehinderte Fahrten über das Mittelmeer, auf denen sie Kolonien gründeten und mit Menschen von Zypern über Nordafrika bis Spanien handelten. Die berühmteste ihrer Gründungen war Karthago, das viele hundert Jahre später Rom in den Punischen Kriegen herausfordern sollte. Der Farbstoff der Phönizier blieb über Jahrhunderte hochgeschätzt. Strabon etwa sagt: »[D]ie Phönizier insgesamt sind allen Völkern aller Zeiten überlegen gewesen, und zwar wegen ihrer Färbereien für Purpur; denn der tyrische Purpur hat sich als der bei Weitem schönste von allen erwiesen, und die Schnecken werden nahe der Küste gefangen, und die anderen zum Färben nötigen Dinge lassen sich leicht beschaffen, und obwohl die große Zahl der Färbereien das Leben in der Stadt unangenehm macht, bereichert sie diese doch durch das überlegene Können ihrer Einwohner.«[6]

Doch genau wie das Alphabet haben die Phönizier die Gewinnung von Purpurfarbstoff vielleicht eher perfektioniert als »erfunden«. Inzwischen gibt es Belege, dass solche Farben schon Jahrhunderte vorher, ab dem frühen 2. Jahrtausend, in der bronzezeitlichen Ägäis und auf Zypern erzeugt und verwendet wurden, und dort sowie im Alten Orient blieben sie während der ganzen Späten Bronzezeit in Gebrauch.[7]

***

Natürlich haben sie sich selbst nicht »Phönizier« genannt, sondern so nannten die späteren Griechen sie, darunter Homer in der *Ilias* und der *Odyssee*. Die Oxforder Historikerin Josephine Quinne schrieb: »›Phönikisch‹ war ein Etikett, das griechische Autoren für levantinische Seefahrer verwendeten, die ähnliche Dialekte einer Sprache nutzten, die sich von ihrer eigenen stark unterschied. Der Begriff besagte wenig über die kulturellen Bindungen oder eine gemeinsame Herkunft dieser Menschen, und ihnen selbst sagte er anscheinend nichts: Niemand aus den Küstenstädten der Levante oder aus ihren Kolonien rund ums Mittelmeer hat sich, soweit wir wissen, je als ›phönizisch‹ bezeichnet.«[8]

Statt sich Phönizier zu nennen (wie es die Griechen taten), nannten sich diese Küstenbewohner vielleicht Kanaaniter (wie es ihre hebräischsprachige Verwandtschaft tat, vgl. z. B. Genesis 10,1–20), doch das ist in der Forschung umstritten. Wahrscheinlicher ist, dass sie sich als Bewohner bestimmter Stadtstaaten am Mittelmeer betrachteten – Tyros, Sidon, Berytos (Beirut), Byblos und Arwad. Ihre Territorien lagen hauptsächlich im heutigen Libanon, doch ihr Machtbereich erstreckte sich weiter nach Norden in den heutigen Staat Syrien und hinunter bis südlich von Akko im Norden des heutigen Israel.[9]

Egal wie wir sie nennen oder wie sie sich nannten, fest steht, dass die Phönizier nicht neu in der Gegend waren, wie man früher vermutet hat. Vielmehr gilt heute allgemein als sicher, dass die meisten, wenn nicht alle Menschen in diesen Städten Kanaaniter

KAPITEL 3: DAS MITTELMEER WIRD ZUM PHÖNIZISCHEN BINNENMEER

waren, die den Zusammenbruch der Hochkulturen am Ende der Bronzezeit in diesem mittleren Küstenabschnitt der Levante überlebt hatten. Jede dieser Städte hatte im bronzezeitlichen Kanaan schon existiert und blühte während der Eisenzeit weiter. Obwohl die Funde an den größeren Orten bisher spärlich sind – teils deshalb, weil der Zugang zu den Überresten, auf denen die Städte von heute stehen, erschwert ist –, scheinen Grabungsergebnisse von kleineren Fundstätten anzudeuten, dass die Bevölkerung der Region den Übergang friedlich vollzog. Tatsächlich könnten sie zu den resilientesten Völkern zählen, mit denen wir es in diesem Buch zu tun haben, denn nicht nur führten sie die vorherigen kanaanitischen Stadtstaaten weiter, sondern blühten in dem Vakuum, das durch den Zusammenbruch entstanden war, sogar auf.[10]

Tatsächlich sieht es so aus, als hätten die Einwohner dieser Städte die Rolle, die ihre Vorgänger in denselben Gemeinden während der Spätbronzezeit gespielt hatten, entweder als Startpunkt genutzt oder sie vielleicht einfach nur ausgeweitet. Nun spielten sie eine neue (oder vielleicht erweiterte) Rolle als unabhängige Händler und Kaufleute, die viele verschiedene Waren quer durch und rund ums Mittelmeer transportierten. Die britische Althistorikerin und Archäologin Carol Bell beschreibt es so: »Die Handelsunternehmen Phöniziens verlagerten sich nach Westen, und zumindest aus ökonomischer Sicht wurde das Mittelmeer zum phönizischen Binnenmeer.«[11]

Christopher Monroe hat die These aufgestellt, dass die Phönizier zunächst auf »zahlreichen schon bestehenden Routen über zahlreiche Häfen segelten, die den Seefahrern schon lange bekannt waren«. Diese Seewege denkt er sich als »ein Handelsinformationsnetz, das Jahrhunderte der Reisen nicht nur aus Tyros, sondern auch aus Sidon, Arwad, Byblos, Ugarit, Kition et cetera geschaffen hatten«, und schreibt damit den Phöniziern zu, im Grunde »das größte Informationsnetzwerk geschaffen zu haben, das die Welt bis zum 10. Jahrhundert v. Chr. je gesehen hatte«.[12]

So können wir guten Gewissens behaupten, dass die kanaanitischen Überlebenden in diesen Städten, die sich jetzt nach der Einzelstadt (etwa Sidon) bezeichneten oder von den Griechen schon zur Zeit der homerischen Epen einfach allgemein in »Phönizier« umetikettiert wurden, angesichts des Zusammenbruchs mehr als bloß resilient waren. Besser könnte man sie als »antifragil« bezeichnen, insofern sie sich nicht nur als zäh erwiesen, sondern unter der richtigen Menge Stress aufblühten, die Situation nutzten, um nicht nur zu überleben, sondern voranzukommen oder – wie Nassim Nicholas Taleb es zuspitzt – »von einem Durcheinander [zu] profitieren«.[13] Im Fall der Phönizier scheinen sie das Chaos und besonders die Zerstörung von Ugarit in Nordsyrien aktiv genutzt und die Seewege nach Westen, über die Ägäis nach Griechenland und weiter nach Italien, Sizilien und Sardinien, übernommen zu haben.

Vielleicht trieben sie auch weiter östlich Handel, denn es gibt einige Indizien, dass Zimt aus Südostasien kam; Spuren davon sind in etwa einem Dutzend phönizischer Fläschchen dieser Zeit gefunden worden, die man an drei verschiedenen Orten im heutigen Nordisrael geborgen hat, darunter in Tel Dor. Inzwischen stellt eine Vielzahl neuerer Funde aus Orten wie Tel Dor, Tell Erani und Tell es-Safi klar, dass es in der südlichen Levante während der Periode Iron Age I viel weniger Handel gab als in der Spätbronzezeit, aber dass er nicht aufhörte.[14]

Zypern und die Umstellung auf die Eisenverarbeitung

Was Zypern angeht, sahen sich die Insel und ihre Bewohner im 12. Jahrhundert v. Chr., unmittelbar nach dem Kollaps, zweifellos weithin denselben Bedingungen ausgesetzt wie der übrige Alte Orient. Doch obwohl die Lage kompliziert ist, scheint die Bevölkerung der Insel ebenso resilient wie die Phönizier gewesen zu sein – nicht nur arrangierten sie sich mit den Verhältnissen und passten sich an, sondern sie führten auch fast augenblicklich Innovationen ein und wandelten sich entsprechend der neuen Situation. Gut möglich, dass sich ihr Überleben teilweise dem Wohlstand und Ansehen durch die Entwicklung der Eisenverarbeitung verdankte – sie muss zusammen mit dem Alphabet als eine der großen Innovationen dieses Zeitalters gelten.

Das können wir am fernen Fundort Perati beobachten, das auf dem griechischen Festland etwa 32 Kilometer östlich von Athen auf der anderen Seite der Halbinsel Attika liegt, nahe dem heutigen Porto Rafti. Hier gibt es ein großes, gut bekanntes Gräberfeld aus dem 12. Jahrhundert v. Chr. Unter dem Grabinventar, das trauernde Familien in den Bestattungen ihrer Lieben hinterließen, finden sich Eisenmesser mit Bronzenieten. Ähnliche Stücke kennt man aus Tylissos auf Kreta und Lefkandi auf Euböa, dazu von einigen Inseln wie Naxos und Thasos. Diese bimetallischen Messer zählen zu den frühesten Beispielen für Objekte aus weiterverarbeitetem Eisen aus der Ägäis und dem Ostmittelmeerraum. Sie scheinen alle auf Zypern gefertigt worden zu sein und wurden von dort an verschiedene Orte von der Ägäis bis zur südlichen Levante exportiert.[15]

Diese Funde haben zu einem Umschwung der Forschungsmeinung geführt, sodass man heute – anders als ältere Forschergenerationen – vermutet, dass es höchstwahrscheinlich die innovativen Metallarbeiter Zyperns waren, die damals für die Umstellung von Bronze auf Eisen verantwortlich waren, und nicht die Dorer oder die Seevölker. Die Archäologin Susan Sherratt hat die Zyprer tatsächlich »nicht weniger als brillant« genannt, weil sie ihnen die Führungsrolle beim Verbreiten nicht nur dieser Objekte, sondern auch der damit verbundenen Techniken zuschreibt.[16]

Zugegeben, spätere griechische Autoren wie Strabon, Xenophon und Apollonios von Rhodos erwähnen die Eisenverarbeitung im Zusammenhang mit Leuten, die sie als Chalyber, Chalybier oder Chaldoi bezeichnen und die in Anatolien an der Küste des Pontos, des Schwarzen Meeres, lebten und arbeiteten – aber das spiegelt wahrscheinlich eine Jahrhunderte spätere Situation, wenn es überhaupt zutrifft.[17] Jedenfalls ist es unnötig, chronologisch oder geografisch so weit weg zu gehen.

Wir wissen, dass Eisen schon den Mächtigen der Bronzezeit bekannt war, wie einzelne Eisenobjekte aus Fundkontexten der Jahrhunderte vor dem Kollaps in Ägypten, Anatolien, Griechenland, Mesopotamien und anderswo zeigen (allerdings hatten die Hethiter nicht, wie früher geglaubt, anfangs das Monopol darauf). Doch viele dieser Objekte, vielleicht die meisten, wurden aus dem Eisen von Meteoriten hergestellt, darunter ein Dolch mit Goldgriff und Eisenklinge aus dem Grab Tutanchamuns, der vielleicht Jahrzehnte zuvor ein Hochzeitsgeschenk des Königs von Mitanni, Tušratta, an Pharao Amenophis III. gewesen war.[18] Gegenstände aus dem Eisen irdischer Erzlagerstätten gingen erst nach dem Zusammenbruch in den allgemeinen Alltagsgebrauch über.

Da die Schmiede auf Zypern und anderswo anscheinend erst dann ausgiebig mit Eisen zu arbeiten begannen, als sie dazu gezwungen waren, neigten frühere Forschungshypothesen zu der Annahme, es müsse zeitweise ein Mangel an Zinn oder sogar Kupfer geherrscht haben, also an den Bestandteilen der Bronze, weswegen man sich lokal verfügbaren Bodenschätzen habe zuwenden müssen – und Eisen in den Jahren nach dem Kollaps immer beliebter wurde. Das träfe besonders dann zu, wenn der Zusammenbruch der Palastwirtschaften der Spätbronzezeit Handelsrouten gekappt oder beeinträchtigt hätte, besonders die, auf denen Zinn aus Afghanistan oder anderen Teilen Zentralasiens kam.[19]

Bereits während der 1970er und 1980er Jahre meinten manche Forscher, die Umstellung auf Eisen sei eigentlich kein Fortschritt gewesen, sondern eher eine Reaktion auf »den Zwang zur Einschränkung«. Sie wiesen auch darauf hin, dass die größte anfängliche Veränderung der neuen Dominanz von Eisen in Handwerk und Landwirtschaft eintrat, also bei Pflügen, Sicheln, Meißeln und Sägen, nicht bei Waffen.[20]

Andere haben in jüngerer Zeit vermutet, dass sogar bei eventuellen Unterbrechungen in den Lieferketten vielleicht kein so großer Mangel an Bronze, Kupfer oder Zinn eintrat wie früher angenommen und dass während der ganzen Eisenzeit weiterhin Kupfer auf Zypern abgebaut wurde – allerdings schickten die Einwohner den Großteil davon vielleicht nach Westen, etwa nach Sardinien. Vasiliki Kassianidou, eine Spezialistin für Archäometallurgie und antike Technologie an der Universität von Zypern, meint: »In der Zeit der ›Krisenjahre‹ [...] gelang es Zypern, den Sturm abzuwettern und zu überleben. Zyprische Kaufleute erschlossen neue Märkte, die große Kupfermengen nachfragten, etwa Sardinien, und suchten nach neuen Quellen für Zinn und Edelmetalle, deren Zufuhr aus dem Osten unterbrochen worden war.«[21]

Damit wäre die Umstellung auf Eisen das Ergebnis einer schlichten ökonomischen Entscheidung, besonders als das Prestige des Eisens zu wachsen begann. »In vielen Regionen bedeutete die Übernahme des Eisens keine Abkehr von der Bronze«, so der Archäologe Nathaniel Erb-Satullo. »Zumindest in einigen Gebieten diente das erste Eisen vielleicht eher als Erweiterung einer expandierenden Metallwirtschaft denn als Ersatz für Bronze.« Eisenerz war vielerorts leicht verfügbar, darunter auch in Italien und auf dem griechischen Festland, und das war sicher hilfreich, als sich die Technologie verbreitete.[22]

Vielleicht war es auch nicht so schwierig, wie manche denken mögen, auf Eisenproduktion umzustellen, besonders wenn die neue Technologie das Nebenprodukt des Abbaus und der Verhüttung stark eisenhaltiger Kupfererze war. So schreibt Kaissianidou: »Zyprische Metallurgen stießen wohl – mithilfe von fast tausend Jahren Erfahrung mit der Verhüttung von Sulfiderzen, in der außer dem Kupfer zusätzlich vielleicht aus Versehen auch etwas Eisen hergestellt wurde – auf dieses neue Material und haben bestimmt damit experimentiert, wozu sie die Werkzeuge und Fähigkeiten ihres Berufs einsetzten.« Doch weist sie darauf hin, dass, sobald das Eisen bereit zur Weiterverarbeitung ist, ein ganz anderer Prozess dafür nötig ist als bei Kupfer, denn »Eisen beruht darauf, dass ein Metall als Feststoff mechanisch in Form geschmiedet und durch Aufkohlen und Abschrecken gehärtet wird, Kupfer wird als flüssiges Metall gegossen und durch Kaltbearbeitung gehärtet«.[23]

Dennoch scheint das Arbeiten mit Eisen auf Zypern ziemlich schnell Fuß gefasst zu haben. Tatsächlich ist nicht ausgeschlossen, dass der Export von Eisenartikeln zusammen mit der Verbreitung der Kenntnis der notwendigen Technologie zu den Faktoren zählte, die es den Zyprern möglich machten, den Kollaps zu überleben und danach sogar in Maßen zu Wohlstand zu kommen. Man hat sogar die These aufgestellt, die Zyprer könnten dieses Wissen bis nach Italien, Sizilien und Sardinien gebracht haben, denn damals bestanden noch die Handelswege zwischen Zypern und dem Westmittelmeerraum.[24]

Doch auch die Regionen im Westen, darunter Sardinien, haben unter dem Zusammenbruch gelitten. Beispielsweise ist inzwischen offensichtlich, dass am Ende des 13. und zu Beginn des 12. Jahrhunderts auch die Terramare-Kultur in der Poebene in Oberitalien eine Krise erlebte und kollabierte. Eventuell kam es zu einer riesigen Migrationsbewegung, bei der der südliche Teil dieses Gebiets verlassen wurde und anschließend mehrere Jahrhunderte lang unbesiedelt blieb, und zu einer Neuorganisation der Zahl und Größe der Siedlungen im Nordteil der Region.[25]

Während die Gründe für den Umstieg auf Eisen noch diskutiert werden, erscheinen die denkbaren Motive insgesamt differenzierter als früher. Sicher ist, dass es vor dem Kollaps nicht zur Übernahme des Eisens in großem Umfang kam und dass sie eher Reaktion auf dieses Geschehen als dessen Ursache war. Außerdem nimmt man an, dass sie in verschiedenen Gegenden zu verschiedenen Zeiten stattfand, aber nicht vor dem Ausgang des 12. oder der ersten Hälfte des 11. Jahrhunderts, als die Technologie sich verbreitete und die Metallhandwerker jeder Region sie nacheinander meisterten. Zypern war vielleicht die erste oder doch eine der ersten Regionen, aber bald fasste die Eisenverarbeitung auf dem griechischen Festland und anderswo Fuß, zweifellos befördert durch die generelle Verfügbarkeit von Eisenerzen in praktisch allen Ländern des Mittelmeerraums und des Alten Orients.

***

Die Zyprer blühten also mitten im Chaos sogar in gewissem Umfang auf, genau wie die Phönizier. Carol Bell schreibt: »Zypern und Phönizien konnten die Stunde nutzen, als eine Krise die Region traf. Ohne die Last imperialer Ziele und schon vertraut mit dem Agieren in einer dezentralisierten Handelswelt, blieben die Händler und Kaufleute dieser zwei Regionen weiter im Geschäft, und ihr Hauptziel lautete, genug Profit zu erwirtschaften, um weiter Handel treiben zu können.«[26]

Doch hier bewegen wir uns ein Stück tiefer ins Ungewisse, denn wir haben keine langen Inschriften oder andere umfangreiche Schriftquellen von der Insel, die uns zur Geschichte dieses Zeitraums Konkretes sagen. Wir können nur begründete, auf die archäologischen Funde gestützte Vermutungen über die damaligen politisch-ökonomischen Verhältnisse anstellen. Immerhin können wir eine ganze Menge Informationen aus den Funden auf Zypern gewinnen, darunter Veränderungen in der Bestattungspraxis und/oder im Grabinventar, neue Keramiktypen und die plötzliche Aufgabe oder Neugründung verschiedener Siedlungsorte; allerdings gibt es für manche Phasen mehr Material als für andere.

Insgesamt hat sich in den letzten paar Jahrzehnten unser Verständnis Zyperns in den unmittelbaren Nachwehen des Zusammenbruchs und den Jahrhunderten danach radikal verändert. So ist man sich heute weitgehend einig, dass es keinen allgemeinen, inselweiten Kollaps gab – obwohl Zypern eindeutig von den Problemen betroffen war, die zu dieser Zeit in anderen Teilen des Mittelmeerraums auftraten, und trotz der verschiedenen Zerstörungen und Belege für Siedlungsabbrüche an bestimmten Fundorten im frühen 12. Jahrhundert, darunter in Kition, Enkomi, Maa-Palaiokastro, Pyla-Kokkinokremmos, Kalavasos-Agios Dimitrios, Sinda und Maroni-Vournes. Noch dazu gelten die Bevölkerungsveränderungen auf Zypern, die von der älteren Forschung als Invasionen und Eroberungen interpretiert wurden, heute als komplizierter.[27]

Manche Gelehrte, darunter Maria Iacovou von der Universität Zypern, vertreten inzwischen die Meinung, dass wir trotz aller Probleme hier eine Kontinuität von der Bronzezeit zur Eisenzeit vor uns haben und auf der Insel keinen großen Bruch zwischen beiden Perioden, sondern vielleicht eher eine Umorientierung annehmen sollten. Sie vermutet, dass Zypern weniger durch den Zusammenbruch betroffen war als andere Bereiche der Ägäis und des Ostmittelmeerraums und dass sich die Menschen dort relativ schnell an die neue Realität anpassen konnten. Nicht alle stimmen dem vorbehaltlos zu, andere haben vermutet, dass die Insel und ihre Bevölkerung stärker betroffen gewesen sein könnten; momentan ist das Problem, dass die derzeit verfügbaren archäologischen Quellen weder das eine noch das andere Modell klar bestätigen.[28]

Dennoch steht das alles für einen großen Wandel im Denken der Forschung. In den 1970er Jahren und bis mindestens in die frühen 1990er Jahre kreisten die Debatten noch darum, ob es am Ende der Bronzezeit und in den ersten Jahrzehnten der Eisenzeit eine oder zwei Migrationswellen nach Zypern gegeben habe. Man war der Auffassung, alle Fortschritte dieser Zeit, darunter auch die Entwicklung der Eisenverarbeitung, müssten der Einwanderung vertriebener Mykener zugeschrieben werden, die als Flüchtlinge oder Ähnliches kamen. Heute wird das Konzept einer derartigen Migration als kolonialistische Einstellung kritisiert und gebrandmarkt, vielleicht zu Recht.[29]

ZYPERN UND DIE UMSTELLUNG AUF DIE EISENVERARBEITUNG

Ersetzt wird es derzeit durch Thesen, dass die Bevölkerung Zyperns während des Zusammenbruchs hybrider Art war, sozusagen eine Ansammlung verschiedener Ethnien und Herkunftsnationen. Damit ist es etwas problematisch, für diese Jahrhunderte kollektiv von »Zyprern« zu sprechen, denn zweifellos lebten damals Menschen ganz unterschiedlicher ethnischer Zugehörigkeit auf der Insel, darunter außer den Einheimischen auch Griechen und Phönizier.[30] Deshalb sollte man den Begriff »Zyprer« in dieser Zeit so verstehen, dass er nicht nur die ansässigen Überlebenden aus der Spätbronzezeit umfasst, sondern auch alle Neuankömmlinge, die vielleicht später dazukamen.

***

Zwar überlebte Zypern als Ganzes den Kollaps, zugleich gibt es aber archäologische Belege, dass gegen Ende des 12. und in der Frühphase des 11. Jahrhunderts mehrere zyprische Städte, die in der Bronzezeit wichtig gewesen waren, aufgegeben wurden, allerdings meist aus ziemlich banalen, offensichtlichen Gründen. Beispielsweise wurde damals Hala Sultan Tekke verlassen, ein blühender Hafen der Spätbronzezeit, als das Hafenbecken versandete. In der Umgebung des Fundorts sammelten David Kaniewski und sein Team Pollendaten, die zeigen, dass das Klima trockener geworden war und die Gegend von ca. 1200 bis 850 v. Chr. eine Dürreperiode durchlief. Ob es die Auswirkungen des Klimawandels war, die den Hafen verlanden ließen, ist unbekannt, aber jedenfalls wird angenommen, dass die Stadtbevölkerung geschlossen ins nahe Kition umzog. Dasselbe gilt für Enkomi, dessen Einwohner in die nur drei Kilometer entfernte neue Stadt Salamis übersiedelten, nachdem auch ihr Hafen Anfang des 11. Jahrhunderts verlandet war.[31]

Ähnliches beobachten wir bei anderen großen Siedlungen wie Kalavasos-Agios Dimitrios und Maroni-Vournes, die bis dahin ungestört floriert hatten. Da sie nahe den Kupferminen dieser Gegenden Zyperns liegen, haben einige vorgeschlagen, die Aufgabe dieser Städte habe an einem (vielleicht nur zeitweiligen) Rückgang der Nachfrage nach Kupfer in anderen Bereichen des Mittelmeers gelegen – obwohl wir gerade gesehen haben, dass es keinen solchen Rückgang gab.[32]

Andere Orte wie Idalion dagegen, die später große Bedeutung erlangen sollten, scheinen ungefähr zu dieser Zeit gegründet worden zu sein und nutzten vielleicht den Niedergang der anderen Städte aus. Auch neue Hafenstädte wie Amathus wurden an der Wende zum 1. Jahrtausend v. Chr. gegründet und andere wie Kition und Paphos blühten und profitierten von den massiven Umbrüchen dieser Zeit.[33]

Der Großteil der Forschung ist sich außerdem einig, dass infolge all dieser Entwicklungen so gut wie sicher politische Neuorganisationsprozesse abliefen, die schließlich zur Gründung der Stadtstaaten führten, die wir auf der Insel im 9. und 8. Jahrhundert, wenn nicht sogar früher, antreffen.

»Kriegerbestattungen« und der Obelos des Opheltas

In den letzten Jahrzehnten ist unter Archäologen und Althistorikerinnen viel über mögliche Migrations- und/oder Kolonisationsvorgänge durch die Griechen auf der Insel nach dem Kollaps diskutiert worden. Besonders ein Gegenstand, ein Bronze-Obelos (im Grunde ein Grillspieß), hat dabei eine Menge Aufmerksamkeit erregt, denn auf ihm steht der älteste aus Zypern bekannte griechische Name – »Opheltas«. Das ist ein Männername, geschrieben mit fünf kyprominoischen Silbenzeichen im arkadokyprischen Dialekt des Griechischen, und zwar im Genitiv (also »des Opheltas«). Daher deutet man die Inschrift meist als den Besitzernamen.

Gefunden wurde der Spieß in Grab 49 des Gräberfelds Skales in Palaipaphos (»Alt-Paphos«). Das besonders reich ausgestattete Grab stammt aus der zweiten Hälfte des 11. Jahrhunderts v. Chr. Entdeckt wurde es durch den bekannten zypriotischen Archäologen Vassos Karageorghis, der jahrzehntelang als Leiter der Antikenverwaltung der Insel amtierte. Im Grab, in dem zwei »fast vollständige menschliche Skelette« auf dem Boden lagen, dazu Fragmente eines dritten Schädels in der Nähe, fanden sich drei große Amphoren, ein großes Sieb aus Bronze, eine große und vier kleinere Bronzeschüsseln, ein bronzener Dreifuß, eine bronze Speerspitze und drei bronze Obeloi, darunter der mit der Inschrift für Opheltas.[34]

Es mag zwar als Abschweifung vom Thema erscheinen, aber wichtig ist an dieser Stelle der Hinweis, dass mehrere Gründungsmythen für eisenzeitliche Städte auf Zypern, besonders für Paphos und Salamis, um einige der weniger bekannten Heroen aus dem Trojanischen Krieg und um Phönizier kreisen. Die Gründungssage für Paphos etwa nennt Agapenor, der vorher auf dem griechischen Festland der König von Tegea in Arkadien gewesen war. Meist haben solche Gründungsmythen keine reale Grundlage – beispielsweise gab es Paphos damals schon lange –, dennoch ist das ein interessantes Informationsbröckchen, weil Opheltas' Name auf den Bronzespieß im Gräberfeld von Palaipaphos-Skales gerade im arkadokyprischen Dialekt geschrieben wurde. Das bedeutet, dass es zu dieser Zeit einen gewissen Kontakt zwischen Arkadien und Zypern gab, wenn auch vielleicht nur indirekt.

Ähnlich soll Teukros, den Homer in der *Ilias* als sagenhaften Bogenschützen beschreibt, die Stadt Salamis auf Zypern gegründet haben. Nicht nur war er der Halbbruder des Aias, sondern auch der Sohn des Telamon, der zufällig König der Insel Salamis vor Griechenland war – was vielleicht die Namensgleichheit erklärt. Außerdem berichtet uns Vergil in der *Aeneis* (1,619–626), ein König von Sidon namens Belus habe Teukros unterstützt, also ein Phönizier, dessen Name uns sonst nirgends begegnet.[35] Auch diese

Angaben können wir nicht für bare Münze nehmen, aber es ist interessant, wie Phönizier, Griechen und Zyprer in diesen Geschichten auftauchen.

Das Grab mit dem Obelos des Opheltas ist aber noch in einer anderen Hinsicht ungewöhnlich, denn es zählt zu den sogenannten Kriegerbestattungen, die aus dieser Zeit, dem mittleren 11. bis frühen 10. Jahrhundert v. Chr., auf Zypern, Kreta und dem griechischen Festland gefunden worden sind. Fast immer enthielten diese Gräber kostspielige Beigaben für den Toten, der häufig verbrannt worden war. Zu den Grabbeigaben zählen Waffen, Metallgefäße, Dreifüße und Spieße, alle aus Bronze oder Eisen. Oft wurde zusammen mit dem Krieger auch eine Frau bestattet, in den meisten Fällen jedoch nicht verbrannt, und nicht immer ist ihr Verhältnis zu dem Mann gesichert.[36]

Solche Gräber kennt man auf Zypern aus Nekropolen in Palaipaphos-Skales, Salamis, Lapithos-Kastros, Kurion-Kaloriziki und Amathus. Auf Kreta sind sie in der Nordnekropole von Knossos aufgetaucht, ebenso in Amari, wo die Asche einer Brandbestattung in einem amphoroiden Krater aus Bronze beigesetzt wurde. Auf dem griechischen Festland gibt es ein solches Grab vielleicht in Tiryns, dazu ein sehr berühmtes in Lefkandi auf Euböa.[37]

***

Insgesamt scheint sich die Rolle Zyperns als Führungsmacht des internationalen Handels fortgesetzt zu haben. Kourou, eine Spezialistin für phönizische Kontakte in die Ägäis, drückt es so aus: »Die alten maritimen Netzwerke im Mittelmeerraum blieben in den Händen von Zyprern aktiv, die sogar während des 11. Jahrhunderts v. Chr. ihre Fernreisen fortsetzten, wenn auch in viel kleinerem Umfang als vorher.«[38]

Zu dieser Zeit exportierten die Zyprer in beachtlichem Umfang Eisenobjekte, besonders Messer und Schwerter. Zwar erscheinen auf Zypern solche Eisenwaffen zuerst im 12. Jahrhundert, aber jetzt finden sich Eisenmesser in viel größeren Mengen in Kontexten aus dem 11. Jahrhundert auf Kreta, dem griechischen Festland, in Syrien und der südlichen Levante.[39]

Außer den eisernen Waffen und Werkzeugen sind zyprische Bronzeobjekte wie Gefäße und Ständer in ägäischen Fundkontexten des 11. Jahrhunderts aufgetaucht, besonders auf Kreta. Dazu zählen ein amphoroider Krater aus Bronze und andere Gegenstände zyprischer Herkunft in einem Grab in Amari, ein Bronzeständer in der Nordnekropole von Knossos und andere Objekte wie Bronzeschalen mit Lotosgriffen. Zyprische Gegenstände dieser Zeit sind außerdem in so fernen Gegenden wie Sardinien, Sizilien und dem Umland von Huelva auf der Iberischen Halbinsel gefunden worden.[40]

Auf dieser Grundlage vertrat Jan Paul Crielaard schon 1998 die Meinung, dass »Mitglieder der zyprischen Elite in Kontakt mit hochrangigen Personen auf Sardinien und über sie mit anderen fernen Gegenden des Westens waren« und dass sich bereits wieder ein das Mittelmeer umspannendes internationales Handelsnetz zu bilden begonnen hatte, wenigstens auf der Ebene der Eliten, deren Ziel es gewesen sei, »exotische Waren mit hohem Eigen- und Symbolwert zu erwerben«.[41]

Aber was war mit den Zyprern jenseits der Elite? Wie stand es um die einfachen Bewohnern des damaligen Zypern, also die Bauern, Händler, Metallhandwerker, Bergleute und andere, aus denen die Mittel- und Unterschicht bestand? Ehrlich gesagt, lässt sich über sie in dieser Zeit kaum etwas aussagen, denn wir haben schlicht nicht genug Quellen, um diese oder jene These zu vertreten, aber zumindest ist es sicher möglich, dass die Menschen in kleineren Siedlungen, fernab der städtischen Zentren, keine großen Veränderungen bemerkten, jedenfalls nicht in der politischen Struktur, auch wenn sie vielleicht mit trockeneren Umweltbedingungen zurechtkommen mussten.[42] Für die Bewohner der Städte, vor allem der damals neu gegründeten Zentren, und für die

Elite kann es tatsächlich so ausgesehen haben, als zeige die Insel weiterhin Resilienz und wandle sich der schlechten Situation zum Trotz. Egal wie man die »Kriegerbestattungen« aus Zypern und der Ägäis beurteilt, die zyprischen Waren, die in dieser Zeit nach Osten und Westen exportiert wurden, deuten an, dass die Zyprer eine wichtige Kraft auf den internationalen Handelswegen blieben und ihre Wirtschaft in der Zeit nach dem Kollaps weiterhin florierte.

Unternehmungslustige Phönizier im 11. Jahrhundert

Auch die Phönizier scheinen zu dieser Zeit Kontakt mit diesen Gebieten gehabt zu haben. Während man sich fragen kann, ob Zyprer und Phönizier damals auf den westlichen Märkten kooperierten oder um sie konkurrierten, schließt Kourou diese Möglichkeit aus: »Das Fehlen nahöstlicher Objekte in der Ägäis zu dieser Zeit bestärkt das Szenario, dass die Zyprer die einzig möglichen Besucher […] Kretas und des […] Festlands waren.«[43] Dieses Thema dürfte allerdings weiterhin der Diskussion bedürfen.

Gesichert ist, dass die Phönizier damals mit Ägypten in Kontakt standen, was nicht überrascht. Insbesondere kennen wir die Einzelheiten aus einer *Reisebericht des Wenamun* genannten Erzählung, die auf einer Papyrusrolle steht, die man im ägyptischen el-Hibe im selben Krug fand wie das *Onomastikon des Amenemope*.

Wenamun war ein ägyptischer Priester, den der Amuntempel in Karnak ausschickte, um Libanonzedern – also Holz – für eine neue Barke zu beschaffen, die für den Gott Amun-Re gebaut und ihm geweiht werden sollte. Wahrscheinlich fällt seine Reise in die Zeit um 1075 v. Chr.[44] Die Geschichte auf der Rolle beginnt so:

Jahr 5, 4. Monat der Hitzezeit, Tag 16: der Tag, an dem Wen-Amun, Ältester der Halle vom Tempel des Amun-Re, des [Herrn der Throne] der beiden Länder, (von Theben)

abreiste, um das Bauholz für die große herrliche Barke des Götterkönigs Amun-Re [...] zu holen.
An dem Tag, an dem ich nach Tanis gelangte, wo [Nesu-Ba-neb-]Djedet [= Smendes, A.d.Ü.] und Tent-Amun waren, gab ich ihnen die Schriftstücke des Götterkönigs Amun-Re, und sie ließen sie sich vorlesen [...]
[...] Dann sandten mich Nesu-Ba-neb-Djedet und Tent-Amun zusammen mit dem Kapitän Mengebet aus. Ich zog zum großen syrischen Meer herab [...].[45]

Zuerst fuhr Wenamun zur Stadt Dor, heute im Norden Israels, die er als »Tjekker«-Stadt beschreibt. »[...] und [ich] gelangte nach Dor, einer Hafenstadt der Tjeker. Beder, ihr Fürst, ließ mir 50 Brote, einen Mesech-Krug Wein und eine Rinderkeule bringen.« Die Tjekker waren eines der Seevölker, die zur Zeit Ramses' III. als Angreifer gegen Ägypten erwähnt werden und später durch den Pharao in »Festen, an meinen Namen gebunden«, angesiedelt wurden. Außerdem waren sie eine der drei im *Onomastikon des Amenemope* genannten Gruppen.

In Tel Dor, südlich der heutigen Stadt Haifa, finden seit 1990 fast durchgängig archäologische Grabungen statt. Aber viele Belege, dass sie eine Feste besiegter Seevölker war, haben die Grabungen nicht erbracht, auch wenn die Passage aus Wenamun oft diskutiert worden ist. Stattdessen enthalten ihre Schichten aus dem 11. Jahrhundert viel phönizische Keramik, die unsere Kenntnis »Südphöniziens« stark erweitert hat. In letzter Zeit haben Archäologen der Universität Haifa den eisenzeitlichen Hafen von Dor nachgewiesen, der im 11. und 10. Jahrhundert v. Chr. in Betrieb war. Unterwassergrabungen haben gezeigt, dass ein vermeintlich natürliches Riff in Wirklichkeit Teil einer gut gebauten steinernen Mole ist, die als Anleger oder Wellenbrecher diente.[46]

Als Wenamun im Hafen von Dor anlegte, hatte er das Pech, dass ein Matrose seines eigenen Schiffes die wertvollen Objekte stahl, die als Bezahlung für das Holz vorgesehen waren. Dazu zählten ein Goldgefäß, vier silberne Krüge und ein Beutel mit Silberstücken. Nachdem er den Diebstahl dem Fürsten von Dor gemeldet hatte, der für ihn kein Mitgefühl und keinen Ausgleich hatte, reiste Wenamun weiter nach Norden ins Phöniziergebiet, in die Stadt Byblos. Dort traf er den Stadtfürsten, einen Mann namens Tjekkerbaal, der direkt feindselig war, vielleicht ein Hinweis auf Ägyptens veränderten internationalen Status. Wenamuns Auftrag musste warten, bis Ersatz aus Ägypten gekommen war, damit das Holz bezahlt und die Bäume geschlagen werden konnten. Als die Objekte endlich eintrafen, handelte es sich um vier Goldschalen und ein weiteres Goldgefäß, fünf Silberschalen, zehn Kleidungsstücke, 500 Matten aus glattem Leinen (oder Papyrusrollen), 500 Rinderhäute, 500 Seile, zwanzig Säcke Linsen und fünf Körbe Fisch.[47]

Dann erfahren wir: »Da freute sich der Fürst und beorderte 300 Mann und 300 Ochsen und setzte Aufseher an ihre Spitze, um das Holz fällen zu lassen. Sie fällten es, und es blieb die Wachstumszeit über dort liegen. Aber im 3. Monat der Hitzezeit wurde es an die Küste des Meeres geschleppt.« Wenamun berichtet, wie das Holz auf ein Schiff geladen wurde und der Fürst ihn »dort zum Hafen des Meeres« sandte, zurück nach Ägypten.

Doch das war noch nicht das Ende der Mühen und Plagen Wenamuns. Fast augenblicklich wurde das Schiff vom Kurs abgetrieben und landete dann in Zypern. Dort wurde Wenamun beinahe umgebracht und erst gerettet, als Hatiba, die Fürstin der ungenannten Stadt, in der er sich nun befand, ihm zu Hilfe kam und die Täter verhaften ließ. Hier bricht die Papyrusrolle und mit ihr die Geschichte ab. Wie sie endete, wissen wir nicht, allerdings lässt die Tatsache, dass der Bericht erhalten ist, vermuten, dass Wenamun am Ende nach Ägypten heimkehren konnte.

Der *Reisebericht des Wenamun* war im Lauf des letzten Jahrhunderts Gegenstand vieler Forschungsdebatten. Noch immer ist unklar, ob es sich um den offiziellen Bericht einer historischen

Reise handelt oder um eine fiktionale Erzählung. Doch die Details des Berichts klingen so echt und passen so gut zur damaligen Gesamtlage, als Ägyptens Status auf der internationalen Bühne immer weiter abnahm und das Land politisch fragmentiert war, dass er meist als Bild der Spätzeit Ramses' XI. gesehen wird, des letzten Pharaos der 20. Dynastie. Allerdings könnte die Geschichte etwas später aufgeschrieben worden sein, während der 21. oder 22. Dynastie.[48]

Phönizisches Gebiet und Kontakte zu anderen Küsten

Das tatsächliche Gebiet der Phönizier ist ein Thema, für das sich Archäologie und Alte Geschichte zunehmend interessieren. Zum Problem gehört, dass die größeren antiken Städte im Libanon normalerweise unter ihren modernen Nachfolgerinnen liegen und daher schwer auszugraben sind. Wiederkehrende politische Unruhen im heutigen Libanon haben das Grabungstempo in den wichtigsten Phöniziersstädten ebenfalls verlangsamt. Folglich hat es wenig Gelegenheiten gegeben, im Libanon Material aus dieser Zeit zu bergen, abgesehen von Tyros, Beirut, der Insel Arwad und Tall ʿArqa (dem antiken Irqata). Außerdem gibt es noch Sarepta, einen mit dem biblischen Sarephat identifizierten Ort an der Küste zwischen Sidon und Tyros, den James Pritchard und die University of Pennsylvania in den 1970er Jahren ausgegraben haben. Diese verschiedenen Grabungen haben auf die materielle Kultur der Phönizier, besonders die Keramik, einiges Licht geworfen, aber nicht genug.[49]

Dennoch wissen wir jetzt, dass das phönizische Gebiet damals noch viel weiter nach Süden reichte, bis ins heutige Israel. Dieses Gebiet wird heute von einigen Forschern als »Südphönizien« bezeichnet, in dem Fundorte wie Tel Dor Belege für phönizische Keramik und andere Überreste in eisenzeitlichen Schichten erbracht haben, darunter Silberschätze, die phönizische Kontakte nach Spanien nahelegen. In Dor fand man in einem Tongefäß, das mit einer Schüssel abgedeckt war, einen Hort aus 8,5 Kilogramm Hacksilber, angeblich in der Nähe eines Gebäudes, das griechische Keramik aus Euböa in einem Fundkontext enthielt, der anfangs ins späte 11. oder frühe 10. Jahrhundert datiert wurde, den man heute aber in die zweite Hälfte des 10. Jahrhunderts setzt.[50]

Das Silber in den Horten aus Dor und anderswo scheint aus einer Vielzahl von Quellen zu stammen, unter denen die Iberische Halbinsel einen Spitzenplatz einnimmt. Andere Stücke stammen vielleicht aus Anatolien und Sardinien. Das ist sehr interessant, denn das Silber vieler der auf 1200–950 v. Chr. datierten Hortfunde in Israel besteht aus einer Legierung aus Silber und Kupfer. Die Autoren einer von Tzilla Eshel an der Universität Haifa geleiteten Studie deuten diese Mischung als Hinweis, dass nach dem Kollaps am Ende der Bronzezeit vielleicht eine Silberknappheit herrschte und deshalb intensiv nach neuen Quellen in Anatolien und im Westmittelmeerraum gesucht wurde, aus denen ab der Mitte des 10. Jahrhunderts importiert wurde.[51]

Die Ansicht, dass die Phönizier schon im 11. und spätestens im 10. Jahrhundert v. Chr. Silber aus Spanien importierten, beruht nicht nur auf Herkunftsanalysen des Silbers aus eisenzeitlichen Horten in der Levante wie in Dor, sondern auch auf phönizischer Keramik, die man tatsächlich im spanischen Huelva gefunden hat und die laut manchen schon ins 11. Jahrhundert gehört. Die Entdeckung und Ausbeutung einer neuen Silberquelle in Spanien wäre damals ein wichtiges Ereignis gewesen. Wie Mitchell Allen erläuterte, verschaffte sie den Phöniziern einen großen Handlungsspielraum und machte sie reich genug, um später rund ums Mittelmeer Kolonien zu gründen und sie vor allem vor einer Übernahme durch die Assyrer zu schützen, indem sie einfach Tribut zahlen konnten, sooft sie mussten.[52]

Zusätzlich hat der Fundort Tel Shiqmona nahe der heutigen Stadt Haifa inzwischen gute Befunde geliefert, dass dort mindestens seit dem 10. Jahrhundert und kontinuierlich bis ins 7. Jahrhundert Purpur hergestellt wurde. Die Funde dieser erstmals in den 1960er und 1970er Jahren ausgegrabenen Stätte sind kürzlich abermals untersucht worden, vor allem die zahlreichen Tonscherben, die auf der Innenseite immer noch purpurn und blau gefärbt sind. Golan Shalvi und Ayelet Gilboa, beide an der Universität Haifa tätig, vermuten, dass Shiqmona aktiv an der Farbstoffproduktion beteiligt war. Normalerweise finden wir in und um solche Orte lediglich haufenweise zerdrückte Schalen von Murex-Meeresschnecken, die für die Farbherstellung unverzichtbar waren, aber in Shiqmona gibt es weitere Belege wie etwa diese Tonscherben, die vielleicht mehr Licht auf die Phönizier und die Purpurherstellung werfen können, auch in diesem Gebiet »Südphönizien«.[53]

Wenn die Phönizier gen Westen bis nach Spanien reisten, mussten sie den Weg etappenweise zurücklegen, wozu Zwischenstationen auf Zypern und in der Ägäis gehörten, vielleicht ein Anlegen in kretischen Häfen und am griechischen Festland. Wichtig hierfür sind die phönizischen Importwaren aus dieser Zeit, die auf Zypern gefunden worden sind, vor allem in Bestattungskontexten auf der Westseite der Insel wie in Palaipaphos. Carol Bell hat vermutet, dass die Phönizier gerade Westzypern als Zwischenstation für Reisen nach Westen benutzten. Doch im Augenblick gibt es aus der Ägäis wenig materielle Spuren phönizischer Kontakte im 11. Jahrhundert.[54] Das soll nicht heißen, dass es diese Kontakte nicht gegeben hat, vor allem, wenn das Ziel phönizischer Schiffe weiter westlich auf der Iberischen Halbinsel lag, aber wir müssen abwarten, was künftige Ausgrabungen ans Licht bringen.

Phönizier, Zyprer und Griechen

Ähnlichkeiten zwischen griechischer Keramik aus der Ägäis und Tongefäßen, die in den 1970er Jahren in Tyros gefunden

KAPITEL 3: DAS MITTELMEER WIRD ZUM PHÖNIZISCHEN BINNENMEER

wurden, lassen vermuten, dass vor allem die Tyrier im 10. Jahrhundert v. Chr. Schiffsexpeditionen in die Ägäis und noch weiter nach Westen unternahmen.[55] »Heute gilt es als sehr wahrscheinlich, dass es eine Art Reisen der Phönizier in kleinem Maßstab vor der Kolonisation zu Anfang der Frühen Eisenzeit gab, vielleicht im 10. Jahrhundert, als sich die soziale und politische Organisation der Phönizier radikal wandelte«, schreibt Kourou.

Sie fährt fort: »Das 10. Jahrhundert war eine entscheidende Phase für Phönizien, weil es die Zeit war, als es Hiram I., dem Herrscher von Tyros, gelang, die Küstenstädte unter seiner Führung zu einer Art Handelsunion, allerdings noch nicht zu einer politischen Union zu vereinen. Hiram organisierte als Erster die Handelspolitik der Phönizier und regte etwa am Ende des 10. Jahrhunderts ihre Handelsreisen im Mittelmeerraum an.« Besonders interessant ist folgende Aussage: »Tatsächlich versuchen Phönizier wie Griechen gerade jetzt, also in der zweiten Hälfte des 10. Jahrhunderts, nach dem Ende der Bronzezeit erneut weite Strecken zu Handelszwecken zurückzulegen.«[56]

Euböa, insbesondere Lefkandi, sowie Knossos und Kommos auf Kreta sind die Gebiete, aus denen die bisher ältesten phönizischen Objekte stammen. In Kommos an der kretischen Südküste sind (je nach Bericht) rund 200 bis über 300 Scherben phönizischer Keramik im örtlichen griechischen Heiligtum gefunden worden. Datiert wird das Heiligtum bereits in die zweite Hälfte des 10. Jahrhunderts (allerdings könnten die Scherben den jüngsten Keramikuntersuchungen zufolge erst aus dem 9. Jahrhundert stammen).[57]

Im Lauf jenes Jahrhunderts nimmt die Zahl phönizischer Gegenstände auf Kreta und dem griechischen Festland zu. Zu dieser Zeit, so die Vermutung einiger Forscher, wurde diese Region als Sprungbrett für phönizische Schiffe genutzt, deren Ziel viel weiter im Westen lag, in Karthago oder sogar in Spanien. Andere haben sogar die These aufgestellt, dass inzwischen phönizische, nordsyrische oder andere nahöstliche Auswanderer an Orten wie

Knossos und Kommos auf Kreta oder in Lefkandi oder Athen in Griechenland lebten.[58]

Umgekehrt gibt es aus diesem Zeitraum eine Reihe griechischer Tonscherben, die an verschiedenen Orten der Levante gefunden wurden, darunter in Byblos, Tyros und Sarepta, außerdem weiter südlich im heutigen Israel, unter anderem in Tel Dor. Doch nicht zuletzt die Funde aus Lefkandi deuten an, dass neben den Phöniziern inzwischen wohl auch die Zyprer nach Westen segelten und dauerhaft Kontakte mit der Ägäis und darüber hinaus aufnahmen. Zyprische und nahöstliche Gegenstände finden sich in ägäischen Fundkontexten fast immer vergesellschaftet, so die zyprische Schale mit einer phönizischen Inschrift aus der Tekke-Nekropole in Knossos und die Scherben phönizischer Keramik aus Kommos. Zusätzlich haben sich auf Kreta weitere zyprische Objekte in Fortetsa und in der Nordnekropole von Knossos gefunden.[59]

Meist gilt das 10. Jahrhundert auf Zypern als Fortsetzung der Übergangsphase, aber nur wenige Studien gehen auf diesen Zeitraum besonders intensiv ein, weil es derzeit wenige verfügbare Daten zu ihm gibt. Wenn er überhaupt erwähnt wird, dann entweder in einem Atemzug mit den Entwicklungen während des 11. Jahrhunderts und als Vorbereitung auf die Veränderungen, die im 8. Jahrhundert kommen sollten, oder punktuell mit Blick auf die Grabfunde aus den verschiedenen Nekropolen.[60]

Könige von Byblos und Tyros

Von den Herrschern Zyperns in dieser Zeit kennen wir keinen einzigen Namen, abgesehen von der Erwähnung der Königin (oder Prinzessin) Hatiba im *Reisebericht des Wenamun*, dafür aber haben wir Inschriften mit den Namen von sechs Königen von Byblos im 10. und frühen 9. Jahrhundert v. Chr.: Ahiram, Ethbaal, Yehimilk, Abibaal, Elibaal und Schipitbaal.[61] Tatsächlich wissen wir für Byblos von allen Phönizierstädten wohl am meisten über seine Herrscher im 10. Jahrhundert.

Byblos war schon lange auf internationaler Bühne aktiv gewesen. Im 14. Jahrhundert v. Chr. sandte sein König Rib-Hadda Dutzende Briefe an Pharao Amenophis III. und dessen Sohn Echnaton, die im ägyptischen Archiv von Amarna aufbewahrt und dort 1887 entdeckt wurden.[62] Auch für Wenamun war gegen 1075 Byblos das Ziel gewesen, das damals Tjekkerbaal (alias Zakarbaal) regierte.

Jetzt kennen wir also sechs weitere Namen. Als Gruppe sind sie in der Forschung seit über einem Jahrhundert bekannt und diskutiert worden. In jedem Fall erfahren wir den Namen des regierenden Königs und etwas über seine Vorfahren über eine oder mehrere Generationen. Beispielsweise kennen wir König Ahiram und seinen Sohn Ethbaal aus einer Inschrift auf dem Deckel eines Sarkophags, den Ahiram für Ethbaal nach dessen Tod anfertigen ließ.

Abb. 8: Sarkophag des Ahiram mit phönizischer Inschrift (Foto mit freundlicher Genehmigung der Library of Congress, G. Eric and Edith Matson Photograph Collection, matpc.03491).

Entdeckt wurde sie, als 1922 ein Erdrutsch die Nekropole der Könige von Byblos freilegte. Nicht nur nennt die Inschrift den verstorbenen König und schreibt die Herstellung des Sarkophags seinem Sohn zu, sie enthält auch einen Fluch: »Der Sarkophag, den Ethbaal, Sohn Ahirams, König von Byblos, für Ahiram, seinen Vater, machte, als er ihn in seine Ewigkeit legte. Und wenn ein König unter Königen, ein Statthalter unter Statthaltern oder ein Heerführer nach Byblos kommt und diesen Sarkophag aufdeckt, möge ihm das Zepter seiner Herrschaft entrissen werden, möge der Thron seines Königtums gestürzt werden und möge die Ruhe aus Byblos fliehen. Und was ihn betrifft, mögen seine königlichen Aufzeichnungen aus Byblos getilgt werden.«[63]

Leider gibt es zwischen diesen beiden Königen und den anderen vier keine klar bekannte Verbindung. Aufgrund der Form der Buchstaben in den verschiedenen Inschriften wird jedoch angenommen, dass diese zwei die ältesten auf unserer Liste bekannter Könige sind und ca. 1000 beziehungsweise 975 v. Chr. herrschten.[64]

Drei der vier Könige nennt eine Inschrift, die »in der Nähe der zur Akropolis von Byblos gehörigen Mauer gefunden« und 1945 publiziert wurde. Der als Schipitbaal-Inschrift bekannte Text lautet: »Die Mauer, die Schipitbaal, König von Byblos, Sohn Elibaals, des Königs von Byblos, Sohn Yehimilks, des Königs von Byblos, für die Baalat [Stadtgöttin] von Byblos, seine Herrin, errichtete. Möge die Baalat von Byblos die Tage Schipitbaals und seine Jahre als Herr über Byblos verlängern.« Damit haben wir eine drei Generationen lange Herrscherfolge: erst Yehimilk, dann sein Sohn Elibaal und danach der Enkel Schipitbaal. Man hat vermutet, dass sie in der zweiten Hälfte des 10. Jahrhunderts herrschten.[65]

Diese Herrscherfolge bestätigt eine weitere Inschrift aus Byblos auf dem Torso einer Büste des ägyptischen Pharaos Osorkon I., der Ägypten ca. 924–889 v. Chr. regierte.

KAPITEL 3: DAS MITTELMEER WIRD ZUM PHÖNIZISCHEN BINNENMEER

Abb. 9: Pharao Osorkon I. mit Elibaal-Inschrift aus Byblos (akg-images/Bildarchiv Steffens).

Die erstmals 1925 publizierte Elibaal-Inschrift lautet: »[Statue,] die Elibaal, König von Byblos, Sohn Yehi[milks, des Königs von

Byblos,] für die Baalat von Byblos, seine Herrin, machte. Möge die Baalat [von Byblos die Tage] Elibaals und seine Jahre als Herr über [Byblos] verlängern.« Hier wird nicht nur die zwei Generationen lange Herrscherfolge von Yehimilk bis Elibaal überliefert, sondern die Inschrift verrät auch, dass Elibaal ungefähr zur selben Zeit wie Osorkon I. regierte, womit wir grob seine Regierungsdaten erhalten. Außerdem nennen uns beide Inschriften den Namen einer der Gottheiten in Byblos, der Baalat.[66]

Auch Yehimilk hat uns eine Inschrift hinterlassen, die festhält, dass er in Byblos einen Tempel baute, und uns mehr über die Götter und Göttinnen der Zeit erzählt. Die Yehimilk-Inschrift wurde erstmals 1930 publiziert und lautet: »Der Tempel [wörtlich: ›das Haus‹], den Yehimilk, König von Byblos, gebaut hat. Er stellte alle verfallen[en] Tempel wieder her. Mögen Baal-Shamen und die Baalat von Byblos und die Versammlung der heiligen Götter von Byblos die Tage Yehimilks und die Jahre seiner Herrschaft über Byblos verlängern, denn der rechtschaffene und gerechte König vor den heiligen Göttern von Byblos ist er.«[67]

Schließlich haben wir auch noch die Abibaal-Inschrift, die sich auf einer Statue von Pharao Scheschonq I. fand, dem Vater Osorkons, der ca. 945–924 in Ägypten regierte. Wenn die fehlenden Teile der Inschrift richtig ergänzt sind, hatte Yehimilk anscheinend einen anderen Sohn, Abibaal, der ebenfalls behauptete, ihm auf den Thron gefolgt zu sein. Die erstmals 1903 publizierte Inschrift lautet: »[Statue, die] Abibaal, der König von [Byblos, der Sohn Yehimilks, des Königs] von Byblos, aus Ägypten für die Baalat [von Byblos, seine Herrin, brachte. Möge die Baalat von Byblos die Tage Abibaals und die Jahre seiner Herrschaft] über Byblos [verlängern].« Genau wie die Elibaal-Inschrift auf der Statue Osorkons I. liefert uns auch die Abibaal-Inschrift auf der Statue Scheschonqs I. wahrscheinlich die ungefähre Herrschaftszeit Abibaals.[68]

Auf den ersten Blick scheinen die Inschriften dieser gesichtslosen Herrscher wenig mehr außer ihren Vorfahren zu bezeugen, aber tatsächlich ist es überaus hilfreich, dass wir so viele Informationen haben, besonders weil wir dadurch wissen, dass es in Byblos auch während der Eisenzeit weiterhin eine dynastische Erbfolge gab. Leider verfügen wir für Tyros (noch) nicht über eine Liste zeitgenössischer Herrscher aus archäologischen Funden, aber immerhin kennen wir Hiram von Tyros, der wahrscheinlich ca. 970–936 v. Chr. regierte. Andere Herrscher werden von späteren griechischen und römischen Autoren genannt. So herrschten laut dem römischen Historiker Flavius Josephus, der Mitte des 1. Jahrhunderts n. Chr. schrieb, nach Hiram Baalma'zer [Baal-azor] und Abdi-Aštart [Abdastratos] über Tyros, beide am Ende des 10. Jahrhunderts. Ihnen folgte der Usurpator Methusastratos, danach Anfang des 9. Jahrhunderts Iš-Aštart und Aštar(t)-imn, wenn wir Josephus glauben dürfen.[69]

Vielleicht verrät uns die Bibel den Namen eines weiteren Königs, der Tyros etwa zu dieser Zeit beherrschte, denn dort ist von einem König Ethbaal die Rede, der Anfang bis Mitte des 9. Jahrhunderts v. Chr. regierte, nach seinen Vorgängern Iš-Aštart und Aštar(t)-imn. Man sollte diesen König allerdings nicht mit dem gleichnamigen älteren König von Byblos verwechseln, von dem gerade die Rede war und der im frühen 10. Jahrhundert gleich nach seinem Vater Ahiram herrschte.[70]

Laut dem Bericht in 1 Könige 16,29–32 schloss Ethbaal von Tyros ein Bündnis mit Omri, dem König des Nordreichs Israel (der ca. 884–873 v. Chr. regierte), und verheiratete seine Tochter, die berüchtigte Jezebel, mit Omris Sohn Ahab (ca. 871–852 v. Chr.). Ihre Tochter Atalja wiederum heiratete König Jehoram von Juda (2 Könige 8,16–18). Dass Jezebel im monotheistischen Israel aktiv die polytheistische Religion von Tyros (und Byblos) praktizierte, bestätigen die berühmten Bibelstellen, die den Kampf zwischen den Priestern des Baal und den israelitischen Priestern auf dem Berg Karmel schildern (1 Könige 18–19. 21; 2 Könige 9).[71]

Was Omri betrifft, gründete er während seiner Herrschaft die Hauptstadt des Nordreichs Israel, Samaria (von Herodes dem Großen später in Sebaste umbenannt), das heute in der Westbank nordwestlich von Nablus liegt. Hier errichtete Omri einen Palast, den später sein Sohn Ahab fertigstellte und der rund anderthalb Jahrhunderte bestand, bis die Stadt ca. 720 v. Chr. endgültig zerstört und das Königreich ins neuassyrische Reich eingegliedert wurde.

Samaria und sein Palast wurden erstmals 1908–1910 durch ein amerikanisches Grabungsteam unter Leitung von George Reisner von der Harvard University erforscht. Später grub dort 1931–1935 die sogenannte Joint Expedition unter der Leitung des britischen Archäologen John Crowfoot mit Archäologen von der British School of Archaeology in Jerusalem, vom Palestine Exploration Fund und von der Hebräischen Universität Jerusalem. Zu den Mitgliedern gehörte die ganz junge Kathleen Kenyon, die mehrere Jahrzehnte später als Ausgräberin von Jericho und Jerusalem berühmt werden sollte. In den Ruinen des Palasts fanden sich eine Alabastervase mit der Kartusche Osorkons II., dazu rund tausend Gegenstände aus Elfenbein, heute meist kollektiv als »das Elfenbein von Samaria« bezeichnet. Sie stammen entweder aus dem 9. oder aus dem 8. Jahrhundert und befinden sich heute überwiegend im Israel Museum in Jerusalem.[72]

***

Auch Josephus (der ihn Ithobaal nennt) würdigt Ethbaal von Tyros, und zwar als den ersten phönizischen König, der in anderen Teilen des Mittelmeerraums Kolonien gründete, unter anderem in Kition auf Zypern. Tatsächlich haben mehrere Forscher darauf hingewiesen, dass die Archäologie zu bestätigen scheint, dass Kition die älteste phönizische Kolonie auf der Insel ist, auch wenn ihre Einwohner wenige Spuren hinterlassen haben.[73]

Durch archäologische Funde auf Sardinien und in Spanien, unter anderem in Huelva, ist inzwischen gesichert, dass wohl auch dort ab dem frühen 9. Jahrhundert eine dauerhafte phönizische Präsenz bestand (im Gegensatz zu den oben erwähnten früheren, eher zeitweiligen Handelskontakten), vielleicht als Reaktion auf den anhaltenden Bedarf an Silber aus diesen Gebieten. Hinzu kommt die wohlbekannte und hochumstrittene phönizische Inschrift aus Nora auf Sardinien, die bereits 1773 entdeckt wurde. Wahrscheinlich erinnert sie an den Bau eines Tempels an dieser Stelle und stammt vielleicht vom Ende des 9. Jahrhunderts v. Chr.[74]

Josephus schreibt auch, Ethbaal habe eine Dynastie gegründet, die Tyros das folgende Jahrhundert lang beherrscht habe. Zwar können wir nicht sicher sein, dass der Bericht genau und zuverlässig ist, aber als Ethbaals Nachfolger nennt Josephus Baal-ma'zer [Baal-azor] II., Mattan I. und Pummayon [Pygmalion], die vom mittleren 9. bis ins frühe 8. Jahrhundert v. Chr. regiert haben sollen. Eine Inschrift des neuassyrischen Königs Salmanassar III. behauptet wörtlich, er habe in seinem 18. Herrscherjahr (841 v. Chr.) Tribut von »Ba'ali-manzer von Tyros« erhalten. Das müsste derselbe König wie Baal-ma'zer bei Josephus sein und der Detailreichtum ist höher als bei den »Tyriern und Sidoniern«, die pauschal in den verschiedenen Versionen von Salmanassars Inschrift genannt werden. Nadav Na'aman von der Universität Tel Aviv hat darauf hingewiesen, dass damit auch unser Vertrauen in die Verlässlichkeit der Liste bei Josephus wächst, da Salmanassars Liste erstens aus der Zeit dieses tyrischen Königs stammt und zweitens (vermutlich) eine unabhängige Überlieferung darstellt.[75]

Ein interessanter Nebenaspekt: Laut viel späteren römischen Quellen, darunter Josephus und die Dichter Ovid und Vergil (in seiner *Aeneis*), war es angeblich Pygmalions Schwester Elissa (alias Dido), die aus Tyros floh, nachdem Pygmalion ihren Mann getötet hatte, und anschließend gegen 814 v. Chr. die Stadt Karthago im heutigen Nordafrika gründete. Das mag nicht mehr als ein Gründungsmythos oder eine Legende sein, aber die archäologischen Quellen aus Karthago sprechen tatsächlich für ein Gründungsdatum im späten 9. Jahrhundert (ca. 835–800 v. Chr.).[76]

Zusätzlich hat man diese Legende mit einer Entdeckung in jüngerer Zeit verknüpft, die das US-amerikanische atomgetriebene Forschungs-U-Boot *NR-1* zufällig 1997 machte, als es nach der *Dakar* suchte, einem in den 1960er Jahren verschollenen israelischen U-Boot. Zwar fand die Crew das U-Boot nicht, dafür aber die Überreste zweier eisenzeitlicher Schiffe aus dem 8. Jahrhundert v. Chr.; beide waren rund fünfzig Kilometer vor der Küste des Gazastreifens gesunken und lagen nun 400 Meter unter der Oberfläche des Mittelmeers.[77]

1999 kehrten Bob Ballard, wohl besser bekannt als der Wiederentdecker der *Titanic*, und Larry Stager, damals Professor in Harvard und Leiter der Ausgrabungen in Aschkelon, zur näheren Erforschung der beiden Schiffe (denen man die Spitznamen *Tanit* und *Elissa* gegeben hatte) im Rahmen des Ashkelon Deep-Sea Project zurück. Mit dem ferngesteuerten Unterwasserfahrzeugsystem *Medea/Jason* gelang es ihnen, sowohl die *Tanit* als auch die *Elissa* zu scannen und zu kartieren. In beiden Fällen stießen sie auf Hunderte Amphoren am Meeresboden – 385, die in oder nahe den Überresten der *Tanit* sichtbar waren, und 396 am Fundort der *Elissa*. Wahrscheinlich war die *Tanit* rund 14 Meter lang und 6,50 Meter breit; die etwas größere Elissa maß rund 14,5 × 7 Meter.

Um einige der Funde zu entnehmen und Tests an ihnen durchführen zu können, barg das Team sechzehn Amphoren von der *Tanit* und acht von der *Elissa*, dazu weitere Keramiktypen wie Kochtöpfe und Schalen. Alle Amphoren ließen sich leicht als phönizisch identifizieren, waren in »einer oder mehreren phönizischen Hafenstädten« hergestellt worden und durch ihren Stil auf ca. 750 v. Chr. datierbar. In ihrem 2002 im *American Journal of Archaeology* erschienenen Artikel bezogen sich Ballard und Stager in ihren Deutungen auf Elissa (Dido) und »Pumiyaton« (Pygmalion) und stellten die Hypothese auf, die Schiffe könnten von Aschkelon nach Ägypten und weiter zur neu gegründeten phönizischen Kolonie Karthago unterwegs gewesen sein.

Anhaltende Kontakte im 9. und 8. Jahrhundert v. Chr.

Was Zypern betrifft, erreichten seine Exporte von Eisenmessern bis zu Goldperlen und einem Diadem im 9. Jahrhundert weiterhin die Ägäis, vor allem kretische Fundorte wie Knossos, Kommos und Eleutherna. Wie Kourou ausführt, »hatten sich im 9. [Jahrhundert] regelmäßige Kommunikationswege im Mittelmeerraum vollständig erholt und war auf Kreta bereits eine Reihe zyprischer und zyprolevantinischer Netzwerke aktiv«.[78]

Zyprische Besuche auf Kreta wurden ab dem späten 9. Jahrhundert regelmäßiger, und die Zahl zyprischer Importwaren wuchs. Außerdem falle das »mit dem Beginn regelmäßiger phönizischer Reisen im Zentralmittelmeer und mit der Gründung Karthagos zusammen«. Das erkläre auch den jähen Anstieg phönizischer Importe nach Kreta in dieser Zeit, denn die Insel müsse auf dieser Handelsroute gelegen haben, und eventuell seien »damals im Kreta der geometrischen Zeit einige gemeinsame zyprophönizische Netzwerke aktiv gewesen«.[79]

Gleichzeitig nehmen zyprische Objekte auf dem griechischen Festland jedoch ab, auch wenn an zahlreichen griechischen Fundorten weiterhin Gegenstände aus dem Alten Orient erscheinen, von Bronzeschalen über Fayencegegenstände bis hin zu Objekten aus Gold und Elfenbein. Möglicherweise hatten inzwischen die Phönizier die Routen zum griechischen Festland übernommen und blockierten den Handel der Zyprer; allerdings wäre das etwas merkwürdig, denn offensichtlich blockierte man den Handel der Konkurrenz mit Kreta nicht. Wie dem auch sei, Crielaard weist darauf hin, dass erst jetzt, »im 9. und vor allem im 8. Jahrhundert v. Chr., jener interregionale Austausch [wieder] ein Niveau der Komplexität erreichte, das sich mit dem der Spätbronzezeit vergleichen ließ«.[80]

Wie wir wissen und wie ich in *1177 v. Chr.* durchgehend betont habe, spielte wahrscheinlich eine Dürrephase eine wichtige

Rolle beim Kollaps am Ende der Spätbronzezeit. Auf Zypern und im ganzen östlichen Mittelmeerraum scheint die Dürre schließlich Mitte des 9. Jahrhunderts ein Ende gefunden zu haben, und darin könnten wir einen möglichen Grund für die Phase erneuten Austauschs sehen. Die trockenen Umweltbedingungen wichen wärmeren, feuchteren Bedingungen, die den Rest der Eisenzeit über anhielten und den Gesellschaften vielleicht bei ihrer Erneuerung halfen. Archäologische Surveys haben gezeigt, dass es auf Zypern ab dem späten 9. Jahrhundert Hinweise auf neue Siedlungen und die Wiederbesiedlung vorher aufgegebener Gebiete gibt, was zweifellos neue Formen der Landnutzung und den Umgang mit den sich wandelnden Klimabedingungen widerspiegelt.[81]

Im 8. Jahrhundert kam auf Zypern die Kupfererzeugung wieder in großem Umfang in Gang. Ebenfalls zu dieser Zeit, wenn nicht sogar etwas früher waren die meisten wichtigen Städte Zyperns entweder gegründet oder neu gegründet worden oder aufgeblüht – vielleicht als neue soziopolitische Gebilde –, und sie hielten sich bis ins 4. Jahrhundert v. Chr. oder noch länger. Dazu zählen die sieben zyprischen Königreiche, deren Könige eine in Kition aufgestellte Stele des neuassyrischen Königs Sargon II. (ca. 709 v. Chr.) erwähnt, und die zehn Reiche, die auf einem Tonprisma des neuassyrischen Königs Asarhaddon im frühen 7. Jahrhundert (ca. 674 v. Chr.) erscheinen.[82]

In dieser späten Zeit wurde Zypern ins neuassyrische Reich eingegliedert, auch wenn es keine Hinweise auf eine regelrechte Eroberung gibt. Die Insel blühte noch in römischer Zeit als wichtige Quelle für Kupfer weiter, das über die Jahrhunderte gefragt blieb.

Resümee

Sowohl die Zyprer als auch die Phönizier erwiesen sich in den Jahrhunderten nach dem Zusammenbruch am Ende der Spätbronzezeit als resilient und innovativ zugleich. Besonders die Phönizier nutzten die Zerstörung Ugarits und anderer Hafenstädte, um die Kontrolle der Handelswege über das Mittelmeer zu gewinnen, ihre Version des Alphabets zu verbreiten und Handelswaren wie Purpur gegen Silber und andere Metalle zu tauschen, die aus Sizilien, Sardinien und von der Iberischen Halbinsel kamen. Dasselbe taten die Zyprer, indem sie Eisenwaren und die Technik der Eisenverarbeitung in Ost und West verbreiteten. Nach meiner Einschätzung bewältigten diese beiden Gesellschaften den Wandel zur neuen Normalität am besten – ja sie ließen sich beide sogar als »antifragil« bezeichnen, da sie inmitten des Chaos nach dem Kollaps aufblühten.

KAPITEL 4

König des Landes Karkemiš

Anatolien und Nordsyrien

Schon am ersten Tag einer neuen archäologischen Expedition nach Karkemiš fand Niccolò Marchetti 2011 eine beschriebene Basaltstele. Ursprünglich war sie dort durch einen neuhethitischen König, der sich Suḫi nannte, »Herrscher, Landesherr der Stadt Karkemiš«, vor 3000 Jahren, im 10. Jahrhundert v. Chr., aufgestellt worden.

An diesem Tag ging Marchetti die Fundstätte ganz allein ab. Es war das erste Mal, dass Archäologen offiziell dort an der heutigen Grenze zwischen Syrien und der Türkei arbeiten durften, seit fast ein Jahrhundert zuvor die letzte Kampagne britischer Archäologen 1920 geendet hatte. Seitdem war das Areal nach dem türkischen Unabhängigkeitskrieg zwischen beiden Staaten geteilt gewesen, wobei 55 Hektar in der Türkei lagen und 35 in Syrien.[1]

Unmittelbar auf dem türkischen Teil war ein Beobachtungsposten der Armee errichtet worden, und als die Region von Schmugglern wimmelte, hatte man 1956 Panzer- und Antipersonenminen in einem 300–500 Meter breiten (und 500 Kilometer langen) Streifen entlang der Grenze verlegt. Also musste das Gebiet, ehe die neuen archäologischen Untersuchungen beginnen konnten, geräumt werden. Als Marchetti mit seinem Survey begann, wurde ihm versichert, die Stelle sei zu 99,6 % minenfrei. Nur heißt das, wie er kommentierte, »dass es ein statistisches Restrisiko gibt, dass von 1000 Minen vier übersehen worden sind«. Deshalb verwendete das Team, als es endlich zu graben begann, professionelle Minenräumer, um die Bereiche zu kontrollieren, in denen es graben wollte.[2]

Die Stele, die Marchetti an diesem Tag fand, war ursprünglich fast zwei Meter hoch gewesen. In Auftrag gegeben hatte sie Suḫi I. zum Gedenken an die Beilegung eines Streits zwischen Uratarḫunza, dem Großkönig des Landes Karkemiš, und dem »Land Sura«, hinter dem man meist Assyrien vermutet – anscheinend lag der Streit irgendwann in der Vergangenheit.[3] Die Inschrift lautet: »Der Großkönig Uratarḫunza, Großkönig, Held, König des Landes Karkemiš, Sohn des Sapaziti, Großkönig des Helden. Für ihn erhob sich ein Streit mit dem Land Sura und er stellte ihm das Heer entgegen. König Uratarḫunza [gewährten] der mächtige Sturmgott und Kubaba mächtigen Schutz und legten den rechten Arm auf ihn, und er selbst legte den Streit bei. Und Suḫi, der liebe Verwandte des Königs Uratarḫunza, der Herrscher, der Landesherr der Stadt Karkemiš, hat diese Stele errichtet.«[4]

Dies gilt heute als die älteste in Karkemiš gefundene Inschrift der Eisenzeit. Interessanterweise ist sie das fast exakte Duplikat einer anderen Inschrift, die die britischen Archäologen dort viel früher gefunden hatten, die aber anscheinend einer der Söhne Suhs I. erst später aufgestellt hatte.[5] Auch das können wir noch ein bisschen weiter aufdröseln. Wir kennen zwei ältere Könige von Karkemiš, nämlich Kuzitesub und Initesub, die im 12. Jahrhundert regierten. Jetzt kommen diese beiden zusätzlichen Könige dazu, Sapuziti und sein Sohn Uratarḫunza, die das Land Karkemiš im späten 11. Jahrhundert v. Chr. beherrschten. Sie alle führten den Titel »Großkönig«. Leider kennen wir Uratarḫunzas Regierungszeit nicht genau, also wissen wir auch nicht, welcher Herrscher Assyriens zur Zeit des überlieferten Streits an der Macht war. Höchstwahrscheinlich war es Assurnasirpal I., der 1049–1031 v. Chr.

regierte, oder Salmanassar II., der 1030–1019 v. Chr. herrschte, aber das sind nur Vermutungen.

Zusätzlich liefert uns die Inschrift aber den Namen Suḫi, der ein Verwandter von Uratarḫunza gewesen sein will. Suḫis Herrschaft scheint um das Jahr 1000 v. Chr. begonnen zu haben – aus dieser und anderen Inschriften wissen wir, dass er eine Herrscherdynastie gründete, die sich durchweg nicht »Großkönig« nannte, sondern »Herrscher, Landesherr der Stadt Karkemiš«. Zu ihnen zählten Suḫis Sohn Astuwadammazza, sein Enkel Suḫi II., der Urenkel Katuwa und ein Ururenkel namens Suḫi III. (der um 900 v. Chr. auf den Thron kam).[6]

Noch immer debattiert die Forschung darüber, wie die beiden Herrscherreihen, die »Großkönige« und die »Landesherren«, funktionierten. Da der volle Titel von Sapaziti, Uratarḫunza und ihren Nachfolgern offenbar »Großkönig, König des Landes Karkemiš« lautete, ist es möglich, dass sie über das gesamte von Karkemiš kontrollierte Gebiet herrschten, während Suḫi und seine Nachkommen lediglich Herrscher der eigentlichen Stadt waren. Der gängigen Forschungsmeinung zufolge herrschten beide Dynastien zumindest kurze Zeit gleichzeitig, weil Suḫi sagt, er sei ein »lieber Verwandter« von Uratarḫunza. Dagegen hat Alessandra Gilibert vermutet, Suḫi I. sei in Wirklichkeit vielleicht ein Usurpator gewesen, der den Thron von Karkemiš an sich riss, und anschließend hätten er und seine Nachfolger das gesamte Gebiet regiert, nur unter diesem anderen Titel. Das ist gut möglich, denn wenn überhaupt, erkennen wir keine große Überschneidung der Herrscherdaten jenseits des 10. Jahrhunderts v. Chr. zwischen den Großkönigen und den Landesherren von Karkemiš. Leider wird die Sache noch komplizierter, weil einige Herrscher der nahen Stadt Malatya, die ebenfalls von Kuzitesub abzustammen behaupteten, dem »Großkönig von Karkemiš«, um 1200 v. Chr., sich ebenfalls als »Landesherren« bezeichneten.[7] Kurzum, die genaue Beziehung dieser Herrschergruppen zueinander bleibt unklar.

Hethiter und Neuhethiter

Bei dem Thema Karkemiš und neuhethitische Herrscher sind wir mitten hineingesprungen – sozusagen in medias res –, also gehen wir kurz ein Stück zurück und stellen alles in den Kontext.

In einem Teil der in Kapitel 2 behandelten neuassyrischen Inschrift(en), in denen Tiglatpileser I. Byblos, Sidon und Arwad erwähnt, dazu Geschenke der ägyptischen Pharaonen, erklärt er zusätzlich, er sei »Herr des ganzen Landes Ḫatti« geworden, und präzisiert, er habe Geiseln, Steuern, Tribut und Zedernbalken von Initesub erhalten, dem »König des Landes Ḫatti«.[8] Das hilft uns insofern weiter, als wir Initesub gerade begegnet sind, der uns aus anderen Schriftquellen als König bekannt ist, der im späten 12. Jahrhundert in Karkemiš herrschte (und nicht mit dem älteren gleichnamigen Hethiterkönig zu verwechseln ist, der in der Spätbronzezeit in Anatolien herrschte). Daher können wir nun die Regierungszeiten dieser beiden eisenzeitlichen Könige Tiglatpileser I. von Assyrien und Initesub von Karkemiš korrelieren und dürfen ziemlich sicher sein, dass sich die Episode um 1100 v. Chr. zutrug.[9] Dies ist das erste Mal, dass wir den anatolischen und syrischen Nachfolgestaaten der bronzezeitlichen Hethiter in den Texten dieser Zeit begegnen, und das erste Mal, dass wir die Erben der bronzezeitlichen Reiche in Kontakt und Konflikt kommen sehen.

Interessanterweise nennt Tiglatpileser Initesub »König des Landes Ḫatti«, obwohl das eigentliche Hethiterreich in Anatolien in den Jahren nach 1200 v. Chr. zusammengebrochen und fast vollständig verschwunden war. Die Hauptstadt Ḫattuša wurde erst verlassen, dann teilweise zerstört; später entstand auf einem kleinen Teil der einstigen Fläche ein kleines eisenzeitliches Dorf. Lorenzo d'Alfonso und seine Kollegen haben die Situation folgendermaßen zusammengefasst: »Ein tiefgreifender Wandel fand im einstigen Kern des Reiches rund um die Hauptstadt Ḫattuša statt; er führte zu einer drastischen Abnahme der politischen Komplexität, einer

Verschiebung zu einer Subsistenzwirtschaft in Einzelhaushalten und zum Fehlen von Belegen für jegliche öffentlichen Institutionen.« James Osborne zitiert neuere Forschungen, denen zufolge es damals im südlichen Zentralanatolien »einen drastischen Abfall der Siedlungen von rund 90 %« gab, und fasst zusammen: »Trotz Hinweisen auf eine Kontinuität an bestimmten Orten [...] ist das Gesamtbild das eines markanten Verfalls der sozialen Komplexität bis ins 9. Jahrhundert.«[10]

Anderswo in Anatolien ging das Leben jedoch weiter, unter anderem im Hinterland, wo die Bauern und Dörfler so ähnlich weiterlebten wie zuvor, auch wenn sie sich vielleicht auf die Zucht von Ziegen und Rindern statt von Schafen umstellten, wie Sarah Adcock nachweisen konnte, und obwohl der Klimawandel die Bevölkerung in der gesamten Region betraf.[11] (Eine Randbemerkung: Neuere Forschungen auf dem griechischen Festland haben gezeigt, dass die frühere Annahme einer ähnlichen Umstellung auf Rinder im messenischen Nichoria überdacht werden muss. Die Überreste aus der Frühen Eisenzeit in diesem Gebiet zeigen nämlich nicht, wie bisher gedacht, dass damals mehr Rinder gehalten wurden, sondern legen nahe, dass die Viehzucht in der Späten Bronzezeit und der Frühen Eisenzeit dort praktisch gleich blieb.)[12]

Dank der Neudatierung schon bekannter Funde haben wir außerdem neue Belege vom anatolischen Fundort Gordion, dass dort ab dem 12. Jahrhundert v. Chr. Menschen lebten und es zu einer Neuorganisation der lokalen Wirtschaft kam, während der hethitische Einfluss in diesem Gebiet endete. Das ist sehr wichtig, besonders weil es inzwischen noch zusätzliche Belege aus der Dendrochronologie und der Isotopenanalyse von Wacholderholz an diesem Fundort gibt, die zeigen, dass die Region gegen Ende der Spätbronzezeit unter einer Serie von Trockenphasen litt, darunter eine dreijährige Dürre 1198–1196 v. Chr.[13]

Gordion sollte später (in der griechischen Mythologie) als Sitz des reichen Königs Midas berühmt werden, außerdem als die Heimat des Gordischen Knotens, den Alexander der Große durchschlug. Mitte des 9. Jahrhunderts v. Chr. wurde es als Hauptstadt der Phryger bekannt. Sie waren von anderswo in diese Gegend eingewandert und den Assyrern anscheinend als Königreich Muški bekannt, obwohl dies in der Forschung noch umstritten ist. Tiglatpileser I. will sie schon ziemlich früh in mindestens einer Schlacht bekämpft und besiegt haben, danach aber genossen sie die Aufmerksamkeit der Assyrer erst wieder richtig im weiteren Verlauf des 8. Jahrhunderts v. Chr.[14]

Durch eine Entdeckung, die 2009 nahe Türkmen-Karahöyük in der Umgebung von Konya in der heutigen Türkei gemacht wurde, hat die Gegend wieder Aufmerksamkeit erregt. Ein dortiger Bauer machte ein Archäologenteam, das in der Nähe einen Survey durchführte, auf die sogenannte Hartapu-Inschrift aufmerksam. Der Text, in Hieroglyphenluwisch auf harten Stein geschrieben, war von einem örtlichen König namens Hartapu aufgestellt worden, der im 8. Jahrhundert v. Chr. Phrygien erobert haben will. Der Anfang lautet: »Als Großkönig Hartapu, Held, Sohn des Muršili, das Land Muška eroberte [...,] gaben der Sturmgott des Himmels (und) alle Götter (dessen) 13 Könige Seiner Majestät, Großkönig Hartapu. In einem einzigen Jahr stellte er die 13 Könige, ihr(e) Waffen [= Krieger?] und wilden Tiere unter (die Aufsicht von) zehn fest ummauerten Festungen.«[15]

Selbst in Troja an der Westküste Anatoliens, wo frühere Ausgräber annahmen, dass es nach dem Kollaps eine Siedlungslücke von 400 Jahren gegeben habe, ist nun offensichtlich, dass ein gewisses Maß an Siedlungskontinuität bestand, besonders im 12. und bis ins 11. Jahrhundert. Außerdem ist schon immer lebhaft diskutiert worden, ob es unmittelbar nach der Zerstörung von Troja VIIa vielleicht eine Einwanderung aus Thrakien oder vom Balkan in dieses Gebiet gegeben hat. Dennoch sind die bewohnten Überreste nicht einmal entfernt vergleichbar mit der reichen Stadt, die dort in der Bronzezeit gestanden hatte.[16]

Wir sehen also, dass es trotz des Zusammenbruchs des eigentlichen Hethiterreichs Überlebende gab und das Leben weiterging, besonders im Hinterland, auch wenn die Zentralregierung samt ihrer Bürokratie und Verwaltung praktisch verschwunden war, womit die verschiedenen Regionen sich selbst überlassen blieben. Zu den betroffenen Gebieten zählten jene, die man manchmal als kleine »Rumpfstaaten« bezeichnet, besonders im heutigen Nordsyrien. Hier überlebten Seitenlinien der Königsfamilie, die vom Hethiterkönig Suppiluliuma I. abstammten, und herrschten im 12. Jahrhundert und noch länger über Karkemiš und Aleppo. Diese Gebilde hat die Archäologie als »neuhethitische« oder »syrohethitische« Staaten bezeichnet, denn dies war das Gebiet, das Tiglatpileser und die Neuassyrer als das »Land Ḫatti« bezeichneten, nicht etwa die zentralanatolische Hochebene, wo einst die Machtbasis des Hethiterreichs gelegen hatte. Und natürlich nannten nicht allein die Neuassyrer diese kleinen Stadtstaaten und ihre Kultur so, höchstwahrscheinlich sind sie jene »Hethiter«, die die hebräische Bibel erwähnt, denn zu der Zeit, als die ersten Versionen der Bibel entstanden, gab es die ursprünglichen Hethiter schon lange nicht mehr.[17]

Insgesamt gründeten (oder behielten) die Neuhethiter während der Eisenzeit vom 12. bis zum 8. Jahrhundert v. Chr. fünfzehn kleine Stadtstaaten im Gebiet des heutigen Nordostsyrien und der südöstlichen Türkei. Es ist dieselbe Region, die im Februar 2023 von furchtbaren Erdbeben erschüttert und verwüstet wurde, bei denen fast 60 000 Menschen starben. Zu den bedeutendsten Stadtstaaten zählten Stadt und Gebiet von Karkemiš, die sich Tiglatpileser I. entgegenstellten. Zum ersten Mal gründlich erkundet und ausgegraben wurden die Überreste der Stadt im frühen 20. Jahrhundert, unter anderem von T. E. Lawrence (den Hollywood später als »Lawrence von Arabien« unsterblich machte), und seit 2011 gräbt dort wieder ein Archäologenteam aus der Türkei und Italien.

Wenn wir noch ein Stück weiter in die Vergangenheit gehen, werden sich aufmerksame Leser erinnern, dass Ramses III. in der

Inschrift aus seinem 8. Herrscherjahr (1177 v. Chr.) ausdrücklich Karkemiš als eines der Gebiete genannt hatte, das die Seevölker überrannt hatten (»Kein Land hielt ihren Armeen stand, Ḫatti, Qadi, Karqemiš, Arzawa, Alašija waren [auf einen Schlag] entwurzelt […]«). Da überrascht es vielleicht, dass es keine archäologischen Indizien gibt, dass die Stadt damals Zerstörungen verkraften musste. Vielleicht bezog sich Ramses eher allgemein auf das Umland von Karkemiš, nicht speziell auf die Stadt selbst, und wirklich blieb deren Umgebung bis in die zweite Hälfte des 8. Jahrhunderts v. Chr. ein umstrittenes Land. 1920 schrieb Sir Leonard Woolley: »[…] man steige nur auf den großen Hügel der Akropolis und man wird sofort begreifen, wieso Karkemiš seit unvordenklichen Zeiten eine Festung in einem bedrängten Land war.«[18]

Von Jahr zu Jahr lernen wir mehr über die neuhethitischen (oder syrohethitischen und syroanatolischen) Kleinkönigreiche. Zum großen Teil beruht das auf Funden aus neuen Grabungen an verschiedenen Orten, darunter die des türkisch-italienischen Teams in Karkemiš und eines amerikanisch-deutschen Teams in Zincirli (dem antiken Sam'al), aber außerdem verdanken wir es Fortschritten beim Entziffern des Hieroglyphenluwischen. Die luwische Sprache war eine von mehreren, die während der Bronzezeit in Anatolien und darüber hinaus gesprochen wurden, aber Luwisch diente den Hethitern außerdem als Bilderschrift für Königsinschriften auf steinernen Denkmälern. Später verwendeten es die Neuhethiter auf ähnliche Weise für die Steininschriften, die sie in ihren Städten aufstellten. Daher sind wir in der glücklichen Lage, die Dynastien und Vorfahren der Herrscher in einer Reihe dieser eisenzeitlichen Städte und Königreiche nachverfolgen zu können.[19]

Um ein Beispiel zu geben: Die frühen britischen Ausgräber von Karkemiš hatten schon 1911 Funde von Inschriften und Statuen beschrieben. »In die lange untere Mauer scheint eine Reihe großer Reliefs eingebaut gewesen zu sein, die nach außen zum gepflasterten Hof zeigten«, schrieb der damalige britische Grabungsleiter D. G.

Hogarth. »Wir fanden sie in den Hof gestürzt, insgesamt dreizehn. Sechs davon stellen Streitwagen im Gefecht dar, zwei Krieger zu Fuß, vier monströse Götterfiguren und eines, das ungefähr die Mitte der Reihe bildet, trägt eine lange Inschrift in Reliefbuchstaben, unter der drei bärtige Köpfe und sechzehn abgeschlagene Hände erscheinen. Da diese Platten ursprünglich nach außen zeigten, waren sie die Einfassung eines monumentalen Zugangs zur Treppe und führten zu einer Reihe hinauf, die deren Nordseite begleitete.«[20]

Heute wissen wir, dass Suppiluliuma I. einen seiner eigenen Söhne, Piyaššili (der den Namen Šarri-Kušuḫ annahm), um etwa 1340 v. Chr. als Vizekönig der Stadt einsetzte. Piyaššilis Nachkommen, darunter Kuzitesub und Initesub, beherrschten die Stadt, ihr Umland und die angrenzenden Dörfer, also den gesamten Stadtstaat, ungefähr fünf Generationen lang, bis er im Jahr 717 v. Chr. dem neuassyrischen Reich Sargons II. einverleibt wurde. Einige Nachfolger nahmen gar den Titel »König der Hethiter« an, als das Hethiterreich zusammengebrochen war und Reste davon sich losrissen und ihre eigenen kleinen neuhethitischen Reiche bildeten. Außerdem wissen wir, dass Suppiluliuma I. einen weiteren Sohn, Telipinu, etwa zur gleichen Zeit (1340 v. Chr.) in der Stadt und im Königreich von Aleppo eingesetzt hatte, die nicht sehr weit weg lagen. Auch diese Dynastie überdauerte den Untergang des eigentlichen Hethiterreichs.[21]

***

Tiglatpilesers Taten nehmen vorweg, was in den folgenden Jahrhunderten immer wieder geschehen sollte, besonders die Angriffe der Assyrer auf die kleinen eisenzeitlichen Stadtstaaten und Königreiche, die im ganzen Alten Orient die Großreiche der Bronzezeit ersetzten. Einige davon waren schon im späten 12. Jahrhundert v. Chr. gegründet worden, andere entstanden nicht vor dem 11., 10. oder 9. Jahrhundert. Unter ihnen war eine ganze Fülle politischer Gebilde und verschiedener Ethnien, von denen wir einige bereits kennengelernt haben, während wir anderen noch begegnen werden: syroanatolische oder syrohethitische Stadtstaaten wie Karkemiš, Aleppo, Sam'al (heute Zincirli) und Til Barsip im heutigen Nordsyrien und an der Grenze zur Türkei, dazu andere wie etwa Que, die in Kilikien lagen (der heutigen Südosttürkei), aramäische Stadtstaaten wie Damaskus und Hamat im heutigen Staat Syrien, die phönizischen Enklaven Tyros, Byblos, Sidon, Arwad und Beirut entlang der Küste des heutigen Libanon, Philisterstädte und die Königreiche Israel und Juda im heutigen Israel und in der Westbank sowie die sonstigen Kleinkönigreiche dieser Zeit wie Ammon, Edom und Moab im modernen Jordanien.[22] In ihnen allen hätten wir natürlich, sosehr sie hier einzelnen Gruppen zugeordnet werden, eine Mischung verschiedener Ethnien in der jeweiligen Bevölkerung gefunden, genau wie es heute in den Städten der ganzen Region der Fall ist.

Die Situation war nicht viel anders als in der spätbronzezeitlichen Levante, als jedes der kleinen kanaanäischen Staatsgebilde von einem Statthalter (oder einem Kleinkönig) regiert wurde und entweder den Ägyptern oder den Hethitern Gefolgschaft leistete. Jetzt aber, da die Regionalmächte mit dem Ende der Bronzezeit kollabiert waren, konnten diese Stadtstaaten zumindest etwas mehr Unabhängigkeit praktizieren, als sie vorher genossen hatten. Am Ende nutzten die Assyrer dieses Machtvakuum und schufen ihr eigenes Großreich, aber das geschah erst im 9. Jahrhundert v. Chr.

Neuhethiter in Tayinat und Karkemiš

Die überlebenden Einwohner Nordsyriens bewiesen im späten 12. und im 11. Jahrhundert unterschiedlich große Resilienz. Für alle war es eine Zeit des Übergangs; manche vollzogen eine Transformation, andere passten sich an oder hielten sich bloß über

Wasser. »Der Übergang von der Spätbronze- zur Früheisenzeit«, schreibt Hélène Sader, »war von Ort zu Ort verschieden.« An einigen Stellen war er glatt und bruchlos. An anderen gab es ganz eindeutig eine Zäsur, etwa in Ras Ibn Hani, dem Hafen von Ugarit, der erst nach einer gewaltsamen Zerstörung durch Invasoren während des Zusammenbruchs neu besiedelt wurde – natürlich ganz zu schweigen von Ugarit selbst. Allerdings »wurden die meisten Plätze fast umgehend wieder besiedelt und nahmen die landwirtschaftlichen, industriellen und Handelsaktivitäten neu auf«.[23]

Obwohl Karkemiš nicht zerstört wurde, gibt es Anzeichen, dass die Stadt damals eine Art Schrumpfung durchmachte und ein nahe gelegenes Königtum mit dem Zentrum Tell Tayinat die Gelegenheit nutzte, aufzusteigen und sogar zu blühen.[24] Dieses neue eisenzeitliche Königreich kennen wir teils von Ausgrabungen am Fundort, teils aber auch dank weiterer interessanter Entwicklungen im Lesen und Verständnis des Hieroglyphenluwischen.

Aus den Fortschritten beim Entziffern hat sich eine verbesserte Lesart für den Namen dieses neuen Regionalkönigreichs der Eisenzeit ergeben, das im Amuq-Tal lag, ebenfalls an der heutigen türkisch-syrischen Grenze. Das Reich, das insbesondere ab dem 11. Jahrhundert v. Chr. aktiv war und dessen Gebiet wahrscheinlich Aleppo einschloss und vielleicht sogar südwärts bis nach Hamat reichte, wurde in der Forschung bisher als »das Land Padastin« bezeichnet (auch als »Padasatini«, »Wadastin« und in weiteren Varianten geläufig). Doch J. D. Hawkins hat gemeinsam mit anderen Belege vorgelegt, wonach die richtige Schreibweise und Lesart viel eher »Palistin« (in einigen Inschriften »Walistin«) lautet und das Königreich wahrscheinlich als das »Land Palistin« bekannt war. Natürlich zeigt die vorgeschlagene neue Lesung des Namens Beziehungen zu den Philistern aus der Seevölkerzeit und dem modernen Namen Palästina, und sie hat in den letzten Jahren für alle möglichen Diskussionen in der Archäologie gesorgt, darunter einige Stimmen, die der Vorschlag nicht richtig überzeugt.[25]

Die Landeshauptstadt ist ebenfalls unter einer Vielzahl von Schreibweisen bekannt, etwa Kunulua, Kumulua, Kinalua und Kinaliya – der heutige Fundort Tell Tayinat. Erste Ausgrabungen nahm dort von 1935 bis 1938 die University of Chicago vor, in jüngerer Zeit (seit 2004) die University of Toronto unter der Leitung von Tim Harrison.

Tayinat selbst liegt gleich nordöstlich von Ugarit im Binnenland der syrischen Küste an einer Biegung des Orontes und scheint ein eher kompliziertes Gebilde gewesen zu sein. Die Untersuchungen seiner materiellen Kultur haben sich auf den nicht lokalen (nämlich ägäischen) Charakter der Keramik und auf andere Indizien konzentriert, dass sich zur Zeit des bronzezeitlichen Zusammenbruchs und danach Fremde hier niedergelassen hatten. Andererseits haben Inschriften vom Fundort »die politische Kontinuität in der Region deutlich werden lassen, von der Zeit spätbronzezeitlicher reichshethitischer Kontrolle bis hin zu den neuhethitischen Rumpfstaaten der Eisenzeit«. Wie die Ausgräber selbst kürzlich feststellten, »gibt es schlagende Beweise für Kontinuität und Wandel zugleich« an dieser einmalig interessanten Stätte.[26]

Laut dem Grabungsteam unterhielt Tayinat damals Wirtschafts- und Kulturkontakte zu Gesellschaften und Individuen an einer Vielzahl von Orten, darunter Anatolien, das syrische Binnenland, die Levante und die Ägäis. Daher sieht das Team Tayinat nicht als isoliert an, sondern eher »am Zusammenfluss vieler Kultursphären«. Tatsächlich stellt es die Vermutung auf, dass »das vielfältige Spektrum an Kulturverbindungen, das sich in den früheisenzeitlichen Schichten Tayinats beobachten lässt, eindeutig eine weitaus kompliziertere und mehrdeutigere kulturelle Wirklichkeit spiegelt, als bisher zur Kenntnis genommen worden ist«.[27]

Heute wissen wir durch verschiedene Inschriften aus Orten wie Aleppo, Arsuz, ʿAyn Dara und anderen sowie aus Tayinat selbst, dass einer der frühesten Könige des »Landes Palistin« ein Mann namens Taita I. war, der im 11. Jahrhundert v. Chr. regierte. Mehrere seiner Inschriften fanden sich während der Grabungskampagnen 2003–2005 im Tempel des Sturmgotts in Aleppo. Eine davon beginnt: »Ich, König Taita, der Held, der König [des Landes] Palistin«. Das Fragment einer zweiten Inschrift enthält seinen Namen und erwähnt Karkemiš sowie Ägypten, aber der Kontext ist in beiden Zeilen weggebrochen.

Später folgten auf Taita I. im frühen 10. Jahrhundert Taita II. und dessen Frau Kupapiya, dann Manana (kürzlich aus dem 9. Jahrhundert umdatiert) und später im selben Jahrhundert Suppiluliuma I. (der den Namen des älteren Hethiterkönigs übernahm).

Im frühen und mittleren 9. Jahrhundert v. Chr. hatte sich der Name des Königreichs aus Palistin auf Patin(a) zusammengezogen, während die Neuassyrer es manchmal auch Unqi nannten. Das Reich wurde von Königen wie Halparuntija und Suppiluliuma II. regiert; der Letztere ist wahrscheinlich als Sapalulme auf der Inschrift des Assyrerkönigs Salmanassar III. aus dem Jahr 858 v. Chr. genannt.[28]

***

Im 10. Jahrhundert v. Chr., einer Zeit des Wiederaufstiegs für Karkemiš und sein Umland, scheint die Stadt ein Comeback erlebt zu haben. An der Euphratseite der Stadt wurde das »Wassertor« gebaut, das mit reliefierten Orthostaten (behauenen Steinplatten, die Mauern oder Durchgänge verkleideten) aus dem späten 11. oder frühen 10. Jahrhundert v. Chr. geschmückt war. Während seiner dortigen Ausgrabungen beschrieb Woolley die Stelle 1920 in folgenden Worten:

Eine geneigte, von Stufen unterbrochene Straße führte zwischen Skulpturenreihen vom Kai weg. An der Ecke der Flussmauer stand ein Löwe, danach kamen Stiere und abermals Löwen und jene Gruppe aus Wächterdämonen, die sich für ein Tor schickten – gewissermaßen ein architektonisches Amulett, um böse Geister von dem Eingang fernzuhalten; es gibt eine Opferszene, ein Stier und eine Ziege werden zum Abschlachten geführt und ein sitzender Priester oder König gießt Trankopfer für die Götter aus. Die äußeren Türpfosten bildeten riesige, rundgemeißelte Basaltlöwen, die von Kopf bis Schweif vier Fuß maßen und auf ihren Flanken eine lange Inschrift eingeritzt trugen. Heute ist dieses Tor eine zertrümmerte Ruine, die von den Bauten im Stadtinnern wahrlich schlecht absticht, aber abgesehen von dem Bild, das sie uns von ihrem Anblick in freundlicheren Tagen zu malen erlaubt, besitzt sie eine historische Bedeutung, die den besser erhaltenen Ruinen abgeht.[29]

In der Nähe steht außerdem die sogenannte Lange Skulpturenwand, die höchstwahrscheinlich vom Ende des 10. Jahrhunderts v. Chr. stammt, mit »einer eindrucksvollen Abfolge großer Platten mit Kriegsszenen und einer Götterprozession«, wie Marchetti sie beschrieben hat. Das war die »lange untere Mauer« mit »einer Serie großer Reliefs«, über die Hogarth 1911 (wie oben zitiert) schrieb.[30]

Wir wissen inzwischen, dass das Leben in Karkemiš im 10. Jahrhundert v. Chr. wieder einen Punkt erreicht hatte, an dem alle Charakteristika einer komplexen Gesellschaft vertreten waren: Monumentalbauten und Skulpturen, Inschriften, Herrscher mit Titeln, mehrere politische Hierarchieebenen, wobei niedere Herrscher geringere Titel besaßen, spezialisierte Berufe wie der des Priesters, die Anbetung von Göttern und Göttinnen in eigenen Gebäuden und Tempeln sowie ein Gebiet, das regiert wurde und, wie anzunehmen ist, landwirtschaftliche und andere Produkte erzeugte, von denen die Einwohner der Region und die sie beherrschende Elite lebten. Obwohl Karkemiš ein viel kleineres politisches Gebilde war als das Hethiterreich, das es sozusagen hervorgebracht hatte, spielte es nun eindeutig wieder eine Rolle in der Welt des Alten Orients. So blieb es bis 717 v. Chr., als die Neuassyrer die Stadt zerstörten.

***

Die Region um Karkemiš gehörte zu den Gebieten, die sich im 9. Jahrhundert Assurnasirpal II. und den Neuassyrern unterwarfen und ihnen Tribut zahlten, denn ein »Sangara, König des Landes Ḫatti«, wird in einer etwa 870 v. Chr. entstandenen Inschrift im Zusammenhang mit dem Land Karkemiš erwähnt. Sangara, für den man eine Regierungszeit von ca. 875–848 v. Chr. annimmt, erscheint außerdem zweimal auf dem kleineren Satz bronzener Türbeschläge aus dem Palast Assurnasirpals in Balawat, den Rassam entdeckte; eine Szene trägt die Unterschrift »Beute von Sangara, einem Mann aus Ḫatti«, während es zu der anderen, dem Angriff auf eine Stadt, heißt: »Die Stadt Ulluba von Sa[n]gara, [König des] Landes Ḫatti, eroberte ich.« Ein weiteres von Mallowan gefundenes Band aus den Tempel für Mamu, den Assurnasirpal ebenfalls in Balawat erbauen ließ, zeigt Tribute des Königs von Karkemiš, dessen Name aber leider unleserlich ist; vermutlich handelt es sich auch hier um Sangara.[31] Denselben König erwähnt später noch Salmanassar III.

Aus Assurnasirpals Formulierung in der Inschrift von 870 v. Chr. und aus der aufgeführten Menge an Tributen wird deutlich, dass Karkemiš damals kein verarmtes Nest war.[32] Es heißt da:

Ich überquerte den Euphrat, der Hochwasser führte, in Flößen (aus aufgeblasenen) Ziegenhäuten, näherte mich dem Land Karkemiš. Ich empfing Tribut von Sangara, König des Landes Ḫatti, 20 Talente Silber, einen Goldring, ein Goldarmband, goldene Dolche, 100 Talente Bronze, 250 Talente Eisen, Bronze(wannen), Bronzeeimer, Bronzebadewannen, einen Bronzeofen, viele Zierstücke aus seinem Palast, deren Gewicht sich nicht feststellen ließ, Betten aus Buchsbaumholz, Throne aus Buchsbaumholz, Schüsseln aus Buchsbaumholz mit Elfenbeinverzierungen, 200 reife Mädchen, Leinengewänder mit mehrfarbiger Borte, Purpurwolle, Wolle aus rotem Purpur, gišnugallu-Alabaster, Elefantenstoßzähne, einen Streitwagen aus poliertem (Gold), ein goldenes Ruhebett mit Beschlägen – (Gegenstände,) die seiner Königswürde angemessen waren. Mit mir nahm ich die Wagen, Reiter, Fußkämpfer der Stadt Karkemiš.[33]

Das Land Urartu

Außerdem berichtet Assurnasirpal II., er habe fern im Norden Krieg geführt und dort »das Land Urartu« erobert. Seine Armee hatte sich nach Anatolien hinaufgewagt, wo sie auf die Streitmacht des urartäischen Königs Aramu traf, dessen Regierung nahe dem Ende von Assurnasirpals Herrschaftszeit begonnen hatte.[34] Möglich ist, dass es bereits im 13. Jahrhundert v. Chr. zu Kontakten mit dieser Region gekommen war, denn assyrische Texte aus der Zeit Salmanassars I. besagen, dass er ein Land namens Uruatri erobert haben will, das vielleicht mit Urartu identisch ist, vielleicht auch nicht.[35] Die Urartäer, denen Assurnasirpal II. begegnete, waren jedoch im Wesentlichen eine weitere neue Macht auf der politischen Bühne, die unverwechselbar aus der Eisenzeit stammte.

Die assyrische Feindseligkeit richtete sich fast von Anfang an gegen die Urartäer. Ihre Städte lagen unmittelbar im Norden Assyriens in derselben Region, wo sich einmal der äußerste Osten des Hethiterreichs erstreckt hatte. Aus dem Umland des Vansees breiteten sich die Urartäer in Teile der heutigen Osttürkei, nach Armenien, Aserbaidschan und in den nordwestlichen Iran aus. Fast immer waren die Beziehungen zwischen Assyrern und Urartäern feindselig; von ihrer ersten Begegnung an scheinen sie in permanentem Kriegszustand gelebt zu haben.

Die Assyrer waren es, die diesem Königreich den Namen »Urartu« gaben (von dem sich übrigens der Name des Berges Ararat ableitet). Die Urartäer selbst nannten ihr Reich »Biainili«. Später wurden sie für ihre Metallarbeiten berühmt. Häufig schreibt die Forschung ihnen die Herstellung riesiger Kessel mit am Rand angebrachten Köpfen (sogenannten Protomen) von Stieren, Löwen oder Greifen zu, ebenso gekerbte und mit Treibarbeiten verzierte Bronzeschilde mit Tierdekor. Entweder gelangten diese Objekte nach Nordsyrien oder wurden dort imitiert, und vielleicht erreichten sie im Westen Kreta, das griechische Festland und sogar Italien, vor allem im späten 8. und im 7. Jahrhundert v. Chr.[36]

Frühere Assyrerkönige wie Tukulti-Ninurta I., Tiglatpileser I. und Aššur-bel-kala sprachen ebenfalls von Feldzügen in einem Gebiet am Vansee, das sie »Nairi« nannten. Zwar ist teilweise umstritten, ob diese Region mit Urartu identisch ist, doch die Urartäer selbst verwendeten im 9. Jahrhundert v. Chr. manchmal den Namen Nairi für ihr Königreich, und in jedem Fall scheint Urartu dieses Gebiet bis zum 8. Jahrhundert assimiliert zu haben.[37]

***

Als Salmanassar III. 858 v. Chr. auf den Thron kam, führte er den assyrischen Angriff auf dieses Königreich im Norden fort. Seine Inschriften nennen volle vier Feldzüge gegen die Urartäer und/oder in urartäisches Gebiet. Der erste davon hatte bereits während Salmanassars erstem Regierungsjahr stattgefunden; dabei marschierte er laut seinen eigenen Worten auf Suguni, wie »die befestigte Stadt von Aramu [oder Arame] dem Urartäer hieß«. Er belagerte und eroberte sie, schlachtete viele Einwohner ab und »errichtete einen Schädelturm vor seiner Stadt«, ehe er vierzehn andere Städte in dieser Gegend niederbrannte.[38]

Dieser Eröffnungsfeldzug ist ebenfalls auf dem unteren und oberen Register von Beschlag I der Balawan-Tore festgehalten, außerdem in einer längeren Inschrift, die anderswo am selben Tor zweimal angebracht war, nämlich auf den Bronzeleisten, die an den Kanten der beiden Türflügel selbst angebracht waren, wo sie einander bei geschlossenem Tor berührten. Die Inschrift zum unteren Register auf Beschlag I lautet: »Ich eroberte Sugumia, die Stadt Arames von Urartu«, während die kürzere Inschrift zum oberen Register besagt: »Ich stellte ein Bild auf am Ufer des Sees von Nairi.« Ebenso steht auf der längeren Inschrift an den Kanten der Türflügel: »Als ich am See vorbeizog, schuf ich ein Kolossalbild meiner Herrlichkeit, richtete (es) auf, wo das Bild von Anum-hirbe (steht) ... Ich schuf ein Kolossalbild meiner Herrlichkeit, schrieb darauf den Lobpreis [Assurs, des großen Herrn, meines Herrn, und die großen Taten, die] ich vollbracht hatte [am] See. Ich errichtete (es) am See.«[39]

Dies wiederholt eine ähnliche Aussage Salmanassars auf seiner Monolith-Inschrift, der zweiten von zwei Inschriften, die der britische Archäologe Taylor 1861 in Kurkh fand und zwei Jahre später dem British Museum schenkte. Auf diesem Monument hielt Salmanassar die gerade aufgezählten Taten abermals fest, darunter die Schädelpyramide und die Vernichtung der vierzehn Städte, und erwähnte auch seinen Zug ans Meer von Nairi. Er fügte hinzu, das von ihm aufgestellte Bild sei »nach meinem eigenen Bild« gemacht, nur falls das vorher nicht deutlich genug geworden sein sollte.[40]

Die zugehörigen Bilder im oberen Register des Balawat-Beschlags I zeigen, dass Salmanassar am Ufer des Sees nicht etwa eine frei stehende Statue aufstellte, wie man annehmen könnte, sondern dass es sich tatsächlich um sein Abbild handelte (von Kopf bis Fuß und mit Blick nach rechts), das in den gewachsenen Fels gemeißelt war, so wie die Köpfe von vier US-Präsidenten in den Mount Rushmore in South Dakota geschlagen sind. Man sieht den

König bei einem Trankopfer – er gießt eine Flüssigkeit auf den Boden – in Begleitung von Priestern und Musikanten zusammen mit verschiedenen Tieren, die auf ihre Opferung warten. Ebenfalls abgebildet sind die Truppen, die den König begleiteten, darunter Streitwagen, Kavallerie und Infanterie.[41]

Anscheinend hatte Salmanassar die Angewohnheit, das Anfertigen solcher Denkmäler für sich zu befehlen, während er jemanden angriff. Tatsächlich ließ er auf demselben Feldzug »eine kolossale Königsstatue von mir [...] vor die Quelle des Flusses Saluara am Fuß des Amanusgebirges« setzen. Dazu errichtete er noch ein »Bild meiner Herrlichkeit, das meinen Ruhm in Ewigkeit festigt«, an der Küste des Mittelmeers nach einem Sieg über »die Könige der Meeresküste« im Gebiet Amurru und im Königreich Patina. Zusätzlich stellte er anderswo noch mindestens zwei weitere derartige Bilder auf, eines davon auf dem Berg Eritia, nachdem er eine weitere Stadt des Urartäers Arame eingenommen hatte, und eine am See von Nairi.[42]

Sechs Jahre später, auf einem Feldzug in seinem 7. Herrscherjahr, tat Salmanassar es wieder. »Ich zog zur Quelle des Tigris, dem Ort, wo das Wasser herauskommt. Ich wusch darin die Waffe Assurs, opferte meinen Göttern und hielt ein freudiges Festmahl. Ich erschuf meine kolossale Königsstatue und schrieb darauf Lobpreisungen Assurs, meines Herrn, und all meine heldenhaften Taten, die ich in den Ländern vollbracht hatte. Ich errichtete sie darin.« Acht Jahre darauf wiederholte er diese Tat und berichtet: »In meinem fünfzehnten Jahr zog ich ins Land Nairi. Ich schuf an der Quelle des Tigris, wo sein Wasser herauskommt, meine Königsstatue.«[43]

Es ist kaum zu glauben, aber beide Plastiken sind gefunden worden und seit einiger Zeit bekannt. Wiederum handelt es sich tatsächlich nicht um frei stehende Statuen, wie wir aufgrund der Aussagen denken könnten, sondern vielmehr um Reliefs des Königs mit zugehörigen Inschriften, die in eine Felswand im sogenannten Tigristunnel eingemeißelt sind, der nördlich der heutigen Stadt Lice in der Türkei liegt, und zwar dicht neben einem ähnlichen Relief, das Tiglatpileser I. auf einem früheren Feldzug in dieses Gebiet hatte einmeißen lassen. Zu den ersten westlichen Forschern, die den Tigristunnel besuchten, zählte Taylor im Jahr 1862, dem Jahr nach seinem Fund der beiden Inschriften in Kurkh. Seine Beschreibung und Erläuterung der Felsbilder publizierte er zusammen mit einer vorläufigen Übersetzung einer der Inschriften durch Sir Henry Rawlinson in derselben Ausgabe des *Journal of the Royal Geographic Society of London*.[44]

So, wie Salmanassars Bild aus seinem älteren Feldzug auf dem oberen Register des Balawat-Beschlags I erscheint, ist auch eines der späteren Reliefs Salmanassars auf dem Balawat-Beschlag X zu sehen (im oberen und unteren Register). Auch andere wichtige Szenen finden sich auf den Balawat-Beschlägen, so zeigt etwa das untere Register von Beschlag I in der linken Hälfte einen Angriff auf die Stadt Sugunia und in der rechten das Nachspiel zur Schlacht, als eine Vielzahl von Gefangenen zusammengebunden wird. Gemeinsam lassen diese Szenen im oberen und unteren Register von Beschlag I die Ereignisse von Salmanassars Feldzug von 858 lebendig werden. Auf harte Weise setzt Beschlag II sie fort, dessen Inschrift schlicht lautet: »Das Land Urartu [...] wird geschlagen.« Er zeigt, wie eine oder mehrere weitere urartäische Städte belagert, geplündert und niedergebrannt werden – vermutlich einige der vierzehn Städte, von denen die anderen Inschriften sprechen. Wir sehen, wie man Gefangene und Beute fortschleppt, ihre Dattelhaine fällt und einige Verteidiger auf den Mauern auf hohe Holzpfähle spießt, während die Köpfe anderer an die Türme genagelt werden.[45] Salmanassar scheint mit den Urartäern, die sich ihm bei seinem ersten Einfall in ihr Territorium widersetzten, nicht gnädig gewesen zu sein.

Dasselbe gilt für seinen nächsten Feldzug gegen sie, den Beschlag VII der Balawat-Tore zeigt. Hier lautet die Inschrift einfach: »Die Stadt von Arame dem Urartäer nahm ich ein.« Das ist die drastische Abkürzung der viel längeren Beschreibung in der Monolith-Inschrift, wo Salmanassar die Tötung von 3400 urartäischen Soldaten beschreibt, »auf die ich Verderben hinabregnen ließ wie der Sturmgott« und mit deren Blut er die Berge gefärbt habe wie rote Wolle, während er diverse urartäische Städte anzündete. Das alles sehen wir im oberen Register von Beschlag VII, wo assyrische Mineure die Mauern der Stadt untergraben und Feuer legen, während die assyrische Kavallerie und Infanterie die urartäischen Verteidiger erbarmungslos niedermähen.[46]

Einen längeren Feldzug führte Salmanassar auch gegen einen urartäischen König namens »Sarduri, Sohn des Lutibri«, der ca. 834–828 v. Chr. regierte und den wir heute als Sarduri I. bezeichnen. In seiner Herrschaftszeit finden wir die ersten Inschriften, die tatsächlich auf Urartäisch geschrieben sind. Interessant ist, dass sie unter Verwendung neuassyrischer Redewendungen und in Keilschrift verfasst wurden; anscheinend fertigte sie ein assyrischer Schreiber an, den die Urartäer im 9. Jahrhundert v. Chr. in ihre Gewalt und als Kriegsgefangenen in ihr Land gebracht hatten.[47]

Tatsächlich verwendete der einstige Schreiber für die allererste Inschrift Sarduris eine uns bekannte Königsinschrift Assurnasirpals II. und meißelte sie Wort für Wort in die Vorderseite von sechs riesigen Steinblöcken ein, nur dass er die Eigennamen auf Sarduri statt Assurnasirpal änderte – »Sarduri, Sohn des Lutibri, Großkönig, mächtiger König, König der Welt, König von Nairi, König, der nicht seinesgleichen hat, wunderbarer Hirte, furchtlos im Kampf, König, der die unterwirft, welche ihm ungehorsam sind«.[48]

Im Jahr 850 v. Chr. nahm Salmanassar den Kampf gegen Sarduri auf, der inzwischen den letzten Herrscher, Aramu, abgelöst hatte. Sarduri gründete eine Dynastie, die Urartu die nächsten zwei Jahrhunderte regieren sollte, angefangen mit seinem Sohn Išpuini, dann seinem Enkel Menua, seinen Urenkeln Inušpua und Argišti I., dem Ururenkel Sarduri II. und so weiter.[49]

Sarduris wichtigstes Hauptquartier war die Festung Tušpa (oder Tušupa) auf einem Felsvorsprung am Vansee, die in mehreren assyrischen Annalen auftaucht. Viele urartäische Siedlungen waren ebenfalls Festungen und hatten eine ähnliche Berglage, was sie schwer angreifbar machte. Uneinnehmbar waren sie dennoch nicht, wir besitzen Bilder wie die auf Beschlag VII der Balawat-Tore Salmanassars, auf denen assyrische Soldaten urartäische Festungen auf Berggipfeln niederbrennen.[50]

Damit können wir Urartu in die Liste der neuen Königreiche einreihen, die in diesen Jahrhunderten entstanden und die Lücken füllten, die die größeren Königreiche und die Großreiche wie das der Hethiter hinterließen, die den Zusammenbruch am Ende der Bronzezeit nicht überlebt hatten. Insgesamt erwies sich Urartu als geschicktester Gegner der Assyrer und lieferte ihnen einen härteren Kampf als alle anderen.

Es ist vermutet worden, dass Salmanassars Neueinführung der Kavallerie in seiner Armee, die die Assyrer bis dahin nicht nennenswert eingesetzt hatten, vielleicht auf den Anblick der Urartäer auf Pferden in den Streitkräften zurückging, denen er begegnete. Außerdem wurde vermutet, dass der spätere Anstieg in der Menge an Wein, die die Assyrer im 8. Jahrhundert v. Chr. und danach verbrauchten, das Ergebnis von Kontakten zu (und Importen aus) Urartu war, das damals als Weinbaugebiet wohlbekannt war, genau wie noch heute das nahe gelegene Armenien.[51]

Salmanassar III. und die nördliche Levante

858 v. Chr., in seinem 1. Herrscherjahr, beschreibt Salmanassar Kämpfe im Gebiet Nordsyriens gegen eine Reihe neuhethitischer Könige, darunter Sangara von Karkemiš und einen weiteren, den er »Sapalulme, den Pantineer« nennt. Beide Könige sind bereits genannt worden – der Zweite ist wahrscheinlich Suppiluliuma II.,

der Mitte des 9. Jahrhunderts v. Chr. nach den besser bekannten Königen Taita I. und II. im Land Palistin, inzwischen kurz Patina genannt, regierte. Ausgrabungen des Jahres 2012 am Fundort Tayinat, in dem das Grabungsteam der University of Toronto die königliche Hauptstadt Kunulua erkannte, stießen auf Kopf und Rumpf einer Statue dieses Herrschers, die ursprünglich vielleicht ganze 3,50 bis 4 Meter hoch war. Auf dem größeren Bruchstück steht eine unvollständige Inschrift, die noch unpubliziert ist, aber angeblich den Namen des Königs enthalten soll.[52]

Ebenso erwähnt Salmanassar seinen Feldzug gegen Sangara von Karkemiš auf Beschlag VI der Balawat-Tore. Die Inschrift besagt kurz »Der Tribut Sangaras von Karkemiš«, den dann die Szenen des oberen und des unteren Registers zeigen. Im oberen sehen wir Salmanassar vor seinem (Prunk-)Zelt stehen und eine Gesandtschaft Sangaras empfangen. Männer bringen den Tribut, zu dem Stoßzähne und schwere Bronzekessel gehören. Vielleicht ist auch die Stadt Karkemiš selbst dargestellt, in der Ferne jenseits des Euphrat. Im unteren Register sehen wir das befestigte Lager der Assyrer am Ufer und Sangara, wie er Salmanassar seine junge Tochter übergibt. Diener tragen ihre Mitgift – sie ist eindeutig Teil des Tributs, den Sangara zahlt.[53] Anscheinend war das nicht ungewöhnlich, denn in seiner Monolith-Inschrift spricht Salmanassar davon, dass er im Lauf seiner Herrschaft Töchter samt Mitgift von mehreren anderen feindlichen Königen entgegengenommen habe.

Wir wissen, dass einer der anderen syrohethitischen Könige, der sich 858 mit Sangara gegen Salmanassar III. verbündete, ein Mann namens Hayya war, der ca. 870/860–840 v. Chr. in Sam'al regierte, dem heutigen Zincirli. Hayya wird namentlich in Salmanassars Annalen für 858, 857 und 853 v. Chr. genannt, wo er »Hayyanu« (oder »Haiianu«) heißt und ausdrücklich als »der Sam'aliter« gekennzeichnet wird. Nach dem Konflikt von 858 erklärt Salmanassar: »Ich nahm ihm viele Streitwagen und ans Joch gewöhnte Pferde weg. Ich errichtete Säulen aus Schädeln vor seiner Stadt, zerstörte, verwüstete und verbrannte seine Städte.« Nach dieser Niederlage unterwarf sich Hayya in aller Form Salmanassar und beteuerte während der folgenden Jahre mehrmals seine Ergebenheit.[54]

Auch seine Nachfolger scheinen Assyrien die Treue geschworen zu haben, darunter sein Sohn Ša'il (der ein Jahrzehnt lang Mitherrscher gewesen zu sein scheint) und danach ein weiterer Sohn namens Kulamuwa (manchmal Kilamuwa geschrieben), der ca. 840 v. Chr. auf den Thron kam und dreißig Jahre lang herrschte. Kulamuwa hat uns einen Basaltorthostaten hinterlassen, in den sein Bild gemeißelt ist, zusammen mit einer sechzehnzeiligen Inschrift in phönizischer Sprache, aber einer aramäischen Schrift. Das ca. 825 v. Chr. entstandene – bis heute umstrittene – Kunstwerk war in einem der Gebäude von Sam'al zu sehen und wurde vor langer Zeit von deutschen Ausgräbern gefunden. In der Inschrift nennt Kulamuwa die Namen Hayya und Ša'il und setzt hinzu: »Das Haus meines Vaters war inmitten mächtiger Könige, und jeder streckte seine Hand zum Kampf aus.« Dann deutet er an, dass er sich gezielt mit einem nicht genannten assyrischen König – wahrscheinlich Salmanassar II., aber es könnte auch Šamši-Adad V. gewesen sein – einigte und mit ihm gegen einen gemeinsamen Feind zusammenarbeitete: »Der König der Danunier war stärker als ich. Aber ich sicherte mir gegen ihn den König von Assyrien.«[55]

Salmanassar III. und die Landesherren von Karkemiš

In seinen Inschriften führt Salmanassar III. außerdem eine Reihe anderer Könige auf, von denen er entweder gleich vor oder gleich nach der Schlacht von Qarqar 853 v. Chr. Tribut forderte, nicht gerechnet die Hauptgegner, die er besiegte. Unter ihnen ist »Sangara, der Karkemišiter«, der in Salmanassars Annalen ein halbes Dutzend Male auftaucht. An der letzten Stelle (Herrscherjahr 11) erklärt Salmanassar 848 v. Chr., er habe 97 Städte Sangaras erobert, was wiederum darauf hinweist, dass Karkemiš inzwischen ein fest etabliertes Königreich war, dem zahlreiche Städte unterstanden. Das ist das letzte Mal, dass Salmanassar Sangara erwähnt, weshalb dessen Regierungszeit heute normalerweise mit 875–848 v. Chr. angegeben wird.[56]

Doch wir hören hier noch nicht zum letzten Mal von Sangara, denn sechzig Jahre später wird er zu Hause in Karkemiš noch einmal in einem anderen Kontext erwähnt. Diese letzte Inschrift aus dem Jahr 790 ließ ein Nachkomme Sangaras namens Kamani einmeißeln, als er König von Karkemiš wurde. Sie wurde auf eine über zwei Meter hohe Basaltstele geschrieben und war der Göttin Kubaba gewidmet, die im oberen Bereich dargestellt ist und »Königin von Karkemiš« genannt wird. Im Zuge der Inschrift nannte Kamani seinen Rang und seine Herkunft, indem er die Könige vor ihm aufzählte, darunter seinen Ururgroßvater Sangara.[57]

Heute ist die Stele in sechs Stücke zerbrochen, deren erstes 1876 gefunden wurde; weitere entdeckten die britischen Ausgräber in den Jahren nach 1911. In jüngerer Zeit wurde eines der Fragmente 2015 aufgespürt und sichergestellt, das vor Jahrzehnten gestohlen und rund 250 Kilometer weit verschleppt worden war. Insgesamt befinden die sechs Fragmente sich heute in drei verschiedenen Museen in drei verschiedenen Ländern: im British Museum, in den Vatikanischen Museen und im Museum von Gaziantep in der Türkei. Sie alle stammen eindeutig vom selben Monument, und die Detektivarbeit, die nötig war, um ihre Spuren zu verfolgen, ist eine Geschichte für sich, die andere bereits spannend erzählt haben.[58]

Zusätzlich können wir mithilfe einer weiteren fragmentarischen Inschrift die Fehlstellen auf dieser Stele füllen und die Genealogie dieser Dynastie aus Landesherren rekonstruieren, die Karkemiš über ein Jahrhundert lang von 875 bis 760 beherrschte. »[Ich (bin) Kamani, der Herrscher,] der Landesherr der Städte Karkemiš und Melid, Sohn des Astiru(wa), des Landesherrn, [Enkel des Kuwalana-muwa, des Landesherrn,] Urenkel des Isarwila-muwa, des Landesherrn, [Ururenkel des] Sangara [...]«[59]

Dadurch wissen wir heute, dass Sangara die Linie der Landesherren von Karkemiš fortsetzte. Außerdem können wir aus anderen Inschriften die Namen weiterer Landesherren von Karkemiš ergänzen, die als Teil dieser Erbfolge im späten 9. und bis ins 8. Jahrhundert v. Chr. herrschte. Alles in allem kennen wir heute rund ein Dutzend solcher Herrscher von der Zeit Suḫis I. gegen 1000 v. Chr. bis zum letzten namens Pisiri, der 738 v. Chr. Tribut an Tiglatpileser III. zahlte, dann aber 717 v. Chr. durch Sargon II. vom Thron gestoßen wurde, als Karkemiš annektiert und ins assyrische Reich eingegliedert wurde. Damit endeten schließlich vier Jahrhunderte Transformation und Wandel.[60]

Anscheinend besaß Karkemiš vom frühen 12. bis ins späte 8. Jahrhundert v. Chr. weiterhin eine komplexe Herrscherhierarchie, beherrschte mit einer ununterbrochenen Kette von Königen ein umliegendes Gebiet, kannte die Schrift und errichtete Monumentalbauten. Ähnliche Feststellungen lassen sich in wechselndem Ausmaß für viele andere der neuhethitischen und syroanatolischen Stadtstaaten in dieser Region treffen, und ich glaube, wir können Gilibert darin zustimmen, dass »die frühe Eisenzeit in Syroanatolien keine Phase der Deurbanisierung und Stagnation, sondern eher eine des Übergangs war, die Kontinuität und Wandel in den soziopolitischen Strukturen kennzeichneten«.[61]

Resümee

Die Hethiter scheiterten eindeutig daran, den Übergang in die Eisenzeit zu bewältigen, und mussten ihr Gebiet an andere Königreiche abtreten, unter anderem an Urartu und an die Phryger. Hier muss man allerdings eine Fußnote anfügen, denn Anerkennung verdienen die Überlebenden, die in Südostanatolien und der nördlichen Levante – beispielsweise in dem Territorium, das die Städte Karkemiš und Tell Tayinat beherrschten – erfolgreich den Wandel bewältigten, und das, obwohl sie im Lauf der folgenden Jahrhunderte immer wieder Angriffen der Assyrer ausgesetzt waren. Eine ziemlich ähnliche Lage findet sich in der Ägäis, wo die Mykener ebenfalls an einer erfolgreichen Anpassung scheiterten und die Einwohner des griechischen Festlands nach dem Kollaps ihre Gesellschaft praktisch aus dem Nichts wieder aufbauen mussten.

KAPITEL 5

Im Schatten der Palastruinen

Ägäis

Als der Amateurarchäologe Heinrich Schliemann in den 1870er Jahren in Mykene auf dem griechischen Festland grub und nach den Gräbern Agamemnons und anderer Helden des Trojanischen Krieges suchte, stieß er in einem Gebäude auf der Akropolis auf Fragmente einer großen zerschlagenen Vase. Anfangs glaubte man, sie stamme aus dem 7. Jahrhundert v. Chr., aber am Ende erkannte man, dass sie ins 12. Jahrhundert gehört, also in die Zeit unmittelbar nach der Zerstörung des Palasts.[1]

Auf dem Bauch der Vase sind zwei verschiedene Kriegergruppen zu erkennen, die in voller Rüstung offenbar in die Schlacht ziehen oder aus ihr kommen; sie tragen Helme auf dem Kopf, Schutzpanzerung am Körper und dazu Beinschienen, Schilde und Speere. Es ist gut möglich, dass es sich um eine dramatische Darstellung der ganzen Epoche handelt, denn Konflikte und Zerstörung prägten diese Jahre. Aus derselben Zeit gibt es noch andere Vasenfragmente von anderen Fundorten auf dem Festland, die Krieger, Schiffe oder beides zeigen, was darauf hinweist, dass dies damals ein Dauerthema war.[2]

KAPITEL 5: IM SCHATTEN DER PALASTRUINEN

Abb. 10: Kriegervase aus Mykene (mauritius images/Funkyfood London – Paul Williams/Alamy/Alamy Stock Photos).

Doch eine unbekannte Zahl von Überlebenden oder Landbesetzern siedelte in Teilen von Mykene, als die Stadt schon zerstört war. Am Ende des Jahrhunderts hatten diese wenigen Bewohner sogar die Zitadelle aufgegeben. Anschließend blieb der Ort bis ins 8. Jahrhundert v. Chr. unbewohnt, als ganz oben, wo einst der Palast gestanden hatte, ein Tempel entweder für Hera oder für Athene gebaut wurde.

***

Heute steht fest, dass über ein Jahrhundert verging, bis die letzten Reste der mykenischen Palastgesellschaft der Bronzezeit verschwunden waren und auf dem griechischen Festland die folgende Kultur der Eisenzeit begann. Manche Orte waren offensichtlich im 12. und sogar in den ersten Jahrzehnten des 11. Jahrhunderts, in der von der Archäologie so genannten Nachpalastzeit, noch besiedelt.[3]

KAPITEL 5: IM SCHATTEN DER PALASTRUINEN

Dagegen haben wir keine Schriftquellen aus Griechenland, die aus den Jahrzehnten nach dem Fall der Paläste oder überhaupt aus dem späten 12. Jahrhundert stammen. Die späteren Beschreibungen der Zeit des Trojanischen Krieges und der unmittelbaren Folgezeit bei Homer, Hesiod, Herodot und Thukydides dürfen nicht für bare Münze genommen werden, weil es sich um Quellen handelt, die auf ein Zeitalter zurückblicken, das es zu ihrer Zeit nicht mehr gab.[4] Unsere einzige Hoffnung sind archäologische Befunde.

Zum Glück gibt es genau wie im Fall Zyperns eine Fülle solchen Materials vom griechischen Festland und aus Kreta, darunter Bestattungen, Keramik und veränderte Siedlungsmuster. Inzwischen behandeln buchstäblich Hunderte von Aufsätzen und zahlreiche Bücher entweder die Eisenzeit in der Ägäis selbst oder aber Themen, die dafür einschlägig sind, und das Erscheinungstempo steigt immer mehr, weil das Interesse der Forschung wächst und neue Grabungen und Surveys stattfinden.[5] All diese neueren Erkenntnisse sind Gegenstand von Interpretationen, Neuinterpretationen und manchmal jahrzehntelangen Forschungsdebatten und Kontroversen gewesen, die einige neue Erkenntnisse zu diesen Jahrhunderten erbracht haben.

Dadurch haben wir inzwischen gute Belege dafür, dass auch einige andere Bewohner des griechischen Festlands sich nach dem Zusammenbruch behaupten konnten, nicht nur in städtischen Zentren wie Mykene, sondern auch draußen auf dem Land. Beispielsweise enthalten die in Kapitel 3 erwähnten Gräber in Perati eine Unmenge importierter Grabbeigaben aus Zypern, Kanaan, Anatolien und Ägypten, darunter Gegenstände mit den Namenskartuschen von Pharaonen, was andeutet, dass die Handelswege nicht vollständig abgeschnitten waren.[6]

Nicht weit von Mykene scheinen die Mauern von Tiryns in der Argolis noch den Großteil des 12. Jahrhunderts über gestanden zu haben, und man unternahm aufwendige neue Bauprojekte, darunter die Errichtung des Gebäudes T auf den Trümmern des bronzezeitlichen Palasts in der Oberburg. Zusätzlich blieb die tiefer gelegene Stadt, die »Unterburg«, besiedelt und in Gebrauch. Das wohl Überraschendste ist, dass vor den Mauern eine neue Unterstadt erbaut wurde. Nur ein kleiner Teil davon ist bisher ausgegraben worden, aber sie scheint weitläufig gewesen zu sein und entstand vielleicht, weil damals neue Menschen in die Gegend zogen. Außerdem gibt es Belege, dass dort zu dieser Zeit weiter verschiedene Handwerker aktiv waren und Importwaren ankamen, vielleicht zusammen mit einigen Facharbeitern, die aus dem Alten Orient ausgewandert waren. Diese Einwanderer könnten einen kleinen Elfenbeinstab mitgebracht haben, der in Tiryns gefunden wurde und eine offenbar ugaritische Inschrift trägt. Außerdem fand man in den Schichten dort eine kleine Tonkugel mit kyprominoischen Zeichen. Trotz dieser Indizien für eine kulturelle Kontinuität spricht Tobias Mühlenbruch, der zahlreiche Publikationen über diese Epoche in Tiryns vorgelegt hat, von einer Zeit »radikalen Kulturwandels«. Selbst diese endete aber schließlich, als die Stadt etwa um 1100 v. Chr. endgültig aufgegeben wurde.[7]

Weiter im Süden des Festlands wurde auch der mykenische Palast von Pylos beinahe vollständig zerstört, wie schon in *1177 v. Chr.* dargestellt. Doch auch dort gibt es Hinweise, dass einige Aktivitäten und eine Nutzung in Teilbereichen andauerten. Neue Forschungen deuten an, dass einzelne Räume des Palasts noch standen, darunter vielleicht Speisekammern und der Thronsaal. Sie scheinen in hinreichend gutem Zustand gewesen zu sein, sodass Überlebende oder Landbesetzer sie irgendwann zwischen der Krisenzeit und dem frühen 10. Jahrhundert v. Chr. wieder in Gebrauch nahmen, aber enger lässt sich das Datum des Nutzungsbeginns nicht eingrenzen.[8]

Was Fragen des Handels und der Kontakte zu anderen Küsten angeht, hat Sarah Murray generell angemerkt, dass die Importe aus dem Ostmittelmeerraum auch nach dem Untergang der Paläste anhielten und dass wir besser von quantitativen und qualitativen

Veränderungen zwischen Bronze- und Eisenzeit sprechen sollten. Sie hat vermutet, dass die Intensität dieser Kontakte zwar abnahm, dass man dies aber höchstwahrscheinlich der Tatsache zuschreiben muss, dass in dieser Zeit schlicht weniger Menschen in Griechenland lebten. Auch Ian Morris hat darauf hingewiesen, dass »neue Siedlungen, die im 12. Jahrhundert im Schatten der zerstörten Paläste entstanden, abgeschwächte Kontakte mit dem Alten Orient aufrechterhielten«. Allerdings »ging der Handel nach einer zweiten Zerstörungswelle um 1100 rapide zurück«.[9]

***

Nach dem Zusammenbruch gab es auf dem griechischen Festland also in vielerlei Hinsicht keine Stunde null. Zweifellos besteht eine gewisse Kontinuität über das 12. Jahrhundert hinweg und bis ins 11., von deutlichen Anpassungs- und Transformationsbemühungen getragen, noch während die Paläste während des Zusammenbruchs oder in den folgenden Jahrzehnten einer nach dem anderen fielen. Beispielsweise scheinen sich trotz der anhaltenden Trockenheit die Methoden der Landwirtschaft gehalten zu haben. Auch am Stil der Keramik ändert sich so wenig, dass wir Modifikationen und Abwandlungen der mykenischen Standardtypen und -formen beobachten können – daher die suboptimale, aber treffende archäologische Bezeichnung »submykenisch« für diese Zeit. Belegt ist auch eine Kontinuität im Religiösen, da der Kult von Zeus, Hera, Poseidon und anderen Gottheiten, die sich in den Linear-B-Texten der Mykener finden, die Eisenzeit hindurch und bis in die klassische Antike fortdauerte.[10]

Allerdings frage ich mich, wie das Leben in Griechenland wohl für die Menschen der Nachpalastzeit gewesen sein mag. Offensichtlich hatte sich das Leben in den städtischen Zentren radikal verändert; in so gut wie allen, vielleicht mit Ausnahme von Tiryns, lebten zwischen den Ruinen anscheinend nur noch neu zugezogene

Landbesetzer. Selbst in Tiryns ist unklar, welcher Teil der Fundstätte tatsächlich bewohnt war. Was die Menschen in den Dörfern und Kleinstädten des Hinterlands betrifft, hat der Großteil der Forschung aus unserem mageren Quellenbestand geschlossen, dass viele von ihnen inzwischen in einer weniger komplexen soziopolitischen und Wirtschaftswelt lebten als zuvor, sehr wahrscheinlich deshalb, weil die Paläste verschwunden waren und das seit Jahrhunderten bestehende Verwaltungssystem zusammengebrochen war.

In einigen Fällen können wir die Schockwellen beobachten, die sich ausbreiteten, als die Palastgesellschaft von kleineren Gemeinschaften abgelöst wurde. Beispielsweise wird aus den Schriften Homers und Hesiods im 8. Jahrhundert deutlich, dass der Linear-B-Begriff *wanax* (wa-na-ka), der in der Bronzezeit noch für »König« gestanden hatte, in den ersten Jahrhunderten der Eisenzeit außer Gebrauch geriet. An seine Stelle trat jetzt *basileus* (Linear B: qa-si-re-u), was früher einen niedriger stehenden ›Häuptling‹ bezeichnet hatte. Und statt der bisherigen Palastverwalter gab es nun mehr lokale Amtsträger. Zusätzlich ging auch die Schriftkenntnis selbst zeitweilig verloren, als die Paläste fielen und die wenigen Schriftkundigen entweder starben oder wegzogen oder schlicht ihre Arbeit verloren, weil es in den Palästen keine Inventare und Rechnungsbücher mehr zu führen gab, was im Griechenland der mykenischen Zeit Hauptzweck der Schrift gewesen war.[11]

Und doch haben einige Forscher vermutet, dass vielleicht nicht jeder in Griechenland über den Zusammenbruch der Paläste, das Verschwinden der Palastverwalter und die Einstellung großer mykenischer Bau- und Infrastrukturprojekte wie des Löwentors und neuer Wehrmauern, des Wasserstollens und des riesigen, als »Schatzhaus des Atreus« bekannten Tholosgrabs, die allesamt gegen 1250 v. Chr. in Mykene erbaut wurden, bekümmert war. Solche Projekte und die Palastwirtschaft ließen die »normale« Bevölkerung gegen Ende der Bronzezeit womöglich verarmen. In Wahrheit könnte das Ende der Paläste solche Menschen von einer gewaltigen Last befreit haben, sodass manche ländlichen Regionen in den Jahrzehnten nach dem Kollaps vielleicht sogar einen kurzen Moment des Wohlstands erlebten.[12]

Alex Knodell schlägt sogar vor, die Palastzeit im Griechenland der Spätbronzezeit als gescheitertes Experiment zu sehen. Dank des Zusammenbruchs habe man wieder zu der Normalität zurückkehren können, die in Griechenland im frühen 2. Jahrtausend v. Chr. geherrscht hatte. »Statt die Paläste als Scheitelpunkt eines Entwicklungsbogens der Staatswerdung zu sehen, auf den ein Kollaps folgte«, meint er, »könnten wir sie auch als historische Anomalien und Gesellschaftsexperimente sehen, die letzten Endes erfolglos waren.«[13]

Allgemein einig ist man sich jedoch darüber, dass mit dem Ende der mykenischen Zeit in Griechenland das Ende eines Zeitalters kam. Sigrid Deger-Jalkotzy fasst es so zusammen: »Es besteht kein Zweifel, dass der Zusammenbruch der fortgeschrittenen Zivilisation der mykenischen Paläste ein grundlegender Wendepunkt in der griechischen Geschichte war. Die imposanten Palastbauten wurden nicht wiederaufgebaut und sehr wenig von den repräsentativen Künsten und Kunsthandwerksdisziplinen der Paläste scheint überdauert zu haben. Die komplexen politischen, sozialen und wirtschaftlichen Organisationsformen gerieten in Vergessenheit. Paläste, Könige und Königsfamilien wurden zum Stoff griechischer Mythen. Die Schriftkunst ging auf Jahrhunderte verloren. Kurzum, die griechische Kultur wurde auf das Niveau einer vorgeschichtlichen Gesellschaft zurückgeworfen.«[14]

Inzwischen auf Kreta

Im Gegensatz dazu scheint es auf Kreta unmittelbar nach der Krise besser gelaufen zu sein, auch wenn die besonderen Merkmale der minoischen Gesellschaft nicht mehr vorhanden waren. Neuere Forschungen deuten an, dass es beispielsweise immer noch Lebenszeichen in der Hauptstadt Knossos gab. Zusätzlich scheinen die Kontakte mit dem Alten Orient wieder aufgenommen worden zu sein, obwohl es buchstäblich Jahrhunderte her war, dass die Minoer im internationalen Handel herausragend genug gewesen waren, um von anderen Gesellschaften erwähnt zu werden, etwa in den Mari-Tafeln des 18. Jahrhunderts, oder um in ägyptischen Grabmalereien des 14. Jahrhunderts v. Chr. vorzukommen. Allerdings lag das Niveau dieser Beziehungen gegenüber vorher niedriger, genau wie es Murray für das griechische Festland im selben Zeitraum nachgewiesen hat.

Saro Wallace, Senior Research Fellow bei der Gerda Henkel Stiftung, hat angemerkt, dass die Einwohner von Kreta nicht etwa weniger von der Krise des Zusammenbruchs betroffen waren als alle anderen, sondern dass sie vielmehr den Übergang zur Eisenzeit besser bewältigt zu haben scheinen – durch überlegtes Handeln und umfassende kulturelle Umstellungen, die das Chaos minimierten. Ihre Reaktionsweise steche als »verblüffend frühe, kohärente und kreative« Reaktion auf »Umstände gesteigerter Unsicherheit und auf neue Chancen« heraus, die zu dem führten, was Wallace einen »positiven Kollaps« nennt.[15] Statt die Krise bloß zu überstehen, scheinen sich die Menschen auf Kreta angepasst und vielleicht sogar in gewissem Umfang eine Transformation vollzogen zu haben.

In diesem Sinn fielen auch die Ergebnisse der zu Fuß unternommenen Surveys des polnischen Archäologen Krzysztof Nowicki auf Kreta aus, bei denen er kühn viele der höchsten Berggipfel erkletterte, um nach archäologischen Spuren zu suchen. Sie zeigten, dass es direkt nach dem Kollaps hoch in den Bergen und fern der Küste zahlreiche kleine Siedlungen in schwer einnehmbarer Lage gab, vielleicht um Piratenüberfällen zu entgehen.[16]

Doch es gibt ebenfalls Indizien, dass das Leben in mehreren größeren kretischen Siedlungen, außer in Knossos etwa auch in

Phaistos und Chania, bruchlos weiterging, auch wenn die Paläste in Trümmern lagen. Anscheinend gab es eine hohe Kontinuität in Fragen des städtischen Lebens, der Wirtschaftsstabilität, der Kulte und Heiligtümer und der Bestattungspraktiken; alles zusammen bildete die Grundlage der erfolgreichen Überlebensstrategie der Kreter, wie Wallace und andere sie beschrieben haben.[17]

Alles in allem war zwar die Blütezeit der minoischen Zivilisation des mittleren 2. Jahrtausends v. Chr. für immer passé, doch Kreta selbst und seine überlebenden Bewohner überdauerten bis in die Eisenzeit und passten sich der neuen Normalität an. Man könnte natürlich sagen, dass dies seinen Preis hatte, denn sie verloren ihre kulturelle Identität als »Minoer«, als die »Keftiu«, als die die Ägypter sie gekannt hatten, oder die »Kaphthoriter«, wie die Kaufleute in Mari und Ugarit sie während der Späten Bronzezeit genannt hatten. Aber um es ganz klar zu sagen: Auf dem Weg zum Verlust dieser kollektiven Identität waren sie vielleicht schon gewesen, als die Mykener gegen 1350 v. Chr. die Vorherrschaft auf Kreta übernommen hatten. Metaxia Tsipopoulou, Spezialistin für die ägäische Bronze- und Eisenzeit und Leiterin der Grabungen in Petras auf Kreta, hat für die Bevölkerung auf Kreta während der Schlussphase der Spätbronzezeit, also ab dem späten 14. Jahrhundert, sogar den Begriff »Mycenoans« ins Spiel gebracht.[18]

Die Ankunft des Alphabets

Schon in Kapitel 3 haben wir uns damit beschäftigt, dass – zumindest laut den späteren griechischen Quellen – die Phönizier das Alphabet in die Ägäis gebracht haben. Wann es dazu kam, ist jedoch ungewiss. Das erste Objekt mit einer phönizischen Inschrift aus der Ägäisregion ist eine wahrscheinlich auf Zypern gefertigte Bronzeschale, die sich in Grab J des Gräberfelds Tekke in Knossos auf Kreta fand. Auf dem Rand der Schale sind vier Wörter eingeritzt, die schwer lesbar und noch schwerer zu übersetzen sind. Bisher ist eine Reihe von Vorschlägen gemacht worden, von denen der wahrscheinlichste »Schale des X, Sohn des Y« ist. Das Grab wird heute in die zweite Hälfte des 10. Jahrhunderts datiert, die Schale selbst aber war, als sie unter die Erde kam, wahrscheinlich bereits ein Erbstück, denn mit etwa 1000 wird sie zeitlich etwas früher angesetzt.[19]

Die Inschrift auf dieser Schale weist darauf hin, dass das Alphabet schon lange vor ca. 800 v. Chr. in die Ägäis gekommen sein könnte – dem üblichen Datum, das der Großteil der Forschung bisher vertreten hat. Zwar stammen die ältesten griechischen Inschriften meist aus der zweiten Hälfte des 8. Jahrhunderts, doch interessanterweise haben Studien inzwischen gezeigt, dass im Ägäisraum bis zu 33 verschiedene Varianten des Alphabets in Gebrauch gewesen sein könnten, ehe man sich auf einen Standardsatz aus Buchstaben einigte. Deshalb ziehen einige Forscher inzwischen mit aller Vorsicht die Möglichkeit in Betracht, dass die erste Ankunft des Alphabets schon ins 11. Jahrhundert fallen könnte und die Einwohner der Ägäis eine Zeit lang vielleicht auf vergängliche Materialien wie Leder, Holz oder Blei schrieben.[20]

Attraktiv an diesem Vorschlag ist, dass ein früheres Datum sich in die Zeitskala der Entwicklung und Nutzung des Alphabets im Alten Orient einfügen würde, statt dass die Ägäis drei Jahrhunderte hinter ihren östlichen Nachbarn hinterherhinkte. Eine der frühesten phönizischen Inschriften aus dem Ostmittelmeerraum ist die Azarba'al-Inschrift aus Byblos, die ins späte 11. oder frühe 10. Jahrhundert gehört. Die sechs Zeilen sind in einen Bronzespatel graviert, nur bricht der Text leider ab und ist unvollständig. Deshalb sind wir nicht ganz sicher, was darauf steht, aber es scheint um Geld und das Land von Vorfahren zu gehen. Ein anderer phönizischer Text, etwa aus derselben Zeit, ist auf ein Bronzegefäß geschrieben, das sich in einem Grab im israelischen Kfar Vradim fand. Hier ist der Eigentümer klar genannt: »Becher des Pesach, Sohn des Schema«.[21]

Willemijn de Waal kommentierte: »Da die Griechen Kontakt mit den Phöniziern (und anderen Völkern) hatten, die die Schrift verwendeten, wirkt es unwahrscheinlich, dass Griechenland als einzige Gegend in dieser Region drei Jahrhunderte lang schriftlos geblieben sein soll – besonders da diese Zeit, wie wir jetzt wissen, nicht durchweg trist und rückschrittlich war.« Sicher ist, dass damals in Griechenland wirklich Bedarf an einer neuen Schrift bestand, da Linear B mit dem Zusammenbruch des mykenischen Palastsystems außer Gebrauch geraten war. Falls die Phönizier das Alphabet schon im 11. Jahrhundert v. Chr. mitbrachten, hieße das, dass es auf dem griechischen Festland nur eine kurze, vielleicht ein Jahrhundert lange schriftlose Zeitspanne gegeben hätte statt einer Lücke von vollen vier Jahrhunderten.[22]

Wann auch immer das Alphabet kam, für die Griechen ist es ein Durchbruch gewesen, denn es erlaubte allen und jedem, lesen und schreiben zu lernen, nicht nur Palastschreibern, die für die Verwaltung Buch führten. Doch wie und wann vollzog sich der Transfer dieser neuen Schrift? Lief er zunächst etwa in Hafenstädten ab, wenn private Händler Waren importierten? Hat ein griechischer Kaufmann oder Seefahrer schreiben von einem phönizischen Händler gelernt? Wie breitete es sich danach aus und warum gab es zu Beginn so viele Versionen? Gab es Schreibschulen, die vielen jungen Schülern zugleich ein relativ einfaches System vermittelten? Wurde es anfangs vor allem verwendet, um den eigenen Namen auf Gegenstände zu schreiben, vielleicht als Besitzangabe wie auf der Tekke-Schale und wie – worauf Antonis Kotsonas hingewiesen hat – in jener Zeit, als die frühe griechische Schrift eindeutig in Gebrauch war, nämlich ab dem 8. Jahrhundert v. Chr.?[23]

Rudolf Wachter hat vermutet, dass es nur Wochen statt Monate oder gar Jahre gebraucht haben kann, bis sich das Alphabet nach seiner Übernahme bzw. Erfindung über einen Großteil des Ägäisgebiets verbreitete. Das wirkt vielleicht ein bisschen zu schnell, aber Wachter stellt sich vor, dass sich die erste Übernahme wahrscheinlich bei »einem eher beiläufigen Treffen einiger griechischer und phönizischer Händler in einem beliebigen Mittelmeerhafen« ereignete, nötig gewesen wäre nur »eine kleine Gruppe von nicht mehr als ein, zwei Griechen, am ehesten Händler fern von zu Hause, die sich mit einem Phönizier zusammensetzten, der ihnen erzählte, wie man Schrift für Briefe, Warenlisten, kurze Notizen und so weiter verwendet, und ihnen dann einmal das ganze Alphabet aufschrieb. Wir können uns vorstellen, dass es in einer gemeinsamen Niederlassung von Griechen und Phöniziern zu solch einem Treffen kam.«[24]

***

Das Hauptproblem, ein so frühes Datum für die Ankunft des Alphabets anzusetzen, liegt jedoch in der offensichtlich geringen Komplexität der griechischen Gesellschaft jener Zeit und den relativ spärlichen Überresten aus dem 11. Jahrhundert auf dem griechischen Festland. Dabei kann es sich allerdings um den Zufall archäologischer Überlieferung handeln, denn wie Ian Morris sagte, waren »Häuser im Dunklen Zeitalter wenig solide und […] hinterlassen wenig Spuren«. Andererseits weist er auch darauf hin, dass »kaum ein Zehntel so viele Fundorte aus dem 11. Jahrhundert bekannt sind wie aus dem 13.«.[25]

Während des 11. Jahrhunderts scheint es in Griechenland weiter abwärtsgegangen zu sein. Die Keramikstile wandeln sich geradezu dramatisch und in den ländlichen Regionen Griechenlands kam es zu einem weiteren Bevölkerungsschwund. Fast alle Überreste der mykenischen »materiellen Kultur« verschwanden endgültig und wir können mit großer Sicherheit sagen, dass spätestens in der Mitte dieses Jahrhunderts, gegen 1050 v. Chr., die mykenische Gesellschaft, wie sie einst gewesen war, geendet hatte.[26]

Und doch war nicht alles katastrophal, denn wie Ian Morris vermutet, begann in Griechenland ungefähr zu dieser Zeit eine »Revolution«, zu der die Umstellung von Bronze auf Eisen – die sich vor allem an Grabbeigaben ablesen lässt – und eine neue Vielfalt an Bestattungsweisen gehörten, darunter vielleicht auch solche, die für uns heute »unsichtbar« sind, weil es sich um die Unterschichten handelte, die kaum Spuren hinterließen. Zusätzlich sieht Morris in dieser Epoche, die die nächsten anderthalb Jahrhunderte bis zum Beginn des 9. Jahrhunderts andauerte, also von 1050 bis 900 v. Chr., eine Ära der Stabilität, weil sie das Chaos beendete, das der Zusammenbruch der mykenischen Paläste hinterlassen hatte.[27]

Nun begannen viele Siedlungen wieder zu wachsen, besonders im Lauf des 10. Jahrhunderts. So bestand beispielsweise Athen damals vielleicht aus einer Gruppe von Dörfern (ganz ähnlich wie später Sparta) – was allerdings noch umstritten ist – und allein in dieser einen Stadt lebten gegen Ende des 10. Jahrhunderts womöglich 3000 bis 5000 Menschen. In Publikationen von 1995 und aus den frühen 2000er Jahren schrieb Morris außerdem, seiner Ansicht nach habe es weitere Orte mit relativ großen Einwohnerzahlen gegeben, darunter Argos auf der Peloponnes mit 600–1200 und Knossos auf Kreta mit vielleicht 1250–2500 Einwohnern.[28]

Inzwischen sieht es jedoch so aus, als habe selbst Morris die Größe einiger Orte unterschätzt. So gibt es aus Kreta neue Belege, wonach Knossos damals größer gewesen sein könnte als früher gedacht. Das hatten manche bereits vermutet, denn Coldstream – einer der angesehensten britischen Forscher, die zur Ägäis und zu Zypern in der Eisenzeit gearbeitet haben – hat die Tatsache hervorgehoben, dass in Knossos zahlreiche Gräberfelder aus dieser Zeit stammen und sich von Nord nach Süd über fünf Kilometer hinziehen. Aus der Annahme, dass sich die Nekropolen am Rand der Stadt befanden, was das Wahrscheinlichste ist, folgerte Coldstream: »Wenn man die Größe einer Gemeinschaft an ihren Gräberfeldern messen wollte, so wäre das frühgriechische Knossos mit Abstand die größte Stadt seiner Zeit in der ägäischen Welt.«[29]

Seit Anfang der 2000er Jahre wurden im Rahmen des Knossos Urban Landscape Project (KULP) Surveys durchgeführt, die darauf hinweisen, dass dies für das 11. Jahrhundert v. Chr. tatsächlich stimmen könnte. Wenn die Resultate der Begehungen zutreffen, dann sieht es so aus, als sei Knossos mit einer Fläche von 50–60 Hektar drei- bis viermal so groß gewesen wie bisher gedacht – genug für eine Bevölkerung von mindestens 3000 oder 4000 Menschen. Zwar ist das eine kleinere Fläche als die von Knossos in der Bronzezeit, aber für eine eisenzeitliche griechische Stadt ist sie extrem groß und sogar weit größer, als Morris vor zwanzig Jahren vermutet hatte.

Als Ergebnis der neuen Surveys sieht es nach einer neueren Publikation von Kotsonas so aus, dass »Knossos sich rasch von den Verwerfungen des ausgehenden 2. Jahrtausends erholte, rapide an Größe zulegte und als weltoffene Drehscheibe in der Ägäis und im Mittelmeerraum auf eine Art blühte, die unser Bild von der griechischen Frühen Eisenzeit revolutioniert«.[30] Als minoische Stadt lässt es sich dennoch nicht länger bezeichnen, denn die minoische Gesellschaft war inzwischen samt jener der Mykener verschwunden, und Kreta begann mit dem Übergang in eine neue Phase seiner Geschichte. Dennoch vergaßen die Inselbewohner ihre bronzezeitlichen Vorläufer nicht.

Noch einmal »Kriegerbestattungen«

Schon in den 1990er Jahren hat Hector Catling, früherer Direktor der British School at Athens, der für seine Arbeiten zu antiken Bronzegefäßen bekannt ist, vorgeschlagen, die sogenannten Kriegerbestattungen, die man in Schichten aus dem 11. und 10. Jahrhundert v. Chr. auf Zypern und in verschiedenen Teilen der Ägäis gefunden hat, »mit der Rückkehr ›homerischer‹ Helden aus

Troja« zu verknüpfen, um damit die zyprischen Objekte erklären zu können, die man in solchen Zusammenhängen auf Kreta gefunden hat. Beispielsweise ist ein Mann, der in Grab 186 der Nordnekropole von Knossos beigesetzt wurde, als »Waffenträger, ausgestattet mit Bronzespeer und Eisendolch, eisernem Messer und zwei Steinen zum Schärfen der Klingen«, angesprochen worden. Catling hielt vor allem den Dolch und das Messer aus Eisen sowie die beiden Wetzsteine für zyprisch und verwies auf Parallelen aus den Gräbern in Palaipaphos-Skales.[31]

In einer anderen Bestattung desselben Gräberfelds in Knossos, Grab 201, fanden sich die Überreste zweier brandbestatteter Erwachsener (eines männlichen und eines weiblichen Individuums) sowie eventuell eines Kindes. Zu den Grabbeigaben zählten unter anderem die Reste eines Dreifußgestells aus Bronze, dessen Herkunft man als zyprisch erkannte, und eine Reihe von Waffen. Catling identifizierte den bestatteten Mann als Krieger, der »mit Schwert, Speer und wuchtigen Pfeilspitzen voll ausgerüstet war«. Neben dem Schwert und dem Speer gab es Hinweise, dass er auch mit einem Schild und einem Eberzahnhelm beigesetzt worden war; die Spitzen stammten von heute vergangenen Pfeilen, die wohl in einem Köcher aufbewahrt worden waren, von dem sich ebenfalls einige Fragmente fanden.[32]

Besonders fasziniert war Catling von dem Eberzahnhelm, der damals nur ein Erbstück gewesen sein konnte, denn derartige Helme waren schon lange außer Gebrauch und aus der Mode gekommen. Er folgerte: »Unser Krieger war, wie seine Besitztümer zeigen, eine farbenfrohe Erscheinung – zumindest nach den Maßstäben des griechischen Dunklen Zeitalters. Ich glaube, er ist eine Gestalt, für die sich Analogien bei Homer finden lassen und für die es Parallelen aus anderen archäologischen Entdeckungen gibt.«[33]

Dann stellte Catling eine ziemlich gewagte These auf, nämlich dass die Belege aus dieser Nekropole in Knossos nahelegten, dass manche Personen aus den Bestattungen des 11. Jahrhunderts v. Chr.

»vielleicht Überlebende und Nachkommen vom alten minoischen Schlag waren, doch ist es wahrscheinlich, dass sich unter ihnen neue Elemente befanden, Menschen von außerhalb Kretas oder nach einer langen Abwesenheit – vielleicht im östlichen Mittelmeerraum – nach Kreta Zurückgekehrte. Neuankömmlinge könnten sich der einheimischen Bevölkerung als Führer aufgezwungen haben; es könnte ihre Entscheidung gewesen sein, neue Gräberfelder anzulegen, unter ihnen die Nordnekropole. Ich könnte mir vorstellen, dass die Krieger, deren Asche in [den Gräbern] 186 und 201 beigesetzt wurde, solche Neuankömmlinge gewesen sein könnten, die sich von der autochthonen Bevölkerung durch ihre Bestattungsbräuche unterschieden, besonders durch den Ritus der Leichenverbrennung.«[34]

Zusätzlich führte Catling mit Blick auf die verschiedenen Beigaben in diesen Gräbern Homers *Odyssee* an, die die Rückreise der verschiedenen Heroen nach dem Ende des Trojanischen Krieges nach Griechenland beschreibt (solche Erzählungen sind allgemein als *Nostoi*, d. h. »Heimkehr(geschicht)en«, bekannt) sowie die Gegenstände, die sie mitbrachten. Als Menelaos, der Gemahl Helenas, in einem Fall über seine Irrfahrten durch das östliche Mittelmeer spricht, sagt er: »Meine Reisen führten mich nach Zypern, nach Phönizien und zu den Ägyptern. Äthiopen, Sidonier, Erember, sie alle habe ich besucht, und ich habe Libyen gesehen« (*Odyssee* 4,83–85). Später beschreibt Menelaos ein Gefäß zum Weinmischen, das er Telemach schenken will und das ebenfalls eine denkwürdige Vergangenheit besitzt: »Geben werde ich dir einen geschmiedeten Krater; er ist aus massivem Silber, aber rund um den Rand mit Gold überzogen – eine Arbeit des Hephaistos. Gegeben hat ihn mir der berühmte Held, der König von Sidon, da sein Haus mich auf der Heimfahrt unter sein Dach nahm« (*Odyssee* 4,615–619).[35]

Deswegen verbindet Catling diese »Kriegerbestattungen« auf Zypern, Kreta und dem griechischen Festland mit Odysseus, Menelaos und anderen homerischen »Heroen«, die auf dem Heimweg vom Trojanischen Krieg den östlichen Mittelmeerraum durchstreiften. Er vermutet, »dass einige Kreter in der ersten Hälfte des 11. Jahrhunderts v. Chr. längere Zeit auf Zypern verbrachten« und dass »die Granden/Heroen aus Grab 186 und 201 der Nordnekropole einen Teil ihres Lebens auf Zypern verbracht haben könnten, wo sie auf Zypern geborene und aufgewachsene Kinder ethnischer Kreter gewesen sein könnten oder aber ihr Leben auf Kreta begannen und dorthin nach langer Anwesenheit zurückkehrten, die sie zumindest teilweise auf Zypern verbrachten«.[36]

Nicht alle Forscher schließen sich Catlings Thesen an, aber diese Gräber könnten tatsächlich Zeugnisse für das Auftreten neuer lokaler Eliten auf Zypern und in Griechenland sein. James Muhly sieht in ihnen beispielsweise »skrupellose Warlords, Kriegerfürsten, die entschlossen waren, aus den Trümmern des Alten etwas Neues zu schaffen. Krieger mit dem Antrieb, der Energie und dem Ziel, sich alles zu nehmen, was sie konnten, und sich eine Machtbasis irgendeiner Art aufzubauen.« Andere haben vermutet, zumindest aus Zypern gebe es möglicherweise »schwache Hinweise auf die Anwesenheit und Aktivität bewaffneter Männer, die in einen Machtkampf um den neuen territorialen Zuschnitt der Insel verwickelt gewesen sein mögen«.[37]

In jüngerer Zeit hat Kotsonas sich Catlings »Krieger« aus Grab 201 in Knossos noch einmal vorgenommen und ihn explizit mit der Figur des Meriones in Verbindung gebracht, eines jüngeren, nicht so bekannten achäischen Helden der *Ilias*, der für seine Künste als Bogenschütze bekannt war und unter Führung des Idomeneus, des Königs von Knossos, nach Troja kam. Kotsonas verweist darauf, dass das gesamte Spektrum der Waffen und der sonstigen Beigaben unter allen Gräbern, die in der eisenzeitlichen Ägäis erforscht worden sind, nur in diesem einen vorkommt und dass das Waffeninventar insgesamt mit der Ausrüstung vergleichbar ist, die Meriones in Buch 10 der *Ilias* an Odysseus übergibt, darunter ein Bogen, ein Köcher, ein Eberzahnhelm und ein Schwert (*Ilias* 10,260–265): »Diese Waffen sind im Epos sehr ungewöhnlich, ebenso im archäologischen Befund.« Außerdem weist er darauf hin, dass Meriones den einzigen Eberzahnhelm besitzt, den Homer in der *Ilias* erwähnt, und »mit dem Gebrauch des Bogens eine Ausnahme unter den Griechen ist«; Meriones gewinnt auch den Bogenschusswettbewerb bei den Leichenspielen für Patroklos (*Ilias* 23,859–895).[38]

Natürlich ist es nicht Meriones selbst, der in diesem Grab in Knossos liegt, denn Meriones stellt sich die Forschung als einen sehr frühen griechischen Heros vor, dessen schon bestehende Geschichten – wie die von Aias und ein paar anderen mykenischen Kriegern aus dem Trojanischen Krieg – im Zug der allmählichen Entstehung der *Ilias* in das Epos eingebaut wurden. Doch Kotsonas bringt die spannende Möglichkeit ins Spiel, dass wir hier die Bestattung eines prominenten Bewohners des eisenzeitlichen Knossos vor uns haben, dessen Familie »sein Begräbnis als eine Aufführung inszenierte, die die Verbindung des Toten zu Meriones deutlich machte«, dem Heros aus Kreta.[39]

Wie gut sich Kotsonas' Vermutungen mit Catlings älteren Gedankenspielen vertragen, wonach homerische »Heroen« den Ostmittelmeerraum durchwanderten oder eisenzeitliche Kreter Zeit auf Zypern verbrachten, muss sich erst noch zeigen, aber ein Denkanstoß sind sie in jedem Fall, besonders da dieses Grab zusätzlich einen Dreifußständer aus Bronze enthält, der eindeutig aus Zypern stammt. Die Ideen passen außerdem gut zu Renfrews Definition eines Systemkollapses, der zufolge die Überlebenden mit Neid auf das vergangene Zeitalter zurückblicken und sich romantische Geschichten dazu ausdenken – wie es vielleicht der in diesem eisenzeitlichen Grab bestattete Mann oder auch seine Familie taten, indem sie auf die bronzezeitliche Gestalt des Meriones Bezug nahmen.

Der Heros von Lefkandi

Unter allen sogenannten Kriegerbestattungen ist eine der wohl wichtigsten die des »Heros von Lefkandi«, obwohl sie etwas später ist und aus der Zeit um 950 v. Chr. stammt. Die Geschichte seiner Entdeckung beginnt 1981, als der Eigentümer eines Grundstücks in Lefkandi auf Euböa einen großen Erdhügel auf seinem Land illegal einzuebnen begann, um dort ein Sommerhaus zu bauen. Zum Glück hielten ihn die Behörden auf und genehmigten dann eine archäologische Rettungsgrabung. Bald wurde ein Lehmziegelgebäude mit einer Apsis freigelegt. Es ist 45–50 Meter lang und das älteste bekannte Gebäude dieser Zeit. Nachdem es nicht mehr benutzt wurde, überdeckte man es bewusst mit einem riesigen Erdhügel – eben dem, den der damalige Landbesitzer mit seinem Bulldozer wegzuräumen versuchte.[40]

Unter dem Boden des Apsidenbaus legten die Archäologen eine ungewöhnliche Doppelbestattung frei, die Überreste eines Mannes, der verbrannt worden war, und einer jüngeren Frau, die man beerdigt und nicht verbrannt hatte. Ein zweites Grab in der Nähe enthielt die Überreste von vier Pferden, zwei davon mit eisernen Gebissen im Maul. Wahrscheinlich waren sie zum Zeitpunkt der Beisetzung geopfert worden.[41]

Die Asche des verbrannten Mannes war in Stoff gewickelt und in eine Bronzeamphora zyprischer Herstellung gelegt worden, die rund um den Rand und am Henkel mit Stieren, Löwen und Bogenschützen verziert war. Seine Begleiterin lag neben ihm mit Beigaben, zu denen ein Eisenmesser mit Elfenbeingriff nahe ihrem Kopf gehörte, das vielleicht aus der Levante importiert war. Manche haben wegen der Lage des Messers und wegen Anzeichen, dass die Hände der Frau vielleicht gefesselt waren, vermutet, dass sie beim Tod des Mannes geopfert wurde, aber das lässt sich derzeit weder beweisen noch widerlegen. Sie trug eine Halskette mit einem eindrucksvollen Goldanhänger, einem Import aus dem Alten

Orient – eindeutig ein Erbstück, denn er stammt aus der Bronzezeit. Außerdem fanden sich Gewandnadeln aus Gold und Eisen sowie Verzierungen aus Blattgold, die einst vielleicht am Kleid oder am Untergewand der Frau angebracht waren.[42]

Die Meinungen sind geteilt, ob der riesige apsidiale Bau schon in Gebrauch war, als die Gräber unter seinem Boden angelegt wurden, ähnlich wie Kinder häufig unter dem Estrich eines Hauses beigesetzt wurden, oder ob das Haus erst nach Anlage der Gräber errichtet wurde, um deren Position zu markieren. Anschließend jedenfalls begruben die Einwohner der Gegend den Apsidialbau unter einem Erdhügel, und als riesiger Tumulus – das ist archäologischer Jargon für einen Erdhügel über einem Grab – blieb er Jahrtausende stehen. Viele Forscher bezeichnen das Ensemble als Heroon, ein »Heroengrab«, wie es normalerweise mit kultischen Ehren für den Verstorbenen verbunden ist. Solche Heroa kennt man besonders aus dem eisenzeitlichen Griechenland, was gut zu diesem Fall passt.[43]

Persönlich vermute ich, dass der Bau höchstwahrscheinlich schon vor dem Tod des Mannes und der Frau bestand, die darunter liegen, obwohl ich denke, dass nicht geklärt ist, ob er als Privathaus oder eher als Verwaltungsgebäude diente. So oder so, sagt Irene Lemos, die seit 2003 Grabungen in Lefkandi geleitet hat, »besteht kein Zweifel, dass der in der Toumba [neugriech. für Tumulus = Grabhügel] bestattete Mann das Oberhaupt von Lefkandi im frühen 10. Jahrhundert war. Die männliche Bestattung im Toumba-Gebäude bekam das erstaunlichste Begräbnis, das bisher im früheisenzeitlichen Griechenland zutage gekommen ist.«[44]

War der Mann wirklich das Oberhaupt von Lefkandi in dieser Zeit, wie Lemos meint? Warum wurde er verbrannt statt einfach beerdigt? Und wie genau wurde er verbrannt – müssen wir uns das so vorstellen wie die Szene mit Patroklos' Scheiterhaufen in Buch 23 der *Ilias*? Außerdem: Wer war die mit ihm bestattete Frau? War sie seine Gattin, eine Gefährtin oder einfach ein zufällig ausgesuchtes Menschenopfer? Das alles ist vorgeschlagen worden. Wieso wurde nicht auch sie verbrannt? Hat das Messer neben ihrem Hals mit ihrem Tod zu tun? Noch gibt es keine Antworten, aber die Tatsache einer so ausgeklügelten, detailreichen Bestattung mit importierten Gegenständen innerhalb eines so großen Bauwerks ist ein Anzeichen für die Erholung der griechischen Gesellschaft, die zunehmende soziale Ungleichheit und – wieder einmal – enge Kontakte zum östlichen Mittelmeerraum.

Aus dem 10. Jahrhundert stammen auch andere Gräber in der sogenannten Toumba-Nekropole nahe dem Heroon von Lefkandi. Einige Forscher nehmen an, dass das Gräberfeld sich rings um den Tumulus des Heros entwickelte. Auch diese Gräber enthielten Importgegenstände, etwa eine phönizische Kanne und einen Bronzeständer auf Rädern aus Zypern. Unklar ist, wie diese Importe Lefkandi erreichten und wer sie dorthin brachte. Sie könnten durch Phönizier oder Zyprer befördert worden sein, vielleicht sogar durch einheimische Euböer, die aus dem östlichen Mittelmeerraum zurückkehrten.[45]

Insgesamt machen die Funde vom griechischen Festland deutlich, dass um 925 v. Chr. der Kontakt zum Alten Orient wiederhergestellt war, vielleicht auch viel früher, falls er je abgerissen war. Ian Morris bemerkt, dass »Bronze, Gold, Elfenbein und andere Importe aus dem Alten Orient in die Gräber Zentralgriechenlands zurückkehren und mehr griechische Keramik in Übersee zu finden ist«. Insbesondere »reisten um 925 wieder Phönizier ins zentrale und westliche Mittelmeer und machten unterwegs manchmal in der Ägäis Station«.[46]

Besonders interessant ist eine jüngere Studie, die Belege für Kupfer aus der Gegend des Wadi Faynan im heutigen Jordanien vorlegt, das Südwestgriechenland etwa um 950 v. Chr. erreichte. Diese Kupferbergwerke habe ich schon in Kapitel 1 erwähnt, aber dies ist das erste Anzeichen, dass überhaupt Kupfer aus diesem Gebiet nach Griechenland gelangte. Interessanterweise wurden daraus in Olympia – wo gut zwei Jahrhunderte später die Olympischen Spiele beginnen sollten – Bronzekessel hergestellt.[47] Es überrascht, dass Kupfer aus Faynan und nicht aus Zypern verwendet wurde, aber vielleicht ist das nur ein weiteres Anzeichen, dass sich die Zyprer inzwischen hauptsächlich auf Eisenverarbeitung umgestellt hatten.

Die reiche Athener Dame und andere Bestattungen

Erinnern sollten wir uns an Anthony Snodgrass, der 1971 vermutete, die zweite Hälfte des 10. Jahrhunderts in Griechenland sei in mancher Hinsicht eine »falsche Morgenröte« gewesen: Der »langsame Fortschritt der griechischen Kultur im 9. und frühen 8. Jahrhundert wirkt nach diesem Auftakt enttäuschend«.[48] Ich glaube, wir dürfen heute etwas optimistischer urteilen, und möchte lieber annehmen, dass Griechenland damals auf dem Weg der Besserung war, auch wenn es noch ein langer, harter Weg sein sollte.

In diesem Zusammenhang können wir besonders auf eine Entdeckung in Athen verweisen, in einem Gebiet am Nordhang des Areopaghügels nahe der Akropolis und der Agora. Hier legten amerikanische Archäologinnen im Juni 1967 das Grab einer Frau frei, die schon bald als »Rich Athenian Lady« bezeichnet wurde. Die Bestattung aus der Mitte des 9. Jahrhunderts v. Chr. zeichnete ein Bild größeren Wohlstands in dieser Zeit, als vorher vermutet worden war. Als Evelyn Smithson im Jahr darauf die Erstpublikation des Grabes vorlegte, beschrieb sie es als »das reichste in nachmykenischer Zeit im Bereich der Agora und das vielleicht reichste seiner Zeit in Athen«.[49]

Die Dame in diesem Grab war verbrannt worden, dann hatte man den Leichenbrand aufgesammelt und in eine sehr große Urne mit geometrischen Verzierungen gelegt. Zum Zeitpunkt der Beisetzung hatte man die Öffnung der Urne fest verschlossen, indem man einen vollständigen Becher hineinsteckte, der keine Erde in das Gefäß dringen ließ. Zu den Grabbeigaben zählten goldene Schmuckstücke, darunter Goldringe und ein Paar Ohrringe, Perlen aus Fayence und Glas, die wohl von einer Halskette stammten, zwei elfenbeinerne Stempelsiegel, ein Paar Bronzefibeln und drei oder vier Nadeln (eine aus Eisen, die Übrigen aus Bronze). Außerdem fand man zahlreiche Keramikgefäße und Schalen, dazu ein inzwischen berühmt gewordenes Tonmodell mit fünf Getreidespeichern.[50]

Smithson vermutete, dass die hier beigesetzte Frau entweder die Tochter oder die Frau eines hochrangigen Mitglieds der Aristokratie gewesen war. Außerdem hatte sie den Verdacht, dass die reiche Athener Dame nicht allein im Grab gelegen hatte, konnte dies aber nicht beweisen, obwohl der Leichenbrand von J. Lawrence Angel untersucht wurde, einem der bekanntesten und angesehensten biologischen Anthropologen, die damals in Griechenland arbeiteten, der mit der Untersuchung zahlreicher menschlicher Überreste aus den spätbronzezeitlichen und früheisenzeitlichen Gräbern dieser Region betraut worden war.[51]

Erst 2004, fast vierzig Jahre nach der Erstpublikation, konnten Maria Liston und John Papadopoulos Smithsons Verdacht bestätigen. Tatsächlich war die Dame schwanger gewesen, als sie starb, und heute sind die Knochen des Fötus, die mit den ihren vermengt waren, eindeutig identifiziert. Da die Frau 30 bis 35 Jahre alt und sonst bei guter Gesundheit gewesen zu sein scheint, halten es Liston und Papadopoulos für sehr wahrscheinlich, dass sie im Kindbett starb.[52]

***

Neben dem Grab der »Rich Athenian Lady« sind in Athen weitere Gräber des 9. Jahrhunderts freigelegt worden, sowohl nahe der als auch in der Nekropole am Kerameikos, darunter zahlreiche Bestattungen, die in letzter Zeit publiziert und/oder neu untersucht worden sind. Beispielsweise liegt in derselben Gegend wie die reiche Athenerin auch das als »Kriegergrab« bekannte Grab 13. Diese erstmals 1952 von Carl Blegen publizierte Brandbestattung stammt aus der Phase Frühgeometrisch I, ca. 900–875 v. Chr. Wegen der zahlreichen hier gefundenen Waffen und Werkzeuge, alle aus Eisen, dachte Blegen, es sei das Grab »eines Krieger-Handwerkers«, der zum Zeitpunkt seines Todes etwa 34 Jahre alt gewesen zu sein scheint. Neuere Arbeiten haben ihn einfach »Krieger« genannt, und sein Sterbedatum wird heute näher an 40 gerückt.[53]

Die verbrannten Gebeine dieses Kriegers hatte man in eine große, rund einen halben Meter hohe Amphore gelegt. Die Mündung des Gefäßes deckte ein großer Feldstein ab, allerdings war im Lauf der Jahrhunderte Erdreich eingedrungen. Es überrascht nicht, dass sich eine Reihe von Tongefäßen im Grab befand, doch ungewöhnlich waren die Waffen und Werkzeuge, die anscheinend vom Scheiterhaufen aufgelesen, in Stoff gehüllt und ins Grab gelegt worden waren. »Deutliche Spuren von Kette und Schuss des Gewebes waren auf einigen Eisenstücken sichtbar.«[54]

Neben zwei Speerspitzen, zwei Messern, einem Meißel und einem Beil, alle aus Eisen, gab es auch ein langes Eisenschwert, das vor der Bestattung rituell »getötet« worden war, indem man es zu einer fast geschlossenen Schlaufe verbog und dann über die Amphore fallen ließ, sodass es wie ein Band um Hals und Henkel auf den Schultern des Gefäßes auflag.[55] Der Tote muss eindeutig jemand Wichtiges gewesen sein, denn es ist ungewöhnlich, dass man ihn mit all diesen wertvollen Eisenobjekten ins Jenseits schickte, statt sie weiterzuverwenden.

***

Für Bestattungen an anderen Orten hat Coldstream darauf verwiesen, dass in dieser Zeit fast überall ein Wechsel hin zur Brandbestattung einsetzt, vielleicht um in dicht besetzten Familiengräbern Platz zu sparen. Außerdem deute die Zahl neuer Begräbnisse in der Nordnekropole von Knossos auf Kreta »ein rasches Bevölkerungswachstum« in dieser Epoche an. Zusätzliche Belege liefern neue Siedlungen, die damals gegründet wurden; einige davon wurden zu Keimzellen der verschiedenen Stadtstaaten, die im archaischen Kreta blühten.[56]

Ein interessantes Grab gibt es auch in der Tekke-Nekropole von Knossos, demselben Gräberfeld, zu dem das Grab mit der zyprischen Schale mit phönizischer Inschrift gehört. Diese Bestattung scheint sich in einem ursprünglich minoischen Tholosgrab befunden zu haben, das anschließend über Generationen vom späten 9. bis ins frühe 7. Jahrhundert benutzt wurde. Unter den zahlreichen Grabbeigaben befanden sich einige Schmuckstücke, etwa eine wunderschöne goldene Halskette mit Einlegearbeiten aus Bergkristall und Bernstein, und Rohstoffe, die gleich hinter dem Eingang in zwei unter dem Boden des Grabes verborgenen Krügen vergraben wurden.

Die Objekte wurden zunächst als das Eigentum eines Juweliers oder Goldschmieds interpretiert, der aus Nordsyrien nach Kreta ausgewandert sei und sich mit seiner Familie in Knossos niedergelassen habe. Dieser fantasievolle Vorschlag, den Sir John Boardman vor langer Zeit machte, ist seitdem immer wieder in die Debatte eingebracht worden, ob es in diesem Jahrhundert Einwanderer aus dem Alten Orient gab, besonders Handwerker, die sich auf Kreta niederließen. Neue Untersuchungen der Objekte und ihres Fundkontexts im Grab haben jedoch Zweifel am hypothetischen Besitzer dieses besonderen Ensembles aufkommen lassen; inzwischen wird vermutet, bei der Familie habe es sich eher um Angehörige der örtlichen Elite als um Eingewanderte gehandelt. Selbst ohne die Belege aus diesem Grab wird weiterhin angenommen, dass zu dieser Zeit wahrscheinlich nahöstliche Handwerker auf Kreta lebten.[57]

KAPITEL 5: IM SCHATTEN DER PALASTRUINEN

Späte Resilienz und Anpassung

Ian Morris geht davon aus, dass die Verbindungen zwischen Griechenland und dem Alten Orient zwischen 825 und 800 v. Chr. erneut schwächer wurden, weshalb »die Gräber im frühen 8. Jahrhundert allgemein ärmlicher und schlichter sind als zu irgendeiner Zeit im 10. Jahrhundert«. Tatsächlich hat er vermutet, dass das gesamte System auf dem griechischen Festland »um 900 in Schwierigkeiten geriet und um 750 mit dem Aufstieg der Polis zusammenbrach«. Da es damals immer noch Kontakte mit dem östlichen Mittelmeerraum gab, meint Morris, dass »um 800 v. Chr. die Griechen untereinander eine neue Beziehung zum Alten Orient ausgehandelt hatten«.[58]

Aber solch ein zweiter Kollaps ist keineswegs gesichert, denn in dieser ganzen Zeit haben wir Belege für anhaltende Kontakte zwischen dem Alten Orient und der Ägäis. Weitere Objekte, wenn auch hauptsächlich aus Kontexten des späten 8. Jahrhunderts, stammen aus Eleutherna im Westen Kretas. Beides könnte die anhaltende Präsenz auf Kreta ansässiger nahöstlicher Handwerker anzeigen. Umgekehrt ist ebenfalls schon lange die Ansicht vertreten worden, dass Personen aus der Ägäis im Hafen Al Mina gelebt haben, der heute im Gebiet der türkischen Südostküste und Nordsyriens liegt.[59]

Frühestens um 750 v. Chr. kann man davon sprechen, dass die griechische Kultur sich wieder auf einem Weg bewegte, der über das Lebensnotwendigste und mühsame Selbsterhaltung hinausführte. James Whitley, Autor eines Buches zum eisenzeitlichen Griechenland, sieht »die Ägäis als eine Region, wo es zur Staatenbildung [...] gleich zweimal kam: Die erste geschah in der Bronzezeit und führte zu den Palastzivilisationen des minoischen Kreta und des mykenischen Griechenland, die zweite geschah in der Frühen Eisenzeit und führte zur Zivilisation des archaischen und klassischen Griechenland.«[60]

SPÄTE RESILIENZ UND ANPASSUNG

Daher müssen wir den Griechen schon in irgendeiner Weise Resilienz zuerkennen, denn trotz der Instabilität und Unsicherheit, die während dieser Jahrhunderte in Griechenland herrschten, bauten sie am Ende insgesamt alles wieder auf, statt vollständig durch andere Menschen ersetzt zu werden. Hier in der Ägäis veränderte sich die Ethnizität und Identität der Menschen selbst, der falschen Tradition einer Dorischen Wanderung zum Trotz, vielleicht nicht so furchtbar stark – das heißt, nach dem Kollaps gab es nicht unbedingt riesige Migrationsbewegungen und neue Völker, die in die Region kamen –, sondern vielmehr waren es zum größten Teil die soziokulturellen und politischen Gegebenheiten, die sich wandelten: eine Anpassung der verbleibenden Bevölkerung an die neue, harte Wirklichkeit einer von Dürren heimgesuchten Umwelt, in der Hunger und politische Instabilität selbstverständlich waren.

Jetzt aber, im 8. Jahrhundert, waren die Griechen erneut imstande, ein vollwertiges Mitglied in einem internationalen Netz aus Kontakten und wechselseitigen Verbindungen vom westlichen bis ins östliche Mittelmeer zu werden. Es war ein harter Weg durch die Jahrhunderte gewesen, härter als für die meisten anderen Zivilisationen und Gesellschaften, die wir hier betrachtet haben, aber am Horizont für den Rest des 8. Jahrhunderts warteten die bleibenden Dichtungen von Homer und Hesiod, die ersten Olympischen Spiele, die traditionell ins Jahr 776 gesetzt werden,[61] der Aufstieg der Polis und die griechische Kolonisationsbewegung, neue Keramikformen und viele andere Merkmale, die komplexe Gesellschaften auszeichnen und die mit dem Zusammenbruch der mykenischen Paläste gut vier Jahrhunderte zuvor zeitweise verloren gegangen waren.

Resümee

Kurz gesagt, scheiterten die Mykener des griechischen Festlands und die Minoer Kretas daran, den Wandel zur Eisenzeit mit intakten Gesellschaften zu bewältigen. Zwar gibt es eine Kontinuität zwischen dem bronzezeitlichen und dem eisenzeitlichen Griechenland – dasselbe gilt für Kreta –, doch die Gesellschaften, die wir als mykenisch und minoisch bezeichnen, endeten eindeutig spätestens am Ausgang des 11. Jahrhunderts v. Chr. Die Überlebenden mussten alles wieder aufbauen, praktisch aus dem Nichts, und auch wenn es gelegentlich anders kam und nicht alles trist und rückschrittlich war, können wir frühestens ab dem 8. Jahrhundert davon sprechen, dass die griechische Kultur sich wieder erholte.

Nachdem wir unsere Untersuchung all der Gesellschaften beendet haben, die der Kollaps am Ende der Spätbronzezeit direkt betraf, und gesehen haben, wie es ihnen in den unmittelbar folgenden Jahrhunderten erging, können wir im letzten Kapitel mit der Analyse dessen beginnen, was wir gelernt haben.

KAPITEL 6

Vom Kollaps zur Resilienz

Für manche kam das Ende plötzlich – Invasoren verwüsteten ihre Städte oder ein Erdbeben ließ die Mauern eines Hauses über seinen Bewohnern zusammenbrechen. Für andere war es eine Katastrophe in Zeitlupe, als Dürren die Ernten zerstörten und Hungersnöte die Bevölkerung dezimierten. Niemand in der Ägäis oder im östlichen Mittelmeerraum entging den Folgen des Zusammenbruchs am Ende der Späten Bronzezeit. In irgendeiner Art und Weise war praktisch jede und jeder betroffen: Reiche und Arme, Aristokraten und Bauern, Opfer und Überlebende, Menschen, deren Leben sich drastisch veränderte oder nur ein bisschen. Das Leben, das sie kannten und schon seit Jahrhunderten gekannt hatten, war unwiederbringlich vorbei. Wer die Schicksalsschläge dieses Zeitalters überlebte, musste sich anpassen, weitermachen, einen Weg zum Durchhalten entdecken – und das, während die Dürrephase anhielt, die Handelswege unterbrochen waren oder zum Ziel für Räuber und Wegelagerer wurden und lebenswichtige Ressourcen knapp wurden.[1]

Ob man das nun als Kollaps, als Transformation oder als beides sieht, fest steht, dass die dicht vernetzte Welt der Spätbronzezeit zu bestehen aufhörte.[2] Viele Großreiche und Königtümer, die im 2. Jahrtausend v. Chr. geblüht hatten, fielen wie Dominosteine. Wie wir im Lauf der letzten Kapitel gesehen haben, führte das zu einem Umbau in den verschiedenen Regionen, da manche Reiche durch kleinere Einheiten ersetzt wurden, darunter die aus der hebräischen Bibel als Israel und Juda, als Moab, Ammon und Edom bekannten Königreiche sowie andere wie Aram-Damaskus und das neuhethitische Reich. So viel ist klar und unstrittig.

Die Archäologen Patricia McAnany und Norman Yoffee haben die Untersuchung des Zusammenbruchs einer Gesellschaft mit dem Betrachten eines niedrig aufgelösten Digitalfotos verglichen: »Es ist in Ordnung, solange es klein und kompakt ist und von weiter weg angesehen wird, aber bei näherer Untersuchung löst es sich in unzusammenhängende Einzelteile auf.«[3] Das ist gewiss richtig, aber noch besser, denke ich, lassen sich der Kollaps und sein Nachspiel mit einem impressionistischen Gemälde vergleichen. Wenn man ihn von Weitem betrachtet, ist das Bild dessen, was geschah, klar: Das globalisierte Netzwerk im Mittelmeer brach zusammen und es kam zu einem dramatischen Wandel oder Übergang von der Bronzezeit zur anschließenden Eisenzeit. Aber wenn wir ganz nahe herangehen, wie wir es in den letzten Kapiteln getan haben, wird alles körniger, das Auge unterscheidet die einzelnen Farbtupfer (sprich Gesellschaften) deutlicher, Randphänomene und Abweichungen treten hervor und das Gesamtbild verliert an Einheitlichkeit, wodurch der Betrachter möglicherweise den Wald vor lauter Bäumen nicht mehr sieht. Was beim Blick aus der Ferne als Kollaps erscheint, kommt einem anderen Betrachter, der sich nur Zentimeter vor der Szene befindet, nur wie sozialer Wandel vor. Und doch haben beide auf ihre Weise recht.

Ein Sinn für Enden und Anfänge

Holzschnittartig dargestellt, sehen wir ab dem 12. Jahrhundert v. Chr. insgesamt eine Fragmentierung, einen Rückgang an Sicherheit und materiellem Lebensstandard in den Jahren gleich nach dem

Zusammenbruch. Das setzte sich bis etwa ins 10. Jahrhundert fort, während die bronzezeitlichen Königreiche untergingen. In den am stärksten betroffenen Gebieten, darunter vor allem das griechische Festland, Kreta, Anatolien und die südliche Levante, kam es zum Zusammenbruch der örtlichen Paläste, Staaten oder Königreiche (samt Regierung, zentralisierter Wirtschaft und so weiter), auch wenn Teilen der Bevölkerung das Überleben gelang.

Im 9. Jahrhundert v. Chr. setzt dann jedoch wieder eine Reintegration ein und hält im 8. Jahrhundert an, als die Assyrer einen Großteil dieses Raumes erobern, der Mittelmeerhandel in den Händen von Phöniziern und Zyprern aufblüht und potenzielle Rivalen wie das israelitische Gesamtkönigreich, Aram-Damaskus und Ägypten am Ende auf der Strecke bleiben, später gefolgt von Assyrien im späten 7. und von Babylonien im 6. Jahrhundert v. Chr.

Anders ausgedrückt und mit besonderem Blick auf das Materielle war das 12.–10. Jahrhundert v. Chr. insgesamt eine Zeit der Bevölkerungszusammenbrüche, verlassener Städte, Gewalt, mutmaßlicher Migrationsbewegungen, des Zusammenbruchs von Handelswegen, Seuchen, eines früheren Sterbealters, sinkender Wirtschaftsleistungen, niedrigerer Lebensstandards und des Verlusts oder Verfalls anspruchsvoller Fähigkeiten und Fertigkeiten, obwohl das Ausmaß schwankt, je nachdem, wohin man blickt. Dagegen kehrten sich viele dieser Trends in der Zeit ab dem Anfang des 9. Jahrhunderts v. Chr. um. In der zweiten Hälfte des 8. Jahrhunderts v. Chr. stoßen wir auf neues Leben und Innovationen in vielen Regionen, und zum ersten Mal seit vielen Jahrhunderten beginnt sich wieder eine voll vernetzte Welt herauszubilden.[4]

Allerdings bleibt vieles noch unklar, darunter das Ausmaß, in dem Migration im gesamten Raum eine Rolle spielte, und die Frage, ob die Bevölkerungsschwankungen, die in diesen Jahrhunderten in manchen Regionen auftreten, ebenso viel mit Migrationsvorgängen zu tun haben könnten wie mit einem tatsächlichen Bevölkerungsschwund. Die Erforschung solcher potenziellen Migrationsbewegungen während und gleich nach dem Kollaps am Ende der Spätbronzezeit ist in vollem Gang. So war die Dorische Wanderung wahrscheinlich eher eine Migration als eine Invasion. Auch die Ammoniter könnten nach dem Zusammenbruch aus Anatolien eingewandert sein. Auch andere Möglichkeiten sind im Gespräch, etwa die hypothetische Einwanderung von Luwisch sprechenden Menschen ins nördliche Kanaan und von Phrygern nach Zentralanatolien. Sogar Herodot war überzeugt, dass es wegen einer Dürre gegen 1200 v. Chr. zu einer Auswanderung aus Lydien (in der heutigen Türkei) nach Italien gekommen war, was in seinen Augen die Herkunft der Etrusker erklärte.[5]

Wenn wir von der Dürrephase sprechen, stelle ich mir unwillkürlich die Frage, welche Rolle genau ein Klimawandel bei der Erholung spielte, denn wir können mehrere Umbrüche im Wetter beobachten, die direkt oder indirekt mit Entwicklungen in den verschiedenen Regionen verbunden sein könnten. Beispielsweise trafen wir auf a) etwas feuchtere Klimabedingungen in der südlichen Levante im Zeitraum von ca. 1150 bis 950 v. Chr., was wiederum »intensiven Oliven- und Getreideanbau« gestattete und den Israeliten und anderen vielleicht die Chance gab, ihre Königreiche zu gründen,[6] b) auf einen Wandel zu einer deutlich feuchteren Zeit in Mesopotamien ab ca. 925 v. Chr., der es vielleicht den Neuassyrern erlaubte, sich neu aufzustellen und mit der Eroberung der umliegenden Gebiete zu beginnen, und c) auf einen allgemeinen Umschwung von trockenen Bedingungen zu wärmeren, feuchteren im gesamten Bereich einschließlich Zyperns und vielleicht auch Griechenlands seit ca. 850 v. Chr., der allen Regionen und Gesellschaften beim Aufbruch (oder Weitergehen) auf dem mühsamen Weg der Besserung geholfen haben kann.

Der adaptive Zyklus und die Berichte des Weltklimarats (IPCC)

An dieser Stelle können uns vielleicht einige moderne Studien beim Vergleichen und Analysieren weiterhelfen, darunter Untersuchungen anderer Gesellschaften zu anderen Zeiten an anderen Orten. Einige Forscher vertreten die Meinung, dass Zusammenbrüche schlicht ein Teil des natürlichen Rhythmus seien, den jedes Reich und jede Gesellschaft durchlaufe – eines unendlichen Zyklus aus Aufstieg und Fall, Zusammenbruch, Strukturwandel, Neugeburt und Wiederaufbau. Das könnte man sich entsprechend einer Zeile aus *Hamilton* vorstellen – »Meere steigen, Reiche fallen« –, aber offiziell heißt dieser Aufstieg und Fall in der Resilienzforschung »adaptiver Zyklus« und wird in vier Phasen als liegende Acht dargestellt.[7]

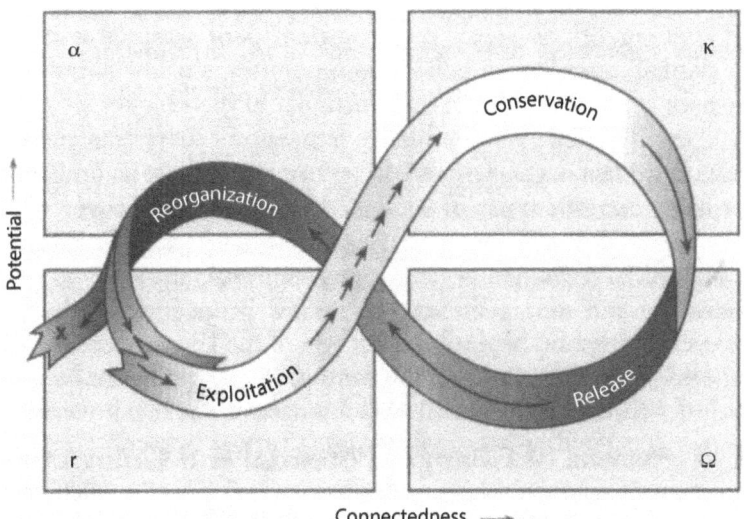

Abb. 11: Visualisierung des adaptiven Zyklus nach Holling/Gunderson 2002, Abb. 2–1 (Copyright Island Press 2002; Abdruck mit freundlicher Genehmigung von Island Press, Washington, DC).

KAPITEL 6: VOM KOLLAPS ZUR RESILIENZ

Zwei Teile des Konzepts, die Alpha- und die Omega-Phase, sind besonders wichtig für eine Erklärung dessen, was wir beim Kollaps am Ende der Spätbronzezeit und in der unmittelbaren Folgezeit beobachten. Die Omega(Ω)-Phase ist definiert als »chaotischer Zusammenbruch und Freisetzung« im adaptiven Zyklus, während die Alpha(α)-Phase als »Phase der Reorganisation« gilt. Diese Reorganisationsphase kann entweder schnell oder langsam ablaufen, das Wichtigste ist aber, dass sie zugleich die Phase ist, »in der Innovation und neue Chancen möglich werden«. Die beiden anderen Phasen, nämlich die »Wachstums- und Ausnutzungsphase (r)« und die »Erhaltungsphase (K)«, können wir erwarten, wenn die Reorganisation abgeschlossen ist, aber sie halten nur so lange an, bis die nächste Phase von »Zusammenbruch und Freisetzung« eintritt und der Zyklus von vorn beginnt.[8]

In meinen Augen passt das internationalisierte System, das während der Späten Bronzezeit in der Ägäis und im östlichen Mittelmeerraum bestand, zu einem adaptiven Zyklus. Man könnte ohne Weiteres vertreten, dass die Jahre der Vernetztheit und des Wohlstands in Ägäis und östlichem Mittelmeer, die von ca. 1700 bis 1200 v. Chr. dauerten, die Wachstums- und Ausnutzungsphase (r) sowie die Erhaltungsphase (K) darstellen. Der Kollaps selbst könnte als die folgende Omega(Ω)- oder Freisetzungsphase angesehen werden, während das Nachspiel in den Jahrhunderten der Eisenzeit, die wir hier betrachten, der Alpha(α)- oder Reorganisationsphase entsprechen, die sich unmittelbar anschloss.[9]

Durch diese knappe Beschreibung eines Systemwandels lässt sich der Kollaps am Ende der Spätbronzezeit direkt mit weiteren Fällen an anderen Orten und zu anderen Zeiten vergleichen, etwa mit dem Zusammenbruch des Römischen Reiches oder auch dem Zusammenbruch des Maya-Reiches. Fragen muss man sich allerdings, ob auch die einzelnen Gesellschaften innerhalb des größeren Kontextes einen solchen Zyklus durchliefen. Das heißt: Folgten einzelne spätbronzezeitliche Gesellschaften oder Regionen, die den Zusammenbruch erlitten, in der Bronzezeit und danach zusätzlich auch ihrem je eigenen adaptiven Zyklus?[10]

Meine Antwort lautet ja. Tatsächlich hat Ian Morris behauptet: »Griechenland zwischen 1500 und 500 v. Chr. ist einer der bekanntesten Fälle für Kollaps und Regeneration einer komplexen Gesellschaft.« Unter Verweis auf Snodgrass entwirft er praktisch einen adaptiven Zyklus für Griechenland: »[…] eine Phase raffinierter Paläste (ca. 2000–1200 v. Chr.) macht einem Dunklen Zeitalter der Depression Platz (ca. 1100–750), nur um von der neuen, strahlenden archaischen (ca. 750–480) und der klassischen Kultur (ca. 480–323) abgelöst zu werden.«[11] Die Grafik in Abb. 12 veranschaulicht diesen Vorgang.

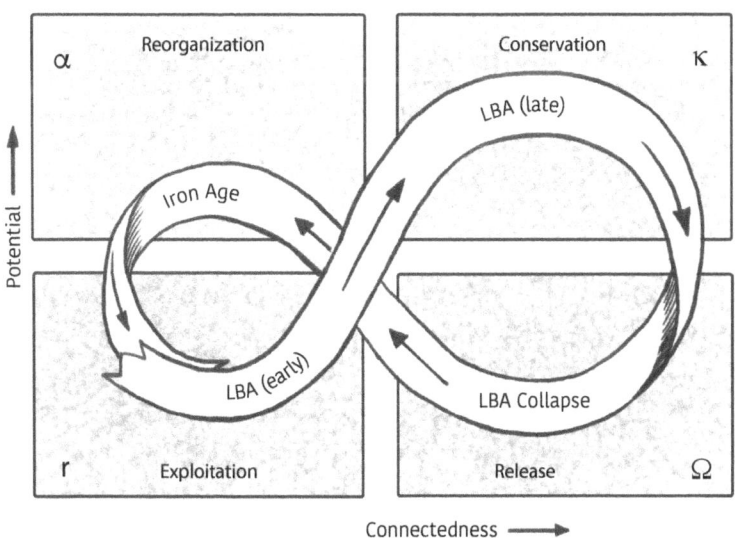

Abb. 12: Übertragung des adaptiven Zyklus auf den Kollaps. Die Phasen sind der Spätbronzezeit (LBA), dem Kollaps und der Eisenzeit (Iron Age) zugewiesen (Zeichnung Glynnis Fawkes, verändert nach Vorlage in Redman/Kinzig 2003, Abb. 3).

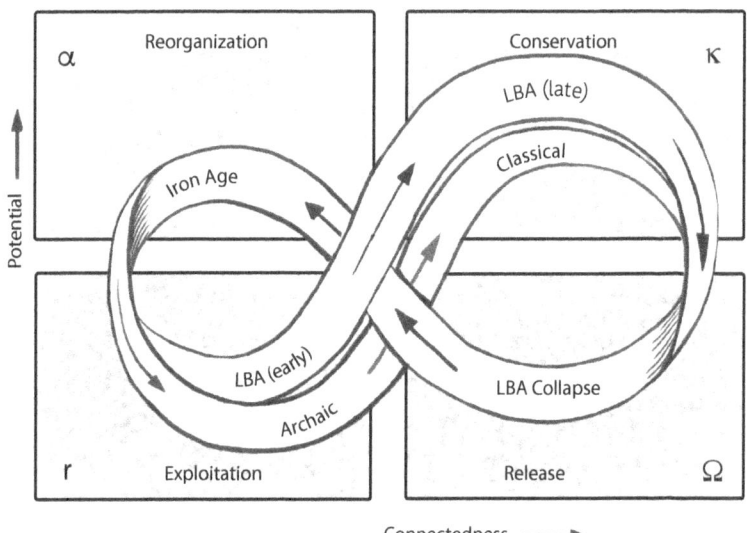

Abb. 13: Übertragung des adaptiven Zyklus auf den Spezialfall Griechenland von der Spätbronze- und Eisenzeit über die Archaik bis zur Klassik (Zeichnung Glynnis Fawkes, verändert nach Vorlage in Redman/Kinzig 2003, Abb. 3).

Außerdem hält Morris Griechenland für ein Beispiel »echter« Regeneration – also für den Fall einer Transformation des gesamten Systems.[12] Dagegen sehe ich es lieber als einen Fall von Neuaufbau an. Anders als etwa die Gesellschaften der Phönizier und der Zyprer, die sich transformierten, mussten die Griechen während der Eisenzeit (alias Dunkles Zeitalter bei Morris) ihre Gesellschaft fast vollständig neu erschaffen. Doch auch wenn sich unsere Begriffe unterscheiden, sprechen Morris und ich im Wesentlichen über denselben Vorgang.

Falls jedes Gebiet oder jede Gesellschaft einen eigenen adaptiven Zyklus durchlief, heißt das, dass wir zum mit diesem Modell verwandten Konzept der »Panarchie« greifen müssen. Damit ist gemeint, dass die Einzelkomponenten eines übergreifenden komplexen Systems, das einen adaptiven Zyklus durchläuft, nicht nur

Teil des großen, übergreifenden Vorgangs sind, sondern auch ihrerseits in einzelnen adaptiven Zyklen stecken, und dass jeder davon mit verschiedener Geschwindigkeit und auf unterschiedliche Weise erst freisetzt und dann reorganisiert (Omega- und Alpha-Phase). Einige laufen langsamer, andere schneller ab, aber jeder einzelne Zyklus wirkt sowohl auf die anderen als auch auf das übergeordnete System, besonders wenn es gleichzeitig Probleme für die verschiedenen Komponenten gibt.[13]

Anders ausgedrückt: Wenn wir uns einen komplizierten Mechanismus aus Zahnrädern vorstellen, die alle ineinandergreifen und zusammen eine funktionierende Maschine ergeben, zum Beispiel eine Taschenuhr, wobei sich aber jedes Rädchen mit einer eigenen Geschwindigkeit dreht, dann wäre das ein treffendes Bild für eine Panarchie. In unserem Fall wäre das übergreifende System die Bronzezeit im Mittelmeerraum, während die einzelnen Zahnräder die Mykener, Minoer, Hethiter, Ägypter und andere Einzelgesellschaften wären. Gelegentlich, wenn mit einem oder mehreren Rädchen (den verschiedenen Gesellschaften) etwas nicht stimmt, kann die ganze Maschinerie ins Stocken geraten und an Tempo verlieren oder gar jäh zu einem knirschenden Stillstand kommen – dann muss sie wieder kräftig angeschoben werden.[14] Ich bin der Auffassung, dass genau das am Ende der Spätbronzezeit in der Ägäis und im Ostmittelmeerraum geschah.

**

Sehen wir uns die verschiedenen Publikationen zu moderner Resilienz und Folgenmilderung nach jüngeren Katastrophen näher an, etwa nach dem Hurrikan Katrina in New Orleans, denn auch in ihnen stecken wichtige Konzepte, die sich auf das anwenden lassen, was uns im Gefolge des bronzezeitlichen Zusammenbruchs begegnet ist. Besonders einschlägig sind meiner Meinung nach die verschiedenen Berichte des Intergovernmental Panel on Climate

Change (IPCC) der Vereinten Nationen, eines 1988 gegründeten Fachgremiums zum Klimawandel, das 2007 den Friedensnobelpreis erhielt.[15]

Auch wenn die IPCC-Berichte selten Beispiele aus der Vergangenheit einschließen oder in ihre Gutachten Befunde aus der Archäologie einbeziehen,[16] werfen sie sehr wohl einen genauen Blick auf Katastrophen der letzten Zeit wie Dürren, Hochwasser und Erdbeben, um zu ermitteln, wie gut oder schlecht die betroffenen Gesellschaften mit ihnen zurechtgekommen sind, genau wie wir es für die Gesellschaften in der Zeit nach dem bronzezeitlichen Kollaps tun wollen. Mithilfe dieser Berichte können wir unsere Gedanken vielleicht produktiv sortieren; allerdings müssen wir uns davor in Acht nehmen, anachronistisch zu denken und unwahrscheinliche Begründungen aufzustellen, wenn wir unsere Ideen, Definitionen und Erklärungen aus dem 21. Jahrhundert auf eine Zeit vor rund 3000 Jahren projizieren.

Am nützlichsten ist, glaube ich, ein Bericht des IPCC aus dem Jahr 2012 mit dem Titel *Managing the Risks of Extreme Events and Disasters to Advance Climate Change Adaptation*. Die Abkürzung für den Bericht lautet *SREX* nach dem Kurztitel *Special Report on Extreme Events*.

Es war der erste IPCC-Bericht, der ausdrücklich Klimawandel und Risikomanagement bei Katastrophen zusammen betrachtete und erste Definitionen für die behandelten Begriffe vorlegte, darunter einige, die ich an verschiedenen Stellen der letzten Kapitel eingeführt habe, etwa »Krisenbewältigung«, Anpassung« und »Transformation«.

Spätere IPCC-Berichte haben die diversen Begriffe weiterentwickelt und ihre Definitionen aktualisiert, darunter die jüngsten, der Fünfte und Sechste Sachstandsbericht von 2014 beziehungsweise 2021/22, und wo nötig, habe ich solche Änderungen im Folgenden vermerkt, aber der Bericht von 2012 ist für unsere Zwecke der nützlichste.[17]

DER ADAPTIVE ZYKLUS UND DIE BERICHTE DES WELTKLIMARATS (IPCC)

Abb. 14: Umschlag des *SREX*-Berichts des Weltklimarats der Vereinten Nationen von 2012 (mit freundlicher Genehmigung des IPCC).

Zwar geht es den Verfassern um die Welt von heute, und ihr Bericht enthält keine Beispiele aus der antiken Welt, aber aus ihren Definitionen wird klar, dass sie den Kollaps am Ende der Späten Bronzezeit zweifellos als das ansähen, was sie als Ereignis »mit extremen Auswirkungen« bezeichnen, da es »sehr erhebliche und typischerweise lang anhaltende Folgen für die Gesellschaft, die Umwelt oder die Ökosysteme« hatte. Sie weisen darauf hin, dass solche »extremen Auswirkungen« aus einer Vielzahl von Ursachen entstehen können, darunter »ein einzelnes Extremereignis, eine Abfolge extremer oder nichtextremer Ereignisse, darunter nichtklimatische Ereignisse (z. B. Waldbrände, gefolgt von Starkregen, der zu Erdrutschen und Bodenerosion führt) oder einfach das Anhalten von Bedingungen wie denen, die Dürren auslösen«.[18]

Nach diesem Maßstab würden die Autoren zweifellos auch bestätigen, dass sich der Kollaps als »Katastrophe« im heutigen technischen Sinn betrachten ließe, denn Katastrophen definieren sie als »extreme Auswirkungen, die die Gesellschaft erleidet und die zusätzlich mit extremen Auswirkungen auf die Umwelt und auf Ökosysteme verbunden sein können«. Insbesondere merken sie an, dass »eine Katastrophe eintritt, wenn die Auswirkungen so groß sind, dass die lokale Kapazität zu ihrer Bewältigung überschritten wird, oder derart, dass sie übliche Abläufe ernsthaft unterbricht«. Heute wie in der Antike »treten« solche Katastrophen »zuerst auf lokaler Ebene auf und betreffen lokal Ansässige«, dann »können diese lokalisierten Ereignisse in einen Kaskadeneffekt eintreten und nationale wie internationale Folgen haben«.[19]

Anschließend untersuchen die Berichtenden außerdem die »Milderung von Katastrophen«, also »Handlungen, die weitere nachteilige Bedingungen zu begrenzen versuchen, nachdem eine Katastrophe eingetreten ist«. Solche Handlungen kreisen um Versuche, eine »zweite Katastrophe« zu verhindern. Sie folgt der ersten Katastrophe häufig auf dem Fuß und ergibt sich normalerweise entweder aus einer unzureichenden Reaktion auf diese oder aus weiteren unvorhergesehenen Umständen. Zu den häufigen Ergebnissen der ersten oder der sekundären Katastrophe zählen Migrationsbewegungen, ökonomische Verwundbarkeit (im öffentlichen wie im privaten Bereich), zunehmende Gewalttätigkeit und Folgen für Arbeit und Lebensgrundlagen auf der Ebene des Individuums und der Gemeinschaft.[20] All das beobachten wir während und nach dem Kollaps am Ende der Bronzezeit, denn in unserem speziellen Fall könnte die »erste Katastrophe« in den in *1177 v. Chr.* untersuchten Stressfaktoren bestanden haben, etwa Klimaveränderungen, Dürren, Nahrungsknappheit, Krankheiten oder Erdbeben, während die »zweite« oder »sekundäre Katastrophe« der anschließende Zusammenbruch einer oder mehrerer Gesellschaften oder gar des vernetzten Raumes selbst sein könnte, der exakt jene Folgen hatte, die hier beschrieben werden.

Besonders wichtig am Bericht von 2012 sind die allgemeinen Bemerkungen zur Fähigkeit einer Gesellschaft, auf eine Katastrophe zu reagieren, und zu ihrem Potenzial für Erholung und Wandel. Beide hängen von dem Ausmaß ab, in dem die Katastrophe die Gesellschaft getroffen hat. Im Zusammenhang mit der Erholung von extremen Katastrophen und insbesondere mit dem Gedanken, dass die Überlebenden aus ihren Ressourcen ein neues System schaffen können, um durch die Katastrophe geschaffene Chancen zu nutzen, wird heute häufig der Begriff »Resilienztheorie« (oder »Resilienzdenken«) gebraucht, auch von manchen Archäologen.[21]

Allerdings hat der Begriff Resilienz viele Bedeutungen, je nach der Wissenschaftsdisziplin, die ihn verwendet. Vom National Research Council der USA wurde Resilienz 2011 definiert als die Fähigkeit, »unter Stress weiterzuoperieren, sich an Rückschläge anzupassen und nach einer Krise in funktionsfähiger Weise zu erholen«, während eine andere Forschergruppe kürzlich von der »Fähigkeit einer Gemeinschaft« sprach, »einer Gefahr zu begegnen, zu überleben und wieder auf die Beine zu kommen oder – was es vielleicht genauer beschreibt – auf eigenen Beinen in eine [neue] Normalität zu gelangen«. Beide Definitionen funktionieren für die Altertumswissenschaften ebenso gut wie für Forschungen und Arbeiten zu jüngeren Katastrophen.[22]

Insbesondere hebt der IPCC-Bericht hervor, dass nicht alle Gesellschaften die Fähigkeit besitzen, sich während oder nach einer Katastrophe anzupassen oder zu wandeln. Manche können – wenn überhaupt – nur mit knapper Not durchhalten. Daher betont der Bericht den Unterschied zwischen Bewältigung (Coping) – der Fähigkeit, mit etwas umzugehen, das gerade eingetreten ist (also sich auf den Augenblick zu konzentrieren und schlicht zu überleben) – und Anpassung – der Fähigkeit, mit etwas umzugehen, das in Zukunft eintreten kann, wobei »Lernen und Neuerfindung Schlüsselfaktoren sind und es weniger um kurzfristiges Überleben geht«.[23]

Eine Gesellschaft, die eine Katastrophe nur momentan bewältigt, versucht lediglich, die Schläge einzustecken und den Status quo aufrechtzuerhalten, während eine Gesellschaft, die sich aktiv anzupassen versucht, Veränderungen und bis zu einem gewissen Grad sogar Umstellungen vornimmt und sich neu organisiert, damit sie besser vorbereitet ist, wenn wieder etwas Ähnliches geschieht.[24] Hier wird es besonders interessant für uns, da wir inzwischen wissen, dass die vom Kollaps am Ende der Bronzezeit betroffenen Gesellschaften eindeutig eine Vielzahl von Reaktionen zeigten, darunter solche, die wir entweder als erfolgreiche Bewältigung oder als noch erfolgreichere Anpassung bezeichnen können.

Das alles ist jedoch noch eine Stufe weniger als eine echte Transformation. Den IPCC-Autorinnen und -Autoren zufolge sind die resilientesten Gesellschaften jene, die auf die Schnelle lernen und sich umstellen können, einschließlich einer Neuorganisation nach einem Umbruch, und dabei weiterhin ihre Grundstrukturen und ihre Funktionsfähigkeit aufrechterhalten, sogar während des fraglichen Ereignisses (sprich, der Katastrophe). Die vorgenommenen Umstellungen werden als »transformative Änderungen« bezeichnet und können entweder schrittweise erfolgen oder weit radikaler ausfallen.[25] Dies haben wir in mindestens einem, wenn nicht gar zwei Fällen in Kapitel 3 beobachtet – nämlich bei den Phöniziern und den Zyprern.

Weiterhin verwendet der IPCC-Bericht den Begriff »Verwundbarkeit« oder »Vulnerabilität«, der potenziell nützlich bei der Frage sei, wieso manche Gesellschaften nach einer Katastrophe oder einem Extremereignis Erfolg haben, andere sich dagegen nicht erholen können. Die Studie betrachtet Verwundbarkeit als »situationsspezifisch«, genau wie es meiner Ansicht nach gegen Ende der Spätbronzezeit der Fall war, und sie verweist insbesondere auf einen Mangel entweder an Bewältigungs- oder an Adaptionsvermögen in solchen Situationen. Weiter führt der Report aus, dass es »Zeitfenster für Verwundbarkeit« geben könne, also Zeitspannen, in denen äußere (oder auch innere Risiken) eine größere Gefahr darstellen als üblich.[26] Auch hier möchte ich die These vertreten, dass dies gegen 1200 v. Chr. auf jeden Fall zutraf, als, wie ich glaube, der »perfekte Sturm« aus Unglücksfällen eintrat.

Außerdem könnte man auch – wie der Bericht von 2012 – den Begriff der Fragilität ins Spiel bringen, denn inzwischen vertreten einige Forscher die Ansicht, dass die Fragilität von Gesellschaften (»geschwächte, zerfallende oder zusammenbrechende Staatsapparate«) mit Verwundbarkeit einhergehen oder gar deren Vorstufe sein kann. In diesem Zusammenhang ist darauf hingewiesen worden, dass Städte oder Gesellschaften manchmal fragiler oder verwundbarer sein können, als es den Anschein hat, teilweise, weil ihr scheinbarer bisheriger Erfolg die Instabilität zudeckt und maskiert (was üblicherweise erst aus der Rückschau deutlich wird). Es mag zwar so aussehen, als wäre alles in Ordnung, aber die Wurzeln oder vielleicht auch die Ableger sind eigentlich verfault und schwach, sodass der kleinste Windstoß oder Stressfaktor ausreicht, damit der Prozess des Zusammenbruchs beginnt. Ich habe den starken Verdacht, dass dies sowohl bei den Mykenern als auch bei den Hethitern der Fall gewesen sein könnte.[27]

Auf die Phönizier könnte das Gegenteil zugetroffen haben, denn sie scheinen »antifragil« gewesen zu sein. Sie haben nicht nur die Zerstörung von Ugarit ausgenutzt, sondern auch das Aussetzen des ägyptischen und hethitischen Einflusses in ihrer Region und das allgemeine Chaos, um kurz nach 1200 v. Chr. die Handelswege nach Süden und Westen, also nach Ägypten, Zypern, Griechenland, Kreta, Sizilien, Sardinien, Italien und zur Iberischen Halbinsel, zu übernehmen.[28] Von da an bereicherten sie sich jahrhundertelang dank ihrer Kontrolle dieser Handelswege.

Eine andere mögliche Art, die Rolle der Phönizier nach dem spätbronzezeitlichen Kollaps zu beschreiben, ist der Rückgriff sowohl auf die Resilienztheorie als auch auf den adaptiven Zyklus, denn die Alpha- oder Reorganisationsphase dieses Zyklus wird als eine Zeit beschrieben, »in der Ressourcen zu einem neuen System organisiert werden, um Chancen zu nutzen«.[29] Daher sehe ich die Phönizier sowohl als antifragil als auch als hervorragendes Beispiel für die Innovation an, zu der es in der Alpha-Phase eines adaptiven Zyklus kommen kann.

Tabelle 2: Begriffe und Definitionen rund um die Resilienz
Quellen: National Research Council 2011; Field et al. 2012; Fünfter Sachstandsbericht des IPCC 2014; Taleb 2013b.

Begriff	Definition
Adaption (Anpassung[sfähigkeit])	Fähigkeit, mit etwas umzugehen, das in Zukunft eintreten kann; Lernen und Neuerfindung(en) sind entscheidend, während es weniger um kurzfristiges Überleben geht
antifragil	Zustand einer Gesellschaft, die mehr an den Tag legt als nur Resilienz oder Zähigkeit, sondern unter der richtigen Menge Stress aufblüht und die Situation nutzt, um nicht nur zu überleben, sondern voranzukommen
Bewältigung (Coping)	Fähigkeit, mit etwas umzugehen, das gerade eingetreten ist (also sich auf den Augenblick zu konzentrieren und schlicht zu überleben)

Begriff	Definition
(soziale) Fragilität	geschwächte, zerfallende oder zusammenbrechende Staatsapparate
Resilienz	Fähigkeit, unter Stress weiterzuoperieren, sich an Rückschläge anzupassen und nach einer Krise in funktionsfähiger Weise zu erholen
transformative Anpassung	schließt Handlungen ein, die die Grundeigenschaften eines Systems verändern, um auf eingetretene oder erwartete Auswirkungen eines Klimawandels zu reagieren
Transformation	Fähigkeit zur Neuorganisation nach einem Umbruch unter Beibehaltung der Grundstruktur und Funktionsfähigkeit, geprägt durch die Fähigkeit zu lernen und Umstellung
Verwundbarkeit	Wahrscheinlichkeit, dass eine Gesellschaft unter dem Einfluss von Extremereignissen Rückschläge erleidet
Zeitfenster für Verwundbarkeit	Zeiträume, in denen sich Risiken durch ein Zusammentreffen von Umständen erhöhen

Ich denke, dass solche Resilienzbegriffe äußerst hilfreich bei der Suche nach Erklärungen sein können, wieso die verschiedenen Gesellschaften während des Zusammenbruchs zu etwas verschiedenen Zeiten einen Niedergang erlebten und wieso jede sich in den folgenden Jahrzehnten und Jahrhunderten in anderer Geschwindigkeit (und auf unterschiedliche Weise) erholte. Doch führt kein Weg an der Frage vorbei, ob der Versuch legitim ist, diese Ereignisse der Antike mit modernen Begriffen und Vorstellungen zu erklären – mit Resilienz, Transformation, Bewältigung und Anpassung. Werfen wir da nicht anachronistische Konzepte in die Debatte, die auf die Welt vor 3000 Jahren nicht passen?

Vielleicht schon, aber trotz der Möglichkeit, solche Fehler zu begehen, scheint es mir einen Versuch wert, all die oben gestellten Fragen zu beantworten, indem wir durch die Linse von Resilienz und Resilienztheorie auf Erfolg und Scheitern der verschiedenen Gesellschaften blicken. Wie Erika Weiberg bemerkt hat, kann uns die Resilienztheorie zu einer nuancierteren Sicht auf jene Zeit verhelfen, sodass wir besser entscheiden können, »was genau ›Kollaps‹ bedeutete und für wen«.[30]

Kategorien und Ranglisten

Mir scheint, dass wir manche Definitionen und Aussagen aus dem IPCC-Bericht von 2012 auf die historisch-archäologischen Einzelheiten aus den Jahrhunderten nach dem bronzezeitlichen Kollaps anwenden können. Beispielsweise könnte man, so subjektiv das zwangsläufig ist, die These vertreten, dass Assyrer, Babylonier und Ägypter, um die Sprache des Berichts zu verwenden, die »Fähigkeit zur Absorption« besaßen, denn sie konnten die Situation *bewältigen* und weitermachen, wenn die Ägypter auch weniger erfolgreich als die beiden anderen waren. Andererseits waren Phönizier und Zyprer anscheinend nicht nur in der Lage, einen Schritt weiterzugehen und sich der Lage *anzupassen*, sondern sie machten sogar zwei Schritte und *transformierten sich*, denn sie scheinen die »Fähigkeit zu Veränderung und Umstellung« (wieder IPCC) besessen zu haben und konnten sich nach dem Umbruch auf neue Weise organisieren.

Auf die Phönizier und Zyprer lässt sich auch die Bemerkung der Studie von 2012 beziehen, dass Anpassungsfähigkeit und damit Transformation sich auch als die Fähigkeit beschreiben lassen, innovativ zu sein und künftige Situationen vorwegzunehmen. Solche Innovationen seien sowohl sozialer als auch technischer Natur und würden entweder schrittweise oder radikal vollzogen.[31] Hier kann man auf die Übernahme und Verbreitung des Eisens und des Alphabets verweisen, nur zwei der offensichtlicheren Innovationen dieser Jahrhunderte.

***

Außerdem können wir versuchen, unsere Beobachtung aus einer anderen Perspektive zusammenzufassen, indem wir die verschiedenen Gesellschaften, die unter dem Kollaps zu leiden hatten, in Kategorien einteilen und ihnen eine Rangfolge zuweisen, die auf den Begriffen Resilienz, Verwundbarkeit und Fragilität sowie den Definitionen von Bewältigung, Anpassung und Transformation beruht. So können wir sehen, ob bei dieser Übung etwas Nützliches herauskommt.

Vorab möchte ich allerdings betonen, dass ich Staaten (oder Königreiche oder Großreiche) nicht privilegieren will und zur wünschenswerten Grundeinheit der soziopolitischen Organisation erkläre, sondern schlicht von der Beobachtung ausgehe, dass die König- und Großreiche, die das globalisierte Netzwerk der Spätbronzezeit bildeten, sich alle später transformierten oder aber von kleineren eisenzeitlichen Königreichen und Stadtstaaten in denselben Regionen abgelöst wurden. Mein Ziel ist es zu erklären, wie wir in den Jahrhunderten nach dem spätbronzezeitlichen Kollaps aus der einen Situation in die andere gekommen sind, und das, denke ich, können wir auf der Grundlage des oben vorgestellten Materials tun.

Meine Thesen sind natürlich Versuchsballons, teils wegen der fragmentierten, unvollständigen Art unserer Quellen und teils deshalb, weil einige eine persönliche Entscheidung oder das Etikettieren eines Sachverhalts darstellen, der sich in Wirklichkeit vielleicht schwer in eine Kategorie packen lässt. Außerdem schwankte bei einigen Gesellschaften und Gegenden im Lauf der Jahrhunderte das Ausmaß ihrer Resilienz, sodass wir uns die Einzelheiten ebenso vor Augen halten müssen wie das Gesamtbild. Im Bewusstsein, dass andere Forscher einige Gesellschaften vielleicht in andere Kategorien einordnen würden als ich hier, möchte ich die folgenden zusammenfassenden Aussagen und Beobachtungen vorstellen, angeordnet nach dem Grad der Resilienz.

Tabelle 3: Allgemeine Kategorien der Resilienz für die verschiedenen Regionen/Gesellschaften in den Jahrhunderten nach dem Kollaps

Kategorie	Beschreibung	Gebiet/Gesellschaft
1	mehr als nur resilient, vielleicht sogar antifragil	Zentralkanaaniter (Phönizier), Zypern
2	sehr resilient (in unterschiedlichem Ausmaß); Anpassung, vielleicht sogar Transformation	Assyrien, Babylonien, Neuhethiter, Nordkanaaniter
3	resilient, aber mit knapper Not; Bewältigung, aber nicht unbedingt Anpassung	Ägypten
4	als Gesellschaft nicht resilient, doch teilweise Kontinuität zur Vorgängerin; späte Erholung	Festlandsgriechen (Mykener), Kreta (Minoer)
5	nicht resilient; entweder verschwunden oder assimiliert	Hethiter, Südkanaaniter

1. Mehr als nur resilient – vielleicht sogar antifragil

Hierfür gibt es meiner Ansicht nach zwei Hauptbeispiele. Das eine sind die kanaanitischen Gesellschaften der mittleren Levante, die sich so stark transformierten, dass wir sie heute »Phönizier« nennen, um diese Verschiebung zu markieren. Das andere sind die Bewohner Zyperns. Diese beiden wandelten sich und gediehen mitten im Chaos, übernahmen in einigen Fällen Rollen, die früher andere gespielt hatten, und wiesen Innovationen auf wie die Standardisierung des Alphabets, die Erzeugung von Purpurfarbstoffen und die Verarbeitung von Eisen zu Waffen und Werkzeugen. »Zyprische Händler und ihre phönizischen Kollegen«, so Carol Bell, »waren [...] in einer guten Position, um Kapital aus den Chancen zu schlagen, die sich aus den katastrophalen Ereignissen am Ende der Bronzezeit ergaben.«[32]

Zwar tragen die Zentralkanaaniter jetzt einen neuen Namen (»Phönizier«), aber die kulturellen Kontinuitäten sind offensichtlich. Nicht nur waren sie resilient und innovativ, indem sie aus den kanaanitischen Stadtstaaten der Spätbronzezeit in neuer Gestalt hervorgingen und sich zu einer neuen Normalität hin wandelten, sondern sie waren sogar antifragil und blühten im Chaos nach dem Kollaps auf. Insbesondere profitierten sie von der Zerstörung Ugarits und anderer Hafenstädte, wodurch sie die Kontrolle über die Handelswege übernehmen und Waren wie Purpur gegen Silber und andere Metalle aus Sizilien, Sardinien und von der Iberischen Halbinsel tauschen konnten – und nebenbei ihre standardisierte Version des Alphabets verbreiteten.

Ähnlich zeigte die Bevölkerung Zyperns bewundernswerte Resilienz, wozu ein Umbau ihres politischen Systems gehörte, die Bewegung einzelner Populationen in andere Bereiche der Insel und die Gründung neuer Siedlungen bei Bedarf, besonders wenn Häfen verlandeten. Außerdem standen sie mit an der Spitze der neuen Eisenindustrie, wenn unsere derzeitige Annahme zutrifft, dass die zyprischen Metallarbeiter eine führende Rolle beim Übergang zu Eisen als dem vorherrschenden Metall des Zeitalters übernahmen. Kunsthandwerker und Metallarbeiter erhielten nicht nur ihre übliche Bronzeverarbeitung aufrecht, sondern waren auch bei der Anpassung und Verbreitung der neuen Technologie innovativ. Und auch ihnen gelang es, auf den internationalen Handelswegen präsent zu bleiben, die immer noch existierten, wenn auch anfangs vielleicht auf einem niedrigeren Niveau als in der Späten Bronzezeit.

2. Sehr resilient

Hervorragende Beispiele für Gesellschaften, die sich als sehr resilient erwiesen, sind die Assyrer und die Babylonier. Beide bewältigten die Krise und passten sich ihr im nötigen Maß an, um sich auf die neue(n) Lage(n) einzustellen, die sie erwartete(n). Dazu zählte das Fertigwerden mit alten Feinden (im Fall der Babylonier etwa mit den Elamitern) oder neuen Widersachern (im Fall der Assyrer mit den Aramäern und Urartäern), aber sie nahmen sich auch einfach von anderen, was sie brauchten.[33]

Ich sehe die Assyrer und die Babylonier in dieser Kategorie, weil beide den Kollaps anfangs erfolgreich abwetterten und sich beim Übergang von der Bronzezeit zur Eisenzeit anpassten, wobei in ihrer sozialen Grundstruktur fast keine sichtbaren Veränderungen auftraten, von der Form der Herrschaft bis zur Religion (einschließlich der verehrten Gottheiten). Dann aber wurden beide Gesellschaften verspätet von Dürren, Nahrungskrisen und Seuchen getroffen. Obwohl die Assyrer in dieser Phase alles weiterhin bewältigen konnten, brauchten sie zwei Jahrhunderte, um sich neu aufzustellen und im 9. Jahrhundert v. Chr. mit Macht wiederzukommen – die Babylonier brauchten sogar noch länger, bis zum Ende des 7. Jahrhunderts.

In diese Kategorie möchte ich auch die Neuhethiter einordnen, die in Nordsyrien und Südostanatolien lebten, dazu die Nordkanaaniter und andere, die in dieser Gegend vielleicht zusammen mit ihnen lebten. Sie alle wetterten den ersten Umbruch erfolgreich ab und lebten während der Eisenzeit in den verschiedenen von Karkemiš, Tell Tayinat und anderen kleinen syrohethitischen und syroanatolischen Königreichen oder Stadtstaaten regierten Gebieten. Auch angesichts wiederholter Angriffe durch die Assyrer behaupteten sie sich, obwohl wahrscheinlich ist, dass jene Kanaaniter, die im Binnenland bis nach Damaskus im Süden lebten, am Ende in den vielen kleinen aramäischen Königreiche aufgingen, die dort im 9. Jahrhundert n. Chr. gegründet wurden. Die Neuhethiter in diese Kategorie einzuordnen bedeutet allerdings, sie vom Großteil der Hethiter in Zentralanatolien zu trennen, die nicht so resilient waren; andere finden vielleicht, dass man beide Gruppen zusammenlassen sollte, doch angesichts des großen Resilienzunterschieds halte ich eine Trennung für zulässig.

3. Resilient, aber mit knapper Not

In diese Kategorie möchte ich die Gruppen einordnen, die die Krise bewältigten und weiterbestanden, aber den Übergang nicht richtig vollzogen, sodass ihre Gesellschaften einen gewissen Niedergang erlebten und jede größere internationale Rolle einbüßten, die sie vorher gespielt haben mochten. Das beste Beispiel sind hier meiner Ansicht nach die Ägypter in den Jahrhunderten nach dem Kollaps, denn Ägypten überlebte zwar, war aber nie wieder dasselbe und kehrte niemals in die starke Position zurück, die es während des Neuen Reiches innegehabt hatte. Es gab zwar keine grundlegenden Veränderungen in der Herrschaft durch König und Verwaltung oder sogar in der Religion, aber höchstwahrscheinlich sank der Lebensstandard der normalen Menschen. Außerdem wuchs das Ausmaß an Anarchie, es kam zu Meutereien und zu zeitgleichen Machtansprüchen rivalisierender Pharaonen, sodass Ägypten mitunter von mehreren Königen gleichzeitig beherrscht wurde und im internationalen Handel während der Jahrhunderte nach dem Kollaps eindeutig eine viel geringere Rolle spielte als zuvor.

Dennoch: Als wir uns mit Ägypten zu beschäftigen begannen, haben wir erfahren, dass ein Großteil dieses Zeitraums seit dem Tod Ramses' XI. 1070 v. Chr., der das Ende der 20. Dynastie und des Neuen Reiches markierte, in der Ägyptologie als Dritte Zwischenzeit bezeichnet wird. Ähnliche Phasen, die Erste und Zweite Zwischenzeit, waren früher schon auf das Alte und das Mittlere Reich gefolgt. In vielerlei Hinsicht war also, was in Ägypten nach dem Kollaps geschah, nichts Neues, sondern eher ein Zyklus, der schon vorher dort abgelaufen war – sozusagen die ägyptische Version des adaptiven Zyklus.

4. Als Gesellschaft nicht resilient

Hier möchte ich die Gebilde einreihen, denen es misslang, die Krise zu bewältigen, sich anzupassen oder die Gesellschaften, die sie einst gewesen waren, in andere zu transformieren, deren kulturelle Kontinuität aber dennoch nicht völlig verschwand. Diese Kategorie sehe ich als eine der umstrittensten an und betrachte sie als höchst diskussionswürdig.

Das Hauptbeispiel sind hier die Mykener des griechischen Festlands, die verwundbarer und fragiler gewesen zu sein scheinen als erwartet.[34] Als Gesellschaft verschwanden sie zwar, aber es besteht genug Kontinuität zu ihren Nachfolgern, die schließlich im 8. Jahrhundert v. Chr. wieder aufsteigen, dass ich sie aus den folgenden Gründen in diese Kategorie und nicht in die niedrigste einordnen möchte.

Es ist kaum zu bezweifeln, dass die mykenische Kultur spätestens um 1050 v. Chr. endete. Angesichts des gesunkenen Lebensstandards in Griechenland nach dem Kollaps können wir vermuten, dass sie zumindest am Anfang nicht besonders resilient war und dass die aus der Bronzezeit vertraute Welt für sie endgültig zu Ende war. Allerdings sollten wir beachten, dass das Leben trotz des Zusammenbruchs für eine Vielzahl von Menschen weiterging, besonders das der unteren Gesellschaftsschichten, und dass es auf dem griechischen Festland definitiv eine Kontinuität zwischen Bronzezeit und Eisenzeit gibt.[35]

Festhalten können wir auch, dass jene Griechen, die überlebten, sich am Ende transformierten und ihre Kultur und Gesellschaft von Grund auf neu errichteten. Das ging weder leicht noch schnell, doch wir können beispielsweise bei Keramikstilen, Bestattungsbräuchen und Hausformen eine Entwicklung feststellen, daneben einiges an Kontinuität, etwa in Form der Titel einiger Regierender (wie *basileus*) und der Namen vieler Götter und Göttinnen, angefangen mit Zeus und Hera. Doch ist es unwahrscheinlich, dass irgendwer sich nach ca. 1050 v. Chr. noch als mykenisch betrachtete (wenn sie das überhaupt je getan hatten und nicht als Einwohner eines bestimmten Königreichs wie Mykene oder Pylos).

Weil die Überlebenden zuletzt an den Wiederaufbau gehen und sich auf den Weg machen konnten, der zum archaischen und später zum klassischen Griechenland führte, vermute ich, dass sie vielleicht schon im späten 9. und frühen 8. Jahrhundert v. Chr. weit genug auf die Beine gekommen waren, um in die nächsthöhere Kategorie 3 versetzt zu werden. Im langfristigen Durchschnitt bleibt es für sie allerdings bei Kategorie 4.

In diese Kategorie möchte ich außerdem die Bevölkerung Kretas einordnen, denn auch wenn sie bei der Anpassung erfolgreicher als die Mykener waren, verloren auch sie ihre bisherige Identität, also das, was wir als »minoisch« bezeichnen. Die Minoer und die minoische Gesellschaft, wie sie deren einstige Handelspartner gekannt hatten, bestanden nicht mehr, vielleicht sogar schon mit der mykenischen Übernahme der Insel Mitte des 14. Jahrhunderts v. Chr., obwohl vielen Einwohnern gleichwohl der Übergang zur Eisenzeit gelang und sie am Ende wieder als archaisches Kreta aufblühten.

Dennoch bin ich der Erste, der einräumt, dass dies eine subjektive Einordnung ist, denn kulturelle Veränderungen konnten die Einwohner Kretas auf jeden Fall vornehmen. Auf die Höhe der früheren minoischen Beteiligung am internationalen Handel kehrten sie in diesen Jahrhunderten zwar nicht zurück, wahrten aber ein gewisses Maß an Kontinuität, was schließlich zum Wachstum der archaischen Stadtstaaten auf der Insel führte; auch bei ihnen könnte man sagen, dass sie sich so weit erholten, dass sie am Ende in die nächsthöhere Kategorie eingeordnet werden können (obwohl auch hier der Durchschnitt über mehrere Jahrhunderte sie in Kategorie 4 verweist). Man könnte dies mit Saro Wallace als »positiven Kollaps« bezeichnen, der allerdings um den Preis des Identitätsverlusts als »Minoer« geschah.[36]

5. Nicht resilient

In diese letzte Kategorie möchte ich jene Gesellschaften einordnen, die nicht resilient waren und im Grunde vollkommen verschwanden, wenn auch in abgelegenen Gegenden einige Enklaven verbleiben mochten. Hier finden wir die Hethiter und ihr Großreich, die den Wandel zur Eisenzeit im Wesentlichen nicht vollzogen und ihr Territorium neuen Königreichen überlassen mussten, darunter die Urartäer in Ostanatolien und später die Phryger in Zentral- und Westanatolien. Selbst hier muss ich aber Abstufungen vornehmen, weil ich schon die kleinen Nachfolgegruppen beschrieben und eingeordnet habe, die in Syroanatolien und der nördlichen Levante als neuhethitische Stadtstaaten überlebten und hethitische Traditionen in Schrift, Architektur, Regierung und Verwaltung fortführten, dabei aber eigenständige Systeme schufen. Zusätzlich beherrschten die Hethiter zwar den Großteil Anatoliens, aber ihr Kollaps als Gesellschaft bedeutete nicht automatisch den Tod jedes Einzelnen, der in der Region lebte, besonders in Orten im Hinterland wie Çadırlı.[37]

Außerdem ist mir völlig bewusst, dass dies lebhafte Diskussionen auslösen wird, auch die Kanaaniter in der südlichen Levante in diese Kategorie einzuordnen, denn insgesamt betrachte ich sie entweder als überwältigt oder als assimiliert durch die neuen Königreiche, die in der Region entstanden, darunter Israel und Juda sowie Philistäa, Edom, Ammon und Moab. Doch das ist ein Musterbeispiel für einige der Probleme, die es mit sich bringt, veränderlichen Situationen ein Etikett zu verleihen, denn in seinem jüngsten Buch über Südwestkanaan in der Bronze- und Eisenzeit hat Ido Koch von der Universität Tel Aviv die Meinung vertreten, »die regenerierte Gesellschaft im Südwestkanaan des Iron Age I zeigt Kontinuität und Transformation zugleich«. Zugleich räumt er aber ein, dass »sich die Sozialstruktur, die in Südwestkanaan nach dem Zusammenbruch während des Iron Age I entstand, von ihrem Vorgänger unterschied«, dass »[n]eue Zentren [...] die traditionellen« ersetzten und »sich ein anderes Siedlungsmuster entwickelte«.[38]

Kurz gesagt, interpretiere ich die derzeit bekannte Lage folgendermaßen: Zwar mögen einzelne ethnische Kanaaniter (und sogar kleine Gemeinschaften) resilient gewesen sein, aber die kanaanitische Gesellschaft und die kanaanitischen Stadtstaaten hörten auf, als etwas Einmaliges erkennbar zu sein, als der Übergang zur Eisenzeit in der südlichen Levante fortschritt, mochten sie auch zweifellos auf die neuen Königreiche einwirken, die in dieser Region entstanden. Das lässt sich entweder als Transformation und hohe Resilienz deuten oder aber als Assimilation in die neuen Königreiche und damit als niedrige Resilienz. Aber so, wie wir in der Ägäis der weiteren Eisenzeit keine erkennbaren Mykener oder Minoer mehr sehen, sprechen wir auch für die Levante der späteren Eisenzeit nicht mehr allgemein von Kanaanitern, sondern von Israeliten, Judäern, Ammonitern, Edomitern, Moabitern und so weiter. Daher habe ich mich entschieden, dies als Assimilation zu deuten, wenn auch eine mit einem gewissen Maß an kulturellem Fortleben und Einfluss, und habe die Südkanaaniter in die letzte Kategorie eingeordnet. Andere sehen dies vielleicht lieber als erfolgreiche Transformation an und setzen sie in eine höhere Kategorie.[39]

Andere Kategorien?

Es gibt weitere Gruppen, die in eine der genannten Kategorien passen oder auch nicht, je nachdem, wie man die verfügbaren Daten interpretiert. Falls beispielsweise die monotheistischen Israeliten tatsächlich schon eine Zeit lang in der südlichen Levante gewesen sein sollten und einfach aus dem Hochland herabkamen, wo sie bisher gelebt hatten (also Finkelsteins »unsichtbare Israeliten«

waren), dann könnten wir sie potenziell als eine weitere bronzezeitliche Kultur in der Region ausmachen, die sich als resilient und innovativ erwies, später ins Gesamtreich und anschließend in die geteilten Königreiche Israel und Juda verwandelte und die ganze Zeit über die Transformation zur neuen Normalität vollzog. Falls sie jedoch erst kürzlich in die Region eingewandert waren (etwa in Gestalt des Exodus), dann müsste man sie als Neuankömmlinge betrachten, die das Chaos nach dem Kollaps nutzten, und das wäre eine ganz andere Geschichte.

Ein ähnliches Beispiel: Falls Ben-Yosef damit recht hat, dass die Edomiter vorher Nomaden waren, die in der Umgebung des Wadi Faynan wohnten, sich später dort niederließen und das Königreich Edom schufen, sollten wir das dann als Transformation ansehen, die auf den ägyptischen Rückzug aus der Region und die damit verknüpften Ereignisse zur Zeit des Zusammenbruchs am Ende der Bronzezeit reagierte? Oder stellen wir uns besser vor, dass sich das Königreich auf irgendeine andere Art entwickelt hatte, und betrachten es damit als etwas ganz Neues, das im Machtvakuum nach den turbulenten Ereignissen des späten 13. und frühen 12. Jahrhunderts entstand?

Vergleichbares gilt für die anderen Völker der Region. Beispielsweise ist das letzte Wort noch nicht gesprochen, ob die Ammoniter während des Zusammenbruchs am Ende der Bronzezeit einwanderten, vielleicht aus dem fernen Anatolien oder einer anderen Gegend Kanaans, oder ob sie im Grunde einheimisch waren und den Kollaps genau da überlebten, wo das eisenzeitliche Königreich Ammon lag.[40] All diese Möglichkeiten sind vertreten worden. Falls die Letztere zutrifft, könnte man sie in Kategorie 2 einordnen; falls eine der beiden anderen stimmt, müssen wir uns fragen, wo wir sie einordnen sollen oder ob sie hier überhaupt ins Bild gehören.

Dasselbe gilt für Moab und die Moabiter, die ihr Königreich wohl gegen 1300 v. Chr. gründeten, wenn nicht früher, die aber ebenso gut nicht lange vor 1200 v. Chr. in die Region gekommen sein oder ihr Reich sogar erst im 11. Jahrhundert errichtet haben können. Auch hier sind alle Möglichkeiten vertreten worden, und wie wir die Moabiter einordnen sollen – oder ob überhaupt –, steht einstweilen zur Diskussion.[41]

***

Es sei noch einmal betont, dass meine Zuweisung der verschiedenen Gesellschaften in die einzelnen Kategorien und die Sicht auf ihre Höhen und Tiefen im Lauf der Jahrhunderte vorläufig, ein reiner Versuch und vollständig von unserem aktuellen Wissen, meinen eigenen Annahmen und meiner Intuition abhängig ist (so unwissenschaftlich das sein mag). Weitere archäologische Arbeiten können für manche von ihnen anderes nahelegen, aber derzeit spiegelt die hier vorgenommene Kategorisierung meine eigene Neigung nach Durchsicht des verfügbaren Quellenmaterials.

Außerdem finde ich es hilfreich, sich daran zu erinnern, dass sich die Lage jeder Gesellschaft mit der Zeit veränderte, wie ich in Tabelle 4 darzustellen versucht habe, wo ich Jahrhundert für Jahrhundert meine Ansicht zum Status jeder Gesellschaft andeute. Das kann auch deshalb hilfreich sein, weil ich in den vorausgegangenen Kapiteln geografisch statt chronologisch vorgegangen sind.

Ich brauche nicht eigens zu sagen, dass andere Forscher zweifellos andere Meinungen vertreten werden und vor allem Ägypten wohl in eine andere Kategorie einordnen würden – entweder in eine höhere mit den Assyrern und Babyloniern oder in eine niedrigere mit den Mykenern und Minoern, je nachdem, wie man Faktoren wie politische Instabilität einschätzt. Kurz gesagt, sehe ich meine hier gemachten Vorschläge als Anfang und nicht als Ende der Debatte.

Tabelle 4. Resilienz und deren Fehlen, nach Gebiet/Gesellschaft und Jahrhundert geordnet, einschließlich der Phasen im adaptiven Zyklus

Gebiet/Gesellschaft	12. Jh. v. Chr.	11. Jh. v. Chr.	10. Jh. v. Chr.	9./8. Jh. v. Chr.
Ägypten	Bewältigung, aber ohne besonderen Erfolg; betroffen von Dürre, Hunger, Plünderung und politisch-sozialen Problemen	Resilienzprobleme dauern an, v. a. politische Zersplitterung, evtl. aber einsetzende Anpassung und spärliche Handelsaktivität zum Jahrhundertende	stärkere Resilienz, internationale Beziehungen verbessert; Rückkehr zu Diplomatie und militärischer Stärke unter Scheschonq	erneuter Abschwung; politische Wirren, mehrere Pharaonen zugleich; ab Mitte 8. Jh. Übernahme durch kuschitische Pharaonen aus Nubien
Zyklusphase	Omega	Omega	anfangs Omega, aber Übergang zu Alpha in der Zeit Scheschonqs	Rückfall in Omega
Assyrien	sehr resilient; ständige Überfälle der Aramäer, gelegentliche Konflikte mit den Babyloniern, im Wesentlichen aber nicht betroffen	bewältigt, doch beginnender Abstieg mit einsetzender Dürre, Hunger und Seuchen, die bis ins nächste Jh. andauern	Abstieg vollendet, Bewältigung und vielleicht Anpassung, aber bis ins letzte Drittel des Jh.s nacktes Überleben	Transformation zum neuassyrischen Reich; Eroberung des Alten Orients beginnt
Zyklusphase	Omega	Omega	Omega	Alpha

240

ANDERE KATEGORIEN?

Gebiet/ Gesellschaft	12. Jh. v. Chr.	11. Jh. v. Chr.	10. Jh. v. Chr.	9./8. Jh. v. Chr.
Babylonien	sehr resilient; ständige Überfälle der Aramäer, gelegentliche Konflikte mit den Assyrern, im Wesentlichen aber nicht betroffen	ähnliche Probleme wie die Assyrer; Bewältigung einsetzender Dürre, Hungersnot und Seuchen	ähnlich wie Assyrer; weiter Bewältigung und nacktes Überleben	weiterhin Bewältigung und Überleben
Zyklusphase	Omega	Omega	Omega	Omega
Griechisches Festland (Mykener/Griechen)	begrenzte Kontinuität, jedoch bereits auf gesunkenem soziopolitischem Niveau	mykenische Gesellschaft im engeren Sinn ist 1070–1050 v. Chr. verschwunden, Bevölkerung des Festlands lebt weiter, doch auf niedrigem soziopolitischem Niveau	radikaler Neuaufbau der griechischen Gesellschaft beginnt; einsetzender Transformationsprozess, beginnende Erholung	Wiederaufstieg der Griechen
Zyklusphase	Omega	Omega	Omega, dann Übergang zu Alpha	Alpha
Hethiter	faktisches Ende der hethitischen Gesellschaft in Zentralanatolien	Hethiter verschwunden	Hethiter verschwunden	Hethiter verschwunden
Zyklusphase	Omega			

KAPITEL 6: VOM KOLLAPS ZUR RESILIENZ

Gebiet/ Gesellschaft	12. Jh. v. Chr.	11. Jh. v. Chr.	10. Jh. v. Chr.	9./8. Jh. v. Chr.
Kanaan (Nord)	Übergang je nach Ort verschieden; manche (z. B. Ugarit) werden aufgegeben, andere sind sehr resilient und überdauern	Resilienz und Anpassung/ Bewältigung; wahrscheinlich stellenweise Assimilation in regionale neuhethitische Staaten	Resilienz und Anpassung/ Bewältigung wie im vorigen Jahrhundert	Resilienz und Anpassung bzw. Bewältigung wie zuvor; wahrscheinlich läuft in Nordsyrien die Assimilation in aramäische Königreiche
Zyklusphase	Omega	Omega	Omega	Omega
Kanaan (Mitte) Tyros, Sidon, Arwad usw.	antifragil, Transformation in die Phönizier; Übernahme von Seewegen beginnt	antifragil, anhaltendes maritimes Engagement	antifragil, anhaltendes maritimes Engagement; Inschriften der Herrscher von Byblos	antifragil, anhaltendes maritimes Engagement
Zyklusphase	anfangs Omega, dann aber fast sofortiger Übergang zu Alpha	Alpha	Alpha	Alpha
Kanaan (Süd)	anfangs resilient und anpassungsfähig, evtl. Ansätze von Transformation, jedoch nicht antifragil	evtl. resilient, wahrscheinlich aber einsetzende Assimilation durch Philister und andere	lesbar als Anpassung der Einheimischen, eher aber als Assimilation in die neuen regionalen Königreiche wie Israel, Juda, Edom und Ammon	mehrere neue Königreiche blühen auf, darunter Israel und Juda
Zyklusphase	Omega, aber fast sofortiger Übergang zu Alpha	Alpha	Alpha	Alpha

ANDERE KATEGORIEN?

Gebiet/Gesellschaft	12. Jh. v. Chr.	11. Jh. v. Chr.	10. Jh. v. Chr.	9./8. Jh. v. Chr.
Kreta (Minoer/Kreter)	Kontinuität und kulturelle Umstellungen; Übergang bewältigt durch transformative Anpassung	minoische Gesellschaft im engeren Sinn verschwunden, aber Kreter haben sich erholt und auf neue Realität eingestellt	kretische Gesellschaft besteht weiter; Kontakte zum Alten Orient erneuert	Kreta blüht
Zyklusphase	anfangs Omega, dann aber fast sofortiger Übergang zu Alpha	Alpha	Alpha	Alpha
Neuhethiter	neuhethitische Königreiche überleben in Nordsyrien (Nordkanaan) und Südostanatolien	Transformation, Anpassung und Bewältigung in wechselndem Ausmaß je nach neuhethitischer Stadt/Herrschaft	Zeit des Wiederaufstiegs; Inschriften neuhethitischer Herrscher	Karkemiš und andere neuhethitische Städte blühen
Zyklusphase	Omega	Alpha	Alpha	Alpha
Zypern	Anpassung, vielleicht sogar Transformation gelingt; evtl. antifragil; innovative Eisenverarbeitung	Resilienz und Blüte; neue Städte entstehen, alte halten sich, wenn auch verändert; aktiv im internationalen Handel, v. a. mit Eisenprodukten	weiter resilient; Vorbereitung der Transformation zur archaischen Zeit	Zypern blüht
Zyklusphase	anfangs Omega, dann aber fast sofortiger Übergang zu Alpha	Alpha	Alpha	Alpha

Das bisher Gesagte zeigt sehr klar, dass jeder Fall einmalig war. Unter den Gesellschaften, die während der Spätbronzezeit in der Ägäis oder im Ostmittelmeerraum aktiv waren, kamen manche erfolgreicher durch den Sturm als andere. Fragen, wie und/oder warum jede davon verwundbar oder nicht verwundbar war und wie und/oder warum jede Einzelne eine Transformation entsprechend der neuen Lage vollzog oder auch nicht, sind nicht leicht zu beantworten. In manchen Fällen können wir sie überhaupt nicht beantworten, weil unsere Daten so lückenhaft sind – häufig hängen wir stark von Gräber- und Keramikfunden ab, von Veränderungen in Besiedlungsmustern und so weiter. Es geht uns wie forensischen Ermittlern, die eine Fülle uralter Tatorte zu rekonstruieren versuchen, deren Spuren schon lange, lange kalt geworden sind – man denkt an CSI, NCIS, Columbo oder Kojak, doch selbst diese Fernsehdetektive könnten keinen der Fälle so aufklären, dass sie große Chancen hätten, eine Jury zu einem einstimmigen Urteil zu bringen; selbst Hercule Poirot oder Sherlock Holmes hätten damit ihre liebe Not.

Besonders macht uns die Tatsache zu schaffen, dass keine einzige dieser Gesellschaften Quellen hinterlassen hat, die ausdrücklich davon sprechen, dass ihre Welt sich verändert hat – beispielsweise lesen wir kein Wort von »zur Zeit meines (Groß-)Vaters hatten wir noch Kontakt zu den Hethitern (oder Ägyptern oder, oder, oder …), aber die kommen nicht mehr her«. Das liegt vielleicht einfach daran, dass wir aus der Zeit unmittelbar nach dem Kollaps sehr wenige Schriftquellen besitzen – in Assyrien etwa gab es ab 1208 v. Chr. eine gut 75 Jahre lange Zeitspanne, aus der wir kaum Quellen haben, die die Könige betreffen. Auch von den anderen Gesellschaften dieser Zeit haben wir nichts wirklich Relevantes; nicht einmal die Ägypter sprechen nach den triumphalen Siegesmeldungen Ramses' III. über die Seevölker 1177 von etwas besonders Auffälligem, abgesehen von ein paar inneren Problemen wie einem Arbeiterstreik und später der Ermordung des Pharao. Natürlich hatten die meisten Zentren, die solche Aufzeichnungen geführt hätten, darunter Ugarit, Ḫattuša und Mykene, allesamt dramatisch gelitten, waren Opfer einer Invasion oder verlassen worden, weshalb der Mangel an Schriftquellen uns vielleicht nicht überraschen sollte.

Verwundbarkeit, Fragilität und Resilienztheorie

Beim Blick auf das Material der letzten Kapitel können wir außerdem aus dem Bereich der Resilienztheorie noch die Begriffe Verwundbarkeit und Fragilität vertiefen und anwenden. Aus der Rückschau erscheint es beispielsweise ziemlich deutlich, dass die mykenische Gesellschaft verwundbar war. Ihre Königreiche, die wir von Homer und anderen Autoren sowie durch die Archäologie kennen – Athen, Mykene, Pylos, Theben –, brachen alle zusammen und das Leben spielte sich nun lokal statt global ab. Doch am Ende tauchten die Überlebenden ab dem 8. Jahrhundert v. Chr. wieder auf der internationalen Bühne auf und spielten eine größere Rolle, die sie zu einem neuen Leben als klassisches Griechenland führen sollte.[42]

Daher lautet die naheliegende Frage an dieser Stelle: Wieso waren die Mykener so verwundbar oder fragil und waren sie es stärker als andere Gesellschaften? Außerdem: Hatte jeder aus ihrer Gesellschaft ebenso stark zu leiden? Traf der Kollaps die Unterschicht oder die Bauern im ländlichen Messenien ebenso wie die Eliten im Palast von Mykene? Konnten diese Bauern sich einfach kurz schütteln und dann mit der Subsistenzwirtschaft weitermachen, während die Königsfamilie und ihre Verwalter entweder zugrunde gingen oder angesichts bronzezeitlicher Lieferkettenprobleme die Flucht ergriffen?[43] Das alles wird in der Forschung diskutiert – und eine klare Lösung ist nicht in Sicht.

Einige Gelehrte haben vorgeschlagen, dass die Palastwirtschaft der Mykener für die unteren Gesellschaftsschichten nicht mehr passend war und dass die verschiedenen Großprojekte architektonischer wie geografischer Natur, etwa die Trockenlegung des Kopais-Beckens, das System praktisch in den Bankrott getrieben und alle, die nicht zur Elite in den Palastzentren gehörte, in große Not gebracht hatten. So haben Erika Weiberg und Martin Finné vermutet, dass der Kollaps für die Nicht-Eliten auf dem griechischen Festland tatsächlich »die Chance bedeutete, die sie brauchten, um aus einer nicht nachhaltigen soziopolitischen Struktur zu ›entkommen‹«.[44]

Joseph Maran, der langjährige Leiter der Grabungen in Tiryns, stimmt dieser These zu und ergänzt, es könnten noch weitere langfristige und systemische Probleme bestanden haben, darunter Konflikte zwischen den Eliten in den verschiedenen Zentren, die den Mykenern insgesamt den Boden unter den Füßen wegzogen, und »innere Widersprüche, die sich in den Palaststaaten schon länger aufgebaut hatten«. Außerdem hält er Rebellionen im Innern für möglich, »unterstützt und organisiert durch entrechtete Angehörige der zweiten oder dritten Reihe der Elite, die vielleicht Zugang zu Teilen der militärischen Infrastruktur der Paläste hatten und sie gegen die Herrscher verwendeten«.[45]

Damit waren die Mykener vielleicht so oder so reif und die verschiedenen Probleme, die der »perfekte Sturm« des Zusammenbruchs mit sich brachte, könnten die Gesellschaft an einen Kipppunkt geführt haben, von dem sie sich dann nicht mehr erholen konnte.[46] Das würde bedeuten, dass weder der Zusammenbruch der Palastwirtschaft noch die Unfähigkeit der Mykener zur Erholung das Ergebnis blinden Zufalls war, sondern aus der Rückschau belegbar und mit einiger Wahrscheinlichkeit voraussehbar ist.

Die gleichen Fragen lassen sich zu den Hethitern in Anatolien stellen, die in der Späten Bronzezeit einen Zweikampf um die Kontrolle über den östlichen Mittelmeerraum mit Ägypten austrugen. Auch ihre Gesellschaft verschwand praktisch, abgesehen von den kleinen Stadtstaaten und Königreichen, die in Südostanatolien und Nordsyrien überlebten. Lebten die Menschen auf dem platten Land einfach weiter wie bisher oder wurde ihr Leben so sehr durcheinandergewirbelt wie das derjenigen, die in der Hauptstadt Ḫattuša gelebt hatten? Auch hier hält die Debatte an; allerdings hat sich jüngst Adcock genau diesen Fragen zugewandt: »Was bedeutete es im hethitischen Fall beispielsweise für die Menschen im ländlichen Çadırlı [einer Kleinstadt im Hinterland], als das Reich seinen Zusammenhalt verlor? Wurde ihre Lebensweise durcheinandergebracht, und wenn ja, wie reagierten sie?« Miguel Centeno und seine Kollegen beim Projekt Global Systemic Risk am Institute for International and Regional Studies der Universität Princeton konstatieren: »Des einen Kollaps kann des anderen Chance sein.«[47]

Sicher lässt sich die Ansicht vertreten, dass die Hethiter ohnehin am Rand des Zusammenbruchs standen. Es gibt Anzeichen für Machtkämpfe im Königshaus, darunter Versuche, nach dem Thron zu greifen, und anscheinend hatten die Hethiter ihre bisherige Hauptstadt erneut aufgegeben (wie schon einmal kurzzeitig im 13. Jahrhundert v. Chr.) und hatten ihr Zentrum nun irgendwo in Tarḫuntašša statt in Ḫattuša. Das alles hätte ihre Fragilität und Verwundbarkeit erhöht, ebenso den Mangel an Resilienz und später das Unvermögen, nach dem Kollaps wieder auf die Beine zu kommen.[48]

Dagegen scheinen die Assyrer in Nordmesopotamien nicht annähernd so verwundbar oder fragil gewesen zu sein wie die Mykener oder die Hethiter: Sie schafften es, den Kollaps mehr oder weniger unversehrt zu überstehen. Wie das? Was war bei ihnen anders? Nicholas Postgate bezeichnete die gesamte Zeit zwischen 1200 und 900 v. Chr. als bloße »Rezession« für die Assyrer.[49] Das ist vielleicht zu positiv formuliert, aber richtig ist, dass diese Gesellschaft in den Jahren nach dem Kollaps resilient wie nur irgendetwas war. Sie konnte überleben, obwohl sich das Klima in der Region bis ins 11. Jahrhundert v. Chr. und darüber hinaus nachteilig bemerkbar machte: Über längere Zeiträume fiel wenig Regen, und der Euphrat verlagerte sein Flussbett, was beides für Dürren, Missernten, Getreidemangel und Hunger sorgte. Auch Seuchen traten auf, die nicht nur die Assyrer im Norden, sondern auch die Babylonier in Südmesopotamien betrafen.[50] Und doch haben sie sich gehalten.

Egal vor welchen Herausforderungen sie standen, die Assyrer scheinen die Eigenheiten ihrer Gesellschaft nie vollständig eingebüßt zu haben und mussten sie niemals vollständig neu aufbauen oder auch nur einer größeren Transformation unterziehen. Ein Vergnügen kann die Phase nach dem Kollaps für sie nicht gewesen sein, was sich vielleicht im Fehlen von Königsinschriften für den Großteil des 12. Jahrhunderts v. Chr. widerspiegelt, aber im 9. Jahrhundert v. Chr. kamen sie unbeschadet aus der Krise und standen bereit, ihre neue Herrschaft im ganzen Alten Orient für drei Jahrhunderte bis 612 v. Chr. zu errichten.

Natürlich hatte auch ihre Welt sich gewandelt. Verschwunden waren die meisten anderen Großkönige und die internationalen Beziehungen der Bronzezeit. Wenn wir Königsinschriften besitzen, befassen sie sich jetzt fast ausschließlich mit Feldzügen, nicht mit internationalen Handelsfragen. Dennoch, viele jener Kennzeichen, die man normalerweise von einem Dunklen Zeitalter erwartet – darunter ein Verlust der Zentralregierung und der zentralisierten Wirtschaft sowie das Verschwinden traditioneller Eliten und der Schrift –, fehlten im eisenzeitlichen Assyrien (und nebenbei auch in Babylonien).

Beispielsweise blieb die Keilschrift in Gebrauch. Nach wie vor wurden Monumentalinschriften in Stein gemeißelt und in Palästen und verschiedenen Städten aufgestellt, wie es in den vergangenen Jahrhunderten der Bronzezeit geschehen war. Briefe und Urkunden wurden immer noch auf Tontafeln geschrieben, die Identität des Einzelnen war weiter auf seinem Rollsiegel zu lesen. Mehr noch, die Spitze der Elite, also der König und seine Familie mit ihren Gefolgsleuten und Dienern, bestand ohne nennenswerte Unterbrechung so weiter wie vor 1177 v. Chr. Das gilt auch für die Regierungsbeamten und Verwalter, die verschiedenen Gesellschaftsschichten und die Zentralwirtschaft.[51] Trotz erheblicher Schwankungen des Klimas und trotz Angriffen von außen fanden die Assyrer ihren Weg durch die Jahrhunderte so gut wie unverändert, was ihre Sozialstruktur und ihre Werte anging.

Noch einmal: Wie kam das? Warum sie und nicht andere? Lag es an der Position des Landes am Zusammenfluss von Euphrat und Tigris, dass sie nicht so stark von der Dürrephase oder den Hungerkrisen betroffen waren, die zum Sturz ihrer Handelspartner, aber auch ihrer Feinde beitrugen? Lagen sie weit genug weg von der Mittelmeerküste, um Angriffen der Seevölker zu entgehen, die die Küstenkönigreiche verheerten? Vielleicht hatten sie das große Glück, in der Stunde der Not den richtigen Anführer (oder mehrere) zu haben oder auch genug Sicherheitsreserven bei Staatsverwaltung und Regierungspraktiken, vielleicht eine Armee, die Invasoren abwehren und/oder die benötigten Ressourcen, die nach dem Zusammenbruch des internationalen Handels fehlten, durch das Besiegen anderer beschaffen konnte – oder alles auf einmal? Vielleicht hatten sie auch einfach nur Glück?

Doch die Tatsache, dass die Assyrer weitermachen und sich resilient zeigen konnten, scheint mit Zufall wenig zu tun gehabt zu haben – vielleicht nicht einmal damit, dass sie besser vorbereitet gewesen waren als manche anderen.[52] Stattdessen erwiesen sie sich womöglich wegen vier Faktoren als resilient, die sie aus unbekannten Gründen aufrechterhalten konnten: ihrer Zentralregierung unter Leitung des Königs, ihrer Wirtschaftsbasis, ihrer Schrift und ihres Heeres.

Zusätzlich scheinen die Reaktionen und Resilienzformen jeweils davon abhängig zu sein, was genau zusammenbrach. Beispielsweise könnte man sagen, dass die mykenische und die hethitische Gesellschaft die härtesten Landungen hinlegten, weil beide ihre Zentralverwaltung und zentralisierte Wirtschaft verloren. Das gilt eindeutig für die Hethiter, die ihr Großreich einbüßten, und wahrscheinlich auch für die Mykener, wo jedes der kleinen Königreiche – etwa Mykene, Theben und Pylos – seine eigene Zentralverwaltung und -wirtschaft besaß. Man könnte aber auch der Meinung sein, dass die mykenischen Zentren nicht hinreichend autark waren und zu stark von Rohstoffimporten wie Kupfer, Zinn und Gold abhingen. Dasselbe ließe sich von anderen sagen, etwa den Hethitern.

Dagegen verloren Assyrer, Babylonier und Ägypter während des Zusammenbruchs ihre Königsdynastien nicht, ebenso wenig ihre Zentralverwaltung oder ihre Wirtschaft; sie erlebten lediglich Umbrüche, die sich durch Resilienz überwinden ließen. Anders als die Griechen mussten sie nicht alles neu aufbauen. Die Assyrer konnten sich sogar als Beute oder Tribut einfach die Rohstoffe schnappen, die sie brauchten.

Die Autoren des IPCC-Berichts von 2012 führen unter anderem aus: »Extremereignisse haben stärkere Auswirkungen auf Sektoren, die enger ans Klima gebunden sind, etwa Wasser, Landwirtschaft und Nahrungssicherheit. […] Beispielsweise […] gilt es als sehr wahrscheinlich, dass Veränderungen des Klimas das Potenzial haben, Systeme zur Wasserbewirtschaftung schwer in Mitleidenschaft zu ziehen.«[53]

Vielleicht verdient es Erwähnung, dass von den vier Gesellschaften, die bei mir am höchsten rangieren, was den Einfluss als spätbronzezeitliche »Großmächte« betrifft – nämlich Ägypter, Assyrer, Babylonier und Hethiter, teils an ihrem Status gemäß den Amarnabriefen des 14. Jahrhunderts v. Chr. gemessen –, drei an Flusssystemen lagen: Die Ägypter hatten den Nil, Assyrer und Babylonier Euphrat und Tigris. Die Hethiter dagegen hatten kein so großes und zuverlässiges Flusssystem in der Nähe, sondern nur den Kızılırmak (Halys) als Ressource – und sie sind die einzige der vier Mächte, die vollständig zusammenbrach.

Tabelle 5: Zukunft der Zivilisationen/Gesellschaften in den Jahrhunderten nach dem Kollaps

	transformiert in	assimiliert oder ersetzt durch
Ägypter	Ägypter	–
Assyrer	Assyrer	–
Babylonier	Neubabylonier	–
Hethiter (und Nordkanaaniter)	Neuhethiter (in Nordkanaan und Südostanatolien)	Urartu (in Ostanatolien), Phryger (in Zentral- und Westanatolien)
Mykener und Minoer	archaische Griechen und Kreter	–
Südkanaaniter	–	Israel, Juda, Edom, Moab, Ammon, Philistäa
Zentralkanaaniter	Phönizier	–
Zyprer	archaische Zyprer	–

Zusätzlich möchte ich die These aufgreifen, dass der Aufstieg eisenzeitlicher Mikrostaaten von den Aramäerkönigreichen bis hin zu Israel und Juda vielleicht einfach eine Folge davon war, dass diese Gebilde aus dem Schatten vormals mächtiger Großreiche wie der Hethiter, Ägypter, Assyrer und Babylonier heraustraten – ein Vorgang, der sich laut Renfrew nach einem Systemkollaps abspielt. Dasselbe gilt für kleine, private Handelsunternehmen, die die staatsgelenkten Initiativen der Bronzezeit ablösten. Aber es könnte sich auch um eine bloße Rückkehr zu den Verhältnissen handeln, wie sie früher im 2. Jahrtausend, während der Mittleren Bronzezeit, in Kanaan und Griechenland geherrscht hatten.[54] Auch das muss weiter erforscht und diskutiert werden.

Interessant könnte es außerdem sein, sich näher mit denkbaren Alternativentwicklungen zu befassen, zu denen es hätte kommen können, wenn die Dinge für manche Gesellschaften anders gelaufen wären, und sich zu fragen, ob manche von ihnen ihrem

Schicksal hätten entgehen können. Darin steckt jede Menge »hätte, wollte, würde«, aber vorausgesetzt, das hethitische Königshaus hätte keine internen Probleme gehabt und seine Hauptstadt nicht verlegt, dann wäre ihr Reich eventuell nicht so rasch und so gründlich kollabiert. Wären wiederum die Mykener wirtschaftlich autarker gewesen und nicht so abhängig von den Rohstoffen anderer und hätten sie die aufwendigen Bau- und Ingenieursprojekte zurückgefahren, die die unteren Schichten so hart trafen, hätten auch sie leichter überleben können.

Und was, wenn eine oder mehrere Gesellschaften gar nicht zusammengebrochen wären? Hätte das gesamte System überleben können, falls es nur die Hethiter erwischt hätte oder nur die Mykener? Was wäre geschehen, hätte niemand Ugarit zerstört oder hätten sich die Ägypter nicht aus Südkanaan zurückgezogen?

Das alles ist selbst aus der Rückschau schwer einzuschätzen, weil so viele bekannte und unbekannte Faktoren mitspielen. Im Weg steht uns dabei, dass wir weiterhin nicht genau wissen, was genau jede einzelne Gesellschaft zur Strecke brachte, und auch nicht, ob es eine Kombination mehrerer Faktoren war. Wurden beispielsweise die Mykener von den Seevölkern überrannt oder erlagen sie Aufständen in den verschiedenen Palästen? Oder brachte die Dürre sie zu Fall? Oder war es all das zusammen oder noch etwas ganz anderes?

Je nachdem, welcher Faktor oder welche Faktoren, Stressauslöser oder welche Kombination davon es war, ließen sich vielleicht mögliche Alternativlösungen denken, die man hätte verwenden können, um den Kollaps der eigenen Gesellschaft aufzuhalten, aber das ist Spekulation. Zugleich bildet es den Kern eines Denkens in Wahrscheinlichkeiten und den Stoff, aus dem kontrafaktische Geschichte geschrieben wird.[55] Auch so können wir uns nach Herzenslust Szenarien ausmalen, aber wie Omar Khayyam sagt: »[...] der bewegliche Finger schreibt und gleitet weiter, wenn er geschrieben hat; all deine Frömmigkeit und dein

Verstand kann ihn nicht zurücklocken, um auch nur eine halbe Zeile zu streichen, und all deine Tränen löschen kein einziges Wort davon aus.«

Kollaps *und* Transformation

Vor gut dreißig Jahren formulierte der angesehene Soziologe Shmuel Eisenstadt hart: »Antike Staaten und Kulturen brechen überhaupt nicht zusammen, wenn man unter *Kollaps* das vollständige Ende dieser politischen Systeme und der mit ihnen einhergehenden kulturellen Gefüge meint.«[56] Diese Aussage würde ich bestreiten, denn genau das geschah tatsächlich mit den Mykenern und den Hethitern. Selbst wenn sich, wie im Fall der Neuhethiter, einige Reste hielten und selbst wenn es eine gewisse Kontinuität zum nächsten Zeitabschnitt gibt wie im Fall der Götternamen in Griechenland – im Zusammenbruch am Ende der Bronzezeit kam es eindeutig zum vollständigen Ende der politischen Systeme und der mit ihnen einhergehenden kulturellen Gefüge für Hethiter und Mykener.

Allerdings fügt Eisenstadt hinzu: »Ein Kollaps ist alles andere als eine Anomalie und [...] stellt auf dramatische Weise nicht das Ende sozialer Institutionen dar, sondern fast immer den Anfang neuer.«[57] Dem kann ich schon eher zustimmen, auch wenn ich es lieber so ausdrücken würde: »Ein Kollaps kann das Ende sozialer Institutionen und zugleich den Anfang neuer bedeuten.«

Während inzwischen feststeht, dass der Zusammenbruch am Ende der Bronzezeit sehr vielschichtig war, ist ebenso deutlich, dass die Wiedergeburt noch komplizierter ablief; grobe Pauschalaussagen greifen da nicht. Zu behaupten – wie manche Forscher es getan haben –, dass es gar keinen Kollaps gab, sondern nur Transformation oder Übergänge, ist nicht nur unzureichend, sondern kann sogar in gewissem Maß schädlich sein, denn der Gebrauch dieser milden, emotionslosen Begriffe zieht die Gefahr nach sich, den menschlichen Faktor des Geschehens schönzufärben oder zu minimieren, besonders das Leid und Elend, das viele in jener Zeit getroffen haben mag.[58]

Wir haben acht verschiedene Beispiele betrachtet, von denen jedes einen eigenen Weg zurück zum Erfolg genommen hat (oder auch nicht). Kein Zweifel, das Leben, wie es vom 15. bis zum 12. Jahrhundert v. Chr. verlief, war kurz nach 1200 v. Chr. vorbei. Doch jede Region war anders betroffen, jede kam zu einer leicht unterschiedlichen Zeit zu Fall, wenn auch im selben Zeitraum, und jede schlug einen eigenen Pfad zur Erholung ein.[59] Bei manchen gab es Resilienz, etwa bei den Assyrern. Bei anderen kam es zur Transformation, etwa bei den Zyprern. Kompletten Zusammenbruch wie bei den Hethitern gab es auch. Daher möchte ich mich anderen mit der These anschließen, dass der Übergang zwischen Bronze- und Eisenzeit in der Ägäis und im östlichen Mittelmeerraum eine Zeit des Zusammenbruchs und zugleich eine Zeit der Anpassung und/oder Transformation war, je nachdem, wohin man in diesem Raum blickt. Um es in den Begriffen des adaptiven Zyklus zu sagen: Er war Alpha und Omega zugleich (vielmehr Omega, gefolgt von Alpha).

Wie können wir das alles in einem Satz bündeln? Eindeutig versuchten sich alle in diesem Gebiet vom selben Kollaps zu erholen, aber dabei beschritt jede Gesellschaft ihren eigenen Weg der Genesung oder auch nicht. Vielleicht hilft es, wenn wir uns den Umbruch als eine Membran oder Barriere zwischen Bronze- und Eisenzeit vorstellen, die nicht alles aussperrte, sondern porös war und bestimmte Kontinuitätsstränge durchließ. Wir könnten uns das Geschehen auch als ein Wettrennen vorstellen wie in den Olympischen Spielen der Antike und der Moderne. Alle Teilnehmenden fangen zur selben Zeit an derselben Startlinie an – was heißt, dass sie sich alle gleichzeitig vom Kollaps erholen mussten –, aber die Ziellinie erreichen sie weit auseinandergezogen, denn jede Gesellschaft überschritt den Endpunkt zu einer anderen Zeit – und manche kam gar nicht an.

Mykener oder Phönizier?

Statt einer Zusammenfassung sollten wir uns noch eine letzte Reihe von Fragen stellen: Können wir aus den Ereignissen vor 3000 Jahren etwas Neues für uns heute lernen? Gibt es eine Lehre aus der insgesamt dramatischen Geschichte von Wiederaufstieg und Neubelebung des globalisierten Netzwerks im Mittelmeerraum, nur vier Jahrhunderte nach dem Kollaps am Ende der Bronzezeit? Und gibt es eine einfache Antwort, was wir tun müssen, falls unsere eigene Gesellschaft bzw. Zivilisation zusammenbricht?

Vor einem Jahrzehnt schloss der von mir bereits mehrfach zitierte IPCC-Bericht: »Das Potenzial für miteinander verknüpfte globale Auswirkungen von Extremereignissen wächst weiterhin, da die Weltwirtschaft immer stärker vernetzt wird.«[60] Dieses Zitat scheint hier angebracht, denn unsere soziale Verwundbarkeit und Fragilität wurden jäh offengelegt, als Covid-19 im Jahr 2020 erstmals weltweit zuschlug, und ein zweites Mal, als sich in der zweiten Hälfte des Jahres 2021 Probleme in den globalen Lieferketten entwickelten. Ich übertreibe nicht, wenn ich sage, dass es sich für mich manchmal wirklich so angefühlt hat, als stünden wir selbst am Rand des sozialen Zusammenbruchs – »demnächst auch in Ihrer Nähe«, wie es im Kino heißt. Wann wird das passieren? Was ist unser Kipppunkt? Sicher kann ich das natürlich nicht sagen, aber ich habe die starke Vermutung, dass es eher früher als später sein wird, eine Frage von »wenn« und nicht »falls«, und dass wir etwas von denen lernen müssen, die vor über 3000 Jahren einen sozialen Kollaps überlebten.

Sicher können wir etwas lernen, aber eine einfache Antwort, was wir tun müssen, gibt es leider nicht, denn das hängt letztendlich von den Stressfaktoren oder den treibenden Kräften des Geschehens ab. Unabhängig davon ist es nur logisch, eine Vielzahl von Notfallplänen vorzuhalten, sodass bei einem Versagen der Primärsysteme von Regierung und Verwaltung, Handel, Landwirtschaft oder Bankwesen ohne lange Verzögerung ein Sekundär- oder gar Tertiärsystem in Funktion gesetzt werden kann. Kurz gesagt, brauchen wir genug redundante Systeme, auf die wir bei einem Ausfall der Primärsysteme zurückgreifen können. Außerdem müssen wir resilient genug sein, jeden denkbaren Schlag auszuhalten, autark genug, um auf den Beinen zu bleiben, selbst wenn – oder sobald – unsere Handelspartner ausfallen, innovativ genug, um uns nach Bedarf anpassen oder transformieren zu können, und stark genug, feindlichen Invasionen oder Angriffen widerstehen zu können, selbst wenn wir schon ins Taumeln gekommen sind. Aber das ist alles nur gesunder Menschenverstand und andere würden wahrscheinlich ähnliche Ratschläge erteilen, ganz ohne die Ereignisse nach dem Kollaps am Ende der Bronzezeit studiert zu haben.

Mitnehmen aus all dem sollten wir besonders, dass sich ein solcher Kollaps eindeutig überleben lässt, vorausgesetzt, wir sind resilient genug und können nach Bedarf Krisen bewältigen, uns anpassen oder transformieren. Nicht immer reißt der Zusammenbruch einer Gesellschaft jeden Einzelnen mit, und häufig halten sich Kulturen, sei es auch auf einfacherem Niveau oder in einer Neuauflage.[61] Und sogar für die am härtesten Getroffenen gibt es, wenn das Schlimmste vorbei ist, häufig eine Phase der Regeneration, die zur Wiederkehr von Leben, Wohlstand und Glück führt (wie die alten Ägypter sagen würden).

Wenn also unsere eigene globalisierte Zivilisation endet, wird die Art, wie wir damit umgehen, davon abhängen, wie umfassend der Zusammenbruch ist und wie gut wir uns auf ihn vorbereitet haben. Hoffen wir, dass es nicht so weit kommt, und erinnern wir uns lieber an die Worte des langjährigen Trainers des Basketballteams der University of California Bruins, John Wooden (vor ihm könnte das auch Benjamin Franklin gesagt haben): »Du bereitest dein Scheitern vor, indem du bei der Vorbereitung scheiterst.«[62]

Alle, die mit wachsender Verzweiflung in den aktuellen Abgrund aus globaler Erwärmung, endloser Gewalt, Ressourcenknappheit, Dürren und Umweltverschmutzung starren, finden vielleicht etwas Mut in dem Wissen, dass wir, falls wir die richtigen Resilienzstrategien entwickeln, den Schaden eines sozialen Zusammenbruchs minimieren und die folgende Erholungsphase beschleunigen können. Mindestens können wir hoffen, dass jemand übrig bleibt, der die Scherben aufsammeln und weitermachen kann.

Tabelle 6: Lehren für die Gesellschaft aus dem Zusammenbruch am Ende der Bronzezeit und seinen Nachwehen

---
1. Halte mehrere Notfallpläne bereit und richte Redundanzsysteme ein, auf die du dich beim Ausfall der primären Systeme verlassen kannst.
2. Sei resilient genug, jeden denkbaren Schlag auszuhalten, und stark genug, allen feindlichen Invasionen oder Angriffen zu widerstehen.
3. Sei so autark wie möglich, aber verlasse dich, wenn nötig, auf die Hilfe von Freunden.
4. Sei innovativ und einfallsreich, bereit für schnelle Veränderungen und eine Anpassung oder Transformation, nicht nur für einfache Krisenbewältigung.
5. Bereite dich auf Extremwetterlagen vor – wenn sie kommen, bist du bereit, wenn nicht, schadet es nicht.
6. Sichere dir zuverlässige Wasservorräte.
7. Halte die Arbeiterklasse bei Laune.

An dieser Stelle fällt mir auch Leon Megginson ein, ein Professor für Management und Marketing an der Louisiana State University, der Charles Darwins *Die Entstehung der Arten* 1963 wie folgt zusammenfasste: »Es überlebt nicht die intellektuellste Art, es überlebt nicht die stärkste Art, sondern die Art überlebt, die sich an die wechselhafte Umwelt, die sie vorfindet, am besten anpasst und auf sie einstellt.«[63] Das passt sehr gut zu dem, was wir zu den Jahrhunderten der Eisenzeit in der Ägäis und im Ostmittelmeerraum festgestellt haben, und das sollte man sich auch für die Zukunft merken.

Also dann – sind wir Mykener oder sind wir Phönizier? Sind wir heute verwundbarer und fragiler, als wir uns eingestehen möchten? Wenn wir sehen, dass wir vor bleibenden Problemen stehen, werden wir uns dann transformieren? Werden wir innovativ und einfallsreich sein? Werden wir mitten im Chaos aufblühen? Oder werden wir bloß eine Fähigkeit zeigen, uns anzupassen oder die Krisen zu bewältigen, werden wir uns nur auf die Situation einzustellen versuchen? Oder noch schlimmer: Werden wir uns zum Nichtstun entschließen und ein Kaskadenversagen, einen Systemzusammenbruch riskieren, in dem sich das Geschehen von vor über 3000 Jahren wiederholt?[64]

Eine eingehende Darstellung und eine Analyse, wie wir reagiert haben, werden wir den Akademikern des nächsten Jahrhunderts oder noch späterer Zeiten überlassen müssen ... und auch das Urteil, ob wir erfolgreich waren oder nicht.

EPILOG

Ende eines Dunklen Zeitalters

Jetzt können wir den Kreis schließen und uns erneut die Frage stellen, die am Anfang dieses Buches stand: War dieser Zeitraum – die Jahrhunderte nach dem Kollaps am Ende der Bronzezeit – nun ein Dunkles Zeitalter oder nicht? Zwar versteht die Wissenschaft unter der Bezeichnung eines Zeitabschnitts als »Dunkles Zeitalter« eigentlich nur das Fehlen schriftlicher Aufzeichnungen und einen Komplexitätsverlust in der Gesellschaft, aber außerhalb der akademischen Welt verwendet man den Begriff häufiger für völligen Zusammenbruch und Degeneration, wenn verängstigte Überlebende in den Ruinen ihrer einst so stolzen Städte dahinvegetieren und Barbaren in der Finsternis lauern.[1]

Wie wir gesehen haben, treffen jedoch beide Szenarien nicht wirklich auf die Jahrhunderte nach dem Kollaps zu. Während dieser Zeitraum insgesamt viele der Kriterien für ein Dunkles Zeitalter erfüllt, die im Prolog dieses Buches vorgestellt wurden, einschließlich eines Verlusts der Schriftlichkeit, des Endes großer Bauprojekte und des Zusammenbruchs zentralisierter Wirtschaft und Verwaltung, beobachten wir dies doch nur in einigen der von uns untersuchten Gesellschaften, aber nicht in allen Regionen. Und selbst in jenen Gebieten, die am schwersten betroffen waren, finden wir weiterhin Anzeichen für Erfindungen und Innovationen.

Tatsächlich sprechen, wenn überhaupt, nur noch wenige meiner Kollegen von dieser Zeit als einem Dunklen Zeitalter; heutzutage sagt man in Archäologie, Alter Geschichte, Bibelwissenschaften und anderen Forschungsdisziplinen meistens einfach »Eisenzeit« dazu. Beim breiteren Publikum scheint das aber noch nicht angekommen zu sein – schauen Sie sich nur die Definition von »dark age« im Wörterbuch von *Merriam-Webster* oder »Greek Dark Age« in der *World History Encyclopedia* an, die ich zu Beginn des Buches erwähnte. Das muss sich ändern, wie sich ohne Weiteres zeigen lässt.

***

Ian Morris hat darauf hingewiesen, dass die Vorstellung eines Dunklen Zeitalters in der Geschichte des antiken Griechenland erst in den 1890er Jahren entstand, nachdem Historiker und Archäologen erkannt hatten, dass mindestens vier Jahrhunderte zwischen Homer (der in der zweiten Hälfte des 8. Jahrhunderts v. Chr. lebte) und dem Trojanischen Krieg lagen (der höchstwahrscheinlich Anfang des 12. Jahrhunderts stattfand).[2] Um nur ein klassisches Beispiel zu nennen: 1962 beschrieb Sir Denys Page, ein bedeutender britischer Experte der homerischen Zeit, dieses Zeitalter so: »Irgendwann kurz nach 1200 v. Chr. wurde die mykenische Zivilisation vom Erdboden vertilgt. […] Die nächsten 300–400 Jahre blieb Griechenland isoliert, verarmt, provinziell. Die Schriftkenntnis ging verloren, die Kontakte zur Außenwelt sanken zu wenig oder nichts ab, Kunst und Handwerk des mykenischen Griechenland kamen außer Gebrauch oder kamen stark herunter. Der Kontrast ist ungefähr so extrem, wie er nur sein könnte.«[3]

Chester Starr hat in seinem einmaligen Stil ein Jahr zuvor im Grunde dasselbe gesagt, nur etwas poetischer: »Als die letzte Glut in den zerstörten mykenischen Palästen erlosch, legte sich Dunkelheit über Griechenland. In den meisten Teilen der Ägäis lebten weiterhin Menschen, gründeten Familien und starben, aber ihre stumpfe Alltagsroutine mit dem Begräbnis am Schluss hinterließ nur spärlichste materielle Überreste. Erst im 8. Jahrhundert v. Chr. beginnt sich diese Finsternis langsam zu heben.«[4]

Dieses Modell des Dunklen Zeitalters Griechenlands herrschte, wie Morris zeigt, fast ein Jahrhundert lang bis in die 1980er Jahre, wenn sich auch viele Diskussionen und Debatten um das Thema drehten. Inzwischen war daraus für viele in diesem Forschungsfeld ein Dogma geworden, besonders nach wirkungsträchtigen Publikationen dreier prominenter britischer Archäologen in den 1970er Jahren – Anthony Snodgrass aus Cambridge 1971 (mit *The Dark Age of Greece*), Vincent Desborough aus Oxford 1972 (*The Greek Dark Ages*) und Nicholas Coldstream 1977 (*Geometric Greece*).[5]

Doch in den letzten Jahrzehnten haben archäologische Ausgrabungen viel neues eisenzeitliches Material erbracht, das diesem Modell die Basis entzieht. Selbst Starr räumte schließlich in den frühen 1990er Jahren ein: »Zu keiner anderen Periode der antiken Geschichte hat sich unser Wissen […] auf der Tatsachenebene in den letzten Generationen so sehr gewandelt und vermehrt wie unser Bild des frühen Griechenland.«[6]

Unter anderem deswegen vertritt eine Reihe wissenschaftlicher »Gradualisten«, wie Ian Morris sie nennt, inzwischen die Ansicht, dass es nach dem Kollaps am Ende der Bronzezeit keinen so abrupten Bruch gab, wie wir früher gedacht haben, dass die Umbrüche sich wahrscheinlich eher in Grenzen hielten und dass das Dunkle Zeitalter insgesamt nicht ganz so trostlos war, wie man es früher dargestellt hat, also auch nicht so bezeichnet werden sollte. Sarah Morris hat sogar ausdrücklich erklärt: »Die neuere Archäologie hat Griechenlands ›Dunkles Zeitalter‹ gebannt.« Denn, fügt sie hinzu, »jüngere Entdeckungen haben es zu hell erleuchtet, als dass es seinen Namen oder seine Realität noch behalten kann«.[7]

Ich denke, unsere Erkundungsreisen in den letzten Kapiteln haben gezeigt, dass dies nicht nur für die Ägäis gilt, sondern auch für den östlichen Mittelmeerraum. Joshua Jeffers bemerkte 2013 treffend, dass unter Historikern des Alten Orients der Begriff »Dunkles Zeitalter« oft einfach »einen Zeitraum beschreibt, für den es einen relativen Mangel an Belegen gibt, mit denen man die Geschichte dieses Zeitraums erhellen und rekonstruieren kann. [...] Damit stellt die Anwendung dieses Begriffs auf den Alten Orient kein Werturteil dar, sondern beschreibt lediglich die Schwierigkeit der Aufgabe für die moderne Geschichtswissenschaft.«[8]

Zur Levante sagt Benjamin Porter: »[D]as Iron Age I war kaum ein dunkles Zeitalter ohne historische Entwicklung, wie die ältere Forschung angenommen hat. Es passten sich Gruppen neuen politischen und ökonomischen Bedingungen an.« Und schon vor zwei Jahrzehnten erklärte Susan Sherratt: »Nur wenige würden heute einem so dramatischen, endzeitlichen Bild für den Anbruch eines dunklen Zeitalters zustimmen. [...] Inzwischen erzählt jeder Bereich der zunehmend spezialisierten archäologischen Arbeit seine eigene Version davon, was in dieser Zeit geschah, und manche sind deutlich weniger ›dunkel‹ als andere.«[9]

Daher möchte ich trotz der Ansicht von Historikern und Archäologen früherer Generationen dem Teil der Forschung zustimmen, der heute die Ansicht vertritt, dass die ersten Jahrhunderte des frühen 1. Jahrtausends in der Ägäis und im östlichen Mittelmeerraum nicht ganz so dunkel waren, wie wir früher einmal dachten. So sagte James Whitley schon 1991 unumwunden: »Das Dunkle Zeitalter Griechenlands ist [allein] unsere Idee.«[10]

Wenn wir uns außerdem daran erinnern, dass die Alpha(α)-Phase des adaptiven Zyklus als »Phase der Reorganisation« und als Zeit gilt, »in der Innovation und neue Chancen möglich werden«, dann ist es wichtig, dass es, wie John Papadopoulos ausdrücklich bemerkt hat, zu dieser Zeit in Griechenland zu »einer beachtlichen Anzahl an ›Premieren‹« kommt – zu vielen, um von einem Dunklen Zeitalter zu sprechen. Zu ihnen zählt Papadopoulos Vorstellungen und Innovationen, die in jenen Jahrhunderten entstanden, doch auch diejenigen, die sich erst später entfalteten, aber in dieser Zeit ihre Anfänge haben müssen: darunter eine verbreitete Schriftlichkeit (»zum ersten Mal in der Weltgeschichte wurde die Schrift […] ein Werkzeug, das jeder nutzen konnte«) nach der Einführung des phönizischen Alphabets, die Erfindung der Münzprägung in Lydien im 7. Jahrhundert v. Chr., die Entstehung des griechischen Stadtstaats, der Polis (im Plural Poleis), und natürlich die Verwendung eiserner Werkzeuge und Waffen.[11] Weiter befindet Papadopoulos: »[D]ie Tatsache, dass eine als ›Dunkles Zeitalter‹ bezeichnete Periode durch eine so offensichtlich einmalige technische Innovation eingeleitet wird, wie sie der weitverbreitete Gebrauch des Eisens auf dem griechischen Festland darstellt, ist an sich schon wichtig.« Nicht zuletzt »wussten die Griechen selbst nichts von einem Dunklen Zeitalter«, also fragt er: »Warum vertrauen wir nicht darauf, dass sie es besser wussten?«[12]

Ja, warum nicht? Ich denke, es ist Zeit, dass alle – nicht nur Akademiker, sondern auch die Allgemeinheit – vom 12. bis zum 8. Jahrhundert v. Chr. in der Ägäis und im Ostmittelmeerraum als von der Eisenzeit sprechen, nicht vom Dunklen Zeitalter, genau wie das andere »Dunkle Zeitalter«, von dem der *Merriam-Webster* spricht, nämlich die Jahrhunderte nach dem Fall Roms, in der Forschung heute vorwiegend entweder als Spätantike oder als Frühmittelalter bezeichnet wird. In der Zeit nach dem Kollaps am Ende der Bronzezeit fehlte es nicht völlig an Innovation und Erfindungsgeist. Zwar besteht insgesamt ein offensichtlicher Bruch zum vorausgehenden Zeitalter, aber es handelt sich eindeutig auch um eine Zeit des Übergangs und der Anpassung, zu der Transformation ebenso oft gehörte wie Regeneration. So finden wir in Kanaan, Syroanatolien, Zypern und anderswo neue Königreiche, darunter Israel und Juda, Edom, Moab und Urartu; es gab neue Eliten, neue zentralisierte Wirtschaftssysteme und neue Verwaltungsapparate – und in einigen Fällen gab es jetzt eine neue Schrift, die auf dem langen, mühsamen Rückweg zu einem internationalisierten Weltsystem in dieser Region verwendet werden konnte. Kurzum, insgesamt war es eher eine Phase der Wiedergeburt und Erneuerung als eine der Dunkelheit und Verzweiflung.

Darum ist es am sinnvollsten, diese Periode schlicht Eisenzeit zu nennen, wie es die Archäologie und andere Wissenschaften tun. Das ist ein Etikett, das keine Vorwürfe macht, keine offensichtlichen soziopolitischen oder ökonomischen Assoziationen weckt und die schlichte Feststellung der Tatsache ist, dass viele Werkzeuge und Waffen jetzt aus Eisen statt aus Bronze gemacht wurden.[13] Als Alpha-Phase des adaptiven Zyklus in der Region – und kein Dunkles Zeitalter – war diese Zeit der Anfang von etwas Neuem, eine Mischung aus Ideen und Kulturen, die am Ende zu jener Welt führten, zu der wir heute gehören.

Nachwort und Dank

Aus einer Vielzahl von Gründen haben sich bisher sehr wenige Gelehrte eingehend mit dem Übergang von der Bronze- zur Eisenzeit im gesamten Raum von der Ägäis über das östliche Mittelmeer bis nach Mesopotamien beschäftigt. Teilweise liegt das daran – worauf mehrere meiner Kollegen hingewiesen haben, besonders John Papadopoulos und Maria Iacovou –, dass eine Trennlinie zwischen denjenigen Archäologen und Althistorikern existiert, die zur Bronzezeit in der Ägäis und im Ostmittelmeerraum forschen (dem Zeitraum vor dem Kollaps), und denen, die über die Eisenzeit arbeiten (dem Zeitraum danach); Papadopoulos hat vom »›Eisernen Vorhang‹ zwischen ägäischer Vor- und Frühgeschichte und Klassischer Archäologie« gesprochen. Noch deutlicher verläuft eine Trennlinie zwischen denen, die zur antiken Ägäis, und denen, die zum antiken Nahen Osten arbeiten; nur eine Handvoll macht beides. Deshalb hoffe ich, dass dieses Buch einen kleinen Beitrag dazu leisten wird, diese Trennungen zu überbrücken und die beiden Seiten zu verbinden, sodass eine gewisse Kontinuität der Forschung entsteht, damit wir nicht nur »die Geschichte als [chronologisches] Kontinuum ansehen«, wie es Papadopoulos beredt gefordert hat, sondern auch als geografisches Kontinuum.[1]

Dennoch bin ich mir der Schwierigkeiten völlig bewusst, die mit dem Schreiben eines Buches einhergehen, das so viele Themen berührt und dabei den vorgegebenen Umfang einhält (oder zumindest in dessen Nähe bleibt). Manche werden sich vielleicht beschweren, dass es viel zu viele Details und zu viele Warnhinweise gebe, ganz zu schweigen von zu vielen unvertrauten Namen.

Doch dieser Band ist als Zusammenfassung und Überblick über den aktuellen Kenntnisstand gedacht, der Befunde und Hypothesen dazu präsentiert, was wir über die 400 Jahre nach dem spätbronzezeitlichen Kollaps in der Ägäis und im Ostmittelmeerraum wissen. Im Kern ist er ein Geschichtsbuch mit einer Portion Archäologie, gefolgt von einer ausladenden Analyse und Überlegungen zur Relevanz dieses Themas für uns Heutige. Die Personen- und Ortsnamen mögen vielen neu und unvertraut sein, aber dank ihnen können wir ein Bild von der Welt der Eisenzeit entwerfen und manche Bewohner dieser Gegenden zum Leben erwecken. Ich habe versucht, die zahllosen Details zu einer interessanten Erzählung zu verbinden – ob mit Erfolg, wird erst die Zeit zeigen.

Andererseits werden die hauptberuflichen Archäologen, Althistoriker, Kunsthistoriker, Bibelwissenschaftler und andere Vertreter von Spezialdisziplinen, ganz zu schweigen von den Rezensenten, so gut wie sicher meckern – sei es öffentlich oder privat –, dass ich nicht genug Details geboten und die verschiedenen Feinheiten ihrer Lieblingszeit oder -region nicht ausgeschöpft hätte. Ich will darum gleich einräumen, dass jedes der Kapitel ein eigenes Buch (oder auch zwei) für sich hätte werden können und dass ich gern viel mehr abgedeckt hätte. Nur musste ich des Umfangs wegen notgedrungen eine Auswahl treffen und habe daher nicht alles aufnehmen können, was ich gern behandelt hätte. An anderer Stelle habe ich einmal zu einem anderen Thema etwas gesagt, was hier und jetzt genauso zutrifft: »[…] eine wirklich erschöpfende Behandlung jedes Themas in diesem Buch würde viele Jahre, Dutzende Bände und die Zusammenarbeit zahlreicher Gelehrter erfordern […] und würde wahrscheinlich in einer Form enden, in der es nur eine Handvoll Menschen lesen würde«, womit sich der ganze Sinn des Plans erledigt hätte, dies mit einheitlicher Stimme als einzelnen Band zu schreiben.[2]

Ausdrücklich betonen möchte ich auch, dass ich mich über kritische Kommentare, Vorschläge und Reaktionen von allen Lesern freue, die dann später vielleicht in eine Neuauflage eingehen oder an anderem Ort in einem anderen Kontext zur Sprache kommen können. Doch wieder muss ich an die Metapher denken, die ich am Anfang von Kapitel 6 verwendet habe: Wenn wir die Eisenzeit wie ein impressionistisches Gemälde ansehen, uns aber unbedingt nur wenige Zentimeter davor hinstellen wollen, sehen wir vielleicht den Wald vor lauter Bäumen nicht. Sosehr die Feinheiten und Detailbeobachtungen in diesem Buch Gegenstand künftiger Diskussionen sein werden und sollen, hoffe ich doch, dass sich die einzelnen Pinselstriche zu einer erkennbaren Szene verbinden, wenn man das Bild es aus größerer Entfernung betrachtet, und dass das Gesamtbild der Prüfung standhält und uns einen übergreifenden Eindruck vermittelt, was insgesamt während der Jahrhunderte nach dem Kollaps am Ende der Bronzezeit geschah, als das globalisierte Netzwerk im Mittelmeerraum zerbrach und die einzelnen Gesellschaften sich mit wechselndem Erfolg gezwungen sahen, mit den Folgen fertigzuwerden.

Schließlich bin ich mir nur zu bewusst, dass das ausgehende 8. Jahrhundert randvoll mit anderen historisch wichtigen Ereignissen ist, darunter große katastrophale Erschütterungen wie die Zerstörung des Nordreichs Israel 720 v. Chr. Nicht einmal angeschnitten habe ich die Fragen um Homer, Hesiod und die Anfänge der Literatur in Griechenland. Man könnte – manche würden sagen, man müsste – immer so weitermachen, bis ins 6., 5. oder 4. Jahrhundert und darüber hinaus, dann hätte der Umfang dieses Bandes keine Grenzen. Doch wie die Dinge liegen, werden solche weiteren Betrachtungen auf ein anderes Buch warten müssen.

***

Was meinen Dank angeht, ist er gegenüber vielen und aus vielfältigen Gründen fällig; das liegt in der Natur einer solchen Synthese. An erster Stelle stehe ich in der Schuld all der Archäologen,

Historiker und Naturwissenschaftler vor mir – nicht nur derer, die vor Jahrzehnten ausgruben, übersetzten, analysierten und darüber schrieben, sondern auch derer, die das in jüngerer Zeit und zum Teil erst in den letzten Jahren getan haben. Ohne all ihre Mühen und Publikationen hätte ich das vorliegende Buch schlicht nicht schreiben können. Ihre Zahl ist zu groß, um sie hier alle zu nennen, aber beim Lesen wird man merken, auf wen ich mich am stärksten gestützt habe, indem man einfach die Endnoten durchblättert und anschließend ins Literaturverzeichnis schaut. Wir wären nicht da, wo wir heute stehen, wenn wir nicht die älteren wie die jüngeren Arbeiten hätten. Das Studium unserer Vergangenheit – das sich vor allem auf Archäologie und Epigrafik stützt – ist schlicht und ergreifend ein Gemeinschaftsprojekt und Wissensfortschritte entstehen erst aus den Einzelanstrengungen einer Fülle von Gelehrten über viele Jahre hinweg; es braucht wortwörtlich ein ganzes Dorf für so ein »Kind«.

Als Nächstes möchte ich ein weiteres Mal meinem furchtlosen Lektor Rob Tempio danken, dieses Mal dafür, dass er mich überzeugt hat, diese Fortsetzung zu *1177 v. Chr.* zu schreiben, und für seine Unterstützung besonders auf der Zielgeraden. Besonders danken möchte ich wie immer auch meiner Familie, die mich während der Recherchen für dieses Buch und seiner Abfassung ertragen hat, und vor allem meiner Frau Diane Harris Cline, deren Fulbright-Stipendium für die Universität Kreta uns im Frühjahrssemester 2019 nach Rethymnon führte, wo ich mit wichtigen Teilen des Rohentwurfs begann. Sie hat unterwegs viele Denkanstöße und wertvolle Vorschläge beigesteuert. Ein großer Dank geht auch an Katerina Panagopoulou und Kostas Vlassopoulos von der Universität Kreta wegen ihrer unglaublichen Gastfreundschaft und an Elias Kolovos, der uns für die drei Monate in Rethymnon seine wunderschöne Wohnung vermietete.

Dank gebührt der verständnisvollen Leitung der George Washington University und besonders ihrem Prodekan, Youngwu

Rong, der mir für die Startphase ein Forschungsstipendium des Dekanats zur Lehrvertretung gewährte, sodass ich meine Lehrverpflichtungen entsprechend umgruppieren und im Frühjahr 2019 ein Freisemester für die Arbeit an mehreren Buchprojekten nehmen konnte, darunter für den Anfang dieses Manuskripts. Ferner gewährten mir der Dekan Paul Wahlbeck und die Prodekane John Philbeck, Kim Gross und Evie Downie auch den Herbst 2012 als Freisemester, als ich dank der Getty Foundation einen Getty Scholar Grant bezog und Teil des sagenhaften Forscherjahrgangs im Projekt »Phoenicians, Philistines, and Canaanites: The Levant and the Classical World« war.

Dadurch konnte ich einen Großteil der Schlusspassagen des Manuskripts in der unvergleichlichen Getty-Villa in Kalifornien verfassen, in Gesellschaft sehr begabter Kolleginnen und Kollegen, die willkommene Rückmeldungen zu Entwurfsfassungen und zu einem Vortrag gaben, den ich in der Frühphase des Manuskripts auf dessen Grundlage hielt. Sehr dankbar bin ich Tim Potts, Jeffrey Spier, Claire Lyons, Ken Lapatin, Alexa Sekyra, Rose Campbell, Kylie Morgan und anderen von der Getty-Villa und am Getty Research Institute sowie meinen Mit-»Phöniziern« Melissa Cradic, Brien Garnand und Jessica Nitschke, aber auch denen aus den Jahrgängen vor und nach uns, außerdem den anderen Gelehrten, denen der Pink Palace in Brentwood im Herbst 2012 als Zuhause diente. Besonders dankbar bin ich Robert J. Lempert von der Rand Corporation und Nancy Perloff vom Getty Research Institute, die sich während meiner Zeit dort mit mir trafen und über wichtige Themen sprachen, was mich schließlich zu dem IPCC-Bericht von 2012 führte, der am Schluss dieses Buches eine so wichtige Rolle spielt.

Verpflichtet bin ich auch Miguel Centeno und den weiteren Organisatorinnen und Teilnehmern am Workshop »Historical Systemic Collapse« der Princeton University am 26. und 27. April 2019 sowie des anschließenden Seminars zu gesellschaftlicher Resilienz in der Geschichte, das John Haldon, ebenfalls aus Princeton, im

Herbstsemester 2020 organisierte und während der Pandemie via Zoom durchführte. Die Referate, Lesungen und Gespräche über Kollaps, Resilienz und Transformation mit den verschiedenen Beteiligten des Workshops, im Seminar und in den Monaten danach, besonders die mit John Haldon, Luke Kemp und Jim Newhard, haben viele Gedanken ausgelöst, die in diesem Buch vorkommen.

Außer meinen Vorträgen bei den Princetoner Tagungen und Workshops im April 2019 und im Herbst 2020 sowie im Getty im November 2021 wurde ein Teil dieses Materials auch anderweitig vorgestellt, sowohl virtuell als auch in Präsenz, darunter im Oktober 2020 an der New York University, im November 2020 auf der Jahrestagung der American Society of Overseas Research, beim Spring Bible and Archaeology Fest der Biblical Archaeology Society im April 2022, beim Jahrestreffen der Mediterranean Archaeology Australasian Research Community im Februar 2023 und an der Yale University im April 2023. Ich danke allen Beteiligten und Mitgliedern des Publikums für ihre Beiträge während und nach diesen Veranstaltungen.

Einen späten Dank abstatten möchte ich auch meinen Professoren in der Graduate School, die mich vor so langer Zeit in die Grundlagen, aber auch in Details und Feinheiten der Eisenzeit in der Ägäis wie im Ostmittelmeerraum einzuführen versuchten, darunter Keith DeVries, John Graham, James Sauer, Irene Winter und vor allem James D. Muhly. Damals hätte ich mir nicht träumen lassen, dass ich mich über drei Jahrzehnte später an ein Buch zu diesen Themen wagen würde; ich hoffe, es wird ihrer leidenschaftlichen und kenntnisreichen akademischen Lehre annähernd gerecht.

Weiterhin möchte ich – mit einer großen Entschuldigung im Voraus an alle, die ich womöglich zu erwähnen vergesse – den zahlreichen Freundinnen und Freunden, Kollegen und Kolleginnen danken, die mir einschlägige Publikationen zugesandt und/oder mich auf diverse Themen hingewiesen haben, darunter W. Sheppard

Baird, J. A. Brinkman, Trevor Bryce, Guy Bunnens, Hanan Charaf, Violetta Cordani, Aidan Dodson, Anne Duray, Meir Edrey, Carl S. Ehrlich, Eckart Frahm, Norma Franklin, Gil Gambash, Brien Garnand, Ayelet Gilboa, John Haldon, Rachel Hallote, Louise Hitchcock, Christopher W. Jones, Katie Kearns, Luke Kemp, Gunnar Lehmann, Megan Lewis, Susan Lupack, James Osborne, Beatrice Pestarino, Benjamin Porter, Federico Rocchi, Karen Rubinson, Golan Shalvi, Trevor Van Damme, Marcus Wallas, Mark Weeden und Assaf Yasur-Landau.

Für Antworten auf meine Fragen zu verschiedenen Themen und für Hinweise auf mögliche Lösungen danke ich ebenfalls Carol Bell, Shirly Ben-Dor Evian, Erez Ben-Yosef, Nathaniel Erb-Satullo, Eckart Frahm, Tamar Hodos, Nota Kourou, Robert Lempert, Tom Levy, Barry Molloy, James D. Muhly, Vana Orfanou, Christopher Rollston, Jane Waldbaum, Jonathan Wood, Naama Yahalom-Mack und Paul Zimansky.

Überaus dankbar bin ich vor allem einer Reihe von Kolleginnen und Kollegen, die das Manuskript in den verschiedenen Recherche- und Schreibphasen ganz oder teilweise gelesen haben und die Änderungen, Bearbeitungen, Streichungen und andere Verbesserungen vorgeschlagen haben. Dazu zählen Hanan Charaf, Bill Dardis, Aidan Dodson, Eckart Frahm, Norma Franklin, Brien Garnand, John Haldon, Rachel Hallote, Randy Helm, Katie Kearns, Luke Kemp, Robert Lempert, Aren Maeir, Jim Newhard, Jessica Nitschke, James Osborne, John Papadopoulos, Chris Rollston, Assaf Yasur-Landau und ganz besonders Mitchell Allen von Scholarly Roadside Service (der mir beim Kampf gegen meine Neigung zur Weitschweifigkeit geholfen und meine Liebe zum Komma verdammt hat).

Verpflichtet bin ich auch den anonymen Gutachtern, die das Gesamtmanuskript in einem Peer-Review-Verfahren gelesen und kommentiert haben; daraus ergaben sich einige wichtige Veränderungen, die hoffentlich das Endergebnis verbessert haben. Besonders dankbar bin ich den Studierenden meines Seminars »Collapse and Resilience in the Ancient World« im Frühjahr 2023 an der George Washington University, die ein Semester lang tapfer über die Semantik des »gesellschaftlichen Zusammenbruchs« und anderer Begriffe diskutiert haben und der Anwendbarkeit solcher Konzepte auf das Ende etwa der Harappa-Kultur, der Maya und der römischen Gesellschaft nachgegangen sind und viel nützliches Feedback zur vorletzten Manuskriptfassung beisteuerten. Und schließlich, aber überhaupt nicht an letzter Stelle stehe ich in der Schuld von Michele Angel für das Zeichnen der wunderbaren Karten und von Glynnis Fawkes für mehrere andere Zeichnungen.

Wie immer habe ich mich nach bestem Wissen und Gewissen bemüht, den Gedanken und Publikationen anderer Gelehrter gebührenden Platz einzuräumen. Sollte ich irgendwo den passenden Verweis unterlassen haben, ist das ganz sicher unabsichtlich geschehen, und ich werde gern in künftigen Nachdrucken und Neuauflagen Abhilfe schaffen. Die Verantwortung für einen falschen Eindruck von den Arbeiten anderer oder für etwa verbleibende Fehler in diesem Manuskript liegt ausschließlich bei mir.

Anhang

Im Text erwähnte Könige und Herrschaftszeiten

Tabelle 7: Im Text erwähnte Könige und Herrschaftszeiten – nördlicher Teil (alle Angaben v. Chr.)

	Assyrien	Babylonien	Elam	Karkemiš (Großkönig)
13. Jh.	Tukulti-Ninurta I. (1244–1208)			
12. Jh.	Aššur-dan I. (1179–1133)		Šutruk-Naḫḫunte (1190–1155)	Kuzitesub (ca. 1200–1180)
		Enlil-nadin-aḫi (ca. 1157–1155)	Kutur-Naḫḫunte (ca. 1155–1150)	
	Aššur-reša-iši I. (1133–1116)	Nebukadnezar I. (1125–1104)	Hutelutuš-Inšušinak (ca. 1120–1110)	
12.–11. Jh.	Tiglatpileser I. (1115–1076)	Marduk-nadin-aḫḫe (ca. 1099–1082)		Initesub (spätes 12. Jh.)
11. Jh.	Aššur-bel-kala (1074–1057)	Marduk-šapik-zeri (1082–1069)		
		Adad-apla-iddina (1067–1046)		
	Assurnasirpal I. (1049–1031)			
	Salmanassar II. (1030–1019)			
		Kaššu-nadin-aḫi (ca. 1007–1005)		Sapaziti (spätes 11. Jh.)
10. Jh.				Uratarḫunza (frühes 10. Jh.)
				Tudḫalija II. (10. Jh.?)
		Nabu-mukin-apli (ca. 978–943)		Enkel des Uratarḫunza (10. Jh.)
	Aššur-dan II. (934–912)			

IM TEXT ERWÄHNTE KÖNIGE UND HERRSCHAFTSZEITEN

Karkemiš (Landesherr)	Kunulua/Palistin (Tayinat)	Sam'al (Zincirli)	Urartu
	Taita I. (11. Jh.)		
Suḫi I. (ca. 1000)	Taita II. (frühes 10. Jh.)		
Astuwadammazza (10. Jh.)			
Suḫi II. (10. Jh.)	Manana (Mitte 10. Jh.)		
Katuwa (spätes (10. Jh.)	Suppiluliuma I. (spätes 10. Jh.)		

ANHANG

	Assyrien	Babylonien	Elam	Karkemiš (Großkönig)
10.–9. Jh.	Adad-nirari II. (911–891)	Šamaš-mudammiq (ca. 900)		
9. Jh.	Tukulti-Ninurta II. (890–884)			
	Assurnasirpal II. (883–859)	Nabu-apla-iddina (ca. 887–855)		
	Salmanassar III. (858–824)	Marduk-zakir-sumi (ca. 855–819)		
	Šamši-Adad V. (823–811)	Marduk-balassu-iqbi (819–813)		
		Baba-aḫa-iddina (ca. 812)		
9.-8. Jh.	Adad-nirari III. (810–783)			
8. Jh.				

IM TEXT ERWÄHNTE KÖNIGE UND HERRSCHAFTSZEITEN

Karkemiš (Landesherr)	Kunulua/Palistin (Tayinat)	Sam'al (Zincirli)	Urartu
Suḫi III. (ca. 900)	Halparuntija (frühes 9. Jh.)	Hayya (ca. 870/60–840)	
	Lubarna I.? (frühes 9. Jh.)		
Sangara (ca. 875–848)	Suppiluliuma II./ Sapalulme (Mitte 9. Jh.)		Aramu (ca. 859–844)
	Qalparunda II. (Mitte 9. Jh.)	Ša'il (wohl Mitherrscher, ca. 850–840)	
Isarwila-muwa (2. Hälfte 9. Jh.)	Lubarna II. (spätes 9. Jh.)	Kulamuwa (ca. 840–810)	Sarduri I. (ca. 834–828)
Kuwalana-muwa (2. Hälfte 9. Jh.)			Išpuini (ca. 828–810)
Astiruwa I. (ca. 810)			
			Menua (ca. 810–786)
Kamani (ca. 790)			Inušpua (Mitherrscher von Menua)
			Argišti I. (ca. 786–764)

ANHANG

Tabelle 8: Könige und Herrschaftszeiten – südlicher Teil
(alle Angaben v. Chr.)

	Tyros	Byblos	Königreich/ Stadt Damaskus	Ägypten
13. Jh.				
12. Jh.				Ramses III. (1186–1155) Ramses IV.–X. (1155–1098)
12.–11. Jh.		Tjekkerbaal/Zakarbaal (ca. 1075)		a) Ramses XI. (1098–1070); b) Smendes (1077/69–1043); c) Herihor (1080–1074); Pinudjem I. (1074–1036)
11. Jh.				Psusennes I. (1039–991)
10. Jh.		Ahiram (frühes 10. Jh.)		Amenemope (991–982)
	Hiram (ca. 970–936)	Ethbaal (frühes 10. Jh.)		Siamun (979–958)
		Yehimilk (Mitte 10. Jh.)		Psusennes II. (958–945)
	Baal-ma'zer [Baal-azor] I. (spätes 10. Jh.)	Abibaal (Mitte – spätes 10. Jh.)		Scheschonq I. (ca. 945–924)
	Abdi-Aštart [Abdastratos] (spätes 10. Jh.)	Elibaal (Mitte – spätes 10. Jh.)		Osorkon I. (ca. 924–890)
10.–9. Jh.	Methusastratos [Usurpator] (spätes 10. Jh.)	Schipitbaal (spätes 10. Jh.)		
9. Jh.	Iš-Aštart (frühes 9. Jh.)			
	Aštar(t)-imn (frühes 9. Jh.)			Takelot I. (890–872); Scheschonq IIa (ca. 890)
		Pilles (frühes 9. Jh.)		

IM TEXT ERWÄHNTE KÖNIGE UND HERRSCHAFTSZEITEN

Israelitisches Großreich	Israel	Juda	Moab	Edom
David (ca. 1000–970)				Hadad (frühes 10. Jh.)
Salomo (ca. 970–930)				
	Omri (ca. 884–873)		Mescha (9. Jh.)	
	Ahab (ca. 871–852)			

ANHANG

	Tyros	Byblos	Königreich/ Stadt Damaskus	Ägypten
	Ethbaal (frühes – Mitte 9. Jh.)		Hadad-ezer (ca. 858)	Osorkon II. (872–831)
	Baal-ma'zer [Baal-azor] II. (Mitte 9. Jh.)			
			Hasaël (ca. 842–796)	
9.–8. Jh.	Mattan I. (spätes 9. Jh.)			Scheschonq III. (831–791); Takelot II. (834–810)
	Pumiyaton [Pummayon/ Pygmalion] (spätes 9. – frühes 8. Jh.)			

IM TEXT ERWÄHNTE KÖNIGE UND HERRSCHAFTSZEITEN

Israelitisches Großreich	Israel	Juda	Moab	Edom
	Joram (ca. 850–840)	Jehoram (ca. 849–842)		
		Ahasja (ca. 842–841)		
	Jehu (ca. 841–814)			
	Joasch/Jehoasch (ca. 804–789)			

Die Personen der Handlung

(in alphabetischer Reihenfolge)

Die folgende Liste enthält die wichtigsten Herrscher und die mit ihnen verbundenen Personen, die im Text erwähnt werden. Alle Zeitangaben beziehen sich auf Jahre vor Christus.

Abdi-Aštart (Abdastratos): König von Tyros, spätes 10. Jh.
Abibaal: König von Byblos, Mitte – spätes 10. Jh.
Adad-apla-iddina: babylonischer König, 1067–1046
Adad-nirari II.: neuassyrischer König, 911–891
Adad-nirari III.: neuassyrischer König, 810–783
Ahab: König von Israel, ca. 871–852
Ahasja: König von Juda, ca. 842–841
Ahiram: König von Byblos, frühes 10. Jh.
Amenemope: ägyptischer Pharao, 21. Dynastie, 991–982
Aramu: König von Urartu, ca. 859–844
Argišti I.: König von Urartu, ca. 786–764
Aššur-bel-kala: mittelassyrischer König, 1074–1057
Aššur-dan I.: mittelassyrischer König, 1179–1133
Aššur-dan II.: neuassyrischer König, 934–912
Assurnasirpal I.: neuassyrischer König, 1049–1031
Assurnasirpal II.: neuassyrischer König, 883–859
Aššur-reša-iši I.: mittelassyrischer König, 1133–1116
Aštar(t-)imn: König von Tyros, frühes 9. Jh.
Astiruwa I.: Landesherr von Karkemiš, ca. 810
Astuwadammazza: Landesherr von Karkemiš, 10. Jh.
Baal-ma'zer (Baal-azor) I.: König von Tyros, spätes 10. Jh.
Baal-ma'zer (Baal-azor) II.: König von Tyros, Mitte 9. Jh.
Baba-aha-iddina: babylonischer König, ca. 812
David: König des israelitischen Großreichs, ca. 1000–970
Elibaal: König von Byblos, Mitte – spätes 10. Jh.
Enlil-nadin-ahi: babylonischer König, ca. 1157–1155
Ethbaal: König von Byblos, frühes 10. Jh.
Ethbaal: König von Tyros, frühes – Mitte 9. Jh.
Hadad: Kronprinz, später König von Edom, frühes 10. Jh.
Hadad-ezer: König von Aram-Damaskus, ca. 858

Halparuntija: König von Patina, frühes 9. Jh.
Hasaël: König von Aram-Damaskus, ca. 842–796
Hatiba: Fürstin einer ungenannten zyprischen Stadt, die mit Wenamun verhandelte, ca. 1075
Hayya: König von Sam'al (Zincirli), ca. 870/860–840
Herihor: Hohepriester des Amun, später Pharao, 1080–1074
Hiram: König von Tyros, ca. 970–936
Initesub: Großkönig von Karkemiš, spätes 12. Jh.
Inušpua: König von Urartu; Mitherrscher von Menua, ca. 810–786
Isarwila-muwa: Landesherr von Karkemiš, 2. Hälfte 9. Jh.
Iš-Aštart: König von Tyros, frühes 9. Jh.
Išpuini: König von Urartu, ca. 828–810
Jariri: Regent (als Landesherr) von Karkemiš, ca. 800
Jehu: König von Israel, ca. 841–814
Joasch/Jehoasch: König von Israel, ca. 804–789
Joram: König von Juda, ca. 849–842
Joram: König von Israel, ca. 850–840
Kamani: Landesherr von Karkemiš, ca. 790
Kaššu-nadin-aḫi: babylonischer König, ca. 1007–1005
Katuwa: Landesherr von Karkemiš, spätes 10. Jh.
Kulamuwa: König von Sam'al (Zincirli), ca. 840–810
Kupapiya: Gattin von Taita II., König des »Landes Palistin«, frühes 10. Jh.
Kuwalana-muwa: Landesherr von Karkemiš, 2. Hälfte 9. Jh.
Kuzitesub: Großkönig von Karkemiš, ca. 1200–1180
Lubarna I. (?): König von Patina, frühes 9. Jh.
Lubarna II.: König von Patina, spätes 9. Jh.
Manana: König des »Landes Palistin«, Mitte 10. Jh.
Marduk-balassu-iqbi: babylonischer König, 819–813
Marduk-nadin-aḫḫe: babylonischer König, ca. 1099–1082
Marduk-šapik-zeri: babylonischer König, 1082–1069
Marduk-zakir-sumi: babylonischer König, ca. 855–819
Mattan I.: König von Tyros, spätes 9. Jh.
Menua: König von Urartu (mit Inušpua), ca. 810–786
Mescha: König von Moab, 9. Jh.
Methusastratos (Usurpator): König von Tyros, spätes 10. Jh.
Mutnedjmet: Gattin des Pharao Psusennes I., 21. Dynastie (1039–991)
Nabu-apla-iddina: babylonischer König, ca. 887–855
Nabu-mukin-apli: babylonischer König, ca. 978–943
Nebukadnezar I.: babylonischer König, 1125–1104
Omri: König von Israel, ca. 884–873

DIE PERSONEN DER HANDLUNG

Osorkon I.: ägyptischer Pharao, 22. Dynastie, ca. 924–889
Osorkon II.: ägyptischer Pharao, 22. Dynastie, 872–831
Panamuwa I.: König von Sam'al (Zincirli), ca. 790–745
Pinudjem I.: ägyptischer Pharao, 1074–1036
Pilles: König von Tyros, frühes 9. Jh.
Psusennes I.: ägyptischer Pharao, 21. Dynastie, 1039–991
Psusennes II.: ägyptischer Pharao, 21. Dynastie, 958–945
Pummayon (Pygmalion): König von Tyros, spätes 9. – frühes 8. Jh.
Qalparunda II.: König von Patina, Mitte 9. Jh.
Qurila: König von Sam'al (Zincirli), ca. 810–790
Ramses III.: ägyptischer Pharao, 19. Dynastie, 1186–1155
Ramses IV.–X.: ägyptische Pharaonen, 20. Dynastie, 1155–1098
Ramses XI.: ägyptischer Pharao, 20. Dynastie, 1098–1070, Überschneidung mit Smendes und Herihor
Sangara: Landesherr von Karkemiš, ca. 875–848
Sapaziti: Großkönig von Karkemiš, spätes 11. Jh.
Sarduri I.: König von Urartu, ca. 834–828
Ša'il: König von Sam'al (Zincirli), ca. 850–840
Salmanassar II.: neuassyrischer König, 1030–1019
Salmanassar III.: neuassyrischer König, 858–824
Salomo: König des israelitischen Großreichs, ca. 970–930
Šamaš-mudammiq: babylonischer König, ca. 900
Šamši-Adad V.: neuassyrischer König, 823–811
Scheschonq I.: ägyptischer Pharao, Gründer der 22. Dynastie, ca. 945–924
Scheschonq IIa: ägyptischer Pharao, 22. Dynastie, ca. 890
Scheschonq III.: ägyptischer Pharao, 22. Dynastie, 831–791
Schipitbaal: König von Byblos, spätes 10. Jh.
Siamun: ägyptischer Pharao, 21. Dynastie, 979–958
Smendes: Verwalter im ägyptischen Nildelta, später Pharao und Gründer der 21. Dynastie, 1077/1069–1043
Suḫi I.: Landesherr von Karkemiš, ca. 1000
Suḫi II.: Landesherr von Karkemiš, 10. Jh.
Suḫi III.: Landesherr von Karkemiš, ca. 900
Suppiluliuma I.: König des »Landes Palistin«, spätes 10. Jh.
Suppiluliuma II./Sapalulme: König von Patina, Mitte 9. Jh.
Taita I.: König des »Landes Palistin«, 11. Jh.
Taita II.: König des »Landes Palistin«, frühes 10. Jh.
Takelot I.: ägyptischer Pharao, 22. Dynastie, 889–872
Takelot II.: ägyptischer Pharao, 23. Dynastie, 834–810
Tanetamun: Tochter Ramses' XI., Gattin des Smendes, ca. 1050

Tiglatpileser I.: mittelassyrischer König, 1115–1076
Tjekkerbaal/Zakarbaal: König von Byblos, ca. 1075
Tukulti-Ninurta I.: mittelassyrischer König, 1244–1208
Tukulti-Ninurta II.: neuassyrischer König, 890–884
Tudḫalija II.: Großkönig von Karkemiš, 10. Jh.
Uratarḫunza: Großkönig von Karkemiš, spätes 11. Jh.
Yariri: Regent (als Landesherr) von Karkemiš, ca. 800
Yehimilk: König von Byblos, Mitte 10. Jh.

Anmerkungen

Vorwort

1 Publiziert wurde die Studie vom Institute for Public Policy Research, vgl. »Climate and Economic Risks ›Threaten 2008-Style Systemic Collapse‹«, *Guardian*, 12. Februar 2019, https://www.theguardian.com/environment/2019/feb/12/climate-and-economic-risks-threaten-2008-style-systemic-collapse; BBC News, »Environment in Multiple Crises – Report«, 12. Februar 2019, https://www.bbc.com/news/science-environment-47203344; Laurie Laybourn/Lesley Rankin/Darren Baxter, »This Is a Crisis: Facing Up to the Age of Environmental Breakdown«, Institute for Public Policy Research, 2. Dezember 2019, https://www.ippr.org/research/publications/age-of-environmental-breakdown. Dabei handelt es sich wohlgemerkt um eine ganz andere Studie als die ein Jahr davor Anfang 2020 erschienene, die ich zu Beginn der überarbeiteten Neuauflage von *1177 B.C.* zitiert habe (Cline 2021a, xv).
2 Cline 2021a; Cline 2021b.
3 Zitat aus der überarbeiteten und aktualisierten Neuauflage (Cline 2021a, 165f.). Nach meiner Ansicht sollte der spätbronzezeitliche Zusammenbruch als Paradebeispiel jenes Forschungsgebiets gelten, das jetzt als »History of Climate and Society« (HCS) bezeichnet wird, die Untersuchung von »Klima-Gesellschafts-Interaktionen« behandelt und »die Mechanismen« in den Vordergrund stellt, »durch die Klimaveränderungen die Menschheitsgeschichte beeinflusst haben« (Degroot et al. 2021, 539).
4 Vgl. Haldon et al. 2020a, 5. 12; Haldon et al. 2021, 261f. sowie davor Haldon et al. 2020b. Siehe auch Kuecker/Hall 2011, 26; Johnson 2017, 1.
5 Neuere Studien zum Kollaps und zu der Zeit danach sind z.B. Tainter 1988; Diamond 2005; Middleton 2017c und die Sammelbände von Yoffee/Cowgill 1988; Schwartz/Nichols 2006; McAnany/Yoffee 2010; Faulseit 2016b; Middleton 2020a. Hinzu kommen u.a. Aufsätze wie Kuecker/Hall 2011; Storey/Storey 2016.
6 Zitate nach Cumming/Peterson 2017, 696; Haldon/Eisenberg et al. 2020. Siehe jetzt auch Haldon/Binois-Roman et al. 2021, 262.
7 Colby Bermel, Dixie Fire Becomes Largest Single Wildfire in California History«, *Politico*, 6. August 2021, https://www.politico.com/states/california/story/2021/08/06/dixie-fire-becomes-largest-single-wildfire-in-california-history-1389651; »Greece Wildfires: Evia Island Residents Forced to Evacuate«, BBC News, 9. August 2021, https://www.bbc.com/news/world-europe-58141336; Mathew S. Schwartz, »Wildfires Rage through Greece as Thousands Are Evacuated«, NPR, 8. August 2021, https://www.npr.org/2021/08/08/1025947847/wildfires-rage-through-greece-as-thousands-are-evacuated; Associated Press, »Grim View of Global Future Offered in U.S. Intelligence Report«, NBC News, 8. April

2021, https://www.nbcnews.com/politics/politics-news/grim-view-global-future-offered-u-s-intelligence-report-n1263549; Brad Plumer/Henry Fountain, »A Hotter Future Is Certain, Climate Panel Warns. But How Hot Is Up to Us«, *New York Times*, 9. August 2021, https://www.nytimes.com/2021/08/09/climate/climate-change-report-ipcc-un.html; Jake Spring, »Once-in-50-Year-Heat Waves Now Happening Every Decade –U.N. Climate Report«, Reuters, 9. August 2021, https://www.reuters.com/business/environment/once-in-50-year-heat-waves-now-happening-every-decade-un-climate-report-2021-08-09.

8   Vgl. jetzt z. B. Ehrenreich 2020.
9   Cowgill 1988, 246. Außerdem erklärte er, dass wir zwischen »dem Niedergang oder dem Verfall von etwas und seinem tatsächlichen Ende« unterscheiden müssen (255), denn »das völlige Ende einer Zivilisation oder auch nur ihr schneller, drastischer Wandel ist etwas Seltenes gewesen, mindestens bisher. Viel gängiger ist eine politische Fragmentierung« (256). Vgl. jetzt Haldon et al. 2020a, eine enorm wichtige, nuancierte aktuelle Diskussion, was zu einem »Kollaps« gehört; weiter Johnson 2017, 7; Middleton 2017b; Middleton 2020b; Kemp 2019; Nicoll/Zerboni 2019; Haldon et al. 2021, 238.
10 Vgl. Frahm 2023, 24f. mit ähnlichen Kommentaren besonders zu assyrischen Quellen.

Prolog

1   Vgl. Thukydides 1,12,1–3; 1,2,2; Herodot 8,73; 1,56,2–3 und Pausanias 4,3,3; 2,12,3.
2   Vgl. die englischsprachigen Debatten und Stellungnahmen, häufig mit Bezug auf ältere deutsch- und französischsprachige Arbeiten, bei Casson 1921; Heurtley 1926/27; Hammond 1931/32; Daniel et al. 1948; Starr 1961, 72–74; Cook 1962; Desborough 1964, 246–248 und Snodgrass 1971, 300–312; jüngere Äußerungen mit Neubewertung des älteren Sachstands sind u. a. Muhly 1992, 12; J. M. Hall 1997, 3f. 12. 41. 56–65; J. M. Hall 2002, 32–35. 73–82; J. M. Hall 2003; J. M. Hall 2006, 240–242 und J. M. Hall 2007, 43–51.
3   Vgl. »Mycenaean Civilization«, *Columbia Electronic Encyclopedia*, 6. Aufl., März 2021, https://www.infoplease.com/encyclopedia/history/classical/greece/mycenaean-civilization.
4   Carpenter 1966, 40; Snodgrass 1971, 312; Hooker 1979, 359; Tainter 1988, 63f. (auch mit Verweis auf Carpenter); J. M. Hall 2002, 79 (mit Verweis auf Hooker); Papadopoulos 2014, 185; Nagy 2019b (mit Verweis auf Palaima 2002). Siehe u. a. auch Schnapp-Gourbeillon 1979, 1–11; Schnapp-Gourbeillon 2002, 131–182; S. P. Morris 1989, 48f.; Coulson 1990, 14–17; Muhly 1992, 11; R. Osborne 1996, 33–37; Lemos 2002, 191–193; Papadopoulos/Smithson 2017, 24. 980; Wallace 2018, 311–315; Kotsonas/Mokrišová

ANMERKUNGEN

2020, 221f.; Knodell 2021, 187f. Zu den Dorern auf Kreta siehe jetzt u. a. Hatzaki/Kotsonas 2020, 1036f. mit Verweis auf Wallace 2010, 365–373 und andere.

5 Vgl. u. a. J. M. Hall 1997, 111–131; J. M. Hall 2002, 78–82; Tainter 1988, 63f.; I. Morris 2000, 198–218; Voutsaki 2000, 232f.; Montiglio 2006, 161; Wallace 2010, 371–373; Bryce 2020, 114; Ruppenstein 2020b; Knodell 2021, 132; J. F. Osborne/Hall 2022, 9; Maran 2023, 240.

6 Nagy 2019b mit Verweis auf Palaima 2002; außerdem Nagy 2019a; Ruppenstein 2020b.

7 Siehe zuletzt Murray 2017, 7. 211. 231f. 234–239; dazu Murray 2020, 202; ältere Lit.: Snodgrass 1971, 364–367; Desborough 1972, 18; I. Morris 1987, 146; I. Morris 2006, 80; I. Morris 2007, 218; Chew 2007, 95. Ebenfalls behandelt bei Tainter 1988, 10f.; Tainter 1999, 1010; Dickinson 2006a, 93–98; Dickinson 2006b, 117f.; Eder 2006, 550; J. M. Hall 2007, 59–61; Deger-Jalkotzy 2008, 393f.; Wallace 2010, 88; Eder/Lemos 2020, 140; Nakassis 2020, 277; Knodell 2021, 119–129. 144. 153. 240. Vgl. außerdem einige Darstellungen nach Einzelthemen in Middleton 2020a und Lemos/Kotsonas 2020a.

8 Vgl. auch hier u. a. J. M. Hall 1997, 111–131; J. M. Hall 2002, 78–82; Tainter 1988, 63f.; I. Morris 2000, 98–218; Voutsaki 2000, 232f.; Montiglio 2006, 161; Wallace 2010, 371–373; Bryce 2020, 114; Ruppenstein 2020b; Knodell 2021, 132.

9 S. P. Morris 1989, 48f. Andererseits fassen Pomeroy et al. 2020, 39f. in ihrem Lehrbuch *A Brief History of Ancient Greece* präzise das Problem und unsere heutige Ansicht zur Dorischen Wanderung (oder deren Abwesenheit) zusammen und bemerken abschließend: »Im archäologischen Befund lassen sich keine materiellen Spuren solcher Invasoren erkennen.« Vgl. aber Elayi 2018, 90 mit dem Verweis auf »die dorischen Invasionen im mykenischen Griechenland, die die alten ägäischen Populationen vor sich hergetrieben haben müssen«.

10 Siehe u. a. J. M. Hall 1997, 153–167. Vgl. jetzt Bryce 2020, 113f. mit Verweis auf Finkelberg 2011, 17f. zu »diversen Bevölkerungsbewegungen« auf dem griechischen Festland am Ende der Bronzezeit; außerdem Ruppenstein 2020b; J. F. Osborne/Hall 2022, 10f.; Van Damme 2023, 179.

11 Migrationen können auch »eine Reihe von im Zeitraffer erkennbaren Ereignissen sein, an denen Individuen oder Familiengruppen beteiligt sind statt Wellen von Menschen oder ›Kulturen‹, die in Einzelereignissen ganze Landschaften erfassen« (vgl. Georgiadis 2009, 97 mit Verweis auf Anthony 1997, 23). Zum Fall der Pueblo-Gesellschaften vgl. zuletzt Scheffer et al. 2021 mit Einzelheiten und weiterer Lit. Zu Migrationen am Ende der Spätbronzezeit jetzt Knapp 2021 und Middleton 2018a; Middleton 2018b.

12 Coulson 1990, 7. 9f.; Coldstream 1998 und Coldstream 1992/93, 8, zitiert bei Muhly 2003, 23; vgl. jetzt auch J. C. Scott 2017, 216f.

13 Online-Eintrag bei *Merriam-Webster*: https://www.merriam-webster.com/dictionary/dark%20age; vgl. auch die *World History Encyclopedia*: https://www.worldhistory.org/Greek_Dark_Age (letzter Aufruf 9. Dezember 2022).
14 Ausführlich behandelt habe ich das in *1177 B.C.*; vgl. Cline 2021a, 167 (dt. Cline 2021b, 230) mit Verweis v. a. auf Renfrew 1978; Renfrew 1979, 82–87; siehe jetzt auch Faulseit 2016b, 5. Muhly (2011, 48) kommentiert: »Der Verlust der Schreibfähigkeit ist das entscheidende Charakteristikum eines Dunklen Zeitalters, doch er bleibt ein Symptom einer solchen Periode, nicht ihre Ursache.« Zu den Charakteristika eines Dunklen Zeitalters vgl. auch Snodgrass 1971, 2 und jetzt Sherratt 2020, 196f. Dazu vorher schon die Definitionen und typischen Merkmale nach Chew 2001, 9f. 60–62; Chew 2005, 52–58. 67–70; Chew 2007, xvi. 6–10. 13f. 16f. (Anm. 9–10). 79–83. 94–99; Chew 2008, 92f. 120f. 130f., wo er insbesondere darstellt, was er unter dem Dunklen Zeitalter in Griechenland nach dem Kollaps versteht. Wichtig sind zudem die Kommentare von T. D. Hall 2014, 82–84 zur ersten Auflage von *1177 B.C.*
15 Tainter 1988, 4. 19f. 193. 197; Tainter 1999, 989–991. 1030; vgl. jetzt auch Middleton 2017a; Middleton 2017c, 46.
16 Hesiod, *Werke und Tage* 174–179 [dt. Übers. der griech. Quellen durch den Übers., A.d.Ü.].
17 J. C. Scott 2017, 213, vgl. auch 214–218. Siehe auch Murray 2018c, 19. 22, die ältere Darstellung in Dickinson 2006a, 3–9 und inzwischen die hilfreiche Online-Zusammenfassung von M. Lloyd 2017.

Kapitel 1

1 Vgl. zum Folgenden bereits Cline 2021a, 131f. mit weiterer Lit. (dt. Cline 2021b, 196–198), v. a. Redford 2002; dazu de Buck 1937; Clayton 1994, 164f.; Peden 1994, 195–210; Kitchen 2012, 7–11; Snape 2012, 412f.; Dodson 2019, 2.
2 Darstellung der Erwerbsgeschichte des Papyrus nach Redford 2002, 5.
3 Vgl. Hawass et al. 2012; weitere Medienechos in der *Los Angeles Times*, *USA Today* und anderswo, u. a. auf https://www.latimes.com/world/la-xpm-2012-dec-18-la-sci-sn-egypt-mummy-pharoah-ramses-murder-throat-slit-20121218-story.html und http://www.usatoday.com/story/tech/science-fair/2012/12/17/ramses-ramesses-murdered-bmj/1775159.
4 Vgl. die Literatur aus Anm. 3.
5 Cline 2021a, 158. 160f. mit Lit. (dt. Cline 2021b, 210); Kaniewski/Guiot/Van Campo 2015. Vgl. auch Butzer 2012, 3634f.; Mushett Cole 2017, 5; Creasman 2020, 17–19. 29. Zu Versorgungskrise, Lohnausfall und Generalstreik Butzer 2012, 3634f.; Eyre 2012, 119–121. 124. 139; Goelet 2016, 456; Mushett Cole 2016, 47; Mushett Cole 2017, 5–7; Dodson 2019, 2.

ANMERKUNGEN

6 Butzer 2012, 3634f.; Mushett Cole 2016, 47f.; Dodson 2019, 2. Allgemein zu Ramses IV. Clayton 1994, 166f.; Eyre 2012, 121–123; Snape 2012, 413; Mushett Cole 2016, 48f.

7 Vgl. Cline 2021a, 150f. mit umfangreicher Lit.

8 Allgemein zu Ramses V. Grimal 1988, 287f.; Clayton 1994, 167; Snape 2012, 413. 423; Mushett Cole 2016, 50; zusätzlich Cline 2021a, 150f. Minen im Sinai und ägyptische Kontrolle: Grimal 1988, 288; Clayton 1994, 168; Snape 2012, 414f.; Weinstein 2012, 173; Mushet Cole 2016, 49–52. Zum ägyptischen Rückzug siehe zusätzlich u. a. Bunimovitz/Lederman 2014, 252f.

9 Näheres mit älterer Lit. jetzt bei Cline 2021c, 217f. mit Abb. 28; dazu Snape 2012, 415; Mushett Cole 2016, 51.

10 Grimal 1988, 288f.; Clayton 1994, 168f.; Chew 2007, 90; Snape 2012, 414; Mushett Cole 2016, 52f.

11 Grimal 1988, 289f.; Clayton 1994, 169f.; Eyre 2012, 134. 137. 139; Snape 2012, 415; Mushett Cole 2016, 53–55; Dodson 2019, 4–7. Zum möglichen damaligen Verlust Nubiens Mushett Cole 2016, 63; jetzt auch Muhs 2022, 204.

12 Grimal 1988, 289f.; Peden 1994, 225–258; Reeves/Wilkinson 1996, 191; Eyre 2012, 134; Snape 2012, 415; Goelet 2016, 458–460; Mushett Cole 2016, 54f.; Dodson 2019, 4–6.

13 Peden 1994, 259–266; Reeves/Wilkinson 1996, 192; Goelet 2016, 460f.

14 Clayton 1994, 168.

15 Grimal 1988, 291; Clayton 1994, 170; Mushett Cole 2016, 56.

16 Eyre 2012, 139. Mushett Cole 2017, 7f. übersetzt etwas anders: »Hyänenjahr, als eine Hungersnot war«. Vgl. auch Grimal 1988, 291; Snape 2012, 426; Koch 2021, 1–72.

17 Kitchen 1973, 248; Grimal 1988, 292; Clayton 1994, 171. 175; Snape 2012, 427; Mushett Cole 2016, 63; Dodson 2019, 16. 18f. 21–24.

18 Kitchen 1973, 250; Grimal 1988, 291f. 314; Clayton 1994, 171; Snape 2012, 427; Mushett Cole 2016, 64f.; Dodson 2019, 17f. 24–29; Koch 2021, 72.

19 Vgl. jetzt Reeves 1990, 186. 191f. mit Lit.; Reeves/Wilkinson 1996, 88–207; Aston 2020, 31–68; dazu Grimal 1988, 290; Snape 2012, 428; Dodson 2019, 42.

20 Kitchen 1973, 249f. 254. 256–259; Grimal 1988, 292. 311; Clayton 1994, 178f.; Hallo/Simpson 1998, 283f.; Mushett Cole 2016, 64–66.

21 Kitchen 1973, 248–250. 257–259. 262; Grimal 1988, 292; Clayton 1994, 172. 176; Snape 2012, 28; Mushett Cole 2016, 64–66; Dodson 2019, 24–32. 39.

22 Grimal 1988, 290; Clayton 1994, 177f.; Reeves/Wilkinson 1996, 68f. 101–103. 198f.; Snape 1996, 190; Reeves 2000, 101–104. Andere Königsleichen, um die sich Pinudjem anscheinend kümmerte und die er ausbessern, wenn

23 Vgl. u. a. Kitchen 1973, 261. 271. 274f.; Grimal 1988, 314f. 317–319; Clayton 1994, 179–181; Hallo/Simpson 1998, 284; Mushett Cole 2016, 66f.; Mushett Cole 2017, 8 und jetzt Muhs 2022, 195. 204.

24 Das Folgende verdanke ich dem Grabungsbericht von Montet 1951; vgl. v. a. 9–21; Dodson 2019, 42. 66f. 95f. 101f. Abb. 24. 47 und 79 sowie die jüngere Darstellung von Brier 2023, 282f. Vgl. auch Kitchen 1973, 271; Grimal 1988, 317f.; Clayton 1994, 180f. und die Nacherzählung des Fundes durch McDowall 2014 und der PBS-Dokumentation *Secrets of the Dead: The Silver Pharaoh* (Erstsendung 2. November 2010).

25 Montet 1951, 19–21; Brier 2023, 282f. Vgl. auch Dodson 2019, 42. 95f. 101f. Abb. 79.

26 Montet 1951, 21.

27 Montet 1951, 21f..

28 Montet 1951, 21f.. Zur Übersetzung und zur Ansprache als Merenptah vgl. Montet 1951, 111f.

29 Montet 1951, 22 mit Taf. 95. Zur Inschrift auf dem schwarzen Sarkophag Montet 1951, 126–130; Inschrift auf dem Silbersarg: Montet 1951, 130–132. Vgl. auch die Darstellung von Dodson 2019, 66f. Abb. 47.

30 Montet 1951, 22; Dodson 2019, 66f. Abb. 24.

31 Montet 1951, 22. Vgl. auch hierzu die Darstellung bei Brier 2023 und Dodson 2019. Fotos und Zeichnungen der drei ineinandergeschachtelten Särge und der Goldmaske bei Montet 1951, v. a. Taf. 75–82. 95–105.

32 Ben-Dor Evian et al. 2021, 3; vgl. auch David 2021b zur Darstellung dieser Geschichte in den Populärmedien.

33 Ben-Dor Evian et al. 2021; vgl. vorher Kassianidou 2014, 263–267; Yahalom-Mack et al. 2014, 174; Ben-Dor Evian 2017, 36. Schon vorher hatte 2021 das Gebiet der Timna-Minen im Mittelpunkt von Medienberichten gestanden – nicht wegen Kupfer oder Türkis, sondern weil die Analyse eines Stoffstücks aus dem späten 11. oder frühen 10. Jh. v. Chr. nachwies, dass es mit dem von den Phöniziern perfektionierten Königspurpur gefärbt war; vgl. Sukenik et al. 2021 und Medienberichte wie Borschel-Dan 2021; David 2021a und Tercatin 2021.

34 Ältere Lit. bei Cline 2000, 44–59; Cline 2004, 19; Cline 2007, 119; Cline 2009; vgl. Broodbank 2018, 586f. und jetzt Maeir 2022a; wichtig auch Ben-Yosef/Thomas 2023.

35 Macalister 1914; auch erwähnt z. B. in Dothan 1982, 24; Yasur-Landau 2010, 2. Zu den letzten Grabungen vgl. die Beiträge in Maeir 2012; Maeir/Uziel 2020.

36 Ehrlich 1996, 56.

37 Vgl. Cline 2000, 44–59; Cline 2004, 19; Cline 2007, 119; Cline 2009 mit älterer Lit.; dazu Broodbank 2018, 587 und jetzt Maeir 2022a; wichtig auch Ben-Yosef/Thomas 2023.

ANMERKUNGEN

38 Vgl. etwa die neueren Publikationen von Avraham Faust von der Bar-Ilan-Universität in Ramat Gan, u. a. Faust 2007; Faust 2012; Faust 2016; Faust 2019.
39 Auch hier ist die Literatur riesig. Nur ein Beispiel ist Finkelstein 1988; siehe auch Cline 2004, 7; Cline 2007, 114–118; Cline 2009, 77, jeweils mit weiterer Lit.; Killebrew 2005, 152–154. 181–185.
40 Cline 2007, 118f.; Cline 2021a, 91 (dt. Cline 2021b, 144). Auch die Literatur zum Boom der israelitischen Siedlungen in der Periode Iron Age I und zu ihren Eigenheiten ist uferlos; jüngere Beiträge sind u. a. Killebrew 2005, 155–159. 173–181; Finkelstein 2013, 22. 27f. 32f.; jetzt auch Ilan 2019; Schipper 2019, 15–18 und Ben-Yosef/Thomas 2023, die (wenn ich sie richtig verstehe) annehmen, dass es bis ins Großreich des 10. Jh.s v. Chr. weiterhin einen nomadischen Gesellschaftsanteil gab.
41 Cline 2007, 119.
42 Langgut et al. 2014, 294–298 mit Tabelle 3; vgl. auch Langgut et al. 2015, 217. 229–231; Finkelstein 2016, 116; Finkelstein/Langgut 2018. Zu beachten ist, dass Kaniewski und seine Kollegen ihre ursprünglichen Schlussfolgerungen zum Klimawandel im Ostmittelmeerraum dahingehend modifizierten, dass sie auch diese zeitweilige Zunahme der Feuchtigkeit und die besseren Klimabedingungen berücksichtigten, vgl. auch hierzu Kaniewski et al. 2019a, v. a. 6–9 mit Abb. 4–6; Kaniewski et al. 2019b; Kaniewski et al. 2020 sowie Finné et al. 2019, 859 (und 855 mit Abb. 2) und die ältere Darstellung bei Cline 2021a, 157f.
43 Langgut et al. 2014, 298. – Moab: Mattingly 1994; Finkelstein/Lipschits 2011; Finkelstein 2014; Steiner 2014. – Ammon: Younker 1994; 2014. – Zu Edom vgl. die oben genannte Literatur. Zu allen Genannten, den »Nachbarn des alten Israel«, jetzt das sehr hilfreiche Buch von Doak 2020.
44 Vgl. zuletzt Palmisano et al. 2019; Palmisano et al. 2021b, 7. 22f., sowie jetzt unter Einbeziehung des Großreichs Ben-Yosef/Thomas 2023; Thomas/Ben-Yosef 2023. Siehe auch die kurze Darstellung mit weiterer Lit. im Folgenden.
45 Ausführliche Darstellung mit Lit. in Cline 2000, 65–74; Cline 2004, 20; erwähnt auch in Dothan 1982, 16; Finkelstein 2013, 35–36.
46 Vgl. zuletzt Rollston 2019, 379. Erstpublikation der Fragmente bei Biran/Naveh 1993; Biran/Naveh 1995.
47 Übers. nach Schniedewind 1996, 77f.
48 Die Inschrift ist im Lauf der Jahre viel diskutiert worden; meine frühere Darstellung des Fundes mit Lit. in Cline 2000, 83–87; Cline 2009, 59–63.
49 Zur vorgeschlagenen Lesart siehe u. a. Lemaire 1994. Andere Ansichten vertreten z. B. Finkelstein et al. 2019; Na'aman 2019a. Vgl. auch die ältere Darstellung bei Cline 2009, 6–18 mit früherer Lit. und Horn 1986. Weitere Publikationen zur Fundgeschichte und Deutung der Mescha-Stele jetzt auch bei Richelle 2018, 28–30; Porter 2019, 324f. mit Abb. 17.1; Schipper 2019, 38. Zu Mescha und den Moabitern z. B. Na'aman 1997.

50 Kitchen 1973, 273–275. 280; Grimal 1988. 318f.; auch hierzu Crowell 2021, 25. 196–201. 364–366. 382 und Na'aman 2021, 24–26.
51 Kitchen 1973, 271f.; Grimal 1988, 317f.; Clayton 1994, 181; Mushett Cole 2016, 68. Vgl. zuletzt die Darstellung bei Crowell 2021, 25. 196–201. 364–366. 382 und Finkelstein 2020, 4, der bezweifelt, dass der Text zeitgenössisch zu den Ereignissen war.
52 Schon jetzt ist die Literatur umfangreich; vgl. v. a. Levy et al. 2008; Ben-Yosef et al. 2010; Ben-Yosef et al. 2019; Liss et al. 2020 mit älterer Lit., darunter Hoglund 1994, und die vielen Beiträge in den beiden Bänden von Levy et al. 2014. Zur Konkurrenz mit der Industrie auf Zypern vgl. etwa die Darstellungen in Crielaard 1998, 194f.; Muhly/Kassianidou 2012, 125. 134 mit älterer Lit.; Finkelstein 2013, 127; Finkelstein 2020, 18f.; Kassianidou 2014, 263f.; Yahalom-Mack et al. 2014, 174; Erb-Satullo 2019, 589; Knapp/Meyer 2020, 232–243. Zum Wadi Faynan siehe u. a. Ben-Yosef et al. 2010; Ben-Yosef et al. 2019 mit älterer Lit. sowie Schipper 2019, 28.
53 Siehe u. a. Ben-Yosef 2019b; Ben-Yosef 2019c; Ben-Yosef 2020; Ben-Yosef 2021a; Ben-Yosef 2021b; Ben-Yosef et al. 2019; Ben-Yosef/Thomas 2023, jeweils mit viel älterer Lit. Zu den späteren Darstellungen zählen Crowell 2021, 36f. 41f.; Maeir 2021 und eine Gegenstimme von Finkelstein 2020; jetzt auch Na'aman 2021; Bienkowski 2022. Überblick bei Crowell 2021, 8–16 mit Verweis auf Gluecks einschlägige Publikationen.
54 Schon jetzt ist die Literatur zum Thema riesig. Nur einige Beispiele: Garfinkel/Ganor 2008; Garfinkel/Ganor 2010; Finkelstein/Fantalkin 2012; Finkelstein 2013, 54–59; Garfinkel 2017; Garfinkel 2021; Na'aman 2017; Schipper 2019, 23 und jetzt Ussishkin 2022.
55 Zur mehrzeiligen Inschrift vgl. u. a. Misgav et al. 2009; Galil 2010; Rollston 2011; jetzt auch Donnelly-Lewis 2022. Zur jüngeren Inschrift u. a. Garfinkel et al. 2015.
56 Hierzu schon Cline 2009, 25–27 Abb. 4 und Lit.; Rollston 2019, 376f.
57 Kitchen 1973, 280–282; Grimal 1988, 319; Mushett Cole 2016, 69f.; Schipper 2019, 27f.
58 Mushett Cole 2016, 69f. mit Verweis auf Dever 1993, 37.
59 Kitchen 1973, 282; Grimal 1988, 318f.; Clayton 1994, 181; vgl. aber auch hier die oben genannte Behandlung bei Crowell 2021.
60 Hierzu jetzt Reeves 1990, 186. 191f. mit Lit.; Reeves/Wilkinson 1996, 188–207; Aston 2020, 31–68 mit Lit. Zusammenfassend auch Grimal 1988, 318; Clayton 1994, 181; Snape 1996, 188; Mushett Cole 2016, 68. 70.
61 A. B. Edwards 1882a, 185–197; A. B. Edwards 1882b, 113. 116; Wilson 1887, 1–10; Gardner 1923, 30–52; Kitchen 1973, 277f.; Grimal 1988, 290f.; Reeves 1990, 186. 191f.; Clayton 1994, 177f.; Reeves/Wilkinson 1996, 194–197. 204. 207; Snape 1996, 188–190; Fagan 2004. 194–198; Bickerstaffe 2010, 13–36; Graefe/Belova 2010; Hawass 2010, 1; J. Thompson 2015, 8–10; Dodson 2019, 76f.; Aston 2020, 31–68.

ANMERKUNGEN

62 Vgl. hierzu Cline 2021c, 20–22. 109–115 mit Lit.; vorher Yadin 1976; siehe jetzt auch Cantrell 2006; Cantrell/Finkelstein 2006; Franklin 2017.
63 Dazu Cline 2009, 43–46. 64–66; Cline 2021c, 269f., jeweils mit Lit.; älter Yadin 1970.
64 Vgl. etwa Finkelstein 1996; Finkelstein 1999; Finkelstein 2013; jetzt auch kurz besprochen in Cline 2009, 43–46. 64–66 mit älterer Lit. Gegen Finkelstein jetzt u. a. Ortiz/Wolff 2021, die erklären, ihre Schicht 8 in Gezer »müsse […] mehr oder weniger aus Salomos Zeit stammen« (238); siehe auch die jüngeren Stellungnahmen von Richelle 2018, 82f. 85–89; Garfinkel 2021; Garfinkel/Pietsch 2021.
65 Hierzu jetzt Rollston 2016, 296f.; Bourogiannis 2018a, 73f.; Elayi 2018, 117–122; Bunnens 2019b, 65; Doak 2019, 660f.; Edrey 2019, 40; Na'aman 2019b; Hodos 2020, 40f.; López-Ruiz 2021, 288f.; älter Markoe 2000, 33–35; Aubet 2001, 44f.; Abulafia 2013, 108–110. Vgl. auch die Darstellung bei Yadin 1970; Yadin 1976; Finkelstein 1996; Finkelstein 1999; Finkelstein 2013; Cantrell 2006; Cantrell/Finkelstein 2006; Cline 2009, 43–46. 64–66; Cline 2021c, 20–22. 109–115. 269f., jeweils mit Lit., und jetzt auch Franklin 2017; Richelle 2018, 82f. 85–89; Garfinkel 2021; Garfinkel/Pietsch 2021; Ortiz/Wolff 2021.
66 Alle Bibelübersetzungen wurden im Deutschen nach der Lutherbibel von 1985 wiedergegeben [A.d.Ü.].
67 Zu 'Ayn Dara u. a. Sader 2014, 615f. mit Lit.; jetzt auch J. F. Osborne 2021, 115–117. 200. Der dortige Tempel wurde im Januar 2018 schwer beschädigt, laut Medienberichten durch türkische Flugzeuge, vgl. u. a. Claire Voon, »Iron Age Temple in Syria Devastated by Turkish Air Raids«, Hyperallergic, 9. Januar 2018, https://hyperallergic.com/423867/ain-dara-temple-destroyed; Erika Engelhaupt, »Iconic Ancient Temple Is Latest Victim in Civil War«, *National Geographic*, 30. Januar 2018, https://www.nationalgeographic.com/history/article/syria-temple-ain-dara-destroyed-archaeology; Sarah Cascone, »Turkish Forces Nearly Destroy the Ancient Syrian Temple of Ain Dara«, Artnet News, 30. Januar 2018, https://news.artnet.com/art-world/destruction-ain-dara-1210982.
68 Siehe u. a. Markoe 2000, 33f.; Aubet 2001, 204f.; Lipiński 2006, 181f.; jetzt Elayi 2018, 121–123; Bunnens 2019b, 60f. mit älterer Lit.; außerdem Edrey 2019, 40; Roller 2019, 45f.; Sader 2019b, 127f.; Hodos 2020, 57f. 104. 143f.
69 Vgl. Kingsley 2021 und die Medienberichterstattung, darunter Jarus 2021.
70 Kitchen 1973, 283; Grimal 1988, 319; Clayton 1994, 181. 184f.; Chapman 2009; 2015; Sagrillo 2015; Mushett Cole 2016, 70. 72–74; Dodson 2019, 77–81. 87–89. 95. 101f. Abb. 79; Höflmayer/Gundacker 2021.
71 Kitchen 1973, 286f.; Grimal 1988, 319–322; Clayton 1994, 183f.; Kuhrt 1995, 626–628; Snape 2012, 431; Mushett Cole 2016, 75f.; Dodson 2019, 92f.

72 Vgl. auch 2 Chronik 12,2–9, behandelt unter vielen anderen von Kitchen 1973, 295f.; Clayton 1994, 184f.; Cline 2004, 38–41; Mushett Cole 2016, 76f.
73 Vgl. etwa Kitchen 1973, 296–300; Clayton 1994, 184f.; Ehrlich 1996, 63–65; Finkelstein 2002; Finkelstein 2013, 41–44. 76f.; Mushett Cole 2016, 76f.; Dodson 2019, 93. 95 Abb. 66. 68. 70; Schipper 2019, 30f. 36f. Vgl. jetzt auch die vielen Tagungsbeiträge in James/van der Veen 2015.
74 Ausführlich behandelt ist der Fund jetzt in Cline 2021c, die Inschrift selbst bereits in Cline 2000, 75–82, jeweils mit älterer Lit.
75 Vgl. Cline 2011 sowie die einschlägigen Abschnitte in Cline 2021c.
76 Siehe u. a. Kitchen 1973, 294f.; Grimal 1988, 322f.
77 Na'aman 2021, 24–26.
78 Vgl. jetzt Dodson 2023, 297–307.
79 Kürzlich ist ein fünfbändiger Grabungsbericht erschienen (Mazar/Panitz-Cohen 2020), aber seitdem hat die Zeitschrift *Near Eastern Archaeology* 2022 kürzere, einfach zugängliche Artikel gebracht, aus denen im Folgenden zitiert wird. Zur Erwähnung durch Scheschonq I.: Mazar 2022b, 122f.
80 Mazar 2022b, 110f. 114f. 122.
81 Das Folgende beruht durchgängig auf dem hochinformativen Beitrag von Maza et al. 2022, 126–128, der auf ausführlichere anderweitige Darstellungen der drei verweist.
82 Vgl. Mazar et al. 2022, 128f.
83 Mazar et al. 2022, 126f.
84 Mazar 2022b, 116; Mazar et al. 2022, 127.
85 Zum Skarabäus vgl. den kurzen Beitrag von Levy et al. 2014 in *Antiquity*; zum Feldzug in diese Gegend u. a. auch Finkelstein 2016, 118; Finkelstein 2020, 20; Crowell 2021, 364; Na'aman 2021, 21–24. – Verwandte Fragen behandeln nun auch Ben-Dor Evian 2017, 36; Ben-Dor Evian 2021, 11; Maeir 2022a.
86 Kitchen 1973, 292; Grimal 1988, 322f.; Mushett Cole 2016, 75–77; Dodson 2019, 95; dagegen Clayton 1994, 186.
87 Siehe etwa Kitchen 1973, 308f.; Mushett Cole 2016, 78 (mit Zitat von Louvre AO.9502); Dodson 2019, 99.
88 Kitchen 1973, 309f. 324f.; Grimal 1988, 324–326; Clayton 1994, 186f.; Kuhrt 1995, 628; Ben-Dor Evian 2011, 98; Ben-Dor Evian 2017, 36; Mushett Cole 2016, 79. 81. 83; Dodson 2019, 104. 109. 192; Muhs 2022, 196f. 199. Wichtig ist, dass das Fehlen einer Inschrift auf der Statue reiner Zufall sein kann; wie von den anderen besitzen wir von ihr nur ein Fragment, und möglich ist, dass eine einst auf ihr vorhandene phönizische Inschrift heute fehlt. Muhs 2022, 200f. verweist auf eine Reihe ägyptischer Steingefäße mit Inschriften aus phönizischen Gräberfeldern in Südspanien, die sich auf Osorkon II., Takelot II. und Scheschonq III. beziehen. Ihm zufolge wurden sie »wohl von phönizischen Kaufleuten und Kolonisten aus Ägypten gebracht«.

89 Vgl. Kitchen 1973, 331. 335; Grimal 1988, 328–330; Clayton 1994, 188f.; Kuhrt 1995, 625. 628; Mushett Cole 2016, 85–87. 89; Dodson 2019, 114f. 119–121. 124f. 127. 192.

Kapitel 2

1 Grayson 1987, 309–311 (A.0.86.1); Neumann/Parpola 1987, 178 App. A Nr. 1 (mit Verweis auf Borger 1964, 103 Nr. 6); Kuhrt 1995, 358. Grayson übersetzt »der ausgedehnten Armee der Ahlamu« statt wie Borger »der weitverbreiteten Horden«, aber der Grundgedanke ist derselbe. Außerdem folge ich einer persönlichen Mitteilung von Eckart Frahm bei der Übersetzung des ersten Wortes mit »Töter« statt Graysons »Mörder«. – Das »š« auf den folgenden Seiten wird wie »sch«, ḫ wie »ch« in »Bach« ausgesprochen.
2 Oates 1979, 106; Postgate 1992, 249; Kirleis/Herles 2007, 7–10; Younger 2016, 100; Younger 2017, 198; J. F. Osborne 2021, 36–40.
3 Vgl. die oben angeführte Literatur. Zur Verlagerung des Euphrat siehe u. a. Reculeau 2011, 2 mit älterer Lit.; Bryce 2016a, 66.
4 Neumann/Parpola 1987, 161; Postgate 1992, 247. 249; Kirleis/Herles 2007, 7–9; Bryce 2012, 163f.; Bryce 2014, 105f.; jetzt auch Younger 2016, passim; Bunnens 2019a, 351. 362.
5 Grayson 1987, 309–322 (A.0.86.1–14); Jefers 2013, 10f.; Radner 2018, 2.
6 Vgl. Grayson [1975] 2000, 164 (Nr. 21 ii, Z. 6–7 bzw. 8–13 zum ersten bzw. zweiten Kampf); siehe auch Brinkman 1968, 110; Frame 1995, 11; Glassner 2004, 186–188 mit älterer Lit.; Jeffers 2013, 213; Younger 2017, 199f. 212 mit Anm. 90.
7 Brinkman 1968, 3f. 17; Kuhrt 1995, 477; Grayson [1975] 2000; Schneider 2014, 99 mit Verweis auf Glassner 2004; Frahm 2017b, 163.
8 Schneider 2014, 99; vgl. auch Kuhrt 1995, 473–477; Grayson 2005; Frahm 2017b, 163; Frahm 2019.
9 Schneider 2014, 98f.; vgl. Kuhrt 1995, 473–477.
10 Jeffers 2013, 75f. mit Quellen und älterer Lit.
11 Vgl. etwa die Darstellung bei Cline 2018, 89–106 (Kap. 4) mit umfassender Lit.; jetzt auch Frahm 2023, 4–14.
12 Ähnliche Kommentare jetzt bei Frahm 2023, 24f.; vgl. Reculeau 2011 mit einem Beispiel assyrischer Aufzeichnungen über Getreideerträge, allerdings aus dem 13. Jh. v. Chr.
13 Engl. Übers. nach Foster 2005, 382. Vgl. Brinkman 1968, 88f. 104–106; Frame 1995, 11; Potts 1999, 252f.; Foster 2005, 376; Jeffers 2013, 24f.; Liverani 2014, 458; Bryce 2016a, 65f.; siehe auch Cline 2021a; Cline 2021b. – Die Daten für Nebukadnezar I. können je nach Autor um ein bis zwei Jahre voneinander abweichen (z. B. 1126–1105 v. Chr.).

14 Brinkman 1968, 106–108. 112f.; Oates 1979, 105; Frame 1995, 11. 33–35; Kuhrt 1995, 375f.; Potts 1999, 253; Foster 2005, 383. Laut Frame wurde der *kudurru*-Stein »1882 in Raum 0 des Tempels des Gottes Šamaš in Sippar von Abd-al-Ahad Thoma gefunden und ist heute im British Museum (BM 90858; 82-5-22,1800)«.
15 Übers. nach Foster 2005, 383. Vgl. auch Brinkman 1968, 106–108; Oates 1979, 105; Frame 1995, 33–35; Kuhrt 1995, 375f.
16 Potts 1999, 233. 236–238. 240f. 247. 252–263; Foster 2005, 376–380. 385–387; vgl. jetzt Álvarez-Mon 2013, 457. 471; Waters 2013, 478f.; älter Kuhrt 1995, 372f.
17 Brinkman 1984, 172–175.
18 Vgl. Grayson 1987, 305–308 zu den wenigen Inschriften, die sich möglicherweise in die Zeit Aššur-dans I. datieren lassen; keine davon ist als Bericht über Taten oder Ereignisse seiner Zeit anzusehen. Vgl. auch Jeffers 2013, 3. 10f.; zu den Herrscherdaten Postgate 1992, 248.
19 Persönliche Mitteilung, 24. Februar 2023. Frahm bemerkt allerdings auch: »Aus Verwaltungstexten wird deutlich, dass Assyriens Provinzsystem zur Zeit Tiglatpilesers I. noch weithin intakt war – ein Argument dagegen, dass Assyrien in den vorausgehenden Jahrzehnten einen dramatischen Niedergang durchlebte.« Das Schreiben auf Materialien wie Blei oder Holz schlagen Bryce 2012, 57. 60 und Fuchs 2017, 254 auch für die Neuhethiter als Möglichkeit vor, da es eine kleine Zahl luwischer Inschriften auf Bleistreifen aus etwas späteren Kontexten an Fundorten wie Zincirli und Kululu gibt (dazu jetzt auch J. F. Osborne 2021, 20f. 45. 51); auch für die frühesten griechischen Inschriften ist das denkbar.
20 Finné et al. 2019, 859 (vgl. 855 mit Abb. 2); Kaniewski et al. 2019a, v. a. 6–9 mit Abb. 4–6; Kaniewski et al. 2019b; Kaniewski et al. 2020.
21 Brinkman 1968, 92; Neumann/Parpola 1987, 178 App. A Nr. 2; Grayson 1991, 43 (A.0.87.4), vgl. 37 (A.0.87.3), wo die Anzahl unsicher ist; Kuhrt 1995, 358–361; Grayson 2005; Fales 2011, 11; Bryce 2012, 197–201; Jeffers 2013, 10f.; Liverani 2014, 463–466; Younger 2016, 36. 85. 168f. 171; Younger 2017, 200f. 206f.; Radner 2018: 9; Düring 2020: 136; J. F. Osborne 2021, 39f. Man beachte die Neudatierung des Zerbrochenen Obelisken in seine Zeit statt in die seines Sohnes Aššur-bel-kala (Mahieu 2018, 79–86; Shibata 2022; Frahm 2023, 444 Anm. 3). Vgl. auch Grayson 1991, 87. 99–105 (A.0.89.7); Neumann/Parpola 1987, 176 Taf. 2 und 179 App. A Nr. 8; Frame 1995, 50; Kirleis/Herles 2007, 9f.; Fales 2011, 18. 31; Liverani 2014, 443; Radner 2015, 69; Younger 2016, 37. 85. 181; Frahm 2023, 86f.
22 Grayson 1991, 41 (A.0.87.4) und 52 (A.0.87.10).
23 Grayson 1991, 14 (A.0.87.1).
24 Grayson 1991, 14–25 (A.0.87.1), zitierte Stelle: 14.
25 Grayson 1991, 30f. (A.0.87.1).

26 Grayson 1991, 23 (A.0.87.1); zur gekürzten Version in einer zweiten Inschrift: Grayson 1991, 34 (A.0.87.2). Siehe jetzt auch Younger 2016, 167; Younger 2017, 202f.
27 Grayson 1991, 13 (A.0.87.1). – Aramäer als Erzfeinde: Grayson 1991, 5; Jeffers 2013, 10–12; Younger 2017, 208; Düring 2020, 136.
28 Grayson 1991, 37 (A.0.87.3). 42 (A.0.87.4). 53 (A.0.87.10). 98 (A.0.89.6). 103–105 (A.0.89.7) und 108 (A.0.89.10); Frame 1995, 50; Kuhrt 1995, 361; Sherratt 2003, 52; Bryce 2014, 114. 116; Rollston 2016, 295; Fales 2017, 218; Younger 2017, 205; Elayi 2018, 107f.; Monroe 2018, 237. 255f.; Sader 2019b, 34f.; Hodos 2020, 143; Regev 2021, 68; dazu besonders Frahm 2009, 11. 28–32; Frahm 2011, 61f.; Frahm 2023, 86f. 444 Anm. 3 sowie erneut Mahieu 2018 und Shibata 2022 zur Neudatierung des Zerbrochenen Obelisken in diese Zeit und zu verwandten Fragen. – Zur Ansprache des Pharaos als Ramses XI. aufgrund von dessen Regierungsdaten u. a. Kitchen 1973, 252; Frahm 2009, 31; Koch 2021, 72; Shibata 2022, 121. – Zum »Flussmenschen« als Mönchsrobbe jetzt Nahm 2022, 236f.; den Hinweis darauf verdanke ich Christopher W. Jones.
29 Grayson 1991, 37 (A.0.87.3). 44 (A.0.87.4) und 57 (A.0.87.11); vgl. u. a. K. Yamada 2005 mit knappen Überlegungen, was ein *nahiru* gewesen sein könnte; dazu jetzt auch Bryce 2012, 200–201; Bryce 2014, 116; Broodbank 2018, 596 (Identifikation als »Pottwal«); Younger 2016, 172; Younger 2017, 205; Elayi 2018, 104–106 (Identifikation als Nilpferd); Monroe 2018, 217; jetzt auch DeGrado 2019, 109 mit Anm. 14 zu neuen Argumenten, wieso es sich um ein Nilpferd handle. Alle Möglichkeiten bei Fales 2017, 218–220 mit Lit.: »Die Ansprache des nahiru ist derzeit noch umstritten und die vorgeschlagenen Lösungen umfassen ein riesiges Spektrum (Nilpferd, Delphin, Hai, Robbe, Walross, Mönchsrobbe, Pottwal, Orca [Killerwal], Buckelwal, Zahnwal, irgendein Wal).«
30 Louisa Loveluck/Mustafa Salim, »From Cradle to Grave: Where Civilization Emerged between the Tigris and Euphrates Climate Change Is Poisoning the Land and Emptying the Villages«, *Washington Post*, 21. Oktober 2021.
31 Younger 2016, 158. 165; Younger 2017, 196; Frahm 2017b, 165–167.
32 Fales 2011, 14 mit Verweis auf Liverani 1988a, 657; vgl. jetzt Liverani 2014, 467.
33 Brinkman 1968, 124–130; Oates 1979, 106; Grayson [1975] 2000, 164f. (Nr. 21 ii, Z. 14–24); Grayson 1991, 43f. (A.0.87.4) und 53 (A.0.87.10); Frame 1995, 38; Jeffers 2013, 10f. 214–224. 233–244. 252–254; Younger 2016, 173; Younger 2017, 210. 212–217. 221f.
34 Vgl. Grayson 1991, 43f.; Grayson 2005; Millard 1994; Kuhrt 1995, 477; Younger 2016, 173f.; Younger 2017, 210. 221f.; Frahm 2017b, 162f. Absolute Daten nach Younger mit Verweis auf Jeffers 2013, 120–128. 185–210, der ausführlich darlegt, wieso diese eponymen Daten Glauben verdienen.
35 Grayson 1991, 44f. (A.0.87.4) und 54f. (A.0.87.10), vgl. Inschriftenfragmente (wie A.0.87.5, 8 und 11); Jeffers 2013, 45; Elayi 2018, 106f.

36 Brinkman 1968, 387f.; Grayson [1975] 2000, 189; Grayson 1991, 5; Neumann/Parpola 1987, 76 Tabelle 2 und 178, App. A Nr. 4; Glassner 2004, 188–191; Radner 2015, 68; Younger 2016, 174; Younger 2017, 218–220; Frahm 2023, 87.
37 Brinkman 1968, 387f.; Grayson [1975] 2000, 189; Neumann/Parpola 1987, 176 Tabelle 2 und 178f. App. A Nr. 5; Kuhrt 1995, 361; Jeffers 2013, 254; Younger 2016, 174–176; Younger 2017, 200. 220; Frahm 2023, 87. Der Ernteausfall und die vorangehende Hungersnot waren laut einigen Forschern (v. a. Kirleis/Herles 2007, 12f., zitiert bei Younger) die Folge eines Klimawandels, was angesichts der seitdem an anderen Orten gewonnenen Daten (vgl. etwa die Zusammenfassung in Cline 2021a; Cline 2021b) sehr wahrscheinlich zutrifft.
38 Grayson 1991, 86. 92 (A.0.89.2). 96 (A.0.89.4). 108 (A.0.89.10); Frame 1995, 50; Kuhrt 1995, 61; Elayi 2018, 107f.; Monroe 2018, 256. Vgl. wiederum Mahieu 2018 und Shibata 2022 zur Neudatierung der Zerbrochenen Stele und anderer Inschriften in die Zeit Tiglatpilesers I.
39 Brinkman 1968, 189. 387–389; Neumann/Parpola 1987, 176 Tabelle 2 und 179f. App. A Nr. 9–12 mit älterer Lit.; Kuhrt 1995, 362.
40 Brinkman 1968, 189. 388; Neumann/Parpola 1987, 176 Tabelle 2 und 180 App. A Nr. 12.
41 Oates 1979, 108; Neumann/Parpola 1987, 176 Tabelle 2 und 180f. App. A Nr. 13–15.
42 Neumann/Parpola 1987, 176 Tabelle 2 und 181 App. A Nr. 15; Grayson 1991, 131. 134f. (A.0.98.1); Postgate 1992, 248–250 mit Tabelle 1; Kuhrt 1995, 479–481; Kirleis/Herles 2007, 13; Liverani 2014, 475; Radner 2015, 69; Younger 2016, 221–224; Frahm 2017b, 167f.; Frahm 2023, 88–92; Radner 2018, 11; Düring 2020, 144.
43 Grayson 1991, 142. 145; Kuhrt 1995, 482; Liverani 2014, 475f.; Frahm 2017b, 168; Frahm 2023, 3; Elayi 2018, 108f. Manchmal wird sein Name als Adad-nerari II. angegeben, z. B. von Younger 2016, 221. 234f.
44 Brinkman 1968, 169f. 180–182; Grayson [1975] 2000, 166 (Nr. 21 iii, Z. 1–11); Grayson 1991, 48–55 (A.0.99.2). 156 (A.0.99.4); Bryce 2016a, 67; Radner 2018, 11.
45 Sinha et al. 2019, 1–4 mit Abb. 3 (freundlicher Hinweis von Eckart Frahm).
46 Rassam 1897, 200f.; vgl. Curtis/Tallis 2008, 2. 7. 9f. – Zu Rassam, Layard und Ninive: Cline 2018, 95–105. – Zur Identifikation von Balawat mit Imgur-Enlil: Tucker 1994.
47 Rassam 1897, 207f. 210–212; ebenfalls zitiert von S. Lloyd 1980, 151; Curtis/Tallis 2008, 10–12. Weitere Zitate und andere interessante Punkte bei King 1915, 10–13. Wiedergabe von Rassams Briefwechsel mit dem British Museum 1878 bei Curtis/Tallis 2008, 84–87. Besprochen mit Lit. auch bei Harmansah 2007, 193–195.
48 King 1915, 5. 9–12, vgl. Curtis/Tallis 2008, 2f. 9f. 12f. 17f.

ANMERKUNGEN

49 Curtis/Tallis 2008, 10–12.
50 Curtis/Tallis 2008, 2f. 8. 15. 23. 85. Vgl. Grayson 1991, 321–323. 345–351 (A.0.101.51 und A.0.101.80–97).
51 Rassam 1897, 214f.; S. Lloyd 1980, 152; Curtis/Tallis 2008, 85f.
52 Grayson 1991 ist heute überholt durch Curtis/Tallis 2008, 26. 32. 35. 37. 45 Abb. 11–12. 17–18. 21–22. 37–38.
53 Curtis/Tallis 2008, 2f. 17f. 47. Zu Mamu, einer ursprünglich sumerischen Gottheit, kurz Tucker 1994, 107.
54 Curtis/Tallis 2008, 19. 48f.
55 Curtis/Tallis 2008, 19.
56 Curtis/Tallis 2008, 3. 19f.
57 Liverani 1988b, 85f. 91; Postgate 1992, 255f.; Schneider 2014, 99f.; Düring 2020, 44f. 152; Frahm 2023, 90–93.
58 Zu den verschiedenen Feldzügen: Liverani 2014, 476; Frahm 2023, 93f.; dazu Oates 1979, 108; Neumann/Parpola 1987, 176 Tabelle 2; Grayson 1991, 163f. 169f.; Postgate 1992, 248 mit Tabelle 1; Kuhrt 1995, 482f.; Bryce 2012, 210–217; Schneider 2014, 100; Frahm 2017b, 168f. – Zu Ziyaret Tepe vgl. MacGinnis/Matney 2009; Matney et al. 2017.
59 Grayson 1991, 189f.; Kuhrt 1995, 483f.; Liverani 2014, 476; Schneider 2014, 100; Frahm 2017b, 169; Frahm 2023, 83f. 95f.
60 Übers. nach Grayson 1991, 256–262 (A.0.101.19); Younger 2016, 183.
61 Vgl. Taylor 1865; 21–56, Zitat 22f.
62 Grayson 1991, 210 (A.0.101.1), fast wortgleich wiederholt auf dem Kurkh-Monolithen (A.0.101.19), vgl. Grayson 1991, 260. Es ließen sich zahlreiche weitere Beispiele anführen, vgl. etwa eine weitere Inschrift mit eingehenden Beschreibungen, was nach einer Schlacht geschah bei Grayson 1991, 237–254 (A.0.101.17); vgl. auch Frahm 2017b, 169.
63 Neumann/Parpola 1987, 181 App. A Nr. 16; Grayson 1991, 213–216 (A.0.101.1). 243 (A.0.101.17); Kuhrt 1995, 484; Grayson 2005; Kirleis/Herles 2007, 13 Anm. 27; Schneider 2014, 100; Radner 2015, 69; Bryce 2016a, 68.
64 Grayson 1991, 189; Bryce 2012, 215; Liverani 2014, 480; Radner 2014b, 107; Radner 2015, 27f. 32; Radner 2016, 44; Radner 2017, 213; Radner 2018, 11f.; Cline 2018, 96; Frahm 2017b, 169f.; Frahm 2023, 95–97.
65 Grayson 1991, 192; Fagan 2007, 115; Radner 2015, 29f. 35; Cline 2018, 96 mit weiterer Lit.; Larson 2017, 586–588; Frahm 2023, 97–99; vgl. Layard 1849.
66 Grayson 1991, 268–276 (A.0.101.23), v. a. 276, vgl. etwa auch 227f. (A.0.101.2); Kuhrt 1995, 85f.
67 Radner 2015, 35–37; Radner 2016, 45; vgl. Kuhrt 1995, 486f.
68 Grayson 1991, 3. 288–293 (A.0.101.30), v. a. 292f.; Kuhrt 1995, 486f.; Aubet 2008, 183f.; Bryce 2012, 217; Podany 2014, 100f.; Radner 2015, 35–37;

Radner 2016, 44; Fales 2017, 224; Frahm 2017b, 170; Frahm 2023, 95–96; Monroe 2018, 258f.; Bunnens 2019b, 59. 63f.

69 Bryce 2012, 217f.

70 Grayson 1991, 218f. (A.0.101.1). 226 (A.0.101.2); vgl. Kuhrt 1995, 485; Aubet 2001, 5; Aubet 2008, 183f.; Schneider 2014, 100; Rollston 2016, 298; Fales 2017, 221–224; Elayi 2018, 129–131; Monroe 2018, 256. 258f.; Bunnens 2019b, 62. 66; DeGrado 2019, 109 mit Anm. 14; Sader 2019b, 6; Hodos 2020, 143; Frahm 2023, 104f.

71 Curtis/Tallis 2008, 52. 57f. 65 Abb. 63–66. 79–80.

72 Grayson 1996, 98 (A.0.102.25); Radner 2014b, 106; Frahm 2017b, 170f. Vgl. King 1915, 17–20 und Grayson 1996, 27–32 (A.0.102.5) zur langen Begleitinschrift der Reliefs an den Toren von Balawat.

73 Vgl. auch hierzu Kuhrt 1995, 488f. Zur Aufstellung und zu den angegebenen Summen Grayson 1996, 55 (A.0.102.10).

74 Brinkman 1968, 191–200. 204f.; Grayson [1975] 2000, 167 (Nr. 21 iii, Z. 22–34); Grayson 2005; Oates 1979, 109f.; Bryce 2012, 218–244; vgl. Kuhrt 1995, 487–489. 577; Frahm 2017b, 171; Frahm 2023, 10f.

75 Rassam 1897, 214; Kuhrt 1995, 487; Grayson 2005. – Zu Beschlag III im British Museum vgl. King 1915, 23 Taf. 13–18; Grayson 1996, 141 (A.0.102.66). – Zur Szene mit Tyros und zur Erwähnung von Tyros und Sidon auch Aubet 2001, 51. 55; Aubet 2008, 183–84; Abulafia 2013, 112f.; Fales 2017, 226; Elayi 2018, 134f.; Bunnens 2019b, 59. 62. 66; Garnand 2020, 146. Manche (etwa Aubet 2001, 51; Abulafia 2013, 112) erklären explizit, König Ethobaal (oder Ithobaal) von Tyros sei dargestellt, aber das ist Wunschdenken – die Inschrift nennt ihn nicht und für wen die einzelnen Figuren stehen, ist ungewiss.

76 Zum Fragment in der Walters Art Gallery vgl. Grayson 1996, 147 (A.0.102.84). – Monolith-Inschrift: Grayson 1996, 17 (A.0.102.2). Vgl. auch die Literatur in der letzten Anm., u. a. Rassam 1897, 214; Aubet 2001, 55; Aubet 2008, 183f.; Fales 2017, 226; Bunnens 2019b, 59. 62. 66; Garnand 2020, 146.

77 Vgl. zu einigen dieser Siedlungen etwa Fales 2011, 12 und Bryce 2012, 163–165 sowie Grayson 2005; Radner 2014a, 84. – Zu Nennungen der verschiedenen aramäischen Stadtstaaten, gegen die er kämpfte, vgl. etwa Grayson 1996, 11–24 (A.0.102.2); jetzt auch Younger 2016; Düring 2020, 148.

78 Radner 2014a, 71. 74, vgl. S. 6 im selben Band.

79 Vgl. Kuhrt 1995, 487f.; Grayson 1996, 11–24 (A.0.102.2), v. a. 23–24; Grayson 2005; J. Miller/Hayes 2006, 247. 292. 294 (Text Nr. 3); Bryce 2012, 175–177. 226–230; Schneider 2014, 100f.; Frahm 2017b, 171; Frahm 2023, 109f.; Elayi 2018, 134f.; Schipper 2019, 40f.

80 Grayson 1996, 11–24 (A.0.102.2), v. a. 23–24; Grayson 2005; zitiert bei Bryce 2012, 226–230; Bryce 2014, 124f.; ebenso Frahm 2023, 110. Vgl.

ANMERKUNGEN

auch Fales 2017, 226–228; Monroe 2018, 259; Bunnens 2019b, 66; Sader 2019b, 82; Garnand 2020, 146. – Zu den Geschenken des ägyptischen Pharaos Osorkon II. an Byblos und Samaria und zum ägyptischen Kontingent bei Qarqar siehe u. a. Kitchen 1973, 24f. mit Lit.; Muhs 2022, 196f. 199.

81 Vgl. etwa Grayson 1996, 32–41 (A.0.102.6), v. a. 36, und 42–48 (A.0.102.8), v. a.. 45. – Hinzu kommt eine große Steintafel in der Mauer von Assur, angeführt bei Grayson 1996, 50–56 (A.0.102.10), v. a. 52, und weitere bei Grayson (passim) genannte Beispiele. – Auf dem Schwarzen Obelisken erklärt der König jedoch, die Zahl der Getöteten betrage »20 500«, anderswo heißt es »29 000«; vgl. etwa Grayson 1996, 65 (A.0.102.14) und 75 (A.0.102.16). Ausführlich dargestellt bei S. Yamada 2000; Grayson 2005.

82 King 1915, 29f. Taf. 48–53; Grayson 1996, 144f. (A.0.102.76).

83 Grayson 1996, 48. 54. 60 (vgl. A.0.102.8 und A.0.102.12 mit A.0.102.10); Lipiński 2006, 180.

84 Hierzu mit verschiedenen Schwerpunkten Kitchen 1973, 327; Grayson 1996, 151 (A.0.102.89); Aubet 2001, 55; Miller/Hayes 2006, 307 (Text Nr. 5); Fales 2017, 228; Dodson 2019, 109. 192; Sader 2019b, 129.

85 Bryce 2012, 39. 153f. 239–241; Bryce 2016b, 67–69. 74; J. F. Osborne 2021, 65f.

86 Diese Feldzüge erscheinen auf einer Vielzahl von Inschriften Salmanassars III.; einer ist samt drastischen Szenen von Stadteroberungen auf Beschlag XIII der Balawat-Tore dargestellt. Vgl. etwa Grayson 1996, 5f. und passim, v. a. 48f. (A.0.102.9). 50–56 (A.0.102.10), v. a. 54 sowie 58–61 (A.0.102.12), v. a. 60 und 62–71 (A.0.102.14 = der Schwarze Obelisk), v. a. 67. Vgl. auch King 1915, 34 Taf. 72–77; Na'aman 1995; Grayson 2005; Miller/Hayes 2006, 292; Bryce 2012, 175–177. 237f.; Bryce 2014, 126f. 236f.; Schneider 2014, 101; Frahm 2023, 110.

87 Vgl. meine Darstellung des Themas und der biblischen Parallelen in Cline 2000, 82–88. Siehe auch Biran/Naveh 1993; Biran/Naveh 1995; Schniedewind 1996; Na'aman 2000; Na'aman 2006; Sergi 2017; Richelle 2018, 31f.; Schipper 2019, 42; Younger 2020. Arie 2008, 34–38 vermutet, dass Hasaël die Inschrift bei der (Neu-)Gründung der Stadt setzte und sie nicht einfach eroberte; dem widersprach Thareani (Thareani 2016b; Thareani 2019a; Thareani 2019b). – Zu Hasaël und den Aramäern in der südlichen Levante allgemein jetzt Finkelstein 1999; Finkelstein 2013, 119–126; Kleiman 2016; Sergi 2017; Sergi/Kleiman 2018; Younger 2020.

88 Erörtert u. a. bei Schniedewind 1996; Na'aman 2006 mit Lit.; Finkelstein 2013, 85. – Vgl. auch 1 Könige 19,17 (freundlicher Hinweis von Chris Rollston).

89 Salmanassar kerkert Hasaël ein, tötet seine Männer, erobert Wagen und Reiterei: Grayson 1996, 58–61 (A.0.102.12), v. a. 60; nur zum Töten und Erobern, aber nicht zur Gefangennahme: Grayson 1996, 62–71 (A.0.102.14 = der Schwarze Obelisk), v. a. 67; dazu Frahm 2017b, 171.

90 Zum Belagerungsgraben und zu Hasaëls Zerstörung von Gat jetzt Maeir/ Gur-Arieh 2011 mit reichhaltiger früherer Lit.; Kleiman 2016, 63. 67–69; Maeir 2017a; Maeir 2017b; Maeir 2022d, 230f.; Ben-Yosef/Sergi 2018; Gur-Arieh/Maeir 2020; Chadwick 2022. Allgemein zur Zerstörung von Gat laut der Bibel u. a. Ehrlich 1996, 72–74; Levin 2017.
91 Mazar 2022a, 86; Mazar 2022b, 110f. 122f.; Mazar/Mullins 2022, 146; Panitz-Cohen/Mazar 2022, 144f.
92 Hasaël und das Ende der Kupfergewinnung im Wadi Faynan und im Araba-Tal: u. a. Fantalkin/Finkelstein 2006, 30–32; Finkelstein 2013, 126; Finkelstein 2020, 21f.; Ben-Yosef/Sergi 2018; Crowell 2021, 42; Maeir 2021. Diese Aktivitäten und das Versiegen der Kupferroute nach Faynan könnten Auswirkungen auf Orte bis nach Tel Dor an der Küste gehabt haben, vgl. Arkin Shalev et al. 2021, 146. – Zur Möglichkeit eines jähen Mangels an Brennstoff für die Öfen jetzt Cavanagh et al. 2022.
93 Übers. nach Bron/Lemaire 1989; Eph'al/Naveh 1989; Na'aman 1995, jeweils mit älterer Lit. Zum Thema insgesamt zuletzt Bourogiannis 2018a, 57f.; Bourogiannis 2020, 171f.; Bourogiannis 2021, 103 mit älterer Lit.; López-Ruiz 2021, 185f.; J. F. Osborne/Hall 2022, 6f. Vgl. auch S. P. Morris 1992a, 147; Kourou 2004, 17f.; Kourou 2008b, 367.
94 Vgl. wiederum Kourou 2004, 17f.; Kourou 2008b, 367 und die andere oben genannte Literatur.
95 Zur Deutung wiederum Bron/Lemaire 1989; Eph'al/Naveh 1989; Na'aman 1995.
96 Schneider 2014, 101. – Zum Schwarzen Obelisken: Grayson 1996, 62–71 (A.0.102.14); Näheres v. a. zu Jehu mit Abbildung und Inschrift bei Grayson 1996, 149 (A.0.102.88); Postgate 1992, 253 Abb. 3 und 255; Erstpublikation Layard 1849, Taf. 53. Vgl. Kuhrt 1995, 488; Grayson 2005; Miller/ Hayes 2006, 236. 247. 307 (Text Nr. 5); Fagan 2007, 122f.; Younger 2016, 613–618; Cline 2018, 97 mit weiterer Lit.; Frahm 2017b, 171; Frahm 2023, 110; Schipper 2019, 41f.
97 Grayson 1996, 209–212 (A.0.104.7), v. a. 211; Miller/Hayes 2006, 238. 247; Bryce 2012, 50–52. 245; Schneider 2014, 101; Fales 2017, 228f.; Frahm 2017b, 174f.; Elayi 2018, 136f.; Bunnens 2019b, 67; Sader 2019b, 66. – Herrschaftsdaten von Joasch/Jehoasch, König von Israel (nicht zu verwechseln mit dem gleichnamigen, etwas früheren König von Juda): Miller/Hayes 2006, 222.
98 Ehrlich 1996, 81–85. 168–171; Grayson 1996, 212f. (A.0.104.8), v. a. 213; Bryce 2012, 50f.; Ben-Shlomo 2014, 717; Schneider 2014, 101; Fales 2017, 228–230; Bunnens 2019b, 67; Na'aman 2021, 9–20.
99 Sinha et al. 2019.

ANMERKUNGEN

Kapitel 3

1 Diese Einzelheiten verdanke ich Brien Garnand und Chris Rollston (freundliche Mitteilungen vom 10. und 12. Juli 2022); vgl. jetzt López-Ruiz 2022, 37.
2 Herodot 5,57,1; 5,58,1f. Vgl. Flavius Josephus, *Gegen Apion* 1,6; Tacitus, *Annalen* 11,14. Dazu u. a. Bourogiannis 2018b, 236; Elayi 2018, 6; zuletzt Rollston 2019, 384f.; Bendall/West 2020, 67f. Siehe auch Quinn 2018a, xv; López-Ruiz 2021, 234–236.
3 Diodorus Siculus 3,67,1. Vgl. Bourogiannis 2018b, 236; Rollston 2019, 384f.; Sader 2019b, 151–155. 268f.
4 Diodorus Siculus 5,74,1. Vgl. Bourogiannis 2018b, 236; Rollston 2019, 384f.
5 Chris Rollston hat mich freundlicherweise seine Ansichten zu diesen Fragen wissen lassen (freundliche Mitteilung vom 12. Juli 2022); er weist darauf hin, dass Hebräisch und Aramäisch (sowie mehrere mit ihnen verwandte Sprachen) ein rudimentäres System zur Notierung von langen, nicht aber von kurzen Vokalen besaßen. Zur Standardisierung des Alphabets durch die Phönizier, zu seiner späteren Ausbreitung im Mittelmeerraum und zu seiner relativ einfachen Nutzbarkeit vgl. jetzt Rollston 2016, 276. 278; Rollston 2019, 374–378. 384f.; Rollston 2020, 76; außerdem Liverani 2014, 390f.; Bourogiannis 2018b, 236. 238. 241; Bourogiannis 2021, 100; Elayi 2018, 96; Sader 2019b, 151–155. 315; Steele 2020, 260. 263–265; López-Ruiz 2021, 228f. Das phönizische Alphabet wurde bereits 1758 entziffert: Quinn 2018a, 17.
6 Strabon 16,2,23. Ausführliche Arbeiten und/oder Überblicksliteratur zu den Phöniziern aus den letzten Jahrzehnten: Aubet 1993 (Neuaufl. Aubet 2001); Markoe 2000; Niemeyer 2006; jetzt auch Elayi 2018; Monroe 2018; Quinn 2018a; Quinn 2018b; Quinn 2019; Edrey 2019; Killebrew 2019; Sader 2019a; Sader 2019b, 251. 296f. 315f.; López-Ruiz 2021; Regev 2021; älter Katzenstein 1973. Kürzere Darstellungen in Aubet 2008, 182; Broodbank 2018, 582; Liverani 2014, 420f. 423; Bell 2016, 91f. 101; Rollston 2016, 267; Bourogiannis 2018a, 43f.; Knodell 2021, 181–183; älter Kuhrt 1995, 402f.
7 Zu den Phöniziern und zum Purpur allgemein sowie zu seiner früheren Verwendung in der Ägäis und im Alten Orient vgl. etwa Sader 2019b, 296–300. 315f. mit älterer Lit., darunter Reese 1987; Reese 2010; vgl. auch Stieglitz 1994 und zusätzlich Veropoulidou/Andreou/Kotsakis 2008; Veropoulidou 2014; Apostolakou et al. 2016; López-Ruiz 2021, 291f.; Gambash/Pestarino/Friesem 2022.
8 Monroe 2018, 234; Quinn 2018b, dazu Quinn 2018a, xv. xviii. xxii–xxiv. 25f. und passim; Quinn 2019, 672; Edrey 2019, 4. 205; Sader 2019b, 1–3; Hodos 2020, 60f.; Regev 2021, 5f. 8f. 14; Gilboa 2022, 2–33; J. F. Osborne/ Hall 2022, 15; López-Ruiz 2022, 28; älter u. a. Sherratt 1994, 82; Aubet

2001, 6–13. – Beispiele für die Phönizier bei Homer u. a. bei Sherratt 1994, 82 Anm. 34; Sherratt 2010; Quinn 2018a, 48f.; Bendall/West 2020, 68; Sherratt 2020, 198; Regev 2021, 13; älter Kuhrt 1995, 403; Winter 1995. Vgl. etwa auch Bourogiannis 2018a, 46f. mit älterer Lit., der zahlreiche Stellen aus *Ilias* und *Odyssee* zitiert, u. a. *Ilias* 6, 289–292; 23,741–745; *Odyssee* 4,83–84; 4,615–619; 13,272–286; 14,285–301; 15,415–425; 15,446; 15,450–456 und 15,461–483.

9 Markoe 2000, 14f.; Aubet 2001, 16. 25; Aubet 2008, 182; Bell 2006, 113; Bell 2016, 92 (mit Verweis auf Lehmann 2008); Sherratt 2010, 122–126; Sherratt 2019, 129; Abulafia 2013, 107f.; Broodbank 2018, 582; Liverani 2014, 20; Quinn et al. 2014; Rollston 2016, 267; Fales 2017, 208; Bourogiannis 2018a, 44–47; Monroe 2018, 263; Quinn 2018a, 16; Quinn 2018b; Edrey 2019, 5. 14f. 20. 205f. 222; Bunnens 2019b, 58. 60; Ilieva 2019, 66f.; Killebrew 2019, Lehmann 2019, 466; Lehmann 2021, 272f.; Sader 2019a, 125; Sader 2019b, xii–xiv. 1–3. 6. 8–11. 313f.; Garnand 2020, 140. 144; Manolova 2020, 1198–1200; López-Ruiz 2021, 9–11. 15–17; López-Ruiz 2022, 31; Regev 2021, 5–7; Gilboa 2022, 31f.; S. P. Morris 2022, 100. Vgl. auch Charaf 2020/21 zu den Grabungen im libanesischen Tall ʿArqa sowie die kurze Darstellung in Welton/Charaf 2019/20; Welton/Charaf 2020/21 zur gesamten Levante während des Iron Age I.

10 Bell 2006, 92. 99. 113; Abulafia 2013, 108f.; Liverani 2014, 420; Edrey 2019, 218–220. 223; Ilieva 2019, 66; Sader 2019b, 4; López-Ruiz 2021, 17. 80. 283f.; Gilboa 2022, 36; älter dazu u. a. Aubet 2001, 25.

11 Bell 2006, 113. Vgl. u. a. Sherratt/Sherratt 1993, 364f.; Bikai 1994, 34; Bell 2006, 4; Fletcher 2012, 212f. mit älterer Lit.; Bourogiannis 2013, 141f.; Bourogiannis 2018a, 47; Bunnens 2019b, 60. 70; Edrey 2019, 207; Manolova 2020, 1200.

12 Monroe 2018, 260.

13 Vgl. Taleb 2013b, 21. 24. 43. 57f. [der englische Untertitel von *Antifragilität* lautet »Things That Gain from Disorder« = Dinge, die von einem Durcheinander profitieren, A.d.Ü.]; Taleb 2018. Hier scheint die Verwendung des Begriffs »antifragil« besonders angebracht, da Taleb – der im Libanon geboren ist – davon spricht, »dass der Intellektuelle in mir in Wahrheit phönizischer (oder genauer gesagt kanaanitischer) Händler ist«, vgl. Taleb 2013b, 41.

14 Zimt: Namdar et al. 2013; Finkelstein et al. 2015, 200; Gilboa/Namdar 2015; Finkelstein 2016, 119f. mit Abb. 3; Regev 2021, 49. 133. In solche Kontakte waren vielleicht auch die Philister einbezogen, weil aus Tell Erani jetzt Hinweise auf den Import von Bananen vorliegen, vgl. A. Scot et al. 2020. – Zu den Funden in Safi jetzt Maeir 2022b; Maeir 2022c. – Sehr wichtiger Überblick zu derartigen Handelsbeziehungen bei Maeir (in Vorbereitung).

15 Vgl. etwa den Katalog bei Sherratt 1994, 86–88, der eine Aktualisierung der Listen in Waldbaum 1978; Waldbaum 1982 und Desborough 1972, 119 darstellt. Siehe jetzt auch Muhly/Kassianidou 2012, 125f. 134f.; Kassianidou 2014, 264f.; Georgiou/Iacovou 2020, 1145; älter Crielaard 1998, 191.

16 Karageorghis 1994b, 4f.; Sherratt 1994, 60f. 65f. 83–85; Sherratt 2003, 43f. 47f; Sherratt 2015, 7; dazu Snodgrass 1982; Snodgrass 1994, 167f.; R. Osborne 1996, 25–27; Crielaard 1998, 191; Iacovou 2008, 641f.; Iacovou 2012b, 211f.; Iacovou 2014c, 799. 801; Kassianidou 2012, 237–239; Kassianidou 2014, 264–267; Muhly/Kassianidou 2012, 124. 134f. mit älterer Lit.; Broodbank 2018, 585; Georgiou/Iacovou 2020, 1144f.; ebenso Papadopoulos/Smithson 2017, 976–978. Vgl. jedoch Schachner 2020b, 1121 mit der kurzen Darstellung einer anderen These, dass die Technik im 11. und 10. Jh. v. Chr. im Umland des Vansees entwickelt worden sein könnte. Einige haben vermutet, die Phönizier könnten auch die Ausbreitung der Eisenverarbeitung beschleunigt haben, vielleicht als zusätzliche Mittelsmänner, die Eisenobjekte in die Ägäis brachten, vgl. Bell 2016, 101; Fales 2017, 249f. 260; Erb-Satullo 2019, 567 mit älterer Lit.; kurz auch Johnston/Kaufman 2019, 408.

17 U. a. Strabon 12,3,19; Xenophon, *Anabasis* 5,5,1; Apollonios Rhodios, *Argonautika* 2,1002–1008. Besprochen u. a. auch bei Waldbaum 1978; Bryer 1982; Muhly et al. 1985, 74; Kostoglou 2010; Bebermeier et al. 2016; Erb-Satullo/Gilmour/Khakhutaishvili 2020.

18 Darstellungen, durchweg mit Lit., u. a. bei Snodgrass 1967, 36; Muhly et al. 1985, 70f.; Sherratt 1994, 64f.; Cordani 2016; Hodos 2020, 37. – Zum Dolch mit Eisenklinge im Grab Tutanchamuns jetzt Comelli et al. 2016; Matsui et al. 2022.

19 Dazu etwa Snodgrass 1971, 237–239; I. Morris 1989, 503; Bell 2006, 110; Chew 2007, 103f.; Kassianidou 2014, 262; die Argumente rekapitulieren kompakt Papadopoulos/Smithson 2017, 976. – Neue Studien zeigen, dass gut ein Drittel der Zinnladung im Wrack von Uluburun, das ca. 1300 v. Chr. sank, aus Minen in Usbekistan und Tadschikistan stammt, der Rest aus Anatolien: Powell et al. 2021; Powell et al. 2022.

20 Vgl. Oates 1979, 104 mit Verweis auf einen ungedruckten Aufsatz von Snodgrass; dazu Snodgrass 1971, 37–39; Snodgrass 1980, 348f. 368f.; Snodgrass 1994, 167f.; Muhly 1980, 47. 53; Waldbaum 1980, 82f. 90f.; Wertime 1980, 1; Karageorghis 1994b, 4; Chew 2007, 103f. Vgl. auch die Rezensionen von Waldbaum 1999; Kostoglou 2010; Enverova 2012, 25–27 und Erb-Satullo 2019, v. a. 580f.

21 Kassianidou 2014, 265–267. Vgl. auch Muhly/Kassianidou 2012, 134; Erb-Satullo 2019, 58. 566–568. 572–574. 580–583. 593; Papadopoulos/Smithson 2017, 976–978. Älter u. a. I. Morris 1989; Muhly 1992, 17f.; Sherratt 2000, 82f.; Dickinson 2006a, 144f.; Eliyahu-Behar et al. 2012, 55; Eliyahu-Behar et al. 2013, 4319; Enverova 2012, 25; Kassianidou 2013, 69. 71; Yahalom-Mack/Eliyahu-Behar 2015; Murray 2017, 174f. 261–263; Eliyahu-Behar/Yahalom-Mack 2018, 447; Knodell 2021, 171f.

22 Erb-Satullo 2019, 557f. 574. 582f. mit Lit.; älter u. a. Snodgrass 1980, 36f.; I. Morris 1989, 502–506; Karageorghis 1994b, 5; Sherratt 1994, 59; Sherratt 2000, 82f.; Chew 2007, 101; Muhly/Kassianidou 2012, 124. 135; vgl. jetzt

auch Johnston/Kaufman 2019, 408 zu den Phöniziern, Zypern und zur Verbreitung der Eisentechnologie.
23 Muhly/Kassianidou 2012, 124. 135 mit älterer Lit.; vgl. auch Kassianidou 2012, 239f.; Kassianidou 2013, 52; Knodell 2021, 171f.; älter u. a. Snodgrass 1971, 214f.; Snodgrass 1994, 168; Karageorghis 1994b, 4f.; Sherratt 1994, 62. 66; Sherratt 2015, 77; Enverova 2012, 73f.; Broodbank 2018, 585.
24 Snodgrass 1971, 217–219. 229; Snodgrass 1994, 167f.; Karageorghis 1994b, 4f.; Sherratt 1994, 60–62. 68–75 und App. 1; Sherratt 2016, 295–297; Dickinson 2006a, 146f.; Iacovou 2008, 641f.; Iacovou 2012b, 211f.; Iacovou 2014b, 670; Iacovou 2014c, 799. 801f.; Enverova 2012, 75–78. 81. 89f.; Kassianidou 2012, 237–239; Muhly/Kassianidou 2012, 125f. 134f. mit älterer Lit.; Broodbank 2018, 585; Kearns 2015, 37f.; Wallace 2018, 393; Georgiou/Iacovou 2020, 1145; Knodell 2021, 172f. – Mögliche Handelswege zwischen Zypern und Sardinien: u. a. Blake 2014, 104; Saltini Semerari 2017, 53f.; Sabatini/Lo Schiavo 2020.
25 Zu den Problemen der Terramare-Kultur bereits Cline 2021a, 153 mit Verweis auf Kristiansen 2018, 100–103. Vgl. jetzt Cardarelli 2009; Palmisano et al. 2017; Dalla Longa 2019; Cupitò et al. 2020; Palmisano et al. 2021a; Parkinson et al. 2021; Molloy 2022, 36f. 45. 47 (Onlineversion). – Sardinien und das Ende des Nuraghenbaus (der manchen zufolge bis ca. 900 v. Chr. weiterlief): u. a. Tronchetti 2014; Gonzalez 2018, 54f.; Bernardini 2020.
26 Bell 2006, 113; vgl. Bell 2009, 38; Bourogiannis 2018a, 50f.
27 Vgl. etwa Muhly 1992, 11f. 14. 19; Sherratt 1992, 327f.; H. W. Catling 1994, 133–136; Deger-Jalkotzy 1994, 16. 20; Iacovou 2002, 84f.; Iacovou 2006a, 325–327; Iacovou 2006b, 34f.; Iacovou 2007; 465f.; Iacovou 2014c, 661; Janes 2010, 127f.; Georgiou 2011, 109f. 118–122. 125; Georgiou 2015, 133–135. 138; Georgiou 2017, 207. 210f. 217. 219; Cline 2021a, 127–130 mit wichtiger Lit. (dt. Cline 2021b, 191–195); Knapp/Meyer 2020, 237f.
28 Iacovou 2006a, 326f.; Iacovou 2007, 461f.; Georgiou 2011, 125; dagegen jedoch Rupp 1987; Rupp 1988; Rupp 1989, der die Dinge (zumindest in den 1980er Jahren) etwas anders sah. Jüngere Ansätze in den Kontinuitätsdebatten sind z. B. Knapp/Meyer 2020; Kearns 2022, 113–119. 130–150. Ich danke Catherine Kearns für ihre Ansichten zum Thema (freundliche Mitteilung vom 2. März 2023).
29 Vgl. Muhly 1992, 14 mit älterer Lit.; Coldstream 1994, 144–146; siehe jedoch die spätere Behandlung bei Iacovou 2005a, 128f.; Iacovou 2012b, 207–212. 217; Iacovou 2013, 17; Iacovou 2014a, 103f. 107; Iacovou 2014c, 798; Karageorghis 1994b, 1f. 6; Voskos/Knapp 2008, 659–665. 673. 676–679; Janes 2010, 128–132; Janes 2014, 571; Georgiou 2011, 123f.; Counts/Iacovou 2013, 10f.; Knapp 2014, 39–43; Sherratt 2015, 72–75.
30 Daran hat mich freundlicherweise Brien Garnand erinnert (Mitteilung vom 10. Juli 2022).

31 Kaniewski et al. 2013; Cline 2021a, 159 (dt. Cline 2021b, 210); älter Sherratt 2003, 51f. – Zu Enkomi und Salamis u. a. Iacovou 2005b, 25–27; Kourou 2019.

32 Aufgabe von Kalavasos-Agios Dimitrios, Maroni-Vournes und anderen Orten: Iacovou 2007, 465f.; Iacovou 2008, 631; Iacovou 2012b, 216; Iacovou 2013, 25f.; Iacovou 2014b, 662f. Vgl. auch Georgiou 2011, 116f.; Georgiou 2015, 131; Georgiou 2017, 210; Kassianidou 2014, 264; Georgiou/Iacovou 2020, 1142f.; Knapp/Meyer 2020, 238.

33 Zu Idalion u. a. Georgiou 2011, 117f.; Georgiou 2015, 132f.; Georgiou 2017, 209f.; Iacovou 2005b, 31. – Zu Amathus, Kition, Paphos und anderen Städten u. a. Iacovou 1994, 155f.; Iacovou 2005b, 28f. 31–34; Iacovou 2008, 638; Iacovou 2013, 26; Satraki 2012, 267–273; Janes 2013, 154. 158; Georgiou 2017, 210. – Aufgabe von Hala Sultan Tekke und Enkomi, Fortbestand von Kition und Paphos: Iacovou 1994, 153f.; Iacovou 2005a, 130; Iacovou 2006a, 325f.; Iacovou 2006b, 35f.; Iacovou 2007, 466f.; Iacovou 2008, 635. 637; Iacovou 2012b, 217f.; Iacovou 2013, 25f. 28; Iacovou 2014b, 664f. 667; außerdem Sherratt 1992, 328f.; Smith 2008, 274f.; Georgiou 2011, 116f.; Georgiou 2015, 131–134; Georgiou 2017, 209. 222; Satraki 2012, 264. 270; Janes 2013, 155; Janes 2014, 572. 574. 579; Kassianidou 2014, 265; Georgiou/Iacovou 2020, 1142f.; Hodos 2020, 41; Knapp/Meyer 2020, 238. Vgl. jetzt auch Petit 2019.

34 Karageorghis 1983, 59–76 mit App. 4. Später behandelt u. a. bei Sherratt 1992, 329; Deger-Jalkotzy 1994, 11; Iacovou 2006b, 38; Iacovou 2008, 633; Voskos/Knapp 2008, 74f.; Satraki 2012, 268; Janes 2013, 146f.; Knapp 2014, 41; Kearns 2015, 29 Abb. 1.4; Georgiou/Iacovou 2020, 1147; Steele 2020, 256f. mit Abb. 2.6.2; López-Ruiz 2021, 252f. 270f.

35 Zu diesen Gründungsmythen v. a. Iacovou 2006a, 328; Iacovou 2006b, 44–46; Iacovou 2007, 467; ebenso Kearns 2015, 29 mit Lit.

36 H. W. Catling 1993, 91f.; Crielaard 1998, 187–191. 198f.; Kourou 2008a, 364; Iacovou 2012b, 214; Muhly/Kassianidou 2012, 124f.; Georgiou/Iacovou 2020, 1145f.

37 Popham et al. 1982; H. W. Catling 1993; H. W. Catling 1995; H. W. Catling 1996; I. Morris 1996, 3; Crielaard 1998, 187–190. 198; Kourou 2008a, 363–365; Kourou 2016, 54f.; Iacovou 2012b, 214; Muhly/Kassianidou 2012, 124f.; Georgiou/Iacovou 2020, 1145f.; S. P. Morris 2022, 104. Kourou 2008a, 363f. merkt an: »Das Grab in Amari legt nahe, dass im 11. Jahrhundert v. Chr. irgendein direkter Kontakt zwischen Kreta und Zypern bestand.«

38 Kourou 2008a, 364.

39 Muhly/Kassianidou 2012, 125f. 134f.; Iacovou 2014c, 799. 801. Vgl. Sherratt 1994, 73–75 und die weiteren Einträge im Katalog S. 88–92, eine Überarbeitung des Katalogs in Waldbaum 1978; Waldbaum 1982.

40 Crielaard 1998, 187. 192f. 196; Iacovou 2008, 641f.; Kourou 2008a, 363f.; Kourou 2012, 38; Kourou 2016, 53–55; Kourou 2019, 77f.; Satraki 2012, 265f.; Arruda 2015, 273f.; Pappa 2020; S. P. Morris 2022, 104.

41 Crielaard 1998, 193f. 197f.
42 Kearns (Mitteilung vom 2. März 2023); vgl. jetzt Kearns 2022, 130–154 mit aktueller Übersicht.
43 Kourou 2019, 78. Noch 2016 hatte Kourou allerdings geschrieben: »Seit dem 11. Jh. beginnt sich langsam ein neues Muster aus Reise- und Handelsnetzen zu entwickeln, an dem sich später Phönizier beteiligten. Am besten lässt sich dieses Phänomen auf Kreta verfolgen, wo eine Vielzahl zyprischer und phönizischer Objekte in früheisenzeitlichen Kontexten aufgetaucht ist, während die kretische Kunst häufig zyprischen oder levantinischen Einfluss zeigt« (Kourou 2016, 51).
44 Das Datum ist viel diskutiert worden, vgl. u. a. Wente 2003, 116 und Jeffers 2013, 22f. Näheres weiter unten.
45 Dt. Übers. nach Blumenthal 1982, 27–40; eine englische Übersetzung der Geschichte von Pritchard [1958] 2011, 14–21 ist kürzlich nachgedruckt worden. Eingehend behandelt ohne weitere Lit. in Kitchen 1973, 251f.; Dothan 1982, 4f.; Clayton 1994, 170f.; Hallo/Simpson 1998, 284f.; Aubet 2001, 356–362; Sherratt 2003, 52; Eyre 2012, 133; Broodbank 2018, 577–581; Jeffers 2013, 22f.; Ben-Dor Evian 2017, 34f.; Elayi 2018, 100–104; Dodson 2019, 16–19; Yasur-Landau 2019, 417–420; López-Ruiz 2021, 284f.
46 Vgl. etwa Gilboa 2005; Gilboa 2006/07; Gilboa 2015; Gilboa et al. 2008; Sharon/Gilboa 2013; Stern 2013; Yasur-Landau 2019; Arie 2020, 6. – Zum Neufund des eisenzeitlichen Hafens in Dor jetzt Arkin Shalev et al. 2019; Arkin Shalev et al. 2021.
47 Die verschiedenen englischen Übersetzungen weichen stellenweise voneinander ab. So übersetzte Pritchard den Namen des Fürsten von Byblos mit Zakar-Baal statt Tjekkerbaal (wobei es sich aber lediglich um eine andere Aussprache handeln könnte), und zwischen »glattem Leinen« [in der dt. Übers. von Blumenthal 1982 „Königsleinen", A.d.Ü.] und »Papyrusrolle« besteht ein Unterschied. Zu den an Wenamun (nach)geschickten Objekten vgl. auch Kuhrt 1995, 408, zu seiner Behandlung in Byblos Yasur-Landau 2019.
48 Dazu etwa Wente 2003, 116; Ben-Dor Evian 2011, 97; Jeffers 2013, 22f. und v. a. Yasur-Landau 2019. Zur Debatte, ob es sich um den offiziellen Bericht einer echten Reise oder um eine fiktive Erzählung handelt, siehe u. a. Markoe 2000, 27f.; Aubet 2001, 30f. 114–117; Wente 2003, 116; Edrey 2019, 36; Sader 2019b, 35. 81. 272; zur Datierung ins 11. Jh. v. Chr. siehe auch Fales 2017, 218f.; Sass 2002 möchte den Bericht ins 10. Jh. v. Chr. datieren.
49 Vgl. etwa Pritchard 1978; Bikai 1978; Markoe 2000, 24; Aubet 2001, 66–69; Bell 2006, 113. Inzwischen liegt die sehr hilfreiche kompakte Übersicht von Aubet 2014 vor; vgl. auch Sader 2014; Sader 2019a, 127f.; Sader 2019b, 7–20. 38–41; Killebrew 2019; Charaf 2020/21.
50 Zu den anderen nahen Orten mit phönizischen Funden in eisenzeitlichen Schichten zählen Tell Abu Hawam, Akko, Achsiv, Atlit und Tell Keisan, vgl. etwa Fales 2017, 204; Killebrew 2019; Sader 2019a, 127f.; Sader 2019b,

ANMERKUNGEN

31. 41f.; Hodos 2020, 153f.; älter Aubet 2001, 66–69. – Zu Dor u. a. Gilboa 2005; Bell 2006, 99; Gilboa et al. 2008; Gilboa/Sharon 2008; Sharon/Gilboa 2013; Bell 2016, 95f.; Gilboa et al. 2015a; Fales 2017, 203; Sader 2019b, 20f. 42–44; Arie 2020, 1. 3; Hodos 2020, 97. 150f.; Gilboa 2022, 40. – Zur Verwendung des Begriffs »Südphönizien« Lehmann 2019; 2021; Arie 2020, 7–9. – Zu Dor und besonders zum Silberfund vgl. u. a. Aubet 2008, 183 und die Literatur zu den Silberhorten, v. a. C. Thompson/Skaggs 2013; Eshel et al. 2018, 4, Ben-Yosef 2019a; Eshel et al. 2019; Sader 2019b, 256. 315; Hodos 2020, 144. 150f.; Wood/Bell/Montero-Ruiz 2020, 4 mit älterer Lit.; López-Ruiz 2021, 99; Gilboa 2022, 43. Zur Entdeckung selbst Stern 1998; Stern 2001.

51 Eshel et al. 2021; vgl. auch Ben-Yosef 2019a.

52 Allen 1977, 157–162. Das stellt allerdings das ursprüngliche, 1979 von Frankenstein aufgestellte Modell der phönizischen Expansion auf den Kopf, vgl. die Darstellung bei Monroe 2018, 232f. 247. 257–260 mit Beschreibung der älteren Ansicht (dass die Phönizier im Wesentlichen gehorsame Helfer der Neuassyrer waren, Rohstoffe wie etwa Metalle für sie beschafften und wegen dieser Forderungen aufs Mittelmeer hinausfuhren) als »Assyrian Pressure Paradigm« (APP); kurz auch J. F. Osborne 2021, 73f.; Regev 2021, 2. Vgl. auch Faust 2011 mit Thareani 2016a und die Darstellung bei Aubet 2001, 88–91 mit Zitaten früherer Lit. S. 281–283; Thareani 2008, 83; Thareani 2016; I. Morris 2006, 83; Fletcher 2012, 211 (mit älterer Lit.). 216–218; Broodbank 2018, 105–110. 637–639. 643f.; Fales 2017, 271; Edrey 2019, 206–208; Hodos 2020, 77f. 143f. Vgl. auch die Ausführungen u. a. bei C. Thompson/Skaggs 2013; Arruda 2015, 275; Bell 2016, 98–100; Eshel et al. 2018; Gonzalez 2018, 39. 175f.; Monroe 2018, 240f.; Wood 2018; Aubet Semmler 2019, 75–78; Eshel et al. 2019; Sader 2019b, 256. 275; Wood/Montero-Ruiz/Martinón-Torres 2019; Sherratt 2020, 200f.; Wood et al. 2020; Knodell 2021, 183; López-Ruiz 2021, 27f. 97f. 100; Regev 2021, 120f.; Gilboa 2022, 35 Anm. 9. 43.

53 Shalvi 2018; Shalvi 2020; Stub 2020; Regev 2021, 80f. – Auch aus anderen Fundorten der Region gibt es verfärbte Tonscherben und/oder zerschlagene Murexschalen in Kontexten aus dem 13.–7. Jh. v. Chr., so aus Akko, Tel Dor, Tell Abu Hawam und Tel Kabri, die Shalvi mit älterer Lit. erwähnt; jetzt auch Gilboa 2022, 37. 44; Shalvi/Gilboa 2023.

54 Bell 2006, 104. 113; Bell 2009, 36f.; Bell 2016, 97. 100–102 mit Lit.; Gilboa 2005, 2–63; Sherratt 2010, 130; Sherratt 2019, 132. 134f.; Kourou 2012, 37; Bourogiannis 2018a, 49–51. 53. 61. 73; Sader 2019b, 267f.

55 Publiziert von Patricia Bikai, vgl. Bikai 1978.

56 Kourou 2012, 39 mit Verweis v. a. auf Aubet 1993, 167; Aubet 2008, 250; vgl. jetzt Kourou 2016, 57f.; Kourou 2019, 79f.

57 Vgl. Kourou 2008a, 366; Gilboa et al. 2015b; Bell 2016, 97; Bourogiannis 2018a, 73f.; Monroe 2018, 245f.; Sader 2019b, 269; Hodos 2020, 107; S. P. Morris 2022, 106; Erstpublikation: Bikai 2000; vgl. auch Aubet 2001, 54.

58 So etwa Kourou 2012, 40. Zu den verschiedenen phönizischen und anderen nahöstlichen Objekten aus diesem Kontext auf Kreta und dem griechischen Festland vgl. Sherratt/Sherratt 1993, 365; Hoffman 1997; Kourou 2000, 1067–1070; Stampolidis/Kotsonas 2006, 341–343. 346. 351. 355; Fletcher 2012, 214f.; Broodbank 2018, 585f.; Bourogiannis 2018a, 54–66; Sogas 2019, 408–414.

59 Vgl. etwa die Zusammenfassung bei Sader 2019b, 270 mit älterer Lit. Vorher Waldbaum 1994; Crielaard 1998, 198; Fantalkin 2001; Coldstream/Mazar 2003; Satraki 2012, 266; Iacovou 2014c, 802; Fantalkin et al. 2015; Fantalkin et al. 2020; Gilboa et al. 2015a; Mazar/Kourou 2019; Hodos 2020, 5. 98 sowie Kommentare von Kourou 2008a, 364–366; Kourou 2016, 57f.; Kourou 2019, 79f.

60 Dazu u. a. Janes 2013, 147; 2014, 571; Satraki 2012, 263f.; älter Iacovou 2005b, 4. Vgl. jetzt aber Kearns 2015 und Kearns 2022.

61 Fales 2017, 190f.; Bunnens 2019b, 58; Rollston 2019, 375–377; Sader 2019b, 81f. 86 Tabelle 3.2. Allerdings ist Benjamin Sass der Meinung, einige oder alle Könige sollten ins 9. Jh. umdatiert werden (Sass 2005; Sass 2021), was wiederum Rollston (2008, 57–61; Rollston 2010, 24–27) bestritten hat. Hier folge ich der traditionellen Datierung ins 10. Jh. v. Chr.

62 Vgl. Rollston 2016, 268. – Zu den Amarnabriefen aus Byblos: Moran 1992; zu Byblos in der Spätbronzezeit jetzt u. a. auch Kilani 2020.

63 Übers. nach Rollston 2016, 286; Rollston 2019, 376; Rollston 2020, 76; vgl. Rollston 2008, 58; Rollston 2010, 20f. Abb. 2.2. Ältere Publikationen zum Fund und zu den späteren Debatten finden sich in den Arbeiten von Rollstons, vgl. aber auch Kuhrt 1995, 404 mit Lit.; Elayi 2018, 110–112; Doumet-Serhal 2019, 718.

64 Vgl. Rollston 2008, 59f. mit Lit.

65 Engl. Übers. nach Rollston 2016, 289; vgl. Rollston 2008, 59; Rollston 2010, 23 Abb. 2.4, jeweils mit älterer Lit.; Elayi 2018, 115. Vgl. aber wiederum Sass 2005 und Sass 2021, der sie alle ins 9. Jh. umdatieren möchte; zurückgewiesen von Rollston 2008, 57–61; Rollston 2010, 24–27.

66 Engl. Übers. nach Rollston 2016, 288; vgl. Rollston 2008, 58–59; Rollston 2010, 21f., jeweils mit älterer Lit.; davor u. a. Kitchen 1973, 308f. Vgl. auch Elayi 2018, 114f.; Bunnens 2019b, 69; Muhs 2022, 196f.

67 Engl. Übers. nach Rollston 2016, 287; Rollston 2019, 376; Rollston 2020, 77; vgl. Rollston 2008, 59; Rollston 2010, 21f. Abb. 2.3, jeweils mit älterer Lit.; außerdem Elayi 2018, 112f.; Richey 2019, 223 Abb. 16.1.

68 Engl. Übers. nach Rollston 2016, 288; vgl. Rollston 2008, 58; Rollston 2010, 21, jeweils mit älterer Lit.; vorher u. a. Kitchen 1973, 292. Vgl. Elayi 2018, 113f.; Bunnens 2019b, 9; Dodson 2019, 95; Muhs 2022, 196f.

69 Vgl. u. a. Lipiński 2006, 174. 176. 180; Aubet 2008, 182f.; Bourogiannis 2018a, 49f.; Elayi 2018, 122. 296 (Tabelle 2); Bunnens 2019b, 58f.; Na'aman 2019b, 76. 82.

ANMERKUNGEN

70 Lipiński 2006, 174. 176f.; Aubet 2008, 183; Bourogiannis 2018a, 49f.; Elayi 2018, 31–33; Edrey 2019, 41–43; Lehmann 2019, 470; Na'aman 2019b, 82; López-Ruiz 2021, 288.
71 Angeführt von Rollston 2016, 298; vgl. jetzt Elayi 2018, 132; Bunnens 2019b, 65; Doak 2019, 663f.; Sader 2019b, 128f. 263; López-Ruiz 2021, 306; vorher Markoe 2000, 37–39; Aubet 2001, 46f.
72 Ich bin schon kurz darauf eingegangen (Cline 2007; Cline 2009; Cline 2021c mit älterer Lit.); vgl. u. a. Schipper 2019, 38–40. – Erstpublikationen der beiden Teams: Reisner et al. 1924; Crowfoot/Crowfoot 1938; Crowfoot/ Kenyon/Sukenik 1942; Crowfoot/Crowfoot/Kenyon 1957. Vgl. Tappy 1992; Tappy 2001 neben zahllosen kleineren Publikationen und Erwähnungen durch andere Forscher (z. B. Killbrew 2014, 738 zum Elfenbein).
73 Aubet 1993, 42; Aubet 2001, 51f.; Aubet 2008, 183; Bikai 1994; Iacovou 2005a, 131f. mit Lit.; Iacovou 2006b, 41; Bell 2006, 113; Bell 2009, 37; Janes 2010, 129; Satraki 2012, 269; Fourrier 2013, 113f.; Bourogiannis 2018a, 50f. 74f.; Bunnens 2019b, 63; Sader 2019b, 266f.; Sherratt 2019, 134f.
74 Aubet 2008, 179; Aubet 2016; Fletcher 2012, 214; Arruda 2015, 273; Bell 2016, 98–100; Eshel et al. 2019, 1. 5. 8–11; Sherratt 2019, 134f.; Garnand 2020, 147; Muhs 2022, 203. – Zur Steininschrift aus Nora mit ihrer langen Forschungsgeschichte u. a. Aubet 2001, 206–209 Abb. 45; Monroe 2018, 246; Rollston 2019, 376f. mit älterer Lit.; Hodos 2020, 185f.
75 Vgl. etwa Lipiński 2006, 174. 180. 183; Na'aman 2019b, 82f.; Sader 2019b, 128f. 138 Tabelle 3.4; älter u. a. Aubet 2001, 51. Siehe auch Grayson 1996, 48. 54. 60 (vgl. A.0.102.8 und A.0.102.12 mit A.0.102.10).
76 Aubet 2001, 163. 214–218; Aubet 2008, 179. 185; Aubet 2016, 258; Docter et al. 2005; Lipiński 2006, 183f.; Abulafia 2013, 118f.; Broodbank 2018, 641f.; Bourogiannis 2018a, 52. 74f.; Elayi 2018, 138–141; Quinn 2018a, xv; 2019, 679; Bunnens 2019b, 59. 61; Roller 2019, 648; vgl. jetzt Aubet Semmler 2019, 78; Garnand 2020, 147.
77 Zum Folgenden Ballard et al. 2002.
78 Kourou 2016, 59–61.
79 Kourou 2016, 60f.
80 Crielaard 1998, 187; Kourou 2008a, 366–368; Kourou 2019, 81. 89f.; Satraki 2012, 266; Janes 2013, 152.
81 Kearns 2015, 17f. 138f.; Kearns 2019, 272f. 276–278. 280; Kearns 2022, 130–154; vgl. auch die älteren Studien des Teams um Kaniewski, u. a. in Hala Sultan Tekke (Kaniewski et al. 2013), die Hinweise erbrachten, dass die regionale Megadürre etwa zu dieser Zeit endete.
82 Kassianidou 2014, 267; Knapp/Meyer 2020, 239–241. 243. Vgl. u. a. auch Iacovou 2002, 85; Satraki 2012, 263f. 266f.; Finkelstein 2013, 127; Janes 2013, 147; Hodos 2020, 61.

Kapitel 4

1. Marchetti 2012, 132–134; Marchetti 2014b, 36; Aro 2013, 234 Anm. 5; Dinçol et al. 2014b, 143f.; Younger 2016, 118f.; J. F. Osborne 2021, 153f.
2. Vgl. auch hier Marchetti 2012, 132–134; Marchetti 2014b, 36; Dinçol et al. 2014b, 143f.; Younger 2016, 18f.
3. Dinçol et al. 2012, 145; Marchetti 2012, 144–146; Weeden 2013, 10; Dinçol et al. 2014a, 128; Hawkins/Peker 2014, 107; Hawkins/Weeden 2016, 11f.; Younger 2016, 119. Vgl. auch Simon 2012 mit einer anderen Ansicht zur Identifikation von Sura mit umfangreicher Lit.
4. Engl. Übers. nach Peker 2016, 16; vgl. Dinçol et al. 2012, 145; Dinçol et al. 2014b, 148. Vgl. auch Marchetti 2012, 144–146; Weeden 2013, 8–10; Dinçol et al. 2014b, 147; Dinçol et al. 2014a, 128–130; Younger 2016, 119.
5. Hawkins 2000, 80–82 (Karkamiš A4b); Marchetti 2012, 144–146; Dinçol et al. 2012, 145; Dinçol et al. 2014b, 143f. 151; Dinçol et al. 2014a, 128; Hawkins/Weeden 2016, 11; Younger 2016, 119.
6. Vgl. etwa Hawkins 2000, 76f.; Gilibert 2011, 12; Bryce 2012, 89–91. 202; Aro 2013; Marchetti/Peker 2018, 98; Bryce 2020, 108; J. F. Osborne 2021, 100 sowie die zusätzlichen Titel in der folgenden Anm.
7. Hawkins 1995; Hawkins 2000, 76f.; Gilibert 2011, 12; Marchetti 2012, 144–146 mit Tabelle 2; Dinçol et al. 2014a, 130; Dinçol et al. 2014b, 150; Hawkins/Peker 2014, 107f.; Brown/Smith 2016, 23–25; Marchetti/Peker 2018, 98; J. F. Osborne 2021, 195; vgl. auch diverse Tabellen in den oben zitierten einschlägigen Artikeln.
8. Grayson 1991, 37 (A.0.87.3). 42 (A.0.87.4) und 53 (A.0.87.10); Hawkins 2000, 73f.; Frahm 2009, 28–32; Bryce 2012, 200; Younger 2016, 118. 172; Younger 2017, 205f.
9. Vgl. z. B. Hawkins 2000, 73f.; Gilibert 2011, 12; Bryce 2012, 4. 84. 87. 99. 200f.; Weeden 2013, 8; Brown/Smith 2016, 23; Hawkins/Weeden 2016, 11; Younger 2016, 117f. 121 (Abb. 3.3). 172; Younger 2017, 206.
10. Zitate bei J. F. Osborne 2021, 55; d'Alfonso et al. 2022, 38. Vgl. auch Schachner 2020a; Schachner 2020b, 1109–1112; Summers 2000, 55. 58; Seeher 2010; Genz 2013; Kuzucuoğlu 2015, 32–38; Bryce 2016b; Bryce 2019; Middleton 2017c, 165. 172. 175f.; de Martino 2018; Alaura 2020. Zu den demografischen Auswirkungen des Klimawandels in Anatolien siehe auch Palmisano et al. 2021b, 22.
11. Wandel im Viehbestand: Adcock 2020, 251. 266; jetzt auch Haldon et al. 2022, 400f. mit Verweis auf Adcocks Arbeit.
12. Dibble/Fallu 2020, 1. 8f.
13. Rose/Darbyshire 2011; Rose 2012; Kealhofer et al. 2019; vorher u. a. Muscarella 1995, 94; Voigt/Henrickson 2000, 42f. Zu den neuen Daten Manning et al. 2023, doch vgl. auch Drews 1992, 17 mit einem ähnlichen älteren Bericht.
14. Vgl. u. a. Liverani 2014, 465f. 531. Über die Phryger ist viel geschrieben worden, doch speziell zu Gordion in dieser Zeit vgl. zuletzt Rose/Darbyshire

ANMERKUNGEN

2011; Rose 2012; älter und u. a. zur Möglichkeit phrygischer Einwanderung in dieses Gebiet Muscarella 1995, 91f.; Voigt/Henrickson 2000, 42–46. Vgl. auch Herodot 7,73 und Strabon 7,3,2 (von Muscarella zitiert), die meinten, die Phryger seien etwa zur Zeit des Trojanischen Krieges aus Thrakien oder Makedonien nach Anatolien gekommen.

15 Offiziell ist die Inschrift bekannt als »TÜRKMEN-KRHÖYÜK 1«; der Survey stand unter der Leitung von James Osborne und Michele Massa. Näheres zum Survey und zur Übersetzung der Inschrift: J. F. Osborne et al. 2020; Goedegebuure et al. 2020.

16 Aslan 2009; 2020, 245–247; Basedow 2009; Aslan/Hnila 2015, 186–194.

17 Bunnens 2000, 16; Hawkins 2000, 73; Harrison 2009a, 171. 174. 181; Harrison 2009b, 187; Harrison 2013, 61; Bryce 2012, 60. 79f.; Bryce 2014, 100f. 103f.; Bryce 2020, 106f.; Weeden 2013, 6; Emanuel 2015, 12; Hawkins/Weeden 2016, 9; Welton et al. 2019, 325. Zu den Hethitern und der Bibel vgl. u. a. Bryce 2012; Bryce 2014, 101–103.

18 Woolley 1920, 76. Vgl. u. a. Hawkins 2000, 73; dazu Bunnens 2000, 17; Bryce 2012, 55. 83.

19 Vgl. jetzt das äußerst nützliche Buch von J. F. Osborne 2021. Er möchte diese Gruppe von Kleinkönigreichen lieber als »Syro-Anatolian Culture Complex (SACC)« bezeichnen, vgl. J. F. Osborne 2021, 1–9. 110–112. 209–219, weiter u. a. Gilibert 2011, 14–16. 55. 79f. mit Lit. zu Zincirli; Bryce 2012, 22–31. 56f. 169f.; Bryce 2020, 108; Weeden 2013, 1f.; Liverani 2014, 448; Younger 2016: 28–30. 114f.

20 Hogarth 1911, 8.

21 Vgl. u. a. Hawkins 1988; Hawkins 2000, 73; Harrison 2009a, 171–173; Gilibert 2011, 10–12; Bryce 2012, 19. 55. 84f. 195–197; Bryce 2014, 101f.; Bryce 2020, 107; Marchetti 2012, 144. 146 (Tabelle 2); Aro 2013, 46; Weeden 2013, 6. 9 (Tabelle 1); Dinçol et al. 2014a, 127f. (Tabelle 1). 130 (Tabelle 2); Hawkins/Peker 2014, 110 (Tabelle 1); J. F. Osborne 2014, 197f.; J. F. Osborne 2015, 10f.; J. F. Osborne 2021, 41f.; Hawkins/Weeden 2016, 9; Peker 2016, 49 (Tabelle 2); Younger 2016, 28–30. 116–119. 121 (Abb. 3.3); Marchetti/Peker 2018, 98; Welton et al. 2019, 292–294; Millek 2020. Vgl. auch Gilibert 2011, 7f. mit älterer Lit. und der Beschreibung eines typischen syro-anatolischen Stadtstaats als »Hauptstadt, die über einen Gürtel aus befestigten kleineren Städten und ein Hinterland voller Dörfer herrscht«.

22 Vgl. u. a. Harrison 2009a, 175; Bryce 2012; Bryce 2014, 86f. 101–103; Bryce 2016b; Bryce 2020, 106–109; Brown/Smith 2016, 29; Younger 2016, 28–30. 144; Ilan 2019; Manolova 2020, 1195; jetzt auch J. F. Osborne 2021.

23 Sader 2014, 618; Jung 2023 mit Lit., darunter Anmerkungen zu Millek 2020/21; Millek 2021; kürzlich erschienen ist Millek 2023.

24 Weeden 2013, 20.

25 Die Gleichsetzung ist nicht optimal und wird nicht allgemein akzeptiert, zu den verschiedenen Debatten u. a. Harrison 2009a; Harrison 2009b; Harrison 2010; Harrison 2013; Harrison 2014; Hawkins 2009; Hawkins 2011;

Bryce 2012, 128f. 206f.; Bryce 2014, 111; Bryce 2020, 110–112; Weeden 2013, 11–18; Dinçol et al. 2015; Emanuel 2015; Brown/Smith 2016, 32f.; Hawkins/Weeden 2016, 9. 11; Younger 2016, 123–134. 144; Welton et al. 2019; Manning et al. 2020; J. F. Osborne 2021, 46f. 63f. 159f.; Maeir 2022d, 28f.

26 Welton et al. 2019, 325. Vgl. auch Harrison 2009a, 171. 174. 181 und u. a. Harrison 2009b; Harrison 2010; Harrison 2013, Harrison 2014; zu Tayinat und der Ägäis auch Janeway 2006/07; Janeway 2017.

27 Welton et al. 2019, 325f.; vgl. Harrison 2009a, 171; Harrison 2009b, 187; Harrison 2013, 61; Sader 2014, 13f.; J. F. Osborne 2021, 62f.

28 Zum oben Ausgeführten, etwa der Taita-Inschrift und den verschiedenen Herrschern, Harrison 2009a, 171. 173f.; Harrison 2009b, 175. 179; Harrison 2013, 62–64. 77; Harrison 2014, 396. 402–404. 409; Harrison 2016, 254; Harrison 2021, 27. 341–344; Hawkins 2009; Hawkins 2011; Kohlmeyer 2009; Kohlmeyer 2011; Bryce 2012, 128–131. 206f. 223f.; Bryce 2014, 11. 121; Bryce 2016b, 68f. 77f.; Bryce 2020, 110–113; Aro 2013, 246f.; J. F. Osborne 2013, 776f.; J. F. Osborne 2014, 199–201. 204f. 211 Anm. 2; Weeden 2013, 12–18 Abb. 2–3 und Tabelle 2; Dinçol et al. 2015, Tabelle 1 und passim; Emanuel 2015; Hawkins/Weeden 2016, 11; Younger 2016, 123–127. 133; J. F. Osborne et al. 2019; Welton et al. 2019, 294; Manning et al. 2020, 4. 24; J. F. Osborne 2021, 63f. 117–121. Vgl. Grayson 1996, 9 (A.0.102.1) zur Erwähnung durch Salmanassar III.; jetzt außerdem Bryce 2020, 113 und das *Tayinat Archaeological Project*, https://tayinat.artsci.utoronto.ca/the-toronto-expedition/king-shupuliuliumas-ii, zum Statuenfund von 2012 mit einer Inschrift Suppiluliumas II.

29 Woolley 1920, 86; jetzt auch Gilibert 2011, 25–30; J. F. Osborne 2021, 98f.

30 Marchetti 2012, 134–136; vgl. auch Gilibert 2011, 31–38; Middleton 2020e, 18–22; jetzt J. F. Osborne 2021, 99f.

31 Zur Inschrift von 870 v. Chr.: Hawkins 2000, 75; Yamada 2000, 72–75; Bryce 2012, 13; Bryce 2014, 117f.; Marchetti 2012, 146; Brown/Smith 2016, 25; Hawkins/Weeden 2016, 13; J. F. Osborne 2021, 148f. – Zu den betreffenden Balawat-Beschlägen: Grayson 1991, 345 (A.0.101.80) und 49 (A.0.101.90), dazu 347 (A.0.101.85); Curtis/Tallis 2008, 32. 35. 54 Abb. 11–12. 17–18. 57–58.

32 Wie schon andere angemerkt haben, vgl. etwa Gilibert 2011, 12–14 mit älterer Lit.

33 Grayson 1991, 217 (A.0.101.1); vgl. Bryce 2012, 213; J. F. Osborne 2021, 148f.

34 Grayson 1991, 225 (A.0.101.2) und 275 (A.0.101.23); Radner 2011, 738f.; Schachner 2020b, 1121.

35 Vgl. Kroll et al. 2012b, 6. 9.

36 Van Loon 1966, 1f.; Zimansky 1985, 1. 4; Zimansky 2011, 548f.; Kuhrt 1995, 548; Radner 2011, 734f.; Kroll et al. 2012b, 1; Liverani 2014, 521f.; Fuchs 2017, 250. – Zum Bronzekessel und zu den Schilden u. a. van Loon

ANMERKUNGEN

1966, 11f. 84–87. 103–118; Kuhrt 1995, 560; vgl. jetzt jedoch Curtis 2012; Kroll et al. 2012b, 25.

37 Vgl. u. a. van Loon 1966, 7; Zimansky 1985, 49f. mit Lit.; Kuhrt 1995, 550; Kroll et al. 2012b, 10; Liverani 2014, 521f.; Fuchs 2017, 250. 260. Vgl. zusätzlich Grayson 1991 und Grayson 1996 zur Erwähnung von Feldzügen in Nairi durch Tiglatpileser I., Aššur-bel-kala, Adad-nirari II., Tukulti-Ninurta II., Assurnasirpal II. und Salmanassar III.

38 Zimansky 1985, 49; Radner 2011, 738f.; Bryce 2012, 242; Curtis 2012, 429; Kroll et al. 2012b, 10; Liverani 2014, 521f.; Frahm 2017b, 171; Frahm 2023, 109; Fuchs 2017, 250.

39 King 1915, 21f.; Grayson 1996, 27–29 (A.0.102.25). 140 (A.0.102.63–64).

40 Vgl. Taylor 1865; King 1915, 21; Grayson 1996, 14f. (A.0.102.2); jetzt auch MacGinnis/Matney 2009.

41 King 1915, 21f. Taf. 1–6.

42 Engl. Übers. nach Grayson 1996, 16f. 20f. (A.0.102.2).

43 Zur Übersetzung von »siebten Herrscherjahr« auf dem Schwarzen Obelisken: Grayson 1996, 65f. (A.0.102.14). Zur Übersetzung von »fünfzehnten Jahr« in der Monolith-Inschrift: Grayson 1996, 39 (A.0.102.6); vgl. auch MacGinnis/Matney 2009 mit einer Übersetzungsvariante und eine kürzere Version auf dem Schwarzen Monolithen, publiziert in Grayson 1996, 67 (A.0.102.14).

44 Vgl. Taylor 1865, 41–43. Diesen Verweis verdanke ich Harmansah 2007, 184f. Siehe jetzt MacGinnis/Matney 2009, 33 mit Abb. u. a. des eigentlichen Reliefs im Tigristunnel und auf dem Balawat-Beschlag X; älter Kreppner 2002, 372. 374f. Abb. 9–13; Schachner 2009.

45 Bild auf dem Balawat-Beschlag X: King 1915, 13f. 30f. mit Taf. 59. – Bilder auf Beschlag I und II: King 1915, 22 mit Taf. 7–12; Grayson 1996, 141 (A.0.102.65).

46 King 1915, 27f. mit Taf. 37–42; Grayson 1996, 143 (A.0.102.71). – Zur Monolith-Inschrift: Grayson 1996, 20 (A.0.102.2).

47 Van Loon 1966, 7; Zimansky 1985, 49–51; Kuhrt 1995, 552 (Tabelle 29). 554; Radner 2011, 34; Kroll et al. 2012b, 10; Fuchs 2017, 251.

48 Übers. von CTU 1 A 01–01 nach der Online-Ressource *Electronic Corpus of Urartian Texts* (eCUT) *Project*: http://oracc.museum.upenn.edu/ecut/pager; vgl. van Loon 1966, 7–8; Zimansky 1985, 50f.; Zimansky 2011, 554; Kuhrt 1995, 550; Radner 2011, 736. 742 mit Unterschrift zu Abb. 33.1; Bryce 2012, 242; Frahm 2017b, 170f. Vgl. auch van Loon 1966, 10f. und Zimansky 1985, 59 zu Inschriften von Sarduris Nachfolgern. Sarduri wird »König von Nairi« genannt, nicht »König von Urartu«, was vielleicht ein weiterer Hinweis ist, dass beide Gebilde miteinander verflochten waren. Vgl. u. a. van Loon 1966, 7, der vermutet, dass es Sarduri I. war, der »seine Macht über den Großteil der Nairi-Länder ausdehnte und das Königreich Urartu gründete« (obwohl schon vor Sarduris Herrschaft Aramu bereits »der Urartäer« genannt wird).

49 Zimansky 1985, 50; Kuhrt 1995, 552 (Tabelle 29). 554; Grayson 1996, 14 (A.0.102.2); Radner 2011, 738f. 745; Kroll et al. 2012b, 10–14. Vgl. auch Grayson 1996, 65f. 68 (A.0.102.14) mit mehreren Erwähnungen von Feldzügen gegen Aramu und einem späteren gegen Sarduri, allesamt auf dem Schwarzen Obelisken Salmanassars III. Vgl. besonders die Inschrift CTU 1 A 04–01, die die ersten drei Herrscher und ihre Verwandtschaft auflistet, im *Electronic Corpus of Urartian Texts* (eCUT) *Project* (http://oracc.museum.upenn.edu/ecut/pager), von den meisten gibt es auch einzelne Inschriften, die sich in diesem Online-Corpus finden lassen. Zur Liste der Herrscher und ihrer vorgeschlagenen Reihenfolge, die nach Sarduri II. umstritten ist, siehe http://oracc.museum.upenn.edu/ecut/urartianrulersandtheirinscriptions/index.html.

50 Van Loon 1966, 7; Kuhrt 1995, 554; Curtis 2012, 429; Kroll et al. 2012b, 6. 22.

51 Radner 2011, 742f.; Kroll et al. 2012b, 24; Frahm 2017b, 170f.; vgl. auch Zimansky 1985, 69 zu urartäischen Quellen, die Weinberge, Nutzgärten und Getreidefelder erwähnen.

52 Vgl. Grayson 1996, 9f. (A.0.102.1) und 16. 23 (A.0.102.2); Bryce 2012, 219. 221; Bryce 2014, 119; Bryce 2020, 113; J. F. Osborne 2013, 776f.; Weeden 2013, 12. 15f. Abb. 4; Harrison 2014, 408f. Abb. 5; dazu das *Tayinat Archaeological Project*, https://tayinat.artsci.utoronto.ca/the-toronto-expedition/king-shupiluliumas-ii.

53 King 1915, 26 mit Taf. 31–36; Grayson 1996, 142 (A.0.102.70).

54 Gilibert 2011, 15f., Übers. dazu in Tabelle 8; Grayson 1996, 10 (A.0.102.1). 16 (A.0.102.2). Vgl. auch Brown 2008a, 341–344.

55 Engl. Übers. aus O'Connor 1977, 19. 21f. nach Donner/Röllig 2002, 3, Zitat nach Gilibert 2011, 15f. Vgl. auch Brown 2008a, 341–344; Gilibert 2011, 15f. 79–84; J. F. Osborne 2021, 44. 74–82. 110–112. 142f. 146. 148. 160–162. 183f.

56 Grayson 1996, 9 (A.0.102.1). 23 (A.0.102.2). 38 (A.0.102.6 ii 69). Vgl. auch Hawkins 2000, 75; Hawkins 2009, 167; Bryce 2012, 130f. 223; Bryce 2014, 122. 125; Brown/Smith 2016, 25; Hawkins/Weeden 2016, 13; Peker 2016, 49 (Tabelle 2).

57 Peker 2016, 47–49; Marchetti/Peker 2018, 81–90.

58 Peker 2016, 47–49; Marchetti/Peker 2018, 81–90.

59 Übers. (mit Ergänzungen aus mehreren Inschriften) nach Peker 2016, 47–49 und Tabelle 2; Marchetti/Peker 2018, 95–97. Vgl. auch Marchetti 2012, 146f.; Hawkins/Peker 2014, 108.

60 Hawkins 2000, 36. 72. 75–79. 123f. 128f. 131; Gilibert 2011, 12–14. 41–50; Bryce 2012, 84. 98. 280f.; Hawkins/Peker 2014, 108f.; Brown/Smith 2016, 25f.; Hawkins/Weeden 2016, 13; J. F. Osborne 2021, 78. 83. 100–102 Abb. 3.7.

61 Gilibert 2011, 6 mit Zitat aus Bunnens 2000, 12–19; vgl. auch d'Alfonso 2020.

ANMERKUNGEN

Kapitel 5

1   Schliemann [1878] 1964, 154–158 (Nr. 213–214).
2   Behandelt u. a. in Crielaard 2006, 278–280; Eder 2006, 550–552; M. Lloyd 2013, 112f.; Lemos 2014, 169f.; Knodell 2021, 129–131, alle unter Verweis auf die Arbeiten von Michael Wedde (u. a. Wedde 1999; Wedde 2000; Wedde 2006).
3   Deger-Jalkotzy 2008, 392. Siehe u. a. auch I. Morris 1989, 505f.; I. Morris 1999, 60f. 65f.; Lemos 2002, 1. Nach archäologischer Terminologie handelt es sich um die Abschnitte Späthelladisch (SH) IIIC und Submykenisch – von ca. 1190 bis 1070 v. Chr. Vgl. jetzt Ruppenstein 2020a; Van Damme 2023, 172f. mit Tabelle 4 sowie die Aufsätze im von Jung/Kardamaki 2023a herausgegebenen Band.
4   Die Literatur zu Homer ist uferlos, selbst zu einem eng umgrenzten Thema wie den bronze- und eisenzeitlichen Elementen in *Ilias* und *Odyssee*; vgl. etwa einige der zum Weiterlesen empfohlenen Titel in Cline 2013.
5   Vgl. etwa allein aus den letzten paar Jahren die überaus wichtigen Monografien von Murray 2017 und Knodell 2021 sowie die von Middleton 2020a und Lemos/Kotsonas 2020a herausgegebenen Sammelwerke; davor gibt es u. a. die zahlreichen Schriften von I. Morris, Whitley und Papadopoulos aus den 1990er und den frühen 2000er Jahren, dazu Dickinson 2006a und den Sammelband von Deger-Jalkotzy/Lemos 2006, um nur einige der wichtigsten englischsprachigen Publikationen zu nennen; viele andere sind auf Deutsch, Französisch, Italienisch und in weiteren Sprachen erschienen.
6   Englischsprachige Publikation der Nekropole und der Grabfunde von Perati bei Iakovides 1980; vgl. jetzt auch die spätere Behandlung von Perati und dem nahen Porto Rafti in Murray 2017, 6–89. 258f., Murray 2018a; Murray/Lis 2023 sowie knapp in Ruppenstein 2020a, 570f.
7   Mühlenbruch 2020 mit älterer Lit. Vgl. Maran 2006; Maran 2016; Maran 2023, 235–239; Papadimitriou 2006; Deger-Jalkotzy 2008, 397; Mühlenbruch 2009; Mühlenbruch 2020; Cohen/Maran/Veters 2010; Wallace 2010, 92; M. Lloyd 2013, 110f.; Lemos 2014, 162–164. 178–180; Middleton 2017c, 148–150; Middleton 2020c, 12; Middleton 2020e, 11–14; Murray 2017, 89f. 258; Murray 2018b, 226f.; Eder/Lemos 2020, 40; Manolova 2020, 1202; Maran/Papadimitriou 2020; Maran/Wright 2020; Steele 2020, 254f.; Van Damme 2023, 112f.; vgl. auch Dickinson 2006a, 60f.
8   Zu den neuen Indizien für eine kleinräumige Nachnutzung des Palasts des Nestor in Pylos jetzt LaFayete Hogue 2016; vgl. Davis/Stocker 2020, 677. Erörtert jetzt bei Maran 2023, 235.
9   I. Morris 1999, 60f.; I. Morris 2000, 78; I. Morris 2006, 78; Murray 2017, 129f. 210f. 246. 275–281; vgl. Deger-Jalkotzy 2008, 399–401. 406f.; Lemos 2014, 183f.
10 Dickinson 2006b, 102. 116f. 121; Nakassis 2020, 276. Behandelt auch in Deger-Jalkotzy 2008, 402–405; Wallace 2010, 88. 92f. 102; Eder/Lemos

2020, 134–136. 149f.; vgl. weiter Enverova 2012 mit einer interessanten Überlegung zur Anwendung des Konzepts der Heterarchie auf die Ereignisse dieser Zeit auf dem griechischen Festland; jetzt auch Knodell 2021, 152f.

11 Zum zeitgenössischen Gebrauch von *basileus* und *wanax* u. a. Antonaccio 2002, 13f.; Antonaccio 2006; Crielaard 2006; Crielaard 2011; Mazarakis Ainian 2006; Palaima 2006; Eder 2007, 570. 572; Deger-Jalkotzy 2008, 403; Eder/Lemos 2020, 135f.; Maran/Papadimitriou 2020, 702; Knodell 2021, 169f. – Verlust der Schriftlichkeit: Boyes/Steele 2020b, 12; Steele 2020, 253f.

12 Vgl. u. a. Weiberg/Finné 2018, 595; Kramer-Hajos 2016, 166–179; Kramer-Hajos 2020, 77. 79. 82; Finné et al. 2017, 10f.; Livieratou 2020, 103f. und Maran 2023.

13 Knodell 2021, 5. 114f.; jetzt Molloy 2022, 31 (Onlineversion).

14 Anschließend erklärt sie allerdings noch, das 12. und 11. Jh. v. Chr. sollte als Schlussphase der mykenischen Zivilisation gesehen werden, nicht als erste Etappe eines Dunklen Zeitalters, vgl. Deger-Jalkotzy 2008, 392. Ganz ähnliche Aussagen bei Eder 2006, 550; Maggidis 2020, 116f.; Dibble/Finné 2021, 59 und jetzt Maran 2023, 231.

15 Vgl. besonders Wallace 2006, v. a. 620. 641. 644; Wallace 2010, v. a. 51–104; Wallace 2017, v. a. 68. 71. 78; Wallace 2018, v. a. 325; Wallace 2020, v. a. 248; jetzt auch die Kommentare in Pollard 2021. Allerdings sanken die Importe in die Ägäis, vgl. Hoffman 1997 und den Katalog in Jones 2000, dazu Kommentare von Murray 2017, 6. 75f. 85f. 91. 100f. 117; Wallace 2018, 395.

16 Zu seinen Surveyergebnissen vgl. besonders Nowicki 2000, zitiert u. a. von Deger-Jalkotzy 2008, 397f.; Lemos 2014, 174–177; Kourou 2016, 352; Haggis 2020, 1073; Wallace 2006, 623f. 628; Wallace 2010, 58f.; Murray 2017, 6 und anderen. Jetzt auch Pollard 2022. – Zur Piraterie z. B. Samaras 2015; Hitchcock/Maeir 2019.

17 Auch hierzu Wallace 2006; Wallace 2010; Wallace 2017; Wallace 2020; Coldstream 2006, 581f.; D'Agata 2006, 400; Prent 2014, 651. 654; Hatzaki/Kotsonas 2020, 1036; Pollard 2021; Watrous 2021, 97f.

18 Tsipopoulou 2005; vgl. die weiteren Artikel im selben Tagungsband. An diesen Umstand hat mich Louise Hitchcock erinnert, vgl. schon die kurze Erwähnung in Cline 2021a, 48 (dt. Cline 2021b, 86) und zuvor Cline 1994, xvii–xviii. 9–11. 35. 106.

19 Rollston 2008, 86–88 mit Lit.; weiter Kourou 2008a, 365f. Abb. 5; Kourou 2016, 57f.; Iacovou 2014c, 802; Bourogiannis 2018b, 250; Bourogiannis 2021, 102; Waal 2018, 110; Richey 2019, 229; Sogas 2019, 412; Hodos 2020, 100. 185f. Abb. 6.3; Steele 2020, 263; S. P. Morris 2022, 100f.; Papadopoulos 2022, 143f. Abb. 7.1; älter S. P. Morris 1992a, 159; Hoffman 1997, 12f. mit Lit.; Crielaard 1998, 198; Aubet 2001, 54. – Zur vorgeschlagenen Übersetzung »Becher des X, Sohn des Y« zuletzt Bourogiannis 2020, 154f.; Bourogiannis 2021, 102, jeweils mit Lit.

20 Dazu v. a. Waal 2018, v. a. 86. 96. 103–108. 111f.; Waal 2020 mit Verweis auf ältere Lit.; vgl. auch die Argumente pro und contra in Rollston 2019, 385f. mit Lit.; Bourogiannis 2018a, 75f.; Bourogiannis 2018b, 241–244. 250; Bourogiannis 2020; Bourogiannis 2021; jetzt auch Kotsonas 2022, wenn auch zu einem etwas späteren Zeitabschnitt. Älter Bell 2006, 90 mit Lit.; jetzt auch Hodos 2020, 194f. Mazar 1994, 54 weist darauf hin, dass Joseph Naveh bereits 1972 aus der Sicht des Ostmittelmeerraums erklärte: »Das kanaanitische/phönizische Alphabet wurde im 11. oder frühen 10. Jahrhundert v. Chr. an die Griechen weitergegeben.« Ein Beispiel seiner späteren Argumente bei Naveh 1989.

21 Rollston 2010, 20 Abb. 2.1; Rollston 2019, 376f.

22 Waal 2018, 110; Waal 2020; Bourogiannis 2018b, 235.

23 Vgl. etwa Hodos 2020, 197; Kotsonas 2022, 168. 177f.

24 Wachter 2021, 23. 25; Knodell 2021, 215–220. 254f.; López-Ruiz 2021, 232; S. P. Morris 2022, 100f. Ein ähnliches Szenario stellte sich schon Gnanadesikan 2009, 208–214 vor und entwarf eine imaginäre Szene mit einem Griechen und einem Phönizier für den ersten Moment, in dem ein Grieche vom Alphabet erfuhr.

25 I. Morris 2005, 8; I. Morris 2000, 195–207 mit Verweis auf Snodgrass 1993, 37.

26 I. Morris 1989, 505f.; I. Morris 1996, 1–5; I. Morris 1999, 60–62; I. Morris 2000, 78, mehrfach unter Verweis auf Snodgrass 1971, 228–268; Snodgrass 1980; Snodgrass 1982; Snodgrass 1988; Desborough 1972; Coldstream 1977.

27 I. Morris 1989, 506. 515; I. Morris 1996, 4f.; I. Morris 2006; 76; älter u. a. Snodgrass 1971. Erwähnung verdient, dass Morris' Annahmen, es habe einen Rückgang im Handel mit dem Ostmittelmeerraum gegeben, jetzt umstritten sind, vgl. Murray 2017.

28 I. Morris 1989, 513; I. Morris 2005, 2. 8f.; I. Morris 2006, 74.

29 Coldstream 2006, 584–586.

30 Zitat: Kotsonas 2019, 10. – Größe und Stratigrafie der eisenzeitlichen Überreste in Knossos: u. a. Coldstream 2006, 584–586; Kotsonas 2019, 2. 6; Hatzaki/Kotsonas 2020, 1034. 1036–1038. – Surveyergebnisse: siehe jetzt Kotsonas et al. 2018; Kotsonas 2019, beide mit älterer Lit.; Atherton 2016; Blakemore 2016; »Early Iron Age Knossos Was Much Larger Than Originally Thought«, Sci News, 11. Januar 2016, https://www.sci.news/archaeology/early-iron-age-knossos-larger-than-originally-thought-03552.html. Vgl. jetzt übergreifend Kotsonas 2021; zu den früheisenzeitlichen Nekropolen von Knossos Pollard 2021.

31 H. W. Catling 1993; H. W. Catling 1995, 124f.; H. W. Catling 1996; vgl. Crielaard 1998, 187f.; Muhly/Kassianidou 2012, 124; S. P. Morris 2022, 104f.

32 H. W. Catling 1996, 646f.; vgl. H. W. Catling 1995, 124. 126f.; Kourou 2008a, 363. Näher beschrieben und behandelt jetzt in Kotsonas 2018, 15f.; Hatzaki/Kotsonas 2020, 1038–1041.
33 H. W. Catling 1996, 646f. Schon H. W. Catling 1995, 127 zitierte vollständig die einschlägige *Ilias*-Passage mit der »Vita« des weitgereisten Eberzahnhelms, der Odysseus geschenkt wurde (*Ilias* 10,261–271). Der Eberzahnhelm im Grab der Nordnekropole von Knossos dürfte eine ähnliche Geschichte gehabt haben, da solche Stücke nicht mehr hergestellt wurden, als dieser subminoische Krieger bestattet wurde.
34 H. W. Catling 1996, 648f.
35 H. W. Catling 1995, 128.
36 H. W. Catling 1995, 128; vgl. jetzt den Kommentar bei Kourou 2008a, 363f.
37 Zitate: Muhly 2003, 24f. (und Muhly 2011, 49f.); Iacovou 2007, 467 (mit Zitat aus Iacovou 1999, 18); vgl. Iacovou 2012b, 214; älter Crielaard 1998, 187f.
38 Kotsonas 2018, 1. 9f. 21f.; vgl. jetzt Hatzaki/Kotsonas 2020, 1038–1041.
39 Kotsonas 2018, 14f. 25f.
40 I. Morris 2006, 76. Der Siedlungsort hatte von der Frühen bis zur Späten Bronzezeit ebenfalls eine Blütephase durchlaufen und überdauerte vor der endgültigen Aufgabe um 700 v. Chr. bis in die Frühe Eisenzeit.
41 R. W. V. Catling/Lemos 1990. Zusammenfassend zu Lefkandi u. a. Popham/Sackett 1980, 1–3; Lemos 2006, 519–521; Lemos 2014, 171–173; Lemos 2020, 791–793.
42 Zur möglichen Opferung der Frau vgl. die Ausführungen bei Antonaccio 2002, 20f. mit Zitaten älterer Lit. Allerdings sind, wie sie anmerkt, »beide Bestattungen nicht vollständig publiziert worden und eine eingehende Studie beider Personen [...] ist nicht vor der Abschlusspublikation möglich«. Seitdem sind jetzt zwanzig Jahre vergangen (und vierzig seit der ersten Grabung in Lefkandi), doch die Hoffnung besteht, dass die Gesamtpublikation nahe ist (persönliche Mitteilung von I. Lemos, 4. September 2021). Eine (Neu-)Untersuchung der Knochen der Frau – falls noch vorhanden –, könnte die Frage entscheiden, falls sie Schnittspuren aufweisen. Zum Thema insgesamt, teils übergreifend, teils zu Details, siehe v. a. Popham et al. 1982; H. W. Catling 1993; H. W. Catling 1995, 126; weiter I. Morris 1996, 3 (mit Zitaten aus R. W. V. Catling/Lemos 1990 und Popham et al. 1993); I. Morris 1999, 62; I. Morris 2000, 218–222; Antonaccio 1993, 51f.; Antonaccio 2002; R. Osborne 1996, 41–43; Crielaard 2016, 56–59; Hodos 2020, 99f. 104f.; Papadopoulos 2022, 145 Abb. 7.2.
43 Vgl. u. a. Popham et al. 1982; Calligas/Popham 1993, 1–4; H. W. Catling 1993; H. W. Catling 1995, 126; H. W. Catling 1996, 647f.; Crielaard/Driessen 1994; I. Morris 1996, 3f.; I. Morris 1999, 62; I. Morris 2000, 218f.; I. Morris 2006, 76, jeweils mit Lit. Übergreifend behandelt jetzt in Lemos 2002, 162–168; Lemos 2006, 521f.; Lemos 2020, 792f.; Muhly 2003, 25; J. M. Hall 2007, 62–64; Kourou 2008a, 364f.; Kourou 2012, 39f.; Sherratt

2010, 132–135. 137f.; Crielaard 2016, 56–59; Murray 2017, 95–100; Bourogiannis 2018a, 54f. 73f.; Hodos 2020, 163f.; Knodell 2021, 162–167; López-Ruiz 2021, 8–50.
44 Lemos 2020, 804.
45 Vgl. etwa I. Morris 1999, 62; Kourou 2008b, 307f.; Kourou 2012, 39f.; Sherratt 2010, 130; Bourogiannis 2018a, 54. 73f.; Stampolidis 2019, 501; Papadopoulos 2022, 149.
46 I. Morris 1989, 508; I. Morris 1996, 4f.; I. Morris 1999, 62; I. Morris 2000, 78.
47 Kiderlen et al. 2016.
48 Snodgrass 1971, 402.
49 Smithson 1968; Smithson 1969; Liston/Papadopoulos 2004. Zitat: Smithson 1968, 78, vollständig wiedergegeben in Liston/Papadopoulos 2004, 12.
50 Smithson 1968, 78–83 mit Katalog S. 83–116 Taf. 18–33; Liston/Papadopoulos 2004, 9. 11–15; Papadopoulos/Smithson 2017, 124–176.
51 Smithson 1968, 83, vollständig wiedergegeben in Liston/Papadopoulos 2004, 14 und Papadopoulos/Smithson 2017, 982f.; vgl. Papadopoulos/Smithson 2017, 131.
52 Liston/Papadopoulos 2004, 15–23; vgl. jetzt auch Papadopoulos/Smithson 2017, 3; Olsen 2020, 306f. Abb. 2.8.2.
53 Blegen 1952, 279–294 mit Katalog S. 289–293; vgl. jetzt Papadopoulos/Smithson 2017, 2. 9. 104f.
54 Blegen 1952, 279–282. 289.
55 Auch hierzu Blegen 1952, 279–282. 289; vgl. Papadopoulos/Smithson 2017, 104–118 mit Katalog S. 108–118. Zu rituellen »Tötungen« von Waffen speziell in der früheisenzeitlichen Ägäis vgl. M. Lloyd 2015; M. Lloyd 2018.
56 Coldstream 2006, 588f.; D'Agata 2006, 403; Wallace 2006, 621.
57 Hatzaki/Kotsonas 2020, 104–142 mit Lit.; vgl. die Originalpublikation (Boardman 1967) sowie spätere Erörterungen und Widerspruch, darunter neben vielen anderen Hoffman 1997, 17. 196–245; Kotsonas 2006; Stampolidis/Kotsonas 2006, 349–351; Prent 2014, 660; Murray 2017, 188; Sogas 2019, 412–414; S. P. Morris 2022, 102.
58 I. Morris 1996, 1. 6. Vgl. I. Morris 1989, 514; älter I. Morris 1987.
59 Kourou 2012, 41 mit Lit.; Bell 2016, 97; Bourogiannis 2018a, 65; Stampolidis 2019, 495f.; Stampolidis et al. 2019. – Zu Al Mina Kourou 2012, 41f.; vorher v. a. Boardman 1981, 41–43; Boardman 1990.
60 Whitley 1991, 9.
61 Dieses Datum ist nicht so sehr in Stein gemeißelt, wie viele annehmen möchten, sondern wir scheinen es unter anderem Berechnungen von Aristoteles zu verdanken, vgl. S. P. Morris 1989, 48; Swaddling 1999, 7. 10; Crowther 2007, 5f.; Nelson 2007, 48–54; Papadopoulos/Smithson 2017, 975 Anm. 14.

Kapitel 6

1 Vgl. Cline 2021a (dt. Cline 2021b) und jetzt auch Molloy 2022 mit der Frage, ob die Krise bis nach Europa hineinreichte.
2 Bavel et al. 2020, 141f. erklären, gestützt auf Arbeiten von Tainter und anderen: »Obwohl eine allgemein akzeptierte Definition für einen gesellschaftlichen Zusammenbruch schwer zu erreichen ist, sind sich viele darin einig, dass er eine rasche, grundlegende Veränderung der sozialen, politischen und ökonomischen Strukturen einer Gesellschaft auf mehrere Generationen darstellt.« Vgl. jetzt Jackson et al. 2022; bei Centeno et al. 2022, 63 heißt es: »Wenn es ein großes Hauptthema in der Kollapsliteratur gibt, dann jenes, dass über die Bedeutung des Begriffs ›Kollaps‹ erhebliche Meinungsverschiedenheiten bestehen.«
3 McAnany/Yoffee 2010, 5.
4 Einem der anonymen Gutachter des vorläufigen Manuskripts verdanke ich die Anregung zu den knappen Zusammenfassungen im Folgenden; allerdings habe ich an der Formulierung gebastelt.
5 Zu Migrationsbewegungen am Ende der Spätbronzezeit vgl. Knapp 2021; Middleton 2018a; Middleton 2018b. Mögliche luwische Wanderungen: u. a. J. F. Osborne 2021. Vgl. Drews 1992 zu Herodot über die Etrusker.
6 Langgut et al. 2014, 296.
7 Ältere Beiträge zum Thema: Holling 1986; Holling et al. 2002a; Holling/Gunderson 2002; Berkes et al. 2003b, 16–18; Redman/Kinzig 2003; Folke 2006; Walker/Salt 2006, 75–95; jetzt u. a. auch Faulseit 2016b, 12–16. Vgl. Weiberg 2012, eine neuere Anwendung dieses Konzepts auf den Kollaps in der spätbronzezeitlichen Ägäis; weiter Ellenblum 2012, 15–21; Lantzas 2016; S. O'Brien 2017; Saltini Semerari 2017, 546–548. 565f. 569.
8 Definitionen nach Walker et al. 2004, 2. Vgl. auch Bradtmöller et al. 2017, 10f.
9 Kemp/Cline 2022; Newhard/Cline 2022
10 Einschlägig sind Haldon et al. 2020, 16–21. 31–33 und Haldon et al. 2021, 237f., besonders zur Frage, wie jedes Einzelelement betroffen war und reagierte, wenn wir von einem Kollaps des Gesamtsystems ausgehen. Centeno et al. 2022, 63 präzisieren: »Was zusammenbricht, ist nicht unbedingt eine ganze Gesellschaft oder Zivilisation, sondern vielmehr der große übergreifende Rahmen.«
11 I. Morris 2006, 72. 81f. 84; vgl. Broodbank 2018, 663–665.
12 I. Morris 2006, 72; vgl. in diesem Zusammenhang Yoffee 2006 zum Begriff der gesellschaftlichen »Regeneration«.
13 Die Panarchie, ein von Holling 2001 entwickeltes Konzept, wird behandelt in Gunderson/Holling 2002; Holling et al. 2002a; Holling 2002; Holling et al. 2002b; Berkes et al. 2003b, 18f.; Karkkainen 2005; Folke 2006; Kuecker/Hall 2011, 20; Budja 2015, 176f.; Bradtmöller et al. 2017, 4; Saltini Semerari 2017, 546–548; Haldon et al. 2021; dazu Kemp/Cline 2022; Newhard/

Cline 2022. Wichtig ist hier außerdem der Begriff des »punktierten Gleichgewichts«, eine Anleihe aus der Evolutionsbiologie, der zum Tragen kommt, wenn wir in einem stabilen System jähe Veränderungen beobachten, etwa beim Kollaps am Ende der Spätbronzezeit. Aus Platzgründen verweise ich jedoch einfach auf Haldon et al. 2020, 32; vgl. auch Cline (im Druck), das unabhängig entstand, aber dasselbe Thema behandelt und zu ähnlichen Schlüssen kommt.

14 Auffällig ist die Ähnlichkeit zur Darstellung der Komplexitätstheorie in *1177 B.C.*, in der ich das Bild einer einzigen losgerissenen Pleuelstange verwende, die den Motor eines teuren Autos zerstört: Cline 2021a, 176 (dt. Cline 2021b, 240).

15 Vgl. etwa Berkes et al. 2003b; Walker/Salt 2006 sowie die Einzelkapitel in Miller/Rivera 2011 und Kapucu et al. 2013. Zum IPCC vgl. https://www.ipcc.ch/about/history.

16 Zur Archäologie und zum IPCC vgl. Kohler/Rockman 2020.

17 Field et al. 2012. Robert J. Lempert bin ich sehr verpflichtet für Informationen zu den verschiedenen IPCC-Berichten und für seine Expertise dazu.

18 Lavell et al. 2012, 41.

19 Cuter et al. 2012, 296 (vgl. 293) mit Lit.; Handmer et al. 2012, 237 mit Lit.; Lavell et al. 2012, 42.

20 Cardona et al. 2012, 81. 86f.; Cuter et al. 2012, 300; Lavell et al. 2012, 36; K. O'Brien et al. 2012, 457, jeweils mit Lit.

21 Die Literatur hierzu ist riesig; vgl. Holling 1973 und die Beiträge in Gunderson/Holling 2002; Berkes et al. 2003b, 14f.; Gunderson 2003; Redman/Kinzig 2003; Walker et al. 2004; Redman 2005, 72–74; Folke 2006; Walker/Salt 2006, 1. 113. 119; Folke et al. 2010; McAnany/Yoffee 2010, 10; F. L. Edwards 2013, 24f.; Faulseit 2016b, 12; Barnes et al. 2017; Bradtmöller et al. 2017, 12f.; Middleton 2017b, 4–17; Middleton 2017c, 42–46; S. O'Brien 2017; Saltini Semerari 2017, 546; jetzt auch Bavel et al. 2020, 35–37; Centeno et al. 2022, 70; Kemp/Cline 2022; Molloy 2022, 9 (Onlineversion). Vgl. weiterhin Haldon et al. 2020, 13–15 zur Frage des Zusammenbruchs im Rahmen der Resilienztheorie mit spezifischen Kriterien dafür.

22 Die Definition des National Research Council von 2011 steht unter doi.org/10.17226/13028,4, 13f., vgl. F. L. Edwards 2013, 29. Ähnlich definiert es der IPCC-Bericht von 2012, vgl. Cardona et al. 2012, 75 mit Lit.; weiter die Ausführungen zu Resilienz in Handmer et al. 2012, 238; Lavell et al. 2012, 34; K. O'Brien et al. 2012, 453 mit Lit. Die zweite Definition stammt von Cox/Perry 2011, 395f.; zuletzt einschlägig Degroot et al. 2021, 542f.

23 Cardona et al. 2012, 72f. mit Lit. und einem expliziten Zitat aus Lavell 1999. Vgl. ursprünglich Holling 2001, 394 und jetzt Engle 2011.

24 Cardona et al. 2012, 73 mit Lit.; Lavell et al. 2012, 51 und Tabelle 1–1 mit Lit. Vgl. K. O'Brien et al. 2012, 459; Nicoll/Zerboni 2019; Bavel et al. 2020, 142f.

25 Lavell et al. 2012, 53f. mit Lit.; K. O'Brien et al. 2012, 443. 468 mit Lit. Vgl. die Definitionen für Resilienz, Anpassungsfähigkeit und Transformationsvermögen bei Walker et al. 2004, 1–7; ebenso u. a. McAnany/Yoffee 2010, 10f.; Barnes et al. 2017; Bavel et al. 2020, 37f.; Jackson et al. 2022, 97. Interessant wäre auch der Begriff der »transformativen Anpassung« für »Handeln, das die Grundeigenschaften eines Systems verändert«, insbesondere »als Antwort auf eingetretene oder erwartete Auswirkungen eines Klimawandels«, vgl. Denton et al. 2014, 1121.

26 Insbesondere sieht die Studie ein höheres Risko durch potenzielle Katastrophen für verwundbare Gruppen wegen der verschiedenen Stressfaktoren oder treibenden Kräfte, die zusammengenommen deren »Lebensunterhalt, Produktion, tragende Infrastruktur und Dienstleistungen« bedrohen. Natürlich lautet die Frage, was die eine Gesellschaft mehr und die andere weniger verwundbar macht; eine jüngere Definition verweist auf die Wahrscheinlichkeit, dass eine Gesellschaft unter dem Einfluss von Extremereignissen Rückschläge erleidet. Siehe v. a. Cardona et al. 2012, 69–72. 88 mit ausführlichen Verweisen auf ältere Definitionen und Begriffe; Lavell et al. 2012, 34. Genauer lautet die Definition: »die Tendenz […] unter dem Einfluss von Risikoereignissen nachteilige Effekte zu erleiden«. Zu Verwundbarkeit und Resilienz jetzt Degroot et al. 2021, 540. Zur Verwundbarkeit auch Bavel et al. 2020, 33–35.

27 Fragilität und Gesellschaft: Dillehay/Wernke 2019, 9f. und die weiteren Beiträge in Yoffee 2019; Middleton 2020d; Maran 2023, 233f. 241; weiter das einschlägige Kapitel in J. C. Scotts Buch *Against the Grain* von 2017.

28 Phönizier lösen Ugarit ab: u. a. Markoe 2000, 26; Bell 2006, 101f.; Bell 2009, 30; Bell 2016, 102; allgemeiner Aubet 2001, 113f.

29 Redman/Kinzig 2003, 2 mit Abb. 3.

30 Weiberg 2012, 159.

31 Auch hierzu Lavell et al. 2012, 53f.; K. O'Brien et al. 2012, 443. 468 mit Lit.

32 Bell 2009, 38.

33 Jetzt auch behandelt in Kemp/Cline 2022.

34 Vgl. jetzt Jung/Kardamaki 2023b, 21f.; Maran 2023, 233f. 241.

35 Vgl. etwa Weiberg et al. 2010; Adcock 2020.

36 Vgl. zum eisenzeitlichen Kreta etwa die oben zitierten Argumente von Wallace 2006; Wallace 2010; Wallace 2017; Wallace 2018; Wallace 2020 sowie Pollard 2021; Pollard 2022.

37 Zu Anatolien nach den Hethitern u. a. d'Alfonso 2020, der kurz auf Resilienz, Reorganisation und Transformation eingeht; ebenso Adcock 2020, xvi. 1–4. 51f.

38 Koch 2021, 92. 105.

39 Ob es weiterhilft oder nicht: beim Schreiben habe ich für die Südkanaaniter zwischen Kategorie 2, 4 und 5 geschwankt. Vorläufig habe ich mich für Kategorie 5 entscheiden, lasse mich aber gern von anderem überzeugen.

40 Kompakte Zusammenfassung der verschiedenen Hypothesen bei Younker 1994.
41 Vgl. Mattingly 1994 mit Lit.; Finkelstein/Lipschits 2011; Finkelstein 2014.
42 Papadopoulos/Smithson 2017, 984, vgl. 973f. Vgl. Knodell 2021, 251f. 257; Maran 2023, 233f.; älter Weiberg 2012.
43 Dazu jetzt Newhard/Cline 2022. Auch Maran 2023, 233f. schlägt weitere potenzielle Faktoren vor.
44 Weiberg/Finné 2018, 595; Finné et al. 2017, 10f.; jetzt Maran 2023, 237–239.
45 Maran 2023, 235–242.
46 Gesellschaftliche Kipppunkte und Verlust der Resilienz: Scheffer et al. 2009; Scheffer et al. 2021; Centeno et al. 2022, 66f.
47 Adcock 2020, 54, vgl. 59–65; Centeno et al. 2022, 64. Siehe auch Middleton 2017c, 18 und Kemp 2019, Letzterer mit beiläufigen ähnlichen Fragen nach den Unterschichten in den damaligen Gesellschaften und dem Schluss: »Ein Kollaps ist also ein zweischneidiges Schwert. Manchmal ist er ein Segen für Untertanen und eine Chance für den Neustart verfallender Institutionen. Er kann aber auch zum Verlust von Bevölkerung, Kultur und mühsam erkämpften politischen Strukturen führen.«
48 Auch hierzu Schachner 2020a; Schachner 2020b, 1109–1112; weiter Seeher 2010; Genz 2013; Bryce 2016b; Bryce 2019; Middleton 2017c, 165. 172. 175f.; de Martino 2018; Maran 2023, 236f.
49 Postgate 1992, 24. 249; vgl. Fales 2011, 13f. 30f. mit zustimmendem Verweis auf Postgate; Younger 2017, 196; Düring 2020, 136.
50 Neumann/Parpola 1987, 171–176 mit Tabelle 2; Postgate 1992, 249; Düring 2020, 134.
51 Vgl. etwa die Ausführungen zur assyrischen Gesellschaft und zu Verwandtem bei Kuhrt 1995, 362–364. 478; Podany 2014, 100–108.
52 Taleb 2013a.
53 Handmer et al. 2012, 235. Vgl. u. a. Stuckenberg/Contento 2018.
54 Vgl. etwa Knodell 2021, 5. 114f.. Auch viele andere Forscher und Forscherinnen haben diese Themen gestreift, v. a. Susan Sherratt und Carol Bell.
55 So Taleb 2013a, 12.
56 Eisenstadt 1988, 242; zitiert auch bei Schwartz 2006, 6 und mit weiterer Darstellung angeführt von McAnany/Yoffee 2010, 5f. Vgl. jetzt Centeno et al. 2022, 64f.
57 Eisenstadt 1988, 243. Allerdings stimme ich Bavel et al. 2020, 142f. zu, die explizit sagen: »[…] wir sollten deutlich machen, dass gesellschaftlicher Kollaps in der Geschichte eher die Ausnahme als die Regel war – und sogar einige sogenannte ›klassische‹ Zusammenbrüche lassen sich eher als Übergänge und Anpassungen verstehen denn als Zerstörung aller sozialen, ökonomischen und politischen Strukturen.«

58 Ähnliche Situationen behandeln Storey/Storey 2016, 99. 111f. 119; was sie zum Ende des Römischen Reiches und zum Kollaps der klassischen Maya ausführen, gilt auch für unsere Untersuchung, unter anderem, »dass es fast immer zu Regeneration oder Resilienz kommt, aber nicht zwangsläufig an derselben Stelle wie vorher oder in derselben kulturellen Ausprägung«.

59 Um Benjamin Porter zu zitieren: »Die Belege [...] zeigen, dass Gruppen sich unterschiedlich schnell erholten und verschiedenen Entwicklungswegen folgten.« Außerdem bemerkt er: »Jedes Staatswesen [...] folgte einer eigenen, von historischen, geografischen und Umweltfaktoren vorgegebenen Bahn« (Porter 2016, 385. 390). Hier spricht Porter speziell über den Zeitabschnitt Iron Age II in der Levante, aber ebenso gut könnte er auch über alle anderen reden, denn seine Beobachtungen gelten für die Ägäis und den Ostmittelmeerraum generell in den Jahrhunderten nach dem Kollaps.

60 K. O'Brien et al. 2012, 441 mit Lit.

61 Schwartz 2006, 5f. stellt (unter Verweis auf Yoffee/Cowgill 1988) fest, dass »ein Kollaps üblicherweise einige oder alle der folgenden Phänomene mit sich bringt: die Fragmentierung von Staaten in kleinere politische Einheiten, die partielle Aufgabe oder das völlige Verlassen städtischer Zentren sowie Verlust oder Ausdünnung der zentralisierenden Funktionen, den Zusammenbruch regionaler Wirtschaftssysteme und das Scheitern von Zivilisationen oder Ideologien [...] nur selten bedeutet Kollaps das komplette Verschwinden einer Menschengruppe«.

62 https://www.thewoodeneffect.com/you-must-prepare-to-succeed. Das Originalzitat wird zwar oft Benjamin Franklin zugeschrieben, aber das ist vielleicht ein Irrtum. Ich danke Mitchell Allen für Vorschläge und Besprechung dieser zusammenfassenden Absätze (persönliche Mitteilung vom 20. Juni 2022).

63 Megginson 1963, 4. Ich danke Robert Cargill für den Hinweis auf dieses Zitat.

64 Über Kaskadenversagen und synchrones Versagen u. a. Centeno et al. 2022, 68f.

Epilog

1 Muhly 2011, 48 erklärt: »Der Verlust der Schriftlichkeit ist das entscheidende Kennzeichen eines Dunklen Zeitalters, doch er bleibt nur Symptom einer solchen Periode, nicht ihre Ursache.« Vgl. zu den Charakteristika eines dunklen Zeitalters auch Snodgrass 1971, 2 und jetzt Sherratt 2020, 196f. Zuvor schon Tainter 1988, 4. 19f. 193. 197; Tainter 1999, 989–991. 1030. Definitionen und Eigenschaften sowie insbesondere sein Verständnis des Dunklen Zeitalters in Griechenland nach dem Kollaps bei Chew 2001, 9f. 60–62; Chew 2005, 52–58. 67–70; Chew 2007, xvi. 6–10. 13f. 16f. Anm. 9–10. 79–83. 94–99; Chew 2008, 92f. 120f. 130f. Einschlägig dafür sind die Kommentare T. D. Halls 2014, 82–84 zur Erstauflage von *1177 B.C.* Wichtig jetzt auch Middleton 2017a; Middleton 2017c, 46; Scott 2017, 213–218.

ANMERKUNGEN

2 I. Morris 1997, 97. 106. 129; I. Morris 2000, 78–106 (Kap. 3). Jetzt sehr eingehend behandelt bei Kotsonas 2016, 239–270, der insbesondere auf Gilbert Murrays Buch *The Rise of the Greek Epic* von 1907 verweist (Kotsonas 2016, 242).

3 Page 1962, 22; als eines von mehreren Beispielen zitiert bei Muhly 2011, 49. Vgl. etwa auch Coulson 1990, 7. 9f.; Coldstream 1992/93, 8; Coldstream 1998; Muhly 2003, 23.

4 Starr 1961, 77.

5 Vgl. etwa I. Morris 2000, 92–102 über Snodgrass 1971; Desborough 1972 (und Desborough 1964) sowie Coldstream 1977; besprochen werden die drei auch in Whitley 1991 und Dickinson 2006a, 3–5. Siehe jetzt auch Kotsonas 2020, 82f., der Starr und Moses Finley zuschreibt, »den Begriff des (oder der) griechischen Dunklen Zeitalters wiederbelebt und an Forscher wie Snodgrass und Desborough weitergegeben zu haben, die dann die gleichnamigen Synthesen der 1970er Jahre verfassten«. Ich selbst glaube weniger, dass sie »den Begriff wiederbelebten«, als dass sie ihn einfach weiter benutzten.

6 Zitat bei Starr 1992, 2f.; vgl. Coulson 1990, 7; Muhly 2003, 26f.; Muhly 2011, 50 (unter Anführung dieses Zitats); Sherratt 2020, 196f.

7 Zitate aus S. P. Morris 1989, 48; S. P. Morris 1992a, 140 (vgl. 148). Siehe auch I. Morris 1997, 98. 111. 115. 117. 122f. 125–128. 130; I. Morris 2006, 81. Insbesondere zitiert er S. P. Morris 1992a, 140; S. P. Morris 1992b; Papadopoulos 1993. Noch in den 1990er Jahren gab es einige eingefleischte Verfechter der These, dass diese Zeit in Griechenland dunkel und »eine Zeit der Armut, schlechter Kommunikationswege und der Isolation von der Außenwelt« war (zitiert bei Muhly 2003, 23 mit einigen Beispielen); u. a. schrieb auch Robin Osborne 1996: »Unser Gesamteindruck ist der eines geschrumpften Horizonts: Keine großen Gebäude, keine Mehrfachgräber, keine unpersönliche Kommunikation, beschränkte Kontakte zu einer weiteren Welt [...] Daher die Trübsal« (R. Osborne 1996, 32). Vgl. jetzt aber die einschlägigen Abschnitte bei Kotsonas 2016, 262; Kotsonas 2020, 85; Bourogiannis 2018a, 43 (mit Zitat aus Muhly 2011, 48); Murray 2018c, 19. 21–22. 28. 44. 46; Waal 2018, 109; Waal 2020. Kürzlich erklärte Van Damme (2023, 112): »Diese ursprünglich als ›Dunkles Zeitalter‹ beschriebene Periode [in Griechenland] ist heute als dynamische Zeit der Innovation und des Austauschs anerkannt, die von einer Zunahme der sozialen und geografischen Mobilität gekennzeichnet ist.«

8 Jeffers 2013, 3. Ähnlich schreibt Brian Brown 2008: »Der Begriff ›Dunkles Zeitalter‹ mit seinen Konnotationen eines linearen Niedergangs und einer Regression ist [...] ein wenig irreführend gewählt« und fährt fort, laut der jüngeren Forschung »ist dieser Begriff unzutreffend« (Brown 2008b, 2. 8f.).

9 Porter 2016, 386; Sherratt 2003, 37, vgl. 38–40. So auch schon Niemeyer 2006, 44: »[...] in der Archäologie des Alten Orients scheint dieses ›Dunkle Zeitalter‹ derzeit einer Neubewertung unterzogen zu werden.«

10 Whitley 1991, 5; Coulson 1990, 7–10. Vgl. auch die spätere Behandlung bei Dickinson 2006a, 1, der Whitleys Aussage zustimmt.
11 Siehe übergreifend Papadopoulos 1993 (zurückgewiesen von I. Morris 1993 und Whitley 1993); Papadopoulos 1996a; Papadopoulos 1996b; Papadopoulos 2014; Papadopoulos/Smithson 2017, 974–976. Zitate: Papadopoulos 1993, 195; Papadopoulos/Smithson 2017, 975. – Aufstieg der Polis und Bedeutung des Eisens in Griechenlands Dunklem Zeitalter: Chew 2007, 105f. 186f.; Chew 2008, 24. 92f. 120f. 130f. Vor über einem Jahrzehnt erklärte Muhly: »Dunkelheit bedeutet durcheinandergeratene sozioökonomische Bedingungen nach dem Zusammenbruch einer bestehenden politischen Struktur. Das war in Griechenland im späten 12. Jahrhundert v. Chr. sicher der Fall. Aber die von einer solchen Dunkelheit geschaffene kulturelle Isolation ist nicht unbedingt eine reine Katastrophe, denn kulturelle Isolation birgt auch die Chance, sich einzuschränken, zu konsolidieren und eine Wiedergeburt zu erleben« (Muhly 2011, 48, u. a. mit Verweis auf Starr 1961). Vgl. jetzt auch Scott 2017, 213–217. Zur Alpha-Phase siehe wiederum Walker et al. 2004, 2.
12 Zitate: Papadopoulos 1993, 197; Papadopoulos 2014, 181; Papadopoulos/Smithson 2017, 974 (mit Zitat aus Harland 1941, 429). 976. R. Osborne 1996, 37 stellt fest: »[…] wir müssen den Schluss ziehen, dass die Griechen der archaischen Zeit vom Dunklen Zeitalter nichts wussten.«
13 Vgl. zuvor schon Cline 2021a, xv. 9. 171–173 (dt. Cline 2021b, 33f. 232–235) sowie u. a. Bunnens 2000, 13; Kourou 2008a, 61; Bryce 2020, 106; Hodos 2022, 215.

Nachwort und Dank

1 Papadopoulos 2014, 181; seine Kommentare sind später von mehreren zitiert und angeführt worden, darunter Murray 2017, 10 Anm. 35. Vgl. z. B. auch Papadopoulos 1993, 194f.; Papadopoulos 2014, 181; Iacovou 2005a, 130; Iacovou 2007, 461f.; Papadopoulos/Smithson 2017, 18f. 975f.; Kearns 2015, 34; Murray 2017, 10 Anm. 35; Saltini Semerari 2017, 551; Wallace 2018, 309 und kürzlich das Vorwort von Lemos/Kotsonas 2020b, xxiii; Knodell 2021, 1f. 7f. 10f. 13f. 119; López-Ruiz 2021, 4f. Es gibt zwar buchstäblich Tausende von Publikationen über die eine oder andere relevante Gesellschaft in der Bronze- oder der Eisenzeit, aber nur wenige versuchen eine Synthese. Allerdings ist eine der kürzesten und lesefreundlichsten Darstellungen zum Übergang von der Bronzezeit zur Eisenzeit und den neuen/veränderten Zivilisationen nach dem Kollaps ein sehr empfehlenswerter Aufsatz von Elizabeth Carter und Sarah Morris im Begleitband zur wunderbaren Ausstellung *From Assyria to Iberia* im Metropolitan Museum of Art 2014; vgl. Carter/Morris 2014.
2 Cline 2007, xivf. Dort schrieb ich außerdem: »[…] für jedes Buch, jeden Artikel und jedes Argument, das ich hier zitiere, gibt es Dutzende andere,

für deren Erwähnung entweder der Platz nicht reicht oder die ich aus dem einen oder anderen Grund nicht aufzunehmen entschieden habe. Schon jetzt entschuldige ich mich, falls jemandes Lieblingsbuch oder -artikel fehlt.« Das gilt unbedingt auch für dieses Buch. Ebenso bin ich mir völlig bewusst, dass während seiner Drucklegung und bald nach seinem Erscheinen zahlreiche andere relevante Publikationen erscheinen werden, die zwangsläufig erst in einer späteren, überarbeiteten Auflage berücksichtigt werden können.

Quellen- und Literaturverzeichnis

Quellen

Blumenthal, E. 1982, »Der Reisebericht des Wen-Amun«, in: *Altägyptische Reiseerzählungen*, hg. E. Blumenthal. Leipzig.

Donner, H./W. Röllig 2002, *Kanaanäische und aramäische Inschriften*. 5., überarb. und erw. Aufl. Wiesbaden.

Foster, B. R. 2005, *Before the Muses: An Anthology of Akkadian Literature*. Bethesda, MD.

Frahm, E. 2009, *Keilschrifttexte aus Assur literarischen Inhalts*. Bd. 3: *Historische und historisch-literarische Texte*. Wiesbaden.

Grayson, A. K. [1975] 2000, *Assyrian and Babylonian Chronicles.*. Locust Valley, NY [Ndr. der Erstaufl. 1975].

Grayson, A. K. 1987, *Assyrian Rulers of the Third and Second Millennia BC (to 1115 BC)*. Toronto.

Grayson, A. K. 1991, *Assyrian Rulers of the Early First Millennium BC*. Bd. 1: *(1114–859 BC)*. Toronto.

Grayson, A. K. 1996, *Assyrian Rulers of the Early First Millennium BC*. Bd. 2: *(858–745 BC)*. Toronto.

Hawkins, J. D. 2000, *Corpus of Hieroglyphic Luwian Inscriptions*. Bd. 1: *Inscriptions of the Iron Age*. Berlin.

Peker, H. 2016, *Texts from Karkemish*. Bd. 1: *Luwian Hieroglyphic Inscriptions from the 2011–2015 Excavations*. Bologna. http://www.orientlab.net/pubs.

Sekundärliteratur

Abulafia, D. 2013, *Das Mittelmeer. Eine Biographie*. Frankfurt a. M.

Adcock, S. A. 2020, *After the End: Animal Economics, Collapse, and Continuity in Hittite and Post-Hittite Anatolia*. Diss. University of Chicago.

Alaura, S. 2020, »The Much-Fabled End of the Hittite Empire: Tracing the History of a Crucial Topic«, in: De Martino/Devecchi 2020, 9–30.

Allen, M. J. 1977, *Contested Peripheries: Philistia in the Neo-Assyrian World-System*. Diss. University of California, Los Angeles.

Álvarez-Mon, J. 2013, »Elam in the Iron Age«, in: Potts 2013, 457–477.

Anthony, D. 1997, »Prehistoric Migration as Social Process«, in: *Migrations and Invasions in Archaeological Explanation*, hg. J. Chapman/H. Hamerow, 21–32. Oxford.

Antonaccio, C. 1993, »The Archaeology of Ancestors«, in: *Cultural Poetics in Archaic Greece: Cult, Performance, Politics*, hg. C. Dougherty/L. Kurke, 46–70. Cambridge.

Antonaccio, C. 2002, »Warriors, Traders, and Ancestors: The ›Heroes‹ of Lefkandi«, in: *Images of Ancestors*, hg J. M. Højte, 13–42. Aarhus.

Antonaccio, C. 2006, »Religion, Basileis and Heroes«, in: Deger-Jalkotzy/Lemos 2006, 381–395.

Apostolakou, S./P. Betancourt/T. Brogan/D. Mylona 2016, »Chryssi and Pefa: The Production and Use of Purple Dye on Crete in the Middle and Late Bronze Age«, in: *Purpureae Vestes V: Textiles, Basketry and Dyes in the Ancient Mediterranean World*, hg. J. Ortiz/C. Alfaro/L. Turell/M. J. Martínez, 199–208. Valencia.

Arie, E. 2008, »Reconsidering the Iron Age II Strata at Tel Dan: Archaeological and Historical Implications«, in: *Tel Aviv* 35, 6–64.

Arie, E. 2020, »Phoenicia and the Northern Kingdom of Israel: The Archaeological Evidence«, in: Gür/Dalkiliç 2020, 1–19.

Arkin Shalev, E./A. Gilboa/A. Yasur-Landau 2019: »The Iron Age Maritime Interface at the South Bay of Tel Dor: Results from the 2016 and 2017 Excavation Seasons«, in: *International Journal of Nautical Archaeology* 48/2, 439–452.

Arkin Shalev, E./E. Galili/P. Waiman-Barak/A. Yasur-Landau 2021, »Rethinking the Iron Age Carmel Coast: A Coastal and Maritime Perspective«, in: *Israel Exploration Journal* 71/2, 129–161.

Aro, S. 2013, »Carchemish before and after 1200 BC«, in: *Luwian Identities: Culture, Language and Religion between Anatolia and the Aegean*, hg. A. Mouton/I. Rutherford/I. Yakubovich, 233–276. Leiden.

Arruda, A. M. 2015, »Intercultural Contacts in the Far West at the Beginning of the 1st Millennium BC: Through the Looking-Glass«, in: Babbi et al. 2015, 269–283.

Aslan, C. C. 2009, »End or Beginning? The Late Bronze Age to Iron Age Transformation at Troia«, in: Bachhuber/Roberts 2009, 144–151.

Aslan, C. C. 2020, »Troy and the Northeastern Aegean«, in: Lemos/Kotsonas 2020a, Bd. 2, 939–959.

Aslan, C. C./P. Hnila 2015, »Migration and Integration at Troy from the End of the Late Bronze Age to the Iron Age«, in: *Nostoi: Indigenous Culture, Migration*, hg. N. Chr. Stampolidis/C. Maner/K. Kopanias, 185–209. Istanbul.

Aston, D. A. 2020, »The Royal Cache: The History of TT 320«, in: *Bab el-Gasus in Context: Rediscovering the Tomb of the Priests of Amun*, hg. R. Sousa/A. Amenta/K. M. Cooney, 31–68. Rom.

Atherton, M. 2016, »Ancient Greek City Knossos Was Bigger and Richer Than Previously Thought, Bronze Age Relics Reveal«, in: *International Business Times*, 7. Januar. https://www.ibtimes.co.uk/late-bronze-age-relics-discovered-knossos-suggesting-city-thrived-under-socio-economic-crash-1536534.

Aubet, M. E. 1993, *The Phoenicians and the West: Politics, Colonies and Trade*. Cambridge.

Aubet, M. E. 2001, *The Phoenicians and the West: Politics, Colonies and Trade*. 2. Aufl. Cambridge.

Aubet, M. E. 2008, »Political and Economic Implications of the New Phoenician Chronologies«, in: Sagona 2008, 179–191.

Aubet, M. E. 2014, »Phoenicia during the Iron Age II Period«, in: Steiner/Killebrew 2014, 706–716.

Aubet, M. E. 2016, »Phoenicians Abroad: From Merchant Venturers to Colonists«, in: Eurasia at the Dawn of History: Urbanization and Social Change, hg. M. Fernández-Götz/D. Krausse, 254–264. Cambridge.

Aubet Semmler, M. E. 2019, »Tyre and Its Colonial Expansion«, in: López-Ruiz/Doak 2019, 75–87.

Babbi, A./F. Bubenheimer-Erhart/B. Marín-Aguilera/S. Mühl (Hgg.) 2015, *The Mediterranean Mirror: Cultural Contacts in the Mediterranean Sea between 1200 and 750 B.C.: International Post-doc and Young Researcher Conference; Heidelberg, 6th–8th October 2012*. Mainz.

Bachhuber, C./G. Roberts (Hgg.) 2009, *Forces of Transformation: The End of the Bronze Age in the Mediterranean*. Oxford.

Ballard, R. D./L. E. Stager/D. Master/D. Yoerger/D. Mindell/L. L. Whitcomb/H. Singh/D. Piechota 2002, »Iron Age Shipwrecks in Deep Water off Ashkelon, Israel«, in: *American Journal of Archaeology* 106/2, 151–168.

Barako, T. 2013, »Philistines and Egyptians in Southern Coastal Canaan during the Early Iron Age«, in: Killebrew/Lehmann 2013, 37–51.

Barnes, M. L./Ö. Bodin/A. M. Guerrero/R. J. McAllister/S. M. Alexander/G. Robins 2017, »The Social Structural Foundations of Adaptation and Transformation in Social-Ecological Systems«, in: *Ecology and Society* 22/4,16. https://doi.org/10.5751/ES-09769-220416.

Basedow, M. 2009, »The Iron Age Transition at Troy«, in: Bachhuber/Roberts 2009, 131–142.

Bavel, B. van/D. R. Curtis/J. Dijkman/M. Hannaford/M. de Keyzer/E. van Onacker/T. Soens 2020, *Disasters and History: The Vulnerability and Resilience of Past Societies*. Oxford.

Bebermeier, W./M. Brumlich/V. Cordani/S. de Vincenzo/H. Eilbracht/J. Klinger/D. Kniter/E. Lehnhardt/M. Meyer/S. G. Schmid/B. Schütt/M. Thelemann/M. Wemhoff 2016, »The Coming of Iron in a Comparative Perspective«, in: *Space and Knowledge: Topoi Research Group Articles*, hg. G. Graßhoff/M. Meyer. Sonderheft *eTopoi (Journal for Ancient Studies)* 6, 152–189.

Bell, C. 2006, *The Evolution of Long Distance Trading Relationships across the LBA/Iron Age Transition on the Northern Levantine Coast: Crisis, Continuity and Change*. Oxford.

Bell, C. 2009, »Continuity and Change: The Divergent Destinies of LBA Ports in Syria and Lebanon across the LBA/Iron Age Transition«, in: Bachhuber/ Roberts 2009, 30–38.

Bell, C. 2016, »Phoenician Trade: The First 300 Years«, in: Moreno García 2016, 91–105.

Bendall, L./M. West 2020, »Evidence from Written Sources«, in: Lemos/Kotsonas 2020a, Bd. 1, 55–74.

Ben-Dor Evian, S. 2011, »Egypt and the Levant in the Iron Age I–IIA: The Ceramic Evidence«, in: *Tel Aviv* 38, 94–119.

Ben-Dor Evian, S. 2017, »Egypt and Israel: The Never-Ending Story«, in: *Near Eastern Archaeology* 80/1, 30–39.

Ben-Dor Evian, S./O. Yagel/Y. Harlavan/H. Seri/J. Lewinsky/E. Ben-Yosef 2021, »Pharaoh's Copper: The Provenance of Copper in Bronze Artifacts from Post-imperial Egypt at the End of the Second Millennium BCE«, in: *Journal of Archaeological Science: Reports* 38/103025,1–13.

Ben-Shlomo, D. 2014, »Philistia during the Iron Age II Period«, in: Steiner/Killebrew 2014, 717–729.

Ben-Yosef, E. 2019a, »Archaeological Science Brightens Mediterranean Dark Age«, in: *Proceedings of the National Academy of Science* 116/13, 5843–5845.

Ben-Yosef, E. 2019b, »The Architectural Bias in Current Biblical Archaeology«, in: *Vetus Testamentum* 69, 361–387.

Ben-Yosef, E. 2019c, »The Invisible Biblical Kingdom«, in: *Ha'aretz Weekend*, 18. Oktober, 6f.

Ben-Yosef, E. 2020, »And Yet, a Nomadic Error: A Reply to Israel Finkelstein«, in: *Antiguo Oriente* 18, 33–60.

Ben-Yosef, E. 2021a, »Rethinking Nomads – Edom in the Archaeological Record«, in: *The Koren Tanakh of the Land of Israel – Samuel*, hg. D. Arnovitz, 282f. Jerusalem.

Ben-Yosef, E. 2021b, »Rethinking the Social Complexity of Early Iron Age Nomads«, in: *Jerusalem Journal of Archaeology* 1, 155–719.

Ben-Yosef, E./T. E. Levy/T. Higham/M. Najjar/L. Tauxe 2010, »The Beginning of Iron Age Copper Production in the Southern Levant: New Evidence from Khirbat al-Jariya, Faynan, Jordan«, in: *Antiquity* 84,724–746.

Ben-Yosef, E./B. Liss/O. A. Yagel/O. Tirosh/M. Najjar/T. E. Levy 2019, »Ancient Technology and Punctuated Change: Detecting the Emergence of the Edomite Kingdom in the Southern Levant«, in: *PLOS One* 14/9:e0221967.

Ben-Yosef, E./O. Sergi 2018, »The Destruction of Gath by Hazael and the Arabah Copper Industry: A Reassessment«, in: *Tell It in Gath: Studies in the History and Archaeology of Israel. Essays in Honor of Aren M. Maeir on the Occasion of His Sixtieth Birthday*, hg. I. Shai/J. R. Chadwick/L. Hitchcock/A. Dagan/C. McKinny/J. Uziel, 461–480. Münster.

Ben-Yosef, E./Z. Thomas 2023, »Complexity without Monumentality in Biblical Times«, in: *Journal of Archaeological Research*, 28. März. https://doi.org/10.1007/s10814-023-09184-0.

Berlejung, A./A. M. Maeir/A. Schüle (Hgg.) 2017, *Wandering Arameans: Arameans outside Syria; Textual and Archaeological Perspectives*. Wiesbaden.

Berkes, F./J. Colding/C. Folke (Hgg.) 2003a, *Navigating Social-Ecological Systems: Building Resilience for Complexity and Change*. Cambridge.

Berkes, F./J. Colding/C. Folke 2003b, »Introduction«, in: Berkes et al. 2003a, 1–29.

Bernardini, P. 2020, »Sardinia«, in: Lemos/Kotsonas 2020a, Bd. 2, 1311–1323.

Bickerstaffe, D. 2010, »History of the Discovery of the Cache«, in: Graefe/Belova 2010, 13–35.

Bienkowski, P. 2022, »The Formation of Edom: An Archaeological Critique of the ›Early Edom‹ Hypothesis«, in: *Bulletin of the American Schools of Oriental Research* 388, 113–132.

Bikai, P. M. 1978, *The Pottery of Tyre*. Warminster.

Bikai, P. M. 1994, »The Phoenicians and Cyprus«, in: Karageorghis 1994a, 31–37.

Bikai, P. M. 2000, »Phoenician Ceramics from the Greek Sanctuary«, in: *Kommos: An Excavation on the South Coast of Crete*. Bd. 4: *The Greek Sanctuary*, hg. J. M. Shaw/M. Shaw, 302–312. Princeton, NJ.

Biran, A./J. Naveh 1993, »An Aramaic Fragment from Tel Dan«, in: *Israel Exploration Journal* 43, 81–98.

Biran, A./J. Naveh 1995, »The Tel Dan Inscription: A New Fragment«, in: *Israel Exploration Journal* 45, 1–18.

Blake, E. 2014, »Late Bronze Age Sardinia: Acephalous Cohesion«, in: Knapp/van Dommelen 2014, 96–108.

Blakemore, E. 2016, »This Ancient City Was Three Times Bigger Than Archaeologists Suspected«, in: *Smithsonian*, 11. Januar. https://www.smithsonianmag.com/smart-news/ancient-city-was-three-times-bigger-archaeologists-suspected-180957759.

Blegen, C. W. 1952, »Two Athenian Grave Groups of about 900 B.C.«, in: *Hesperia* 21, 279–294.

Bleibtreu, E. 1990, »Five Ways to Conquer a City«, in: *Biblical Archaeology Review* 16/3, 37–44.

Bleibtreu, E. 1991, »Grisly Assyrian Record of Torture and Death«, in: *Biblical Archaeology Review* 17/1, 52–61. 75.

Boardman, J. 1967, »The Khaniale Tekke Tombs, II«, in: *Annual of the British School at Athens* 62, 57–75.

Boardman, J. 1981, *Kolonien und Handel der Griechen. Vom späten 9. bis zum 6. Jahrhundert v. Chr.* München.

Boardman, J. 1990, »Al Mina and History«, in: *Oxford Journal of Archaeology* 2, 169–187.

Borger, R. 1964, *Einleitung in die assyrischen Königsinschriften*. Leiden.

Borschel-Dan, A. 2021, »Ancient Cloth with Bible's Purple Dye Found in Israel, Dated to King David's Era«, in: *The Times of Israel*, 28. Januar. https://www.timesofisrael.com/ancient-cloths-with-royal-purple-dye-found-in-israel-dated-to-king-davids-time.

Bourogiannis, G. 2013, »Who Hides behind the Pots? A Reassessment of the Phoenician Presence in Early Iron Age Cos and Rhodes«, in: *Ancient Near Eastern Studies* 50, 139–89.

Bourogiannis, G. 2018a, »The Phoenician Presence in the Aegean during the Early Iron Age: Trade, Settlement and Cultural Interaction«, in: *Rivista di Studi Fenici* 46, 43–88.

Bourogiannis, G. 2018b, »The Transmission of the Alphabet to the Aegean«, in: Niesiołowski-Spanò/Węcowski 2018, 235–257.

Bourogiannis, G. 2020, »Between Scripts and Languages: Inscribed Intricacies from Geometric and Archaic Greek Contexts«, in: Boyes/Steele 2020a, 151–180.

Bourogiannis, G. 2021, »Phoenician Writing in Greece: Content, Chronology, Distribution and the Contribution of Cyprus«, in: *LRBT: De l'archéologie à l'épigraphie: Études en hommage à Maria Giulia Amadasi Guzzo*, hg. N. Chiarenza/B. D'Andrea/A. Orsingher, 99–127. Turnhout.

Boyes, P. J./P. M. Steele (Hgg.) 2020a, »Introduction: Issues in Studying Early Alphabets«, in: *Understanding Relations between Scripts*. Bd. 2: *Early Alphabets*, hg. P. J. Boyes/Ph. M. Steele. Oxford.

Boyes, P. J./P. M. Steele 2020b, »Introduction: Issues in Studying Early Alphabets«, in: Boyes/Steele 2020a, 1–14. Oxford.

Bradtmöller, M./S. Grimm/J. Riel-Salvatore 2017, »Resilience Theory in Archaeological Practice – An Annotated Review«, in: *Quaternary International* 446, 3–16.

Brier, B. 2023, *Tutankhamun and the Tomb That Changed the World*. Oxford.

Brinkman, J. A. 1968, *A Political History of Post-Kassite Babylonia, 1158–722 B.C.* Rom.

Brinkman, J. A. 1984, »Settlement Surveys and Documentary Evidence: Regional Variation and Secular Trends in Mesopotamian Demography«, in: *Journal of Near Eastern Studies* 43, 169–180.

Bron, F./A. Lemaire 1989, »Les inscriptions araméennes de Hazael«, in: *Revue d'Assyriologie et d'archéologie orientale* 83, 35–44.

Broodbank, C. 2018, *Die Geburt der mediterranen Welt. Von den Anfängen bis zum klassischen Zeitalter*. München.

Brown, B. A. 2008a, »The Kilamuwa Relief: Ethnicity, Class and Power in Iron Age North Syria«, in: *Proceedings of the 5th International Congress on the Archaeology of the Ancient Near East, Madrid, April 3–8 2006*, hg. J. M. Córdoba/M. Molist/M. C. Pérez/I. Rubio/S. Martínez, 339–355. Madrid.

Brown, B. A. 2008b, *Monumentalizing Identities: North Syrian Urbanism, 1200–800 BCE*. Diss. University of California, Berkeley.

Brown, M./S. L. Smith 2016, »The Land of Carchemish and Its Neighbours during the Neo-Hittite Period (c. 1190–717 BC)«, in: Wilkinson et al. 2016, 22–37.

Bryce, T. R. 2012, *The World of the Neo-Hitite Kingdoms: A Political and Military History*. Oxford.

Bryce, T. R. 2014, *Ancient Syria: A Three Thousand Year History*. Oxford.

Bryce, T. R. 2016a, *Babylonia: A Very Short Introduction*. Oxford.

Bryce, T. R. 2016b, »The Land of Hiyawa (Que) Revisited«, in: *Anatolian Studies* 66, 67–79.

Bryce, T. R. 2019, »The Abandonment of Hatuša: Some Speculations«, in: *»And I Knew Twelve Languages«: A Tribute to Massimo Poeto on the Occasion of His 70th Birthday*, hg. N. B. Guzzo/P. Taracha, 51–60. Warschau.

Bryce, T. R. 2020, »Change and Continuity from Bronze Age to Iron: A Review«, in: Gür/Dalkiliç 2020, 105–120.

Bryer, A. A. M. 1982, »The Question of Byzantine Mines in the Pontos: Chalybian Iron, Chaldian Silver, Koloneian Alum and the Mummy of Cheriana«, in: *Anatolian Studies* 32, 133–150.

Budja, M. 2015, »Archaeology and Rapid Climate Changes: From the Collapse Concept to a Panarchy Interpretative Model«, in: *Documenta Praehistorica* 42, 171–184.

Bunimovitz, S./Z. Lederman 2014, »Migration, Hybridization, and Resistance: Identity Dynamics in Early Iron Age Southern Levant«, in: Knapp/van Dommelen 2014, 252–265.

Bunnens, G. 2000, »Syria in the Iron Age: Problems of Definition«, in: *Essays on Syria in the Iron Age*, hg. G. Bunnens, 3–19. Löwen.

Bunnens, G. 2019a, »History, Anthropology, and the Aramaeans: Apropos of a New History of the Aramaeans«, in: *Ancient Near Eastern Studies* 56, 347–366.

Bunnens, G. 2019b, »Phoenicia in the Later Iron Age; Tenth Century BCE to the Assyrian and Babylonian Periods««, in: López-Ruiz/Doak 2019, 57–73.

Butzer, K. W. 2012, »Collapse, Environment, and Society«, in: *Proceedings of the National Academy of Sciences* 109/10, 3632–3639.

Calligas, P. G./M. R. Popham 1993, »The Site and the Course of Its Partial Destruction and Excavation«, in: Popham et al. 1993, 1–4.

Cantrell, D. O. 2006. »Stable Issues«, in: Finkelstein et al. 2006, 630–642.

Cantrell, D. O./I. Finkelstein 2006, »A Kingdom for a Horse: The Megiddo Stables and Eighth Century Israel«, in: Finkelstein et al. 2006, 643–665.

Cardarelli, A. 2009, »The Collapse of the Terramare Culture and Growth of New Economic and Social Systems during the Late Bronze Age in Italy«, in: *Scienze dell'Antichità: Storia Archeologia Antropologia* 15, 449–520.

Cardona, O. D./M. K. van Aalst/J. Birkmann/M. Fordham/G. McGregor/R. Perez/R. S. Pulwarty/E. L. F. Schipper/B. T. Sinh 2012, »Determinants of Risk: Exposure and Vulnerability«, in: Field et al. 2012, 65–108.

Carpenter, R. 1966, *Discontinuity in Mycenaean Civilization*. Cambridge.

Carter, E./S. Morris 2014, »Crisis in the Eastern Mediterranean and Beyond: Survival, Revival, and the Emergence of the Iron Age«, in: *Assyria to Iberia at the Dawn of the Classical Age*, hg. J. Aruz/S. B. Graff/Y. Rakic, 14–23. New York.

Casson, S. 1921, »The Dorian Invasion Reviewed in the Light of Some New Evidence«, in: *Antiquaries Journal* 1/3, 199–221.

Catling, H. W. 1993, »The Bronze Amphora and Burial Urn«, in: Popham et al. 1993, 81–96.

Catling, H. W. 1994, »Cyprus in the 11th Century B.C. – An End or a Beginning?«, in: Karageorghis 1994a, 133–141.

Catling, H. W. 1995, »Heroes Returned? Subminoan Burials from Crete«, in: *The Age of Homer: A Tribute to Emily Townsend Vermeule*, hg. J. B. Carter/S. P. Morris, 123–136. Austin, TX.

Catling, H. W. 1996, »The Subminoan Phase in the North Cemetery«, in: *Knossos North Cemetery: Early Greek Tombs*, hg. J. N. Coldstream/H. W. Catling, 639–649. London.

Catling, R. W. V./I. Lemos 1990, *Lefkandi II.1: The Protogeometric Building at Toumba: The Pottery*. London.

Cavanagh, M./E. Ben-Yosef/D. Langgut 2022, »Fuel Exploitation and Environmental Degradation at the Iron Age Copper Industry of the Timna Valley, Southern Israel«, in: *Nature: Scientific Reports* 12,15434. https://doi.org/10.1038/s41598-022-18940-z.

Centeno, M./P. Callahan/P. Larcey/T. Paterson 2022, »Globalization as Adaptive Complexity: Learning from Failure«, in: Izdebski et al. 2022, 59–74.

Chadwick, J. R. 2022, »When Gath of the Philistines Became Gath of Judah«, in: *Journal of Eastern Mediterranean Archaeology and Heritage Studies* 10/3–4, 317–342.

Chapman, R. L., III. 2009, »Putting Sheshonq I in His Place«, in: *Palestine Exploration Quarterly* 141/1, 4–17.

Chapman, R. L., III. 2015, »Samaria and Megiddo: Shishak and Solomon«, in: James/van der Veen 2015, 137–147.

Charaf, H. 2020/21, »The Architectural and Material Characteristics of the Late 13th–Early 12th Century BC Level at Tell Arqa, Lebanon«, in: *Archaeology & History in the Lebanon* 52–53, 46–72.

Chew, S. C. 2001, *World Ecological Degradation: Accumulation, Urbanization, and Deforestation 3000 B.C.–A.D. 2000*. Walnut Creek, CA.

Chew, S. C. 2005, »From Harappa to Mesopotamia and Egypt to Mycenae: Dark Ages, Political-Economic Declines, and Environmental/Climatic Changes

2200 B.C.–700 B.C.«, in: *The Historical Evolution of World-Systems*, hg. C. Chase-Dunn/E. N. Anderson, 52–74. London.

Chew, S. C. 2007, *The Recurring Dark Ages: Ecological Stress, Climate Changes, and System Transformation*. Walnut Creek, CA.

Chew, S. C. 2008, *Ecological Futures: What History Can Teach Us*. Walnut Creek, CA.

Clayton, P. A. 1994, *Chronicle of the Pharaohs: The Reign-by-Reign Record of the Rulers and Dynasties of Ancient Egypt*. London.

Cline, E. H. 1994, *Sailing the Wine-Dark Sea: International Trade and the Late Bronze Age Aegean*. Oxford.

Cline, E. H. 2000, *The Battles of Armageddon: Megiddo and the Jezreel Valley from the Bronze Age to the Nuclear Age*. Ann Arbor, MI.

Cline, E. H. 2004, *Jerusalem Besieged: From Ancient Canaan to Modern Israel*. Ann Arbor, MI.

Cline, E. H. 2007, *From Eden to Exile: Unraveling Mysteries of the Bible*. Washington, DC.

Cline, E. H. 2009, *Biblical Archaeology: A Very Short Introduction*. Oxford.

Cline, E. H. 2011, »Whole Lota Shakin' Going On: The Possible Destruction by Earthquake of Megiddo Stratum VIA«, in: Finkelstein/Na'aman 2011, 55–70.

Cline, E. H./D. B. O'Connor (Hgg.) 2012, *Ramesses III: The Life and Times of Egypt's Last Hero*. Ann Arbor, MI.

Cline, E. H. 2013, *The Trojan War: A Very Short Introduction*. Oxford.

Cline, E. H. 2018, *Versunkene Welten und wie man sie findet. Auf den Spuren genialer Entdecker und Archäologen*. München.

Cline, E. H. 2021a, *1177 BC: The Year Civilization Collapsed*. 2. überarb. Aufl. Princeton, NJ.

Cline, E. H. 2021b, *1177 v. Chr. Der erste Untergang der Zivilisation*. Darmstadt [TB, dt. Übers. der engl. Erstausgabe von 2014].

Cline, E. H. 2021c, *Armageddon. Auf der Suche nach der biblischen Stadt Salomos*. Darmstadt.

Cline, E. H. 2024, »The Collapse of Cultures at the End of the Late Bronze Age in the Aegean and Eastern Mediterranean: New Developments, Punctuated Equilibrium, and Further Questions«, in: *Mediterranean Resilience: Collapse and Adaptation in Antique Maritime Societies*, ed. A. Yasur-Landau/G. Gambash/T. E. Levy. London.

Cline, E. H./D. O'Connor 2003, »The Mystery of the Sea Peoples«, in: *Mysterious Lands*, hg. D. O'Connor/S. Quirke, 107–138. London.

Cohen, C./J. Maran/M. Veters 2010, »An Ivory Rod with a Cuneiform Inscription, Most Probably Ugaritic, from a Final Palatial Workshop in the Lower Citadel of Tiryns«, in: *Archäologischer Anzeiger* 2010/2, 1–22.

Coldstream, J. N. 1977, *Geometric Greece*. London.

Coldstream, J. N. 1992/93, »Early Greek Visitors to Egypt and the Levant«, in: *Journal of the Ancient Chronology Foundation* 6, 6–18.

Coldstream, J. N. 1994, »What Sort of Aegean Migration?«, in: Karageorghis 1994a, 143–147.

Coldstream, J. N. 1998, *Light fom Cyprus on the Greek »Dark Age«? Nineteenth J. L. Myres Memorial Lecture*. Oxford.

Coldstream, J. N. 2006, »Knossos in Early Greek Times«, in: Deger-Jalkotzy/ Lemos 2006, 581–596.

Coldstream, J. N./A. Mazar 2003, »Greek Pottery from Tel Rehov and Iron Age Chronology«, in: *Israel Exploration Journal* 53, 29–48.

Comelli, D./M. D'Orazio/L. Folco/M. El-Halwagy/T. Frizzi/R. Alberti/V. Capogrosso/A. Elnaggar/H. Hassan/A. Nevin/F. Porcelli/M. G. Rashed/G. Valentini, 2016, »The Meteoritic Origin of Tutankhamun's Iron Dagger Blade«, in: *Meteoritics & Planetary Science* 51/7, 1301–1309. https://doi.org/10.1111/maps.12664.

Cook, R. M. 1962, »The Dorian Invasion«, in: *Proceedings of the Cambridge Philological Society* 8/188, 16–22.

Cordani, V. 2016, »The Development of the Hittite Iron Industry. A Reappraisal of the Written Sources«, in: *Die Welt des Orients* 46, 162–176.

Coulson, W. D. E. 1990, *The Greek Dark Ages: A Review of the Evidence and Suggestions for Future Research*. Athen.

Counts, D. B./M. Iacovou 2013, »New Approaches to the Elusive Iron Age Polities of Ancient Cyprus: An Introduction«, in: *Bulletin of the American Schools of Oriental Research* 370, 1–13.

Cowgill, G. L. 1988, »Onward and Upward with Collapse«, in: Yoffee/Cowgill 1988, 244–276.

Cox, R. S./K.-M. E. Perry 2011, »Like a Fish out of Water: Reconsidering Disaster Recovery and the Role of Place and Social Capital in Community Disaster Resilience«, in: *American Journal of Community Psychology* 48, 395–411.

Creasman, P. P. 2020, »A Compendium of Recent Evidence from Egypt and Sudan for Climate Change during the Pharaonic Period«, in: *The Gift of the Nile? Ancient Egypt and the Environment*, hg. T. Schneider/C. L. Johnston, 15–48. Tucson, AZ.

Crielaard, J. P. 1998, »Surfing on the Mediterranean Web: Cypriot Long-Distance Communications during the Eleventh and Tenth Centuries B.C.«, in: *Eastern Mediterranean: Cyprus, Dodecanese, Crete; 16th–6th Cent. B.C.*, hg. V. Karageorghis/N. Stampolidis, 187–206. Athen.

Crielaard, J. P. 2006, »Basileis at Sea: Elites and External Contacts in the Euboaean Gulf Region from the End of the Bronze Age to the Beginning of the Iron Age«, in: Deger-Jalkotzy/Lemos 2006, 271–297.

Crielaard, J. P. 2011, »The ›Wanax to Basileis Model‹ Reconsidered: Authority and Ideology after the Collapse of the Mycenaean Palaces«, in: Mazarakis Ainian 2011, Bd. 1, 83–111.

Crielaard, J. P. 2016, »Living Heroes: Metal Urn Cremations in Early Iron Age Greece, Cyprus and Italy«, in: *Omero: Quaestiones disputatae*, hg. F. Gallo, 43–78. Mailand.

Crielaard, J. P./J. Driessen 1994, »The Hero's Home: Some Reflections on the Building at Toumba, Lefkandi«, in: *Topoi* 4/1, 251–270.

Crowell, B. 2021, *Edom at the Edge of Empire: A Social and Political History*. Atlanta, GA.

Crowfoot, J. W./G. M. Crowfoot 1938, *Samaria-Sebaste II: Early Ivories from Samaria*. London.

Crowfoot, J. W./G. M. Crowfoot/K. M. Kenyon 1957, *Samaria-Sebaste III: The Objects from Samaria*. London.

Crowfoot, J. W./K. M. Kenyon/E. L. Sukenik 1942, *Samaria-Sebaste I: The Buildings at Samaria*. London.

Crowther, N. B. 2007, »The Ancient Olympic Games through the Centuries«, in: Schaus/Wenn 2007, 3–13.

Cumming, G. S./G. D. Peterson 2017, »Unifying Research on Social-Ecological Resilience and Collapse«, in: *Trends in Ecology & Evolution* 32/9, 695–713. http://dx.doi.org/10.1016/j.tree.2017.06.014.

Cunningham, T./J. Driessen (Hgg.) 2017, *Crisis to Collapse: The Archaeology of Social Breakdown*. Löwen.

Cupitò, M./E. Dalla Longa/C. Balista 2020, »From ›Valli Grandi Veronesi System‹ to ›Frattesina System‹: Observations on the Evolution of the Exchange System Models between Veneto Po Valley Area and the Mediterranean World during the Late Bronze Age«, in: *Italia tra Mediterraneo ed Europa: Mobilità, interazioni e scambi*. Sonderheft *Rivista di Scienze Preistoriche* 70 S1, 293–310.

Curtis, J. 2012, »Assyrian and Urartian Metalwork: Independence or Interdependence?«, in: Kroll et al. 2012a, 427–443.

Curtis, J. E./N. Tallis (Hgg.) 2008, *The Balawat Gates of Ashurnasirpal II*. London.

Cuter, S./B. Osman-Elasha/J. Campbell/S.-M. Cheong/S. McCormick/R. Pulwarty/S. Supratid/G. Ziervogel 2012, »Managing the Risks from Climate Extremes at the Local Level«, in: Field et al. 2012, 291–338.

D'Agata, A. L. 2006, »Cult Activity on Crete in the Early Dark Age: Changes, Continuities and the Development of a ›Greek‹ Cult System«, in: Deger-Jalkotzy/Lemos 2006, 397–414.

D'Alfonso, L. 2020, »An Age of Experimentation: New Thoughts on the Multiple Outcomes Following the Fall of the Hitite Empire after the Results of the Excavations at Nigde-Kinik Höyük (South Cappadocia)«, in: De Martino/Devecchi 2020, 95–116.

D'Alfonso, L./E. Basso/L. Castellano/A. Mantovan/P. Vertuani 2022, »Regional Exchange and Exclusive Elite Rituals in Iron Age Central Anatolia: Dating, Function and Circulation of Alişar-IV Ware«, in: *Anatolian Studies* 72, 37–77.

Dalla Longa, E. 2019, »Settlement Dynamics and Territorial Organization in the Middle and Low Veneto Plain South of the Ancient Adige River in the Bronze Age«, in: *Preistoria Alpina* 49, 95–121.

Daniel, J. F./O. Broneer/H. T. Wade-Gery 1948, »The Dorian Invasion«, in: *American Journal of Archaeology* 52/1, 107–118.

David, A. 2021a, »Archaeologists Find Remains of ›Royal‹ Garments from King David's Time – in a Mine«, in: *Ha'aretz*, 29. Januar. https://www.haaretz.com/archaeology/.premium-archaeologists-find-textile-shreds-with-purple-from-king-david-s-time-1.9490326.

David, A. 2021b, »Israeli Archaeologists Figure Out Where Ancient Egypt Got Its Metal after Civilization Collapsed«, in: *Ha'aretz*, 16. Juni. https://www.haaretz.com/archaeology/.premium-where-ancient-egypt-got-its-metal-after-civilization-collapsed-in-3200-bce-1.9903941.

Davis, J. L./S. R. Stocker 2020, »Messenia«, in: Lemos/Kotsonas 2020a, Bd. 2, 671–692.

De Buck, A. 1937, »The Judicial Papyrus of Turin«, in: *Journal of Egyptian Archaeology* 23/2, 152–164.

Deger-Jalkotzy, S. 1994, »The Post-palatial Period of Greece: An Aegean Prelude to the 11th Century B.C. in Cyprus«, in: Karageorghis 1994a, 11–30.

Deger-Jalkotzy, S. 2008, »Decline, Destruction, Aftermath«, in: *The Cambridge Companion to the Aegean Bronze Age*, hg. C. W. Shelmerdine, 387–415. Cambridge.

Deger-Jalkotzy, S./I. S. Lemos (Hgg.) 2006, *Ancient Greece fom the Mycenaean Palaces to the Age of Homer.* Edinburgh.

DeGrado, J. 2019, »King of the Four Quarters: Diversity as a Rhetorical Strategy of the Neo-Assyrian Empire«, in: *Iraq* 81, 107–125.

Degroot, D./K. J. Anchukaitis/M. Bauch/J. Burnham/F. Carnegy/J. Cui/K. de Luna/P. Guzowski/G. Hambrecht/H. Huhtamaa/A. Izdebski/K. Kleemann/E. Moeswilde/N. Neupane/T. Newfield/Q. Pei/E. Xoplaki/N. Zappia 2021, »Towards a Rigorous Understanding of Societal Responses to Climate Change«, in: *Nature* 591, 539–550. https://doi.org/10.1038/s41586-021-03190-2.

De Martino, S. 2018, »The Fall of the Hittite Kingdom«, in: *Mesopotamia* 63, 23–48.

De Martino, S./E. Devecchi (Hgg.) 2020, *Anatolia between the 13th and the 12th Century BCE*. Turin.

Denton, F./T. J. Wilbanks/A. C. Abeysinghe/I. Burton/Q. Gao/M. C. Lemos/T. Masui/K. L. O'Brien/K. Warner 2014, »Climate-Resilient Pathways: Adaptation, Mitigation, and Sustainable Development«, in: Field et al. 2014, 1101–1131. Cambridge.

Desborough, V. R. d'A. 1964, *The Last Mycenaeans and Their Successors: An Archaeological Survey c. 1200–c. 1000 B.C.* Oxford.

Desborough, V. R. d'A. 1972, *The Greek Dark Ages*. London.

Dever, W. 1993, »Further Evidence on the Date of the Outer Wall at Gezer«, in: *Bulletin of the American Schools of Oriental Research* 289, 33–54.

Dever, W. G./S. Gitin (Hgg.) 2003, *Symbiosis, Symbolism, and the Power of the Past: Canaan, Ancient Israel, and Their Neighbors from the Late Bronze Age through Roman Palaestina; Proceedings of the Centennial Symposium, W. F. Albright Institute of Archaeological Research and American Schools of Oriental Research, Jerusalem, May 29–31, 2000*. Winona Lake, IN.

Diamond, J. 2005, *Kollaps. Warum Gesellschaften überleben oder untergehen*. Frankfurt a. M.

Dibble, F./D. Fallu 2020, »New Data from Old Bones: A Taphonomic Reassessment of Early Iron Age Beef Ranching at Nichoria, Greece«, in: *Journal of Archaeological Science: Reports* 30, 102234.

Dibble, F./M. Finné 2021, »Socioenvironmental Change as a Process: Changing Foodways as Adaptation to Climate Change in South Greece from the Late Bronze Age to the Early Iron Age«, in: *Quaternary International* 597, 50–62.

Dickinson, O. T. P. K. 2006a, *The Aegean fom Bronze Age to Iron Age: Continuity and Change between the Twelfh and Eighth Centuries BC*. London.

Dickinson, O. T. P. K. 2006b, »The Mycenaean Heritage of Early Iron Age Greece«, in: Deger-Jalkotzy/Lemos 2006, 115–122.

Dillehay, T. D./S. A. Wernke 2019, »Fragility of Vulnerable Social Institutions in Andean States«, in: Yoffee 2019, 9–23.

Dinçol, A./B. Dinçol/J. D. Hawkins/N. Marchetti/H. Peker 2014a, »A New Stela from Karkemish: At the Origins of the Suhi-Katuwa Dynasty«, in: Marchetti 2014a, 127–131.

Dinçol, A./B. Dinçol/J. D. Hawkins/N. Marchetti/H. Peker 2014b, »A Stele by Suhi I from Karkemish«, in: *Orientalia* 83/2, 143–153.

Dinçol, A./B. Dinçol/J. D. Hawkins/H. Peker 2012, »A New Inscribed Stela from Karkemish: At the Origins of the Suhi-Katuwa Dynasty«, in: *Near Eastern Archaeology* 75, 145.

Dinçol, B./A. Dinçol/J. D. Hawkins/H. Peker/A. Öztan 2015, »Two New Inscribed Storm-God Stelae from Arsuz (Iskenderun): ARSUZ 1 and 2«, in: *Anatolian Studies* 65, 59–77.

Doak, B. R. 2019, »Phoenicians in the Hebrew Bible«, in: López-Ruiz/Doak 2019, 657–670.

Doak, B. R. 2020, *Ancient Israel's Neighbors*. Oxford.

Docter, R. F./H. G. Niemeyer/A. J. Nijboer/J. van der Plicht 2005, »Radiocarbon Dates of Animal Bones in the Earliest Levels of Carthage«, in: *Oriente e Occidente*, hg. G. Bartoloni/F. Delpino, 557–577. Rom.

Dodson, A. 2019, *Afterglow of Empire: Egypt from the Fall of the New Kingdom to the Saite Renaissance*. 2., überarb. Aufl. Kairo.

Dodson, A. 2023, »The Palestinian Campaign(s) of Shoshenq I«, in: *Weseretkau »Mighty of Kas«: Papers Submitted in Memory of Cathleen A. Keller*, hg. D. Kiser-Go/C. Redmount, 297–307. Columbus, GA.

van Dommelen, P./A. B. Knapp (Hgg.) 2010, *Material Connections in the Ancient Mediterranean: Mobility, Materiality and Mediterranean Identities.* London.

Donnelly-Lewis, B. 2022, »The Khirbet Qeiyafa Ostracon: A New Collation Based on the Multispectral Images, with Translation and Commentary«, in: *Bulletin of the American Schools of Oriental Research* 388, 181–210.

Dothan, T. 1982, *The Philistines and Their Material Culture.* Jerusalem.

Doumet-Serhal, C. 2019, »Phoenician Identity in Modern Lebanon«, in: López-Ruiz/Doak 2019, 713–728.

Drews, R. 1992, »Herodotus 1.94, the Drought ca. 1200 B.C., and the Origin of the Etruscans«, in: *Historia. Zeitschrift für Alte Geschichte* 41/1, 14–39.

Düring, B. S. 2020, *The Imperialisation of Assyria: An Archaeological Approach.* Cambridge.

Eder, B. 2006, »The World of Telemachus: Western Greece 1200–700 B.C.«, in: Deger-Jalkotzy/Lemos 2006, 549–580.

Eder, B./I. S. Lemos, 2020. »From the Collapse of the Mycenaean Palaces to the Emergence of Early Iron Age Communities«, in: Lemos/Kotsonas 2020a, Bd. 1, 132–160.

Edrey, M. 2019, *Phoenician Identity in Context: Material Cultural Koiné in the Iron Age Levant.* Münster.

Edwards, A. B. 1882a, »Lying in State in Cairo«, in: *Harper's New Monthly Magazine* 386, 185–204.

Edwards, A. B. 1882b, »Recent Discovery of Royal Mummies and Other Egyptian Antiquities«, in: *Supplement to the Illustrated London News*, 4. Februar 1882, 113–118.

Edwards, F. L. 2013, »All Hazards, Whole Community: Creating Resiliency«, in: Kapucu et al. 2013, 21–47.

Ehrenreich, B. 2020, »How Do You Know When Society Is about to Fall Apart?«, in: *New York Times Magazine*, 4. November 2020. https://www.nytimes.com/2020/11/04/magazine/societal-collapse.html.

Ehrlich, C. S. 1996, *The Philistines in Transition: A History from ca. 1000–730 B.C.E.* Leiden.

Eisenstadt, S. N. 1988, »Beyond Collapse«, in: Yoffee/Cowgill 1988, 236–243.

Elayi, J. 2018, *The History of Phoenicia.* Atlanta, GA.

Eliyahu-Behar, A./N. Yahalom-Mack 2018, »Reevaluating Early Iron-Working Skills in the Southern Levant through Microstructure Analysis«, in: *Journal of Archaeological Science: Reports* 18, 447–462.

Eliyahu-Behar, A./N. Yahalom-Mack/Y. Gadot/I. Finkelstein 2013, »Iron Smelting and Smithing in Major Urban Centers in Israel during the Iron Age«, in: *Journal of Archaeological Science* 40, 4319–4330.

Eliyahu-Behar, A./N. Yahalom-Mack/S. Shilstein/A. Zukerman/C. Shafer-Elliot/A. M. Maeir/E. Boareto/I. Finkelstein/S. Weiner 2012, »Iron and Bronze

Production in Iron Age IIA Philistia: New Evidence from Tell es-Safi/Gath, Israel«, in: *Journal of Archaeological Science* 39, 255–267.

Ellenblum, R. 2012, *The Collapse of the Eastern Mediterranean: Climate Change and the Decline of the East, 950–1072*. Cambridge.

Emanuel, J. P. 2015, »King Taita and His ›Palistin‹: Philistine State or Neo-Hittite Kingdom?«, in: *Antiguo Oriente* 13, 11–39.

Engle, N. L. 2011, »Adaptive Capacity and Its Assessment«, in: *Global Environmental Change* 21, 647–656.

Enverova, D. A. 2012, *The Transition from Bronze Age to Iron Age in the Aegean: An Heterarchical Approach*, MA-Thesis, Bilkent Üniversitesi, Ankara. https://repository.bilkent.edu.tr/items/e95434f2-912c-4687-b152-732f03c0e7e9.

Eph'al, I./J. Naveh 1989, »Hazael's Booty Inscriptions«, in: *Israel Exploration Journal* 39/3–4, 192–200.

Erb-Satullo, N. L. 2019, »The Innovation and Adoption of Iron in the Ancient Near East«, in: *Journal of Archaeological Research* 27, 557–607. https://doi.org/10.1007/s10814-019-09129-6.

Erb-Satullo, N. L./B. J. J. Gilmour/N. Khakhutaishvili 2020, »The Metal behind the Myths: Iron Metallurgy in the South-Eastern Black Sea Region«, in: *Antiquity* 94/374, 401–419.

Eshel, T./Y. Erel/N. Yahalom-Mack/O. Tirosh/A. Gilboa 2019, »Lead Isotopes in Silver Reveal Earliest Phoenician Quest for Metals in the West Mediterranean«, in: *PNAS* 116/13 (25. Februar), 6007–6012. https://www.pnas.org/doi/full/10.1073/pnas.1817951116.

Eshel, T./A. Gilboa/N. Yahalom-Mack/O. Tirosh/Y. Erel 2021, »Debasement of Silver throughout the Late Bronze–Iron Age Transition in the Southern Levant: Analytical and Cultural Implications«, in: *Journal of Archaeological Science* 125, 105268.

Eshel, T./N. Yahalom-Mack/S. Shalev/O. Tirosh/Y. Erel/A. Gilboa 2018, »Four Iron Age Silver Hoards from Southern Phoenicia: From Bundles to Hacksilber«, in: *Bulletin of the American Schools of Oriental Research* 379, 197–228.

Eyre, C. J. 2012, »Society, Economy, and Administrative Process in Late Ramesside Egypt«, in: Cline/O'Connor 2012, 101–150.

Fagan, B. M. 2004, *The Rape of the Nile: Tomb Robbers, Tourists, and Archaeologists in Egypt*. Erw. und überarb. Aufl. Boulder, CO.

Fagan, B. M. 2007, *Return to Babylon: Travelers, Archaeologists, and Monuments in Mesopotamia*. 2. Aufl. Boulder, CO.

Fales, F. M. 2011, »Transition: The Assyrians at the Euphrates between the 13th and the 12th Century BC«, in: Strobel 2011, 9–59.

Fales, F. M. 2017, »Phoenicia in the Neo-Assyrian Period: An Updated Overview«, in: *State Archives of Assyria Bulletin* 23, 181–295.

Fantalkin, A. 2001, »Low Chronology and Greek Protogeometric and Geometric Pottery in the Southern Levant«, in: *Levant* 33, 117–125.

Fantalkin, A./I. Finkelstein 2006, »The Sheshonq I Campaign and the 8th Century BCE Earthquake: More on the Archaeology and History of the South in the Iron I–IIA«, in: *Tel Aviv* 33, 18–42.

Fantalkin, A./I. Finkelstein/E. Piasetzky 2015, »Late Helladic to Middle Geometric Aegean and Contemporary Cypriot Chronologies: A Radiocarbon View from the Levant«, in: *Bulletin of the American Schools of Oriental Research* 373, 25–48.

Fantalkin, A./A. Kleiman/H. Mommsen/I. Finkelstein 2020, »Aegean Pottery in Iron IIA Megiddo: Typological, Archaeometric and Chronological Aspects«, in: *Mediterranean Archaeology and Archaeometry* 20/3, 135–147.

Faulseit, R. K. (Hg.) 2016a, *Beyond Collapse: Archaeological Perspectives on Resilience, Revitalization, and Transformation in Complex Societies*. Carbondale, IL.

Faulseit, R. K. 2016b, »Collapse, Resilience, and Transformation in Complex Societies: Modelling Trends and Understanding Diversity«, in: Faulseit 2016a, 3–26.

Faust, A. 2007, *Israel's Ethnogenesis: Setlement, Interaction, Expansion and Resistance*. London.

Faust, A. 2011, »The Interests of the Assyrian Empire in the West: Olive Oil Production as a Test-Case«, in: *Journal of the Economic and Social History of the Orient* 54, 62–86.

Faust, A. 2012, »Between Israel and Philistia: Ethnic Negotiations in the South during Iron Age I«, in: Galil et al. 2012, 121–135.

Faust, A. 2016, »The Emergence of Israel and Theories of Ethnogenesis«, in: *The Wiley Companion to Ancient Israel*, hg. S. Niditch. Oxford.

Faust, A. 2019, »›The Inhabitants of Philistia‹: On the Identity of the Iron I Settlers in the Periphery of the Philistine Heartland«, in: *Palestine Exploration Quarterly* 151/2, 105–133.

Field, C. B./V. Barros/T. F. Stocker/D. Qin/D. J. Dokken/K. L. Ebi/M. D. Mastrandrea/K. J. Mach/G.-K. Platner/S. K. Allen/M. Tignor/P. M. Midgley (Hgg.) 2012, *Managing the Risks of Extreme Events and Disasters to Advance Climate Change Adaptation: A Special Report of Working Groups I and II of the Intergovernmental Panel on Climate Change* [IPCC]. Cambridge.

Field, C. B./Barros, V. R./Dokken, D. J./Mach, K. J./Mastrandea, M. D./Bilir, T. E./Chatterjee, M./Ebi, K. L./Estrada, Y. O./Genova, R. C./Girma, B./Kissel, E. S./Levy, A. N./MacCracken, S./Mastrandea, P. R./White, L. L. (Hgg.) 2014, *Climate Change 2014: Impacts, Adaptation, and Vulnerability*. Teil A: *Global and Sectoral Aspects: Working Group II Contribution to the Fifth Assessment Report of the Intergovernmental Panel on Climate Change* [IPCC]. Cambridge.

Finkelberg, M. 2011, »Dorians«, in: *The Homer Encyclopedia*, hg. M. Finkelberg, Bd. 1, 217f. Oxford.

Finkelstein, I. 1988, *The Archaeology of the Israelite Settlement*. Leiden.

Finkelstein, I. 1995, »The Date of the Settlement of the Philistines in Canaan«, in: *Tel Aviv* 22, 213–239.

Finkelstein, I. 1996, »The Archaeology of the United Monarchy: An Alternative View«, in: *Levant* 28, 177–187.

Finkelstein, I. 1999, »Hazor and the North in the Iron Age: A Low Chronology Perspective«, in: *Bulletin of the American Schools of Oriental Research* 314, 55–70.

Finkelstein, I. 2002, »The Campaign of Shoshenq I to Palestine: A Guide to the 10th Century BCE Polity«, in: *Zeitschrift des Deutschen Palästina-Vereins* 118/2, 109–135.

Finkelstein, I. 2013, *The Forgotten Kingdom: The Archaeology and History of Northern Israel*. Atlanta, GA.

Finkelstein, I. 2014, »The Southern Steppe of the Levant ca.1050–750 BCE: A Framework for a Territorial History«, in: *Palestine Exploration Quarterly* 146/2, 89–104.

Finkelstein, I. 2016, »The Levant and the Eastern Mediterranean in the Early Phases of the Iron Age: The View from Micro-archaeology«, in: *Assyria to Iberia: Art and Culture in the Iron Age*, hg. J. Aruz/M. Seymour, 112–122. New York.

Finkelstein, I. 2020, »The Arabah Copper Polity and the Rise of Iron Age Edom: A Bias in Biblical Archaeology?«, in: *Antiguo Oriente* 18, 11–32.

Finkelstein, I./A. Fantalkin 2012, »Khirbet Qeiyafa: An Unsensational Archaeological and Historical Interpretation«, in: *Tel Aviv* 39/1, 38–63.

Finkelstein, I./D. Langgut 2018, »Climate, Setlement History, and Olive Cultivation in the Iron Age Southern Levant«, in: *Bulletin of the American Schools of Oriental Research* 379, 153–169.

Finkelstein, I./O. Lipschits 2011, »The Genesis of Moab: A Proposal«, in: *Levant* 43/2, 139–152.

Finkelstein, I./N. Na'aman (Hgg.) 2011, *The Fire Signals of Lachish: Studies in the Archaeology and History of Israel in the Late Bronze Age, Iron Age, and Persian Period in Honor of David Ussishkin*. Winona Lake, IN.

Finkelstein, I./N. Na'aman/T. Römer 2019, »Restoring Line 31 in the Mesha Stele: The ›House of David‹ or Biblical Balak?«, in: *Tel Aviv* 46/1, 3–11.

Finkelstein, I./D. Ussishkin/B. Halpern (Hgg.) 2006, *Megiddo IV.2: The 1998–2002 Seasons*. Tel Aviv.

Finkelstein, I./S. Weiner/E. Boareto 2015, »Preface – The Iron Age in Israel: The Exact and Life Sciences Perspectives«, in: *Radiocarbon* 57/2, 197–206.

Finné, M./K. Holmgren/C.-C. Shen/H-M. Hu/M. Boyd/S. Stocker 2017, »Late Bronze Age Climate Change and the Destruction of the Mycenaean Palace of Nestor at Pylos«, in: *PLOS ONE* 12/12:e0189447. https://doi.org/10.1371/journal.pone.0189447.

Finné, M./J. Woodbridge/I. Labuhn/C. N. Roberts 2019, »Holocene Hydro-climatic Variability in the Mediterranean: A Synthetic Multi-proxy Reconstruction«, in: *Holocene* 29/5, 847–863.

Fletcher, R. N. 2012, »Opening the Mediterranean: Assyria, the Levant and the Transformation of Early Iron Age Trade«, in: *Antiquity* 86, 211–220.

Folke, C. 2006, »Resilience: The Emergence of a Perspective for Social-Ecological Systems Analyses«, in: *Global Environmental Change* 16, 253–267.

Folke, C./S. R. Carpenter/B. Walker/M. Scheffer/T. Chapin/J. Rockström 2010, »Resilience Thinking: Integrating Resilience, Adaptability and Transformability«, in: *Ecology and Society* 15/4, 20. https://www.ecologyandsociety.org/vol15/iss4/art20.

Fourrier, S. 2013, »Constructing the Peripheries: Extra-urban Sanctuaries and Peer-Polity Interaction in Iron Age Cyprus«, in: *Bulletin of the American Schools of Oriental Research* 370, 103–122.

Frahm, E. 2011, »Die Inschriftenreste auf den Obeliskfragmenten aus Assur«, in: *Die Obeliskenfragmente aus Assur. Mit einem Beitrag zu den Inschriften von Eckart Frahm*, hg. J. Orlamünde, 59–75. Wiesbaden.

Frahm, E. (Hg.) 2017a, *A Companion to Assyria*. Oxford.

Frahm, E. 2017b, »The Neo-Assyrian Period (ca. 1000–609 BCE)«, in: Frahm 2017a, 161–208.

Frahm, E. 2019, »The Neo-Assyrian Royal Inscriptions as Text: History, Ideology, and Intertextuality«, in: *Writing Neo-Assyrian History: Sources, Problems, and Approaches*, hg. G. Lanfranchi/R. Matila/R. Rollinger, 139–159. Helsinki.

Frahm, E. 2023, *Assyria: The Rise and Fall of the World's First Empire*. New York.

Frame, G. 1995, *Rulers of Babylonia fom the Second Dynasty of Isin to the End of Assyrian Domination (1157–612 BC)*. Toronto.

Frankenstein, S. 1979, »The Phoenicians in the Far West: A Function of Neo-Assyrian Imperialism«, in: *Power and Propaganda: A Symposium on Ancient Empires*, hg. M. T. Larsen, 263–294. Kopenhagen.

Franklin, N. 2017, »Entering the Arena: The Megiddo Stables Reconsidered«, in: *Re-thinking Israel: Studies in the History and Archaeology of Ancient Israel in Honor of Israel Finkelstein*, hg. O. Lipschits/Y. Gadot/M. J. Adams, 87–101. Winona Lake, IN.

Fuchs, A. 2017, »Assyria and the North: Anatolia«, in: Frahm 2017a, 49–58.

Galil, G. 2010, »Most Ancient Hebrew Biblical Inscription Deciphered«, in: EurekAlert!, American Association for the Advancement of Science, 7. Januar. https://www.eurekalert.org/news-releases/649504. Vgl. auch Science Daily, 8. Januar. https://www.sciencedaily.com/releases/2010/01/100107183037.htm.

Galil, G./A. Gilboa/A. M. Maeir/D. Kahn (Hgg.) 2012, *The Ancient Near East in the 12th–10th Centuries BCE: Culture and History; Proceedings of the International Conference Held at the University of Haifa, 2–5 May 2010.* Münster.

Gambash, G./B. Pestarino/D. Friesem 2022, »From Murex to Fabric: The Mediterranean Purple«, in: *Technai* 13, 85–113.

Gardner, J. M. 1923, *Pharaohs Resurrected.* New York.

Garfinkel, Y. 2017, »The Iron Age City of Khirbet Qeiyafa«, in: Lipschits/Maeir 2017, 115–131.

Garfinkel, Y. 2021, »The 10th Century BCE in Judah: Archaeology and the Biblical Tradition«, in: *Jerusalem Journal of Archaeology* 1, 126–154.

Garfinkel, Y./S. Ganor 2008, »Khirbet Qeiyafa: Sha'arayimn«, in: *Journal of Hebrew Scriptures* 8. https://doi.org/10.5508/jhs.2008.v8.a22.

Garfinkel, Y./S. Ganor. 2010. *Khirbet Qeiyafa I: Excavation Report 2007–2008.* Jerusalem.

Garfinkel, Y./M. R. Golub/H. Misgav/S. Ganor 2015, »The 'Išba'al Inscription from Khirbet Qeiyafa«, in: *Bulletin of the American Schools of Oriental Research* 373, 217–233.

Garfinkel, Y./M. Pietsch 2021, »Hazor, Megiddo, and Gezer: Bronze Age Cities in Iron Age Context«, in: *Vetus Testamentum* (30. Juli), 1–17.

Garnand, B. K. 2020, »Phoenicians and Greeks as Comparable Contemporary Migrant Groups«, in: *A Companion to Greeks across the Ancient World*, hg. F. De Angelis, 139–172. Boston.

Genz, H. 2013, »›No Land Could Stand before Their Arms, from Hatti ... On ...‹? New Light on the End of the Hittite Empire and the Early Iron Age in Central Anatolia«, in: Killebrew/Lehmann 2013, 469–477.

Georgiadis, M. 2009, »The South-Eastern Aegean in the LH IIIC Period: What Do the Tombs Tell Us?«, in: Bachhuber/Roberts 2009, 92–99.

Georgiou, A. 2011, »The Settlement Histories of Cyprus at the Opening of the Twelfth Century BC«, in: *Actes du POCA, Lyon 2011 (Postgraduate Cypriote Archaeology) = Centre d'études chypriotes 41*, hg. A. Cannavó/A. Carbillet, 109–131. Paris.

Georgiou, A. 2015, »Cyprus during the ›Crisis Years‹ Revisited«, in: Babbi et al. 2015, 129–145.

Georgiou, A. 2017, »Flourishing amidst a ›Crisis‹: The Regional History of the Paphos Polity at the Transition from the 13th to the 12th Centuries BCE«, in: *»Sea Peoples« Up-to-Date: New Research on Transformations in the Eastern Mediterranean in the 13th–11th Centuries BCE; Proceedings of the ESF Workshop Held at the Austrian Academy of Sciences, Vienna, 3–4 November 2014*, hg. P. M. Fischer/T. Bürge, 207–227. Wien.

Georgiou, A./M. Iacovou 2020, »Cyprus«, in: Lemos/Kotsonas 2020a, Bd. 2, 1133–1162.

Gilboa, A. 2005, »Sea Peoples and Phoenicians along the Southern Phoenician Coast – A Reconciliation: An Interpretation of Šikila (SKL) Material Culture«, in: *Bulletin of the American Schools of Oriental Research* 337, 47–78.

Gilboa, A. 2006/07, »Fragmenting the Sea Peoples, with an Emphasis on Cyprus, Syria and Egypt: A Tel Dor Perspective«, in: *Scripta Mediterranea* 27–28, 209–244.

Gilboa, A. 2015, »Dor and Egypt in the Early Iron Age: An Archaeological Perspective of (Part of) the Wenamun Report«, in: *Egypt and the Levant* 25, 247–274.

Gilboa, A. 2022, »The Southern Levantine Roots of the Phoenician Mercantile Phenomenon«, in: *Bulletin of the American Schools of Oriental Research* 387, 31–53.

Gilboa, A./D. Namdar 2015, »On the Beginnings of South Asian Spice Trade with the Mediterranean Region: A Review«, in: *Radiocarbon* 57/2, 265–283.

Gilboa, A./I. Sharon 2008, »Between the Carmel and the Sea: Tel Dor's Iron Age Reconsidered«, in: *Near Eastern Archaeology* 71/3, 146–170.

Gilboa, A./I. Sharon/E. Boareto 2008, »Tel Dor and the Chronology of Phoenician ›Pre-colonisation‹ Stages«, in: Sagona 2008, 113–204.

Gilboa, A./P. Waiman-Barak/R. Jones 2015a, »On the Origin of Iron Age Phoenician Ceramics at Kommos, Crete: Regional and Diachronic Perspectives across the Bronze Age to Iron Age Transition«, in: *Bulletin of the American Schools of Oriental Research* 374, 75–102.

Gilboa, A./P. Waiman-Barak/I. Sharon 2015b, »Dor, the Carmel Coast and Early Iron Age Mediterranean Exchanges«, in: Babbi et al. 2015, 85–109.

Gilibert, A. 2011, *Syro-Hittite Monumental Art and the Archaeology of Performance: The Stone Reliefs at Carchemish and Zincirli in the Earlier First Millennium BCE*. Berlin.

Glassner, J.-J. 2004, *Mesopotamian Chronicles*, hg. B. R. Foster. Atlanta, GA.

Gnanadesikan, A. E. 2009, *The Writing Revolution: Cuneiform to the Internet*. Malden, MA.

Goedegebuure, P./T. van den Hout/J. Osborne/M. Massa/C. Bachhuber/F. Sahin 2020, »Türkmen-Karahöyük 1: A New Hieroglyphic Luwian Inscription from Great King Hartapu, Son of Mursili, Conqueror of Phrygia«, in: *Anatolian Studies* 70, 29–43.

Goelet, O. 2016, »Tomb Robberies in the Valley of the Kings«, in: *The Oxford Handbook of the Valley of the Kings*, hg. R. H. Wilkinson/K. R. Weeks, 448–466. Oxford.

Gonzalez, R. A. 2018, *Inter-cultural Communications and Iconography in the Western Mediterranean during the Late Bronze Age and the Early Iron Age*. Rahden.

Graefe, E./G. Belova (Hgg.) 2010, *The Royal Cache TT 320 – A Re-examination*. Kairo.

Grayson, A. K. 2005, »Shalmaneser III and the Levantine States: The ›Damascus Coalition Rebellion‹«, in: *Journal of Hebrew Scriptures* 5. https://doi.org/10.5508/jhs.2004.v5.a4.

Grimal, N. 1988, *A History of Ancient Egypt*. Oxford.

Gunderson, L. H. 2003, »Adaptive Dancing: Interactions between Social Resilience and Ecological Crises«, in: Berkes et al. 2003a, 33–52.

Gunderson, L. H./C. S. Holling (Hgg.) 2002, *Panarchy: Understanding Transformations in Human and Natural Systems*. Washington, DC.

Gür, B./S. Dalkiliç (Hgg.) 2020, *A Life Dedicated to Anatolian Prehistory: Festschrift for Jak Yakar*. Ankara.

Gur-Arieh, S./A. M. Maeir 2020, »The Excavations in Area C«, in: Maeir/Uziel 2020, 117–88.

Haggis, D. C. 2020, »Kavousi and the Mirabello Region«, in: Lemos/Kotsonas 2020a, Bd. 2, 1071–1087.

Haldon, J./A. Binois-Roman/M. Eisenberg/A. Izdebski/L. Mordechai/T. Newfield/P. Slavin/S. White/K. Wnęk 2021, »Between Resilience and Adaptation: A Historical Framework for Understanding Stability and Transformation of Societies to Shocks and Stress«, in: *COVID-19: Systemic Risk and Resilience; Risk, Systems and Decisions*, hg. I. Linkov/J. M. Keenan/B. D. Trump, 235–268. Cham.

Haldon, J./A. F. Chase/W. Eastwood/M. Medina-Elizalde/A. Izdebski/F. Ludlow/G. Middleton/L. Mordechai/J. Nesbit/B. L. Turner 2020a, »Demystifying Collapse: Climate, Environment, and Social Agency in Pre-modern Societies«, in: *Millennium* 17/1, 1–33. https://doi.org/10.1515/mill-2020-0002.

Haldon, J./M. Eisenberg/L. Mordechai/A. Izdebski/S. White 2020b, »Lessons from the Past, Policies for the Future: Resilience and Sustainability in Past Crises«, in: *Journal of Environment Systems and Decisions*. https://doi.org/10.1007/s10669-020-09778-9.

Haldon, J./A. Izdebski/L. Kemp/L. Mordechai/B. Trump 2022, »SDG 13 – How Societies Succeeded or Failed to Respond to Environmental Disruption«, in: *Before the SDGs: A Historical Companion to the UN Sustainable Development Goals*, hg. M. Gutmann/D. Gorman, 385–424. Oxford.

Hall, J. M. 1997, *Ethnic Identity in Greek Antiquity*. Cambridge.

Hall, J. M. 2002, *Hellenicity: Between Ethnicity and Culture*. Chicago, IL.

Hall, J. M. 2003, »The Dorianization of the Messenians«, in: *Helots and Their Masters in Laconia and Messenia: Histories, Ideologies, Structures*, hg. N. Luraghi/S. E. Alcock, Kap. 6. Washington, DC. https://chs.harvard.edu/book/luraghi-nino-and-susan-e-alcock-eds-helots-and-the-masters-in-laconia-and-messenia.

Hall, J. M. 2006, »Dorians«, in: *Encyclopedia of Ancient Greece*, hg. N. Wilson, 240–242. New York.

Hall, J. M. 2007, *A History of the Archaic Greek World, ca. 1200–479 BCE*. Oxford.

Hall, J. M./J. F. Osborne (Hgg.) 2022, *The Connected Iron Age: Interregional Networks in the Eastern Mediterranean, 900–600 BCE*. Chicago, IL.

Hall, T. D. 2014, »A ›Perfect Storm‹ in the Collapse of Bronze Age Civilization? Useful Insights and Roads Not Taken«, in: *Cliodynamics* 5/1, 75–86.

Hallo, W. W./W. K. Simpson 1998, *The Ancient Near East: A History*. 2. Aufl. New York.

Hammond, N. G. L. 1931/32, »Prehistoric Epirus and the Dorian Invasion«, in: *Annual of the British School at Athens* 32, 131–179.

Handmer, J./Y. Honda/Z. W. Kundzewicz/N. Arnell/G. Benito/J. Hatfield/I. F. Mohamed/P. Peduzzi/S. Wu/B. Sherstyukov/K. Takahashi/Z. Yan 2012, »Changes in Impacts of Climate Extremes: Human Systems and Ecosystems«, in: Field et al. 2012, 231–290.

Harland, J. P. 1941, Rezension zu *Kerameikos I*, in: *Classical Journal* 36, 429–432.

Harmansah, O. 2007, »›Source of the Tigris‹: Event, Place and Performance in the Assyrian Landscapes of the Early Iron Age«, in: *Archaeological Dialogues* 14/2, 179–204.

Harrison, T. P. 2009a, »Lifing the Veil on a ›Dark Age‹: Ta'yinat and the North Orontes Valley during the Early Iron Age«, in: *Exploring the Longue Durée: Essays in Honor of Lawrence E. Stager*, hg. J. D. Schloen, 171–184. Winona Lake, IN.

Harrison, T. P. 2009b, »Neo-Hittites in the ›Land of Palistin‹: Renewed Investigations at Tell Ta'yinat on the Plain of Antioch«, in: *Near Eastern Archaeology* 72/4, 174–189.

Harrison, T. P. 2010, »The Late Bronze/Early Iron Age Transition in the North Orontes Valley«, in: *Societies in Transition: Evolutionary Processes in the Northern Levant between Late Bronze Age II and Early Iron Age; Papers Presented on the Occasion of the 20th Anniversary of the New Excavations in Tell Afis, Bologna, 15th November 2007*, hg. F. Venturi, 83–102. Bologna.

Harrison, T. P. 2013, »Tayinat in the Early Iron Age«, in: *Across the Border: Late Bronze–Iron Age Relations between Syria and Anatolia; Proceedings of a Symposium Held at the Research Center of Anatolian Studies, Koç University, Istanbul, May 31–June 1, 2010*, hg. K A. Yener, 61–87. Löwen.

Harrison, T. P. 2014, »Recent Discoveries at Tayinat (Ancient Kunulua/Calno) and Their Biblical Implications«, in: *Congress Volume Munich 2013*, hg. C. M. Maier, 396–425. Leiden.

Harrison, T. P. 2016, »The Neo-Assyrian Provincial Administration at Tayinat (Ancient Kunalia)«, in: *The Provincial Archaeology of the Assyrian Empire*, hg. J. MacGinnis/D. Wicke/T. Greenfield, 253–264. Cambridge.

Harrison, T. P. 2021, »The Iron Age I–II Transition in the Northern Levant: An Emerging Consensus«, in: *Jerusalem Journal of Archaeology* 1, 325–351.

Hatzaki, E./A. Kotsonas 2020, »Knossos and North Central Crete«, in: Lemos/ Kotsonas 2020a, Bd. 2, 1029–1053. London.

Hawass, Z. 2010, »Preface«, in: Graefe/Belova 2010, 1f.

Hawass, Z./S. Ismail/A. Selim/S. N. Saleem/D. Fathalla/S. Wasef/A. Z. Gad/R. Saad/S. Fares/H. Amer/P. Gostner/Y. Z. Gad/C M. Pusch/A. R. Zink 2012, »Revisiting the Harem Conspiracy and Death of Ramesses III: Anthropological, Forensic, Radiological, and Genetic Study«, in: *British Medical Journal* 345:e8268. http://www.bmj.com/content/345/bmj.e8268.

Hawkins, J. D. 1988, »Kuzi-Tešub and the ›Great Kings‹ of Karkamiš«, in: *Anatolian Studies* 38, 99–108.

Hawkins, J. D. 1995, »Great Kings and Country Lords at Malatya and Karkamis«, in: *Studio Historiae Ardens: Ancient Near Eastern Studies Presented to Philo H. J. Houwink ten Cate*, hg. Th. P. J. van den Hout/J. de Roos, 75–86. Istanbul.

Hawkins, J. D. 2009, »Cilicia, the Amuq and Aleppo: New Light in a Dark Age«, in: *Near Eastern Archaeology* 72/4, 164–173.

Hawkins, J. D. 2011, »The Inscriptions of the Aleppo Temple«, in: *Anatolian Studies* 61, 35–54.

Hawkins, J. D./H. Peker 2014, »Karkemish in the Iron Age«, in: Marchetti 2014a, 107–110.

Hawkins, J. D./M. Weeden 2016, »Sketch History of Karkemish in the Earlier Iron Age (Iron I–IIB)«, in: Wilkinson et al. 2016, 9–21.

Heurtley, W. A. 1926/27, »A Prehistoric Site in Western Macedonia and the Dorian Invasion«, in: *Annual of the British School at Athens* 28, 158–194.

Hitchcock, L. A./A. M. Maeir 2019, »Pirates of the Crete-Aegean: Migration, Mobility, and Post-palatial Realities at the End of the Bronze Age«, in: *Proceedings of the 12th International Congress of Cretan Studies, Heraklion, 21.–25.9.2016*, 1–12. Iraklion.

Hodos, T. 2020, *The Archaeology of the Mediterranean Iron Age: A Globalising World c.1100–600 BCE.* Cambridge.

Hodos, T. 2022, »Globalizing the Mediterranean's Iron Age«, in: Hall/Osborne 2022, 214–232.

Hoerth, A. J./G. L. Mattingly/E. M. Yamauchi (Hgg.) 1994, *Peoples of the Old Testament World.* Grand Rapids, MI.

Hoffman, G. L. 1997, *Imports and Immigrants: Near Eastern Contacts with Iron Age Crete.* Ann Arbor, MI.

Höflmayer, F./R. Gundacker 2021, »Sheshonq (Shishak) in Palestine: Old Paradigms and New Vistas«, in: *Ancient Near East Today* 9/4.

Hogarth, D. G. 1911, *Hittite Problems and the Excavation of Carchemish.* London.

Hoglund, K. G. 1994, »Edomites«, in: Hoerth et al. 1993, 335–347.

Holling, C. S. 1973, »Resilience and Stability of Ecological Systems«, in: *Annual Review of Ecology and Systematics* 4, 1–23.

Holling, C. S. 1986, »The Resilience of Terrestrial Ecosystems: Local Surprise and Global Change«, in: *Sustainable Development of the Biosphere*, hg. W. C. Clark/R. E. Munn, 292–317. Cambridge.

Holling, C. S. 2001, »Understanding the Complexity of Economic, Ecological, and Social Systems«, in: *Ecosystems* 4/5, 390–405.

Holling, C. S./L. H. Gunderson 2002, »Resilience and Adaptive Cycles«, in: Gunderson/Holling 2002, 25–62.

Holling, C. S./S. R. Carpenter/W. A. Brock/L. H. Gunderson 2002a, »Discoveries for Sustainable Futures«, in: Gunderson/Holling 2002, 395–417.

Holling, C. S./L. H. Gunderson/D. Ludwig 2002b, »In Quest of a Theory of Adaptive Change«, in: Gunderson/Holling 2002, 2–22.

Hooker, J. T. 1979, »New Reflections on the Dorian Invasion«, in: *Klio* 61, 353–360.

Horn, S. H. 1986, »Why the Moabite Stone Was Blown to Pieces«, in: *Biblical Archaeology Review* 12/3, 50–61.

Howard, D. M. 1994, »Philistines«, in: Hoerth et al. 1994, 231–250.

Iacovou, M. 1994, »The Topography of Eleventh Century B.C. Cyprus«, in: Karageorghis 1994a, 149–165.

Iacovou, M. 1999, »The Greek Exodus to Cyprus: The Antiquity of Hellenism«, in: *Mediterranean Historical Review* 14/2, 1–28.

Iacovou, M. 2002, »From Ten to Naught: Formation, Consolidation and Abolition of Cyprus' Iron Age Polities«, in: *Cahiers du Centre d'Études Chypriotes* 32, 73–85.

Iacovou, M. 2005a, »Cyprus at the Dawn of the First Millennium BC: Cultural Homogenization versus the Tyranny of Ethnic Identifications«, in: *Archaeological Perspectives on the Transmission and Transformation of Culture in the Eastern Mediterranean*, hg. J. Clarke, 125–134. Oxford.

Iacovou, M. 2005b, »The Early Iron Age Urban Forms of Cyprus«, in: *Mediterranean Urbanization 800–600 BC*, hg. R. Osborne/B. Cunliffe, 17–43. Oxford.

Iacovou, M. 2006a, »From the Mycenaean QA-SI-RE-U to the Cypriote PA-SI-LE-WO-SE: The Basileus in the Kingdoms of Cyprus«, in: Deger-Jalkotzy/Lemos 2006, 315–335.

Iacovou, M. 2006b, »›Greeks‹, ›Phoenicians‹ and ›Eteocypriots‹: Ethnic Identities in the Cypriote Kingdoms«, in: *Sweet Land ... Lectures on the History and Culture of Cyprus*, hg. J. Chrysostomides/Ch. Dendrinos, 27–59. Camberley.

Iacovou, M. 2007, »Advocating Cyprocentricism: An Indigenous Model for the Emergence of State Formation on Cyprus«, in: *»Up to the Gates of Ekron« (1 Samuel 17:52): Essays on the Archaeology and History of the Eastern Mediterranean in Honor of Seymour Gitin*, hg. S. White Crawford/A. Ben-Tor/J. P. Dessel/W. G. Dever/A. Mazar/J. Aviram, 461–475. Jerusalem.

Iacovou, M. 2008, »Cultural and Political Configurations in Iron Age Cyprus: The Sequel to a Protohistoric Episode«, in: *American Journal of Archaeology* 112/4, 625–657.

Iacovou, M. (Hg.) 2012a, *Cyprus and the Aegean in the Early Iron Age: The Legacy of Nicolas Coldstream*, hg. M. Iacovou, 207–227. Nikosia.

Iacovou, M. 2012b, »External and Internal Migrations during the 12th Century BC: Setting the Stage for an Economically Successful Early Iron Age in Cyprus«, in: Iacovou 2012a, 207–227.

Iacovou, M. 2013, »Historically Elusive and Internally Fragile Island Polities: The Intricacies of Cyprus's Political Geography in the Iron Age«, in: *Bulletin of the American Schools of Oriental Research* 370, 15–47.

Iacovou, M. 2014a, »Beyond the Athenocentric Misconceptions: The Cypriote Polities in Their Economic Context«, in: *Basileis and Poleis on the Island of Cyprus: The Cypriote Polities in Their Mediterranean Context*, hg. M. Hatzopoulos/M. Iacovou = *Cahiers du Centre d'Études Chypriotes* 44, 95–117.

Iacovou, M. 2014b, »Cyprus during the Iron Age I Period (Late Cypriot IIC–IIIA)«, in: Steiner/Killebrew 2014, 660–674.

Iacovou, M. 2014c, »Cyprus during the Iron Age through the Persian Period«, in: Steiner/Killebrew 2014, 795–824.

Iakovides, S. 1980, *Excavations of the Necropolis at Perati*. Los Angeles.

Ilan, D. 2019, »The ›Conquest‹ of the Highlands in the Iron Age I«, in: Yasur-Landau et al. 2019, 283–309.

Ilieva, P. 2019, »Phoenicians, Cypriots and Euboeans in the Northern Aegean: A Reappraisal«, in: *Aura* 2, 65–102.

Izdebski, A./J. Haldon/P. Filipkowski (Hgg.) 2021, *Perspectives on Public Policy in Societal-Environmental Crises: What the Future Needs fom History*. Cham.

Jackson, R./S. Hartman/B. Trump/C. Crumley/T. McGovern/I. Linkov/A. E. J. Ogilvie 2022, »Disjunctures of Practice and the Problems of Collapse«, in: Izdebski 2022, 75–108. Cham.

James, P./P. G. van der Veen (Hgg.) 2015, *Solomon and Shishak: Current Perspectives fom Archaeology, Epigraphy, History and Chronology; Proceedings of the Third BICANE Colloquium Held at Sidney Sussex College, Cambridge, 26–27 March 2011*, 137–147. Oxford.

Janes, S. 2010, »Negotiating Island Interactions: Cyprus, the Aegean and the Levant in the Late Bronze to Early Iron Ages«, in: van Dommelen/Knapp 2010, 127–146.

Janes, S. 2013, »Death and Burial in the Age of the Cypriot City-Kingdoms: Social Complexity Based on the Mortuary Evidence«, in: *Bulletin of the American Schools of Oriental Research* 370, 145–168.

Janes, S. 2014, »An Entangled Past: Island Interactions, Mortuary Practices and the Negotiation of Identitites on Early Iron Age Cyprus«, in: Knapp/van Dommelen 2014, 571–584.

Janeway, B. 2006/07, »The Nature and Extent of Aegean Contact at Tell Ta'yinat and Vicinity in the Early Iron Age: Evidence of the Sea Peoples?«, in: *Scripta Mediterranea* 27–28, 123–146.

Janeway, B. 2017, *Sea Peoples of the Northern Levant? Aegean-Style Pottery from Early Iron Age Tell Tayinat*. Leiden.

Jarus, O. 2021, »King Solomon's Mines in Spain? Not Likely, Experts Say«, in: *Live Science*, 4. Mai. https://www.livescience.com/king-solomon-mining-expedition-claim.html.

Jeffers, J. A. 2013, *Tiglath-Pileser I: A Light in a ›Dark Age‹*. Diss. University of Pennsylvania.

Johnson, S. A. 2017, *Why Did Ancient Civilizations Fail?* New York.

Johnston, P. A./B. Kaufman 2019, »Metallurgy and Other Technologies«, in: López-Ruiz/Doak 2019, 401–422.

Jones, D. W. 2000, *External Relations of Early Iron Age Crete, 1100–600 B.C.* Dubuque, IA.

Jung, R. 2023, »Synchronizing Palace Destructions in the Eastern Mediterranean«, in: Jung/Kardamaki 2023a, 255–322.

Jung, R./E. Kardamaki 2023a, *Synchronizing the Destructions of the Mycenaean Palaces*. Wien.

Jung, R./E. Kardamaki 2023b, »Introduction«, in: Jung/Kardamaki 2023a, 11–33.

Kaniewski, D./J. Guiot/E. Van Campo 2015, »Drought and Societal Collapse 3200 Years Ago in the East Mediterranean: A Review«, in: *WIREs Climate Change* 6, 369–382. https://doi.org/10.1002/wcc.345.

Kaniewski, D./N. Marriner/J. Bretschneider/G. Jans/C. Morhange/R. Cheddadi/T. Otto/F. Luce/E. Van Campo 2019a, »300-Year Drought Frames Late Bronze Age to Early Iron Age Transition in the Near East: New Palaeoecological Data from Cyprus and Syria«, in: *Regional Environmental Change* 19, 2287–2297. https://doi.org/10.1007/s10113-018-01460-w.

Kaniewski, D./N. Marriner/R. Cheddadi/C. Morhange/J. Bretschneider/G. Jans/T. Otto/F. Luce/E. Van Campo 2019b, »Cold and Dry Outbreaks in the Eastern Mediterranean 3200 Years Ago«, in: *Geology* 47/10, 933–937.

Kaniewski, D./N. Marriner/R. Cheddadi/P. M. Fischer/T. Otto/F. Luce/E. Van Campo 2020, »Climate Change and Social Unrest: A 6,000-Year Chronicle from the Eastern Mediterranean«, in: *Geophysical Research Letters* 47/7. https://doi.org/10.1029/2020GL087496.

Kaniewski, D./E. Van Campo/J. Guiot/S. Le Burel/T. Otto/C. Baeteman 2013, »Environmental Roots of the Late Bronze Age Crisis«, in: *PLOS ONE* 8/8:e71004. https://doi.org/10.1371/journal.pone.0071004.

Kapucu, N./C. V. Hawkins/F. I. Rivera (Hgg.) 2013, *Disaster Resiliency: Interdisciplinary Perspectives*. New York.

Karageorghis, V. 1983, *Palaepaphos-Skales: An Iron Age Cemetery in Cyprus*. Konstanz.

Karageorghis, V. (Hg.) 1994a, *Cyprus in the 11th Century B.C.: Proceedings of the International Symposium, Nicosia 30–31 October, 1993*. Nikosia.

Karageorghis, V. 1994b, »The Prehistory of an Ethnogenesis«, in: Karageorghis 1994a, 1–9.

Kardamakis, E. 2015, »Conclusions from the New Deposit at the Western Staircase Terrace at Tiryns«, in: *Mycenaeans Up to Date: The Archaeology of the Northeastern Peloponnese – Current Concepts and New Directions*, hg. A.-L. Schallin/I. Tournavitou, 79–97. Stockholm.

Karkkainen, B. C. 2005, »Panarchy and Adaptive Change: Around the Loop and Back Again«, in: *Minnesota Journal of Law, Science & Technology* 7/1, 59–77.

Kassianidou, V. 2012, »The Origin and Use of Metals in Iron Age Cyprus«, in: Iacovou 2012a, 229–259.

Kassianidou, V. 2013, »The Exploitation of the Landscape: Metal Resources and the Copper Trade during the Age of the Cypriot City-Kingdoms«, in: *Bulletin of the American Schools of Oriental Research* 370, 49–82.

Kassianidou, V. 2014, »Cypriot Copper for the Iron Age World of the Eastern Mediterranean«, in: *Structure, Measurement and Meaning: Studies on Prehistoric Cyprus in Honour of David Frankel*, hg. J. M. Webb, 261–271. Uppsala.

Katzenstein, H. J. 1973, *The History of Tyre: From the Beginning of the Second Millennium B.C.E. until the Fall of the Neo-Babylonian Empire in 538 B.C.E.* Jerusalem.

Kealhofer, L./P. Grave/M. M. Voigt 2019, »Dating Gordion: The Timing and Tempo of Late Bronze Age and Iron Age Political Transformation«, in: *Radiocarbon* 61/2, 495–514.

Kearns, C. M. 2015, *Unruly Landscapes: The Making of 1st Millennium BCE Polities on Cyprus*. Diss. Cornell University.

Kearns, C. M. 2019, »Discerning ›Favorable‹ Environments: Science, Survey Archaeology, and the Cypriot Iron Age«, in: *New Directions in Cypriot Archaeology*, hg. C M. Kearns/S. W. Manning, 266–294. Ithaca, NY.

Kearns, C. M. 2022, *The Rural Landscapes of Archaic Cyprus: An Archaeology of Environmental and Social Change*. Cambridge.

Kemp, L. 2019, »Civilisational Collapse Has a Bright Past – but a Dark Future«, in: *Aeon*, 21. Mai. https://aeon.co/ideas/civilisational-collapse-has-a-bright-past-but-a-dark-future.

Kemp, L./E. H. Cline 2022, »Systemic Risk and Resilience: Synchronous Failures and the Bronze Age Collapse«, in: Izdebski et al. 2022, 207–223.

Kiderlen, M./M. Bode/A. Hauptmann/Y. Bassiakos 2016, »Tripod Cauldrons Produced at Olympia Give Evidence for Trade with Copper from Faynan (Jordan) to South West Greece, c. 950–750 BCE«, in: *Journal of Archaeological Science: Reports* 8, 303–313.

Kilani, M. 2020, *Byblos in the Late Bronze Age. Interactions between the Levantine and Egyptian Worlds*. Leiden.

Killebrew, A. E. 2005, *Biblical Peoples and Ethnicity: An Archaeological Study of Egyptians, Canaanites, Philistines, and Early Israel, 1300–1100 B.C.E.* Atlanta, GA.

Killebrew, A. E. 2014, »Israel during the Iron Age II Period«, in: Steiner/Killebrew 2014, 730–442.

Killebrew, A. E. 2019, »Canaanite Roots, Proto-Phoenicia, and the Early Phoenician Period«, in: López-Ruiz/Doak 2019, 39–52.

Killebrew, A. E./G. Lehmann (Hgg.) 2013, *The Philistines and Other »Sea Peoples« in Text and Archaeology.* Atlanta, GA.

King, L. W. 1915, *Bronze Reliefs from the Gates of Shalmaneser, King of Assyria B.C. 860–825.* London.

Kingsley, S. 2021, »Seeking Solomon on the High Seas«, in: *Wreckwatch* 5–6, 48–58.

Kirleis, W./M. Herles 2007, »Climatic Change as a Reason for Assyro-Aramaean Conflicts? Pollen Evidence for Drought at the End of the 2nd Millennium BC«, in: *State Archives of Assyria Bulletin* 16, 7–37.

Kitchen, K A. 1973, *The Third Intermediate Period in Egypt (1100–650 B.C.).* Warminster.

Kitchen, K A. 2012, »Ramesses III and the Ramesside Period«, in: Cline/O'Connor 2012, 1–26.

Kleiman, A. 2016, »The Damascene Subjugation of the Southern Levant as a Gradual Process (ca. 842–800 BCE)«, in: Sergi et al. 2016, 57–76.

Knapp, A. B. 2014, »Mediterranean Archaeology and Ethnicity«, in: *A Companion to Ethnicity in the Ancient Mediterranean*, hg. J. McInerney, 34–49. London.

Knapp, A. B. 2021, *Migration Myths and the End of the Bronze Age in the Eastern Mediterranean.* Cambridge.

Knapp, A. B./P. van Dommelen (Hgg.) 2014, *The Cambridge Prehistory of the Bronze and Iron Age Mediterranean.* Cambridge.

Knapp, A. B./N. Meyer 2020, »Cyprus: Bronze Age Demise, Iron Age Regeneration«, in: Middleton 2020a, 237–246.

Knodell, A. R. 2021, *Societies in Transition in Early Greece: An Archaeological History.* Berkeley.

Koch, I. 2020, »On Philistines and Early Israelite Kings: Memories and Perceptions«, in: *Saul, Benjamin, and the Emergence of Monarchy in Israel: Biblical and Archaeological Perspectives*, hg. J. J. Krause/O. Sergi/K. Weingart, 7–31. Atlanta, GA.

Koch, I. 2021, *Colonial Encounters in Southwest Canaan during the Late Bronze and the Early Iron Age.* Leiden.

Kohler, T. A./M. Rockman 2020, »The IPCC: A Primer for Archaeologists«, in: *American Antiquity* 85/4, 627–651.

Kohlmeyer, K. 2009, »The Temple of the Storm God in Aleppo during the Late Bronze and Early Iron Ages«, in: *Near Eastern Archaeology* 72/4, 190–202.

Kohlmeyer, K. 2011, »Building Activities and Architectural Decoration in the 11th Century BC: The Temples of Taita, King of Padasatini/Palistin in Aleppo and ʿAin Dara«, in: Strobel 2011, 255–280.

Kopcke, G./I. Tokumaru (Hgg.) 1992, *Greece between East and West, 10th–8th Centuries BC: Papers of the Meeting at the Institute of Fine Arts, New York University, March 15–16th, 1990*. Mainz.

Kostoglou, M. 2010, »Iron, Connectivity and Local Identities in the Iron Age to Classical Mediterranean«, in: van Dommelen/Knapp 2010, 170–189.

Kotsonas, A. 2006, »Wealth and Status in Iron Age Knossos«, in: *Oxford Journal of Archaeology* 25/2, 149–172.

Kotsonas, A. 2016, »Politics of Periodization and the Archaeology of Early Greece«, in: *American Journal of Archaeology* 120/2, 239–270.

Kotsonas, A. 2018, »Homer, the Archaeology of Crete and the ›Tomb of Meriones‹ at Knossos«, in: *Journal of Hellenic Studies* 138, 1–35.

Kotsonas, A. 2019, »Early Iron Age Knossos and the Development of the City of the Historical Period«, in: *Proceedings of the 12th International Congress of Cretan Studies, Heraklion, 21–25.9.2016*, 1–13. Iraklion.

Kotsonas, A. 2020, »History of Research«, in: Lemos/Kotsonas 2020a, Bd. 1, 75–96.

Kotsonas, A. 2021, »Making Cretan Cities: Urbanization, Demography and Economies of Production in the Early Iron Age and the Archaic Period«, in: *Making Cities: Economies of Production and Urbanization in Mediterranean Europe, 1000–500 BC*, ed. M. Gleba/B. Marín-Aguilera/B. Dimova, 57–76. Cambridge.

Kotsonas, A. 2022, »Early Greek Alphabetic Writing: Text, Context, Material Properties, and Socialization«, in: *American Journal of Archaeology* 126/2, 167–200.

Kotsonas, A./J. Mokrišová 2020, »Mobility, Migration, and Colonization«, in: Lemos/Kotsonas 2020a, Bd. 2, 217–246.

Kotsonas, A./T. Whitelaw/A. Vasilakis/M. Bredaki 2018, »Early Iron Age Knossos: An Overview from the Knossos Urban Landscape Project (KULP)«, in: *Proceedings of the 11th International Congress of Cretan Studies, Rethymno, 21–27 October 2011*, hg. E. Gavrilaki, 61–77. Rethymnon.

Kourou, N. 2000, »Phoenician Presence in Early Iron Age Crete Reconsidered«, in: *Actas del IV Congreso Internacional de Estudios Fenicios y Punicos, Cádiz, 2 al 6 de Octubre de 1995*, Bd. 3, 1067–1081. Cadiz.

Kourou, N. 2004, »Inscribed Imports, Visitors and Pilgrims at the Archaic Sanctuaries of Camiros«, in: *Χάρις Χαίρε: Studies in Memory of Charis Kantzia*, Bd. 2, hg. A. Giannikouri, 11–30. Athen.

Kourou, N. 2008a, »The Aegean and the Levant in the Early Iron Age: Recent Developments«, in: *Interconnections in the Eastern Mediterranean: Lebanon in the Bronze and Iron Ages; Proceedings of the International Symposium, Beirut 2008 = Bulletin d'Archéologie et d'Architecture Libanaises (BAAL)*, n. s., 6, 361–374.

Kourou, N. 2008b, »The Evidence from the Aegean«, in: Sagona 2008, 305–364.

Kourou, N. 2012, »Phoenicia, Cyprus and the Aegean in the Early Iron Age: J. N. Coldstream's Contribution and the Current State of Research«, in: Iacovou 2012a, 33–51.

Kourou, N. 2016, »A Cypriot Sequence in Early Iron Age Crete: Heirlooms, Imports and Adaptations«, in: *Cahiers du Centre d'Études Chypriotes* 46, 51–69.

Kourou, N. 2019, »Cyprus and the Aegean in the Geometric Period: The Case of Salamis«, in: *Salamis of Cyprus: History and Archaeology from the Earliest Times to Late Antiquity; Conference in Nicosia, 21–23 May 2015*, hg. S. Rogge/C. Ioannou/T. Mavrojannis, 77–97. Münster.

Kramer-Hajos, M. 2016, *Mycenaean Greece and the Aegean World: Palace and Province in the Late Bronze Age*. Cambridge.

Kramer-Hajos, M. 2020, »The Euboean Gulf«, in: Middleton 2020a, 201–208.

Kreppner, F. J. 2002, »Public Space in Nature: The Case of Neo-Assyrian Rock-Reliefs«, in: *Altorientalische Forschungen* 29/2, 367–383.

Kristiansen, K. 2018, »The Rise of Bronze Age Peripheries and the Expansion of International Trade 1950–1100 BC«, in: Kristiansen et al. 2018, 87–112.

Kristiansen, K./T. Lindkvist/J. Myrdal (Hgg.) 2018, *Trade and Civilisation: Economic Networks and Cultural Ties, from Prehistory to the Early Modern Era*. Cambridge.

Kroll, S./C. Gruber/U. Hellwag/M. Roaf/P. Zimansky (Hgg.) 2012a, *Biainili-Urartu: The Proceedings of the Symposium Held in Munich, 12–14 October 2007*. Löwen.

Kroll, S./C. Gruber/U. Hellwag/M. Roaf/P. Zimansky 2012b, »Introduction«, in: Kroll 2012b, 1–38.

Kuecker, G. D./T. D. Hall 2011, »Resilience and Community in the Age of World-System Collapse«, in: *Nature and Culture* 6/1, 18–40.

Kuhrt, A. 1995, *The Ancient Near East c. 3000–330 BC*. 2 Bde. London.

Kuzucuoğlu, C. 2015, »The Rise and Fall of the Hitite State in Central Anatolia: How, When, Where, Did Climate Intervene?«, in: *La Cappadoce méridionale de la préhistoire à l'époque byzantine: 3e rencontres d'archéologie de IFEA, Istanbul, 8–9 novembre 2012*, hg. D. Beyer/O. Henry/A. Tibet, 17–41. Istanbul.

LaFayete Hogue, S. 2016, »New Evidence of Post-destruction Reuse in the Main Building of the Palace of Nestor at Pylos«, in: *American Journal of Archaeology* 120/1, 151–157.

Langgut, D./I. Finkelstein/T. Litt/F. H. Neumann/M. Stein 2015, »Vegetation and Climate Changes during the Bronze and Iron Ages (~ 3600–600 BCE) in the Southern Levant Based on Palynological Records«, in: *Radiocarbon* 57/2, 217–235.

Langgut, D./F. H. Neumann/M. Stein/A. Wagner/E. J. Kagan/E. Boareto/I. Finkelstein 2014, »Dead Sea Pollen Record and History of Human Activity in the Judean Highlands (Israel) from the Intermediate Bronze into the Iron Ages (~ 2500–500 BCE)«, in: *Palynology* 38/2, 280–302.

Lantzas, K. 2016, »Reconsidering Collapse: Identity, Ideology, and Postcollapse Settlement in the Argolid«, in: Faulseit 2016a, 459–485.

Larson, M. T. 2017, »The Archaeological Exploration of Assyria«, in: Frahm 2017a, 583–598.

Lavell, A. 1999, *Natural and Technological Disasters: Capacity Building and Human Resource Development for Disaster Management*. Concept Paper Commissioned by Emergency Response Division, United Nations Development Program, Genf.

Lavell, A./M. Oppenheimer/C. Diop/J. Hess/R. Lempert/J. Li/R. Muir-Wood/ S. Myeong 2012, »Climate Change: New Dimensions in Disaster Risk, Exposure, Vulnerability, and Resilience«, in: Field et al. 2012, 25–64.

Layard, A. H. 1849, *The Monuments of Nineveh: From Drawings Made on the Spot*. London.

Lehmann, G. 2008, »North Syria and Cilicia, ca. 1200–330 BCE«, in: Sagona 2008, 205–246.

Lehmann, G. 2019, »The Levant«, in: López-Ruiz/Doak 2019, 465–479.

Lehmann, G. 2021, »The Emergence of Early Phoenicia«, in: *Jerusalem Journal of Archaeology* 1, 272–324.

Lemaire, A. 1994, »›House of David‹ Restored in Moabite Inscription«, in: *Biblical Archaeology Review* 20/3, 30–37.

Lemos, I. S. 2002, *The Protogeometric Aegean: The Archaeology of the Late Eleventh and Tenth Centuries BC*. Oxford.

Lemos, I. S. 2006, »Athens and Lefkandi: A Tale of Two Sites«, in: Deger-Jalkotzy/Lemos 2006, 505–530.

Lemos, I. S. 2014, »Communities in Transformation: An Archaeological Survey from the 12th to the 9th Century BC«, in: *Pharos* 20, 161–191.

Lemos, I. S. 2020, »Euboea«, in: Lemos/Kotsonas 2020a, Bd. 2, 787–813.

Lemos, I. S./A. Kotsonas 2020a (Hgg.), *A Companion to the Archaeology of Early Greece and the Mediterranean*, hg. I. S. Lemos/A. Kotsonas, 2 Bde. London.

Lemos, I. S./A. Kotsonas 2020b, »Preface«, in: Lemos/Kotsonas 2020a, Bd. 1, xxiii–xxvi.

Levin, Y. 2017, »Gath of the Philistines in the Bible and on the Ground: The Historical Geography of Tell es-Safi/Gath«, in: *Near Eastern Archaeology* 80/4, 232–240.

Levy, T. E./T. Higham/C. Bronk Ramsey/N. G. Smith/E. Ben-Yosef/M. Robinson/S. Münger/K. Knabb/J. P. Schulze/M. Najjar/L. Tauxe 2008, »High-Precision Radiocarbon Dating and Historical Biblical Archaeology in Southern Jordan«, in: *PNAS* 105/43, 16460–16465.

Levy, T. E./S. Münger/M. Najjar 2014, »A Newly Discovered Scarab of Sheshonq I: Recent Iron Age Explorations in Southern Jordan«, in: *Antiquity* 341/88. https://www.antiquity.ac.uk/projgall/levy341.

Levy, T. E./M. Najjr/E. Ben-Yosef (Hgg.) 2014, *New Insights into the Iron Age Archaeology of Edom, Southern Jordan*. 2 Bde. Los Angeles.

Lipiński, E. 2006, *On the Skirts of Canaan in the Iron Age: Historical and Topographical Researches*. Löwen.

Lipschits, O./A. M. Maeir (Hgg.) 2017, *The Shephelah during the Iron Age: Recent Archaeological Studies*. University Park, PA.

Liss, B./M. D. Howland/B. Lorentzen/C. Smitheram/M. Najjar/T. E. Levy 2020, »Up the Wadi: Development of an Iron Age Industrial Landscape in Faynan, Jordan«, in: *Journal of Field Archaeology* 45/6, 413–427.

Liston, M. A./J. K. Papadopoulos 2004, »The ›Rich Athenian Lady‹ Was Pregnant: The Anthropology of a Geometric Tomb Reconsidered«, in: *Hesperia* 73, 7–38.

Liverani, M. 1988a, *Antico oriente: Storia, società, economia*. Rom.

Liverani, M. 1988b, »The Growth of the Assyrian Empire in the Habur/Middle Euphrates Area: A New Paradigm«, in: *State Archives of Assyria Bulletin* 2/2, 81–98.

Liverani, M. 2014, *The Ancient Near East: History, Society and Economy*. London.

Livieratou, A. 2020, »East Lokris-Phokis«, in: Middleton 2020a, 97–106.

Lloyd, M. 2013, »Warfare and the Recovery from Palatial Collapse in the 12th Century BC: A Case Study of the Argolid and Achaea«, in: *Tough Times: The Archaeology of Crisis and Recovery; Proceedings of the Graduate Archaeology at Oxford Conferences in 2010 and 2011*, hg. E. M. van der Wilt/J. Martínez Jiménez, 109–114. Oxford.

Lloyd, M. 2015, »Death of a Swordsman, Death of a Sword: The Killing of Swords in the Early Iron Age Aegean (ca. 1050 to ca. 690 B.C.E)«, in: *Ancient Warfare* 1, 14–31.

Lloyd, M. 2017, »Why Study Dark Age Greece?«, in: *Ancient World Magazine*, 6. Dezember. https://www.ancientworldmagazine.com/articles/why-study-dark-age-greece.

Lloyd, M. 2018, »Bending in the Grave: Killing Weapons in the Early Iron Age Aegean«, in: *Ancient World Magazine*, 16. Januar. https://www.ancientworldmagazine.com/articles/bending-grave-killing-weapons-early-iron-age-aegean.

Lloyd, S. 1980, *Foundations in the Dust: The Story of Mesopotamian Exploration*. 2., erw. Aufl. London.

López-Ruiz, C. 2021, *Phoenicians and the Making of the Mediterranean*. Cambridge, MA.

López-Ruiz, C. 2022, »Phoenicians and the Iron Age Mediterranean«, in: Hall/Osborne 2022, 27–48.

López-Ruiz, C./B. R. Doak (Hgg.) 2019, *The Oxford Handbook of the Phoenician and Punic Mediterranean*. Oxford.

Macalister, R. A. S. 1914, The Philistines: *Their History and Civilization.* London.

MacGinnis, J./T. Matney 2009, »Ziyaret Tepe: Digging the Frontier of the Assyrian Empire«, in: *Current World Archaeology* 37, 30–40.

Maeir, A. M. (Hg.) 2012, *Tell es-Safi/Gath I: The 1996–2005 Seasons.* Wiesbaden.

Maeir, A. M. 2017a, »Can Material Evidence of Aramean Influences and Presence in Iron Age Judah and Israel Be Found?«, in: Berlejung et al. 2017, 53–67.

Maeir, A. M. 2017b, »Philistine Gath after 20 Years: Regional Perspectives on the Iron Age at Tell es-Safi/Gath«, in: Lipschits/Maeir 2017, 133–154.

Maeir, A. M. 2019, »Philistine and Israelite Identities: Some Comparative Thoughts«, in: *Die Welt des Orients* 49, 151–160.

Maeir, A. M. 2020, »A ›Repertoire of Otherness‹? Identities in Early Iron Age Philistia«, in: *From the Prehistory of Upper Mesopotamia to the Bronze and Iron Age Societies of the Levant: Proceedings of the 5th »Broadening Horizons« Conference (Udine, 5–8 June 2017)*, hg. M. Iamoni, Bd. 1, 161–170. Triest.

Maeir, A. M. 2021, »Identity Creation and Resource Controlling Strategies: Thoughts on Edomite Ethnogenesis and Development«, in: *Bulletin of the American Schools of Oriental Research* 386, 209–220.

Maeir, A. M. 2022a, »Archaeology and Cultural History«, in: *Encyclopedia of Material Culture in the Biblical World: A New* Biblisches Reallexikon, hg. A. Berlejung/P. M. M. Daviau/J. Kamlah/G. Lehmann, 29–53. Tübingen.

Maeir, A. M. 2022b, »Between Philistia, Phoenicia, and Beyond: A View from Tell es-Safi-Gath«, in: *Material, Method, and Meaning: Papers in Eastern Mediterranean Archaeology in Honor of Ilan Sharon*, hg. U. Davidovich/N. Yahalom-Mack/S. Matskevich, 185–194. Münster.

Maeir, A. M. 2022c, »Jerusalem and the West – via Philistia: An Early Iron Age Perspective from Tell es-Safi/Gath«, in: *Jerusalem and the Coastal Plain in the Iron Age and Persian Periods: New Studies on Jerusalem's Relations with the Southern Coastal Plain of Israel/Palestine (c. 1200–300 BCE)*, hg. F. Hagemeyer, 7–21. Tübingen.

Maeir, A. M. 2022d, »You've Come a Long Way, Baby! Changing Perspectives on the Philistines«, in: *Journal of Eastern Mediterranean Archaeology and Heritage Studies* 10/3–4, 216–239.

Maeir, A. M. (2023), »›Their Voice Carries throughout the Earth, Their Words to the End of the World‹ (Ps 19,5): Thoughts on Long-Range Trade in Organics in the Bronze and Iron Age Levant«, in: *»And in Length of Days Understanding« (Job 12:12) – Essays on Archaeology in the 21st Century in Honor of Thomas E. Levy*, hg. E. Ben-Yosef/I. W. N. Jones. Cham.

Maeir, A. M./S. Gur-Arieh 2011, »Comparative Aspects of the Aramean Siege System at Tell eṣ-Ṣāfi/Gath«, in: Finkelstein/Na'aman 2011, 227–244.

Maeir, A. M./J. Uziel (Hgg.) 2020, *Tell Es-Safi/Gath II: Excavations and Studies.* Münster.

Maggidis, C. 2020, »Glas and Boeotia«, in: Middleton 2020a, 107–120.

Mahieu, B. 2018, »The Old and Middle Assyrian Calendars, and the Adoption of the Babylonian Calendar by Tiglath-Pileser I (Attested in the *Doppeldatierungen* and in the Broken Obelisk)«, in: *State Archives of Assyria Bulletin* 24, 63–95.

Manning, S. W./C. Kocik/B. Lorentzen/J. P. Sparks 2023, »Severe Multi-year Drought Coincident with Hittite Collapse around 1198–96 BC«, in: *Nature* 614, 719–724. https://doi.org/10.1038/s41586-022-05693-y.

Manning, S. W./B. Lorentzen/L. Welton/S. Batiuk/T. P. Harrison 2020, »Beyond Megadrought and Collapse in the Northern Levant: The Chronology of Tell Tayinat and Two Historical Inflection Episodes, around 4.2ka BP, and Following 3.2ka BP«, in: *PLOS ONE* 15/10:e0240799. https://doi.org/10.1371/journal.pone.0240799.

Manolova, T. 2020, »The Levant«, in: Lemos/Kotsonas 2020a, Bd. 2, 1185–1214.

Maran, J. 2006, »Coming to Terms with the Past: Ideology and Power in Late Helladic IIIC«, in: Deger-Jalkotzy/Lemos 2006, 123–150.

Maran, J. 2016, »Against the Currents of History: The Early 12th-Century BCE Resurgence of Tiryns«, in: *R-PI-NE-U: Studies on the Mycenaean World Offered to Robert Laffineur for His 70th Birthday*, hg. J. Driessen, 201–220. Louvain-la-Neuve.

Maran, J. 2023, »The Demise of the Mycenaean Palaces: The Need for an Interpretative Reset«, in: Jung/Kardamaki 2023a, 231–253.

Maran, J./A. Papadimitriou 2020, »Mycenae and the Argolid«, in: Lemos/Kotsonas 2020a, Bd. 2, 699–718.

Maran, J./J. C. Wright 2020, »The Rise of the Mycenaean Culture, Palatial Administration and Its Collapse«, in: Lemos/Kotsonas 2020a, Bd. 1, 99–132.

Marchetti, N. 2012, »Karkemish on the Euphrates: Excavating a City's History«, in: *Near Eastern Archaeology* 75, 132–147.

Marchetti, N. (Hg.) 2014a, *Karkemish: An Ancient Capital on the Euphrates*. Bologna.

Marchetti, N. 2014b, »A Century of Excavations at Karkemish: Filling the Gaps«, in: Marchetti 2014a, 21–43.

Marchetti, N./H. Peker 2018, »The Stele of Kubaba by Kamani and the Kings of Karkemish in the 9th Century BC«, in: *Zeitschrift für Assyriologie* 108/1, 81–99.

Markoe, G. E. 2000, *Phoenicians*. Berkeley.

Master, D. M. 2021, »The Philistines in the Highlands: A View from Ashkelon«, in: *Jerusalem Journal of Archaeology* 1, 203–220.

Matney, T./J. MacGinnis/D. Wicke/K. Köroğlu 2017, *Ziyaret Tepe: Exploring the Anatolian Frontier of the Assyrian Empire*. Istanbul.

Matsui, T./R. Moriwaki/E. Zidan/T. Arai 2022, »The Manufacture and Origin of the Tutankhamen Meteoritic Iron Dagger«, in: *Meteoritics & Planetary Science* 57/4, 747–758. https://doi.org/10.1111/maps.13787.

Mattingly, G. L. 1994, »Moabites«, in: Hoerth et al. 1994, 317–333.

Mazar, A. 1994, »The 11th Century B.C. in the Land of Israel«, in: Karageorghis 1994a, 39–58.

Mazar, A. 2022a, »Tel Rehov: The Site and Its Excavation«, in: *Near Eastern Archaeology* 85/2, 84–89.

Mazar, A. 2022b. »Tel Rehov in the Tenth and Ninth Centuries BCE«, in: *Near Eastern Archaeology* 85/2, 110–125.

Mazar, A./U. Davidovich/N. Panitz-Cohen/Y. Rotem/A. Sumaka'i Fink 2022, »The Canaanite City at Tel Rehov: From the Early Bronze Age to the End of the Iron Age I«, in: *Near Eastern Archaeology* 85/2, 96–109.

Mazar, A./N. Kourou 2019, »Greece and the Levant in the 10th–9th Centuries BC«, in: *Opuscula* 12, 369–392.

Mazar, A./R. A. Mullins 2022, »Facing Assyria: Tel Rehov in the Late Ninth and the Eighth Centuries BCE«, in: *Near Eastern Archaeology* 85/2, 146–151.

Mazar, A./N. Panitz-Cohen (Hgg.) 2020, *Tel Rehov: A Bronze and Iron Age City in the Beth-Shean Valley.* 5 Bde. Jerusalem.

Mazar, A./N. Panitz-Cohen/G. Bloch 2022, »The Apiary at Tel Rehov: An Update«, in: *Near Eastern Archaeology* 85/2, 126–131.

Mazarakis Ainian, A. 2006, »The Archaeology of Basileis«, in: Deger-Jalkotzy/Lemos 2006, 181–211.

Mazarakis Ainian, A. (Hg.) 2011, *The »Dark Ages« Revisited: Acts of an International Symposium in Memory of William D. E. Coulson, University of Thessaly (Volos, 14–17 June 2007)*, 2 Bde. Volos.

McAnany, P. A./N. Yoffee 2010, »Why We Question Collapse and Study Human Resilience, Ecological Vulnerability, and the Aftermath of Empire«, in: *Questioning Collapse: Human Resilience, Ecological Vulnerability, and the Aftermath of Empire*, hg. P. A. McAnany/N. Yoffee, 1–17. Cambridge.

McDowall, C. 2014, »The Silver Pharaoh: Psusennes I Facing the Afterlife in Style«, in: Culture Concept.

Megginson, L. C. 1963, »Lessons from Europe for American Business«, in: *Southwestern Social Science Quarterly* 44/1, 3–13.

Middleton, G. D. 2017a, »Do Civilisations Collapse?«, in: *Aeon*. https://aeon.co/essays/what-the-idea-of-civilisational-collapse-says-about-history.

Middleton, G. D. 2017b, »The Show Must Go On: Collapse, Resilience, and Transformation in 21st-Century archaeology«, in: *Reviews in Anthropology*. https://doi.org/10.1080/00938157.2017.1343025.

Middleton, G. D. 2017c, *Understanding Collapse: Ancient History and Modern Myths*. Cambridge.

Middleton, G. D. 2018a, »›I Would Walk 500 Miles and I Would Walk 500 More‹: The Sea Peoples and Aegean Migration at the End of the Late Bronze Age«, in: Niesiołowski-Spanò/Węcowski 2018, 95–115.

Middleton, G. D. 2018b, »Should I Stay or Should I Go? Mycenaeans, Migration, and Mobility in the Late Bronze Age and Early Iron Age Eastern Mediterranean«, in: *Journal of Greek Archaeology* 3, 115–143.

Middleton, G. D. (Hg.) 2020a, *Collapse and Transformation: The Late Bronze Age to Early Iron Age in the Aegean*. Oxford.

Middleton, G. D. 2020b, »Introducing Collapse«, in: Middleton 2020a, 1–8.

Middleton, G. D. 2020c, »Mycenaean Collapse(s) c. 1200 BC«, in: Middleton 2020a, 9–22.

Middleton, G. D. 2020d, Rezension zu *The Evolution of Fragility: Setting the Terms* (hg. N. Yoffee), in: *American Journal of Archaeology* 124/4. https://www.ajaonline.org/book-review/4150.

Middleton, G. D. 2020e, »A Tale of Three Cities: Urban and Cultural Resilience and Heritage between the Late Bronze and Early Iron Age in the Eastern Mediterranean«, in: *Urban History* 2020, 1–25.

Millard, A. 1994, *The Eponyms of the Assyrian Empire, 910–612 BC*. Helsinki.

Millek, J. M. 2020, »What Actually Happened in Syria at the End of the Late Bronze Age?«, in: *Ancient Near East Today* 8/7 (Juli).

Millek, J. M. 2020/21, »›Our City Is Sacked. May You Know It!‹: The Destruction of Ugarit and Its Environs by the ›Sea People‹«, in: *Archaeology & History in the Lebanon* 52–53, 102–132.

Millek, J. M. 2021, »Just What Did They Destroy? The Sea Peoples and the End of the Late Bronze Age«, in: *The Mediterranean Sea and the Southern Levant: Archaeological and Historical Perspectives from the Bronze Age to Medieval Times*, hg. J. Kamlah/A. Lichtenberger, 59–98. Wiesbaden.

Millek, J. M. 2023, *Destruction and Its Impact on Ancient Societies at the End of the Bronze Age*. Atlanta, GA.

Miller, D. S./J. D. Rivera (Hgg.) 2011, *Community Disaster Recovery and Resiliency: Exploring Global Opportunities and Challenges*. Boca Raton, FL.

Miller, J. M./J. H. Hayes 2006, *A History of Ancient Israel and Judah*. 2. Aufl. Louisville, KY.

Misgav, H./Y. Garfinkel/S. Ganor 2009, »The Ostracon«, in: *Khirbet Qeiyafa I: Excavation Report 2007–2008*, hg. Y. Garfinkel/S. Ganor, 243–257. Jerusalem.

Molloy, B. 2022, »Was There a 3.2 ka Crisis in Europe? A Critical Comparison of Climatic, Environmental, and Archaeological Evidence for Radical Change during the Bronze Age–Iron Age Transition«, in: *Journal of Archaeological Research* (2. August). https://doi.org/10.1007/s10814-022-09176-6.

Monroe, C M. 2018, »Marginalizing Civilization: The Phoenician Redefinition of Power ca. 1300–800 BCE«, in: Kristiansen 2018, 195–241.

Montet, P. 1951, *Les constructions et le tombeau de Psousennes à Tanis*. Paris.

Montiglio, S. 2006, Rezension zu *Hellenicity: Between Ethnicity and Culture* (J. M. Hall), in: *Review of Metaphysics* 60/1, 160–162.

Moran, W. L. 1992, *The Amarna Letters*. Baltimore, MD.

Moreno García, J. C. (Hg.) 2016, *Dynamics of Production in the Ancient Near East: 1300–500 BC*. Oxford.

Morris, I. 1987, *Burial and Ancient Society: The Rise of the Greek City-State*. Cambridge.

Morris, I. 1989, »Circulation, Deposition and the Formation of the Greek Iron Age«, in: *Man*, n. s., 24/3, 502–519.

Morris, I. 1993, »Response to Papadopoulos (I): The Kerameikos Stratigraphy and the Character of the Greek Dark Age«, in: *Journal of Mediterranean Archaeology* 6/2, 207–221.

Morris, I. 1996, »Negotiated Peripherality in Iron Age Greece: Accepting and Resisting the East«, in: *Journal of World-Systems Research* 2/1, 409. https://doi.org/10.5195/jwsr.1996.92.

Morris, I. 1997, »Periodization and the Heroes: Inventing a Dark Age«, in: *Inventing Ancient Culture: Historicism, Periodization and the Ancient World*, hg. M. Golden/P. Toohey, 96–131. London.

Morris, I. 1999, »Iron Age Greece and the Meanings of ›Princely Tombs‹«, in: *Les princes de la protohistoire et l'émergence de l'état: Actes de la table ronde internationale organisée par le Centre Jean Bérard et l'Ecole française de Rome, Naples, 27–29 octobre 1994*, hg. P. Ruby, 57–80. Rom.

Morris, I. 2000, *Archaeology as Cultural History: Words and Things in Iron Age Greece*. Oxford.

Morris, I. 2005, »The Growth of Greek Cities in the First Millennium BC«, in: *Princeton/Stanford Working Papers in Classics* Nr. 120509 (30. Juni), 2–29. https://dx.doi.org/10.2139/ssrn.1426835.

Morris, I. 2006, »The Collapse and Regeneration of Complex Society in Greece, 1500–500 BC«, in: Schwartz/Nichols 2006, 72–84.

Morris, S. P. 1989, »Daidalos and Kadmos: Classicism and ›Orientalism‹«, in: *The Challenge of »Black Athena« to Classics Today*, hg. M. M. Levine. Sonderheft *Arethusa* (Herbst), 39–54.

Morris, S. P. 1992a, *Daidalos and the Origins of Greek Art*. Princeton, NJ.

Morris, S. P. 1992b, »Introduction«, in: Kopcke/Tokumaru 1992, xiii–xviii.

Morris, S. P. 2022, »Close Encounters of the Lasting Kind: Greeks, Phoenicians, and Others in the Iron Age Mediterranean«, in: Hall/Osborne 2022, 98–123.

Mühlenbruch, T. 2009, »Tiryns – The Settlement and Its History in LH III C«, in: *LH III C Chronology and Synchronisms III: LH III C Late and the Transition to the Early Iron Age; Proceedings of the International Workshop Held at the Austrian Academy of Sciences at Vienna, February 23rd and 24th, 2007*, hg. S. Deger-Jalkotzy/A. E. Bächle, 313–326. Wien.

Mühlenbruch, T. 2020, »The Argolid«, in: Middleton 2020a, 121–132.

Muhly, J. D. 1980, »The Bronze Age Setting«, in: Wertime/Muhly 1980, 25–67.

Muhly, J. D. 1992, »The Crisis Years in the Mediterranean World: Transition or Cultural Disintegration?«, in: *The Crisis Years: The 12th Century B.C.*, hg. W. A. Ward/M. S. Joukowsky, 10–22. Dubuque, IA.

Muhly, J. D. 2003, »Greece and Anatolia in the Early Iron Age: The Archaeological Evidence and the Literary Tradition«, in: Dever/Gitin 2003, 23–35.

Muhly, J. D. 2011, »Archaic and Classical Greece Would Not Have Been the Same without the Dark Ages«, in: Mazarakis Ainian 2011, Bd. 1, 45–53.

Muhly, J. D./R. Maddin/V. Karageorghis (Hgg.) 1982, *Early Metallurgy in Cyprus, 4000–500 B.C.: Acta of the International Archaeological Symposium, Larnaca, Cyprus, 1–6 June 1981*. Nikosia.

Muhly, J. D./V. Kassianidou 2012, »Parallels and Diversities in the Production, Trade and Use of Copper and Iron in Crete and Cyprus from the Bronze Age to the Iron Age«, in: *Parallel Lives: Ancient Island Societies in Crete and Cyprus*, hg. G. Cadogan/M. Iacovou/K. Kopaka/J. Whitley, 119–140. London.

Muhly, J. D./R. Maddin/T. Stech/E. Özgen 1985, »Iron in Anatolia and the Nature of the Hittite Iron Industry«, in: *Anatolian Studies* 35, 67–84.

Muhs, B. 2022, »Egypt and the Mediterranean in the Early Iron Age«, in: Hall/Osborne 2022, 194–213.

Murray, S. C. 2017, *The Collapse of the Mycenaean Economy: Imports, Trade, and Institutions 1300–700 BCE*. Cambridge.

Murray, S. C. 2018a, »Imported Exotica and Mortuary Ritual at Perati in Late Helladic IIIC East Attica«, in: *American Journal of Archaeology* 122/1, 33–64.

Murray, S. C. 2018b, »Imported Objects in the Aegean beyond Elite Interaction: A Contextual Approach to Eastern Exotica on the Greek Mainland«, in: Ł. Niesiołowski-Spanò/Węcowski 2018, 221–234.

Murray, S. C. 2018c, »Lights and Darks: Data, Labeling, and Language in the History of Scholarship on Early Greece«, in: *Hesperia* 87/1, 17–54.

Murray, S. C. 2020, »The Changing Economy«, in: Middleton 2020a, 201–208.

Murray, S. C./B. Lis 2023, »Documenting a Maritime Mercantile Community through Surface Survey: Porto Rafti Bay in the Post-Collapse Aegean«, in: *Antiquity*, 13. April. https://doi.org/10.15184/aqy.2023.49.

Muscarella, O. W. 1995, »The Iron Age Background to the Formation of the Phrygian State«, in: *Bulletin of the American Schools of Oriental Research* 299–300, 91–101.

Mushet Cole, E. 2016, *Decline in Ancient Egypt? A Reassessment of the Late New Kingdom and Third Intermediate Period*. Diss. University of Birmingham.

Mushet Cole, E. 2017, »›The Year of Hyenas When There Was a Famine‹: An Assessment of Environmental Causes for the Events of the Twentieth Dynasty«, in: *Global Egyptology: Negotiations in the Production of Knowledges on Ancient Egypt in Global Contexts*, hg. C. Langer, 3–17. London.

Na'aman, N. 1995, »Hazael of ›Amqi and Hadadezer of Beth-Rehob«, in: *Ugarit Forschungen* 27, 381–394.

Na'aman, N. 1997, »King Mesha and the Foundation of the Moabite Monarchy«, in: *Israel Exploration Journal* 47/1–2, 83–92.

Na'aman, N. 2000, »Three Notes on the Aramaic Inscription from Tel Dan«, in: *Israel Exploration Journal* 50/1–2, 92–104.

Na'aman, N. 2006, »The Story of Jehu's Rebellion: Hazael's Inscription and the Biblical Narrative«, in: *Israel Exploration Journal* 56/2, 160–66.

Na'aman, N. 2017, »Was Khirbet Qeiyafa a Judahite City? The Case against It«, in: *Journal of Hebrew Scriptures* 17/7. https://doi.org/10.5508/jhs.2017.v17.a7.

Na'aman, N. 2019a, »The Alleged ›Beth David‹ in the Mesha Stele: The Case against It«, in: *Tel Aviv* 46/2, 192–197.

Na'aman, N. 2019b, »Hiram of Tyre in the Book of Kings and in the Tyrian Records«, in: *Journal of Near Eastern Studies* 78/1, 75–85.

Na'aman, N. 2021, »Biblical Archaeology and the Emergence of the Kingdom of Edom«, in: *Antiguo Oriente* 19, 11–40.

Nagy, G. 2019a, »Thinking Comparatively about Greek Mythology XVI, with a Focus on Dorians Led by Kingly ›Sons‹ of Hēraklēs the Kingmaker«, in: *Classical Inquiries*, 8. November. https://classical-inquiries.chs.harvard.edu/thinking-comparatively-about-greek-mythology-xvi-with-a-focus-on-dorians-led-by-kingly-sons-of-herakles-the-kingmaker.

Nagy, G. 2019b, »Thinking Comparatively about Greek Mythology XVII, with Placeholders That Stem from a Conversation with Tom Palaima, Starting with This Question: Was Hēraklēs a Dorian?«, in: *Classical Inquiries*, 15. November. https://classical-inquiries.chs.harvard.edu/thinking-comparatively-about-greek-mythology-xvii-with-placeholders-that-stem-from-a-conversation-with-tom-palaima-starting-with-this-question-was-herakles-a-dorian.

Nahm, W. 2022, »Tiglath-Pileser's River-Man«, in: *Nouvelles Assyriologiques Brèves et Utilitaires (N.A.B.U.)* Nr. 3 (September), 236f.

Nakassis, D. 2020, »The Economy«, in: Lemos/Kotsonas 2020a, Bd. 1, 271–291.

Namdar, D./A. Gilboa/R. Neumann/I. Finkelstein/S. Weiner 2013, »Cinnamaldehyde in Early Iron Age Phoenician Flasks Raises the Possibility of Levantine Trade with South East Asia«, in: *Mediterranean Archaeology and Archaeometry* 12/3, 1–19.

National Research Council 2011, *Building Community Disaster Resilience through Private-Public Collaboration*. Washington, DC. https://doi.org/10.17226/13028.

Naveh, J. 1989, *Early History of the Alphabet*. Leiden.

Nelson, M. 2007, »The First Olympic Games«, in: Schaus/Wenn 2007, 47–58.

Neumann, J./S. Parpola 1987, »Climatic Change and the Eleventh–Tenth Century Eclipse of Assyria and Babylonia«, in: *Journal of Near Eastern Studies* 16/3, 161–182.

Newhard, J. M. L./E. H. Cline 2022, »Panarchy and the Adaptive Cycle: A Case Study from Mycenaean Greece«, in: Izdebski et al. 2022, 225–235.

Nicoll, K./A. Zerboni 2019, »Is the Past Key to the Present? Observations of Cultural Continuity and Resilience Reconstructed from Geoarchaeological Records«, in: *Quaternary International* 545, 119–127.

Niemeyer, H. G. 2006, »The Phoenicians in the Mediterranean. Between Expansion and Colonization: A Non-Greek Model of Overseas Settlement and Presence«, in: *Greek Colonisation: An Account of Greek Colonies and Other Settlements Overseas*, hg. G. R. Tsetskhladze, Bd. 1, 143–168. Leiden.

Niesiołowski-Spanò, Ł./M. Węcowski (Hgg.) 2018, *Change, Continuity, and Connectivity: North-Eastern Mediterranean at the Turn of the Bronze Age and in the Early Iron Age*. Wiesbaden.

Nowicki, K. 2000, *Defensible Sites in Crete c. 1200–800 B.C.* Lüttich.

Oates, J. 1979, *Babylon*. London.

O'Brien, S. 2017, »Boredom with the Apocalypse: Resilience, Regeneration, and Their Consequences for Archaeological Interpretation«, in: Cunningham/Driessen 2017, 295–303.

O'Brien, K./M. Pelling/A. Patwardhan/S. Hallegate/A. Maskrey/T. Oki/U. Oswald-Spring/T. Wilbanks/P. Z. Yanda 2012, »Toward a Sustainable and Resilient Future«, in: Field et al. 2012, 437–486.

O'Connor, M. 1977, »The Rhetoric of the Kilamuwa Inscription«, in: *Bulletin of the American Schools of Oriental Research* 226, 15–29.

Olsen, B. A. 2020, »The People«, in: Lemos/Kotsonas 2020a, Bd. 1, 293–316.

Ortiz, S. M./S. R. Wolff 2021, »New Evidence for the 10th Century BCE at Tel Gezer«, in: *Jerusalem Journal of Archaeology* 1, 221–240.

Osborne, J. F. 2013, »Sovereignty and Territoriality in the City-State: A Case Study from the Amuq Valley, Turkey«, in: *Journal of Anthropological Archaeology* 32, 774–790.

Osborne, J. F. 2014, »Settlement Planning and Urban Symbology in Syro-Anatolian Cities«, in: *Cambridge Archaeological Journal* 24, 195–214.

Osborne, J. F. 2015, »Ancient Cities and Power: The Archaeology of Urbanism in the Iron Age Capitals of Northern Mesopotamia«, in: *International Journal of Urban Sciences* 19/1, 7–19.

Osborne, J. F. 2021, *The Syro-Anatolian City-States: An Iron Age Culture*. Oxford.

Osborne, J. F./J. M. Hall 2022, »Interregional Interaction in the Eastern Mediterranean during the Iron Age«, in: Hall/Osborne 2022, 1–26.

Osborne, J. F./T. P. Harrison/S. Batiuk/L. Welton/J. P. Dessel/E. Denel/Ö. Demirci 2019, »Urban Built Environments in Early 1st Millennium B.C.E. Syro-Anatolia: Results of the Tayinat Archaeological Project, 2004–2016«, in: *Bulletin of the American Schools of Oriental Research* 382, 261–312.

Osborne, J. F./M. Massa/F. Sahin/H. Erpehlivan/C. Bachhuber 2020, »The City of Hartapu: Results of the Türkmen-Karahöyük Intensive Survey Project«, in: *Anatolian Studies* 70, 1–27.

Osborne, R. 1996, *Greece in the Making: 1200–479 BC*. London.

Page, D. 1962, »The Homeric World«, in: *The Greek World*, hg. H. Lloyd-Jones, 13–25. Baltimore, MD.

Palaima, T. G. 2002, »Special vs. Normal Mycenaean: Hand 24 and Writing in the Service of the King?«, in: *A-NA-QO-TA: Studies Presented to J. T. Killen = Minos* 33–34, hg. J. Bennet/J. Driessen, 205–221. Salamanca.

Palaima, T. G. 2006, »Wanaks and Related Power Terms in Mycenaean and Later Greek«, in: Deger-Jalkotzy/Lemos 2006, 53–71.

Palmisano, A./A. Bevan/A. Kabelindde/N. Roberts/S. Shennan 2021a, »Long-Term Demographic Trends in Prehistoric Italy: Climate Impacts and Regionalised Socio-Ecological Trajectories«, in: *Journal of World Prehistory* 34, 381–432.

Palmisano, A./A. Bevan/S. Shennan 2017, »Comparing Archaeological Proxies for Long-Term Population Patterns: An Example from Central Italy«, in: *Journal of Archaeological Science* 87, 59–72.

Palmisano, A./D. Lawrence/M. W. de Gruchy/A. Bevan/S. Shennan 2021b, »Holocene Regional Population Dynamics and Climatic Trends in the Near East: A First Comparison Using Archaeo-Demographic Proxies«, in: *Quaternary Science Reviews* 252, 106739. https://doi.org/10.1016/j.quascirev.2020.106739.

Palmisano, A./J. Woodbridge/C. N. Robert/A. Bevan/R. Fyfe/S. Shennan/R. Cheddadi/R. Greenberg/D. Kaniewski/D. Langgut/S. A. G. Leroy/T. Litt/A. Miebach 2019, »Holocene Landscape Dynamics and Long-Term Population Trends in the Levant«, in: *Holocene* 29/5, 708–727. https://doi.org/10.1177/0959683619826642.

Panitz-Cohen, N./A. Mazar 2022, »The Exceptional Ninth-Century BCE Northwestern Quarter at Tel Rehov«, in: *Near Eastern Archaeology* 85/2, 132–145.

Papadimitriou, A. 2006, »The Early Iron Age in the Argolid: Some New Aspects«, in: Deger-Jalkotzy/Lemos 2006, 531–547.

Papadopoulos, J. K. 1993, »To Kill a Cemetery: The Athenian Kerameikos and the Early Iron Age in the Aegean«, in: *Journal of Mediterranean Archaeology* 6/2, 175–206.

Papadopoulos, J. K. 1996a, »Dark Age Greece«, in: *The Oxford Companion to Archaeology*, hg. B. M. Fagan, 253–255. New York.

Papadopoulos, J. K. 1996b, »The Original Kerameikos of Athens and the Siting of the Classical Agora«, in: *Greek, Roman and Byzantine Studies* 37/2, 107–128.

Papadopoulos, J. K. 2014, »Greece in the Early Iron Age: Mobility, Commodities, Polities, and Literacy«, in: Knapp/van Dommelen 2014, 178–195.

Papadopoulos, J. K. 2022, »Greeks, Phoenicians, Phrygians, Trojans, and Other Creatures in the Aegean«, in: Hall/Osborne 2022, 142–168.

Papadopoulos, J. K./E. L. Smithson 2017, *The Athenian Agora XXXVI: The Early Iron Age: The Cemeteries*. Princeton, NJ.

Pappa, E. 2020, »The Western Mediterranean«, in: Lemos/Kotsonas 2020a, Bd. 2, 1325–1347.

Parkinson, E. W./T. R. McLaughlin/C. Esposito/S. Stoddart/C. Malone 2021, »Radiocarbon Dated Trends and Central Mediterranean Prehistory«, in: *Journal of World Prehistory* 34, 317–379.

Peden, A. J. 1994, *Egyptian Historical Inscriptions of the Twentieth Dynasty*. Jonsered.

Petit, T. 2019, *La naissance des cités-royaumes cypriotes*. Oxford.

Podany, A. H. 2014, *The Ancient Near East: A Very Short Introduction*. New York.

Pollard, D. 2021, »All Equal in the Presence of Death? A Quantitative Analysis of the Early Iron Age Cemeteries of Knossos, Crete«, in: *Journal of Anthropological Archaeology* 63. https://doi.org/10.1016/j.jaa.2021.101320.

Pollard, D. 2022, »An Icarus' Eye View? GIS Approaches to the Human Landscape of Early Iron Age Crete«, in: *Diversity in Archaeology: Proceedings of the Cambridge Annual Student Archaeology Conference 2020/2021*, hg. E. Doğan/M. P. L. Pereira/O. Antczak/M. Lin/P. Thompson/C. Alday, 318–338. Oxford.

Pomeroy, S. B./S. M. Burstein/W. Donlan/J. T. Roberts/D. W. Tandy/G. Tsouvala 2020, *A Brief History of Ancient Greece: Politics, Society, and Culture*. 4. Aufl. Oxford.

Popham, M. R./P. G. Calligas/L. H. Sackett (Hgg.) 1993, *Lefkandi II.2: The Protogeometric Building at Toumba: The Excavation, Architecture and Finds*. London.

Popham, M. R./L. H. Sackett 1980, *Lefkandi I: The Iron Age: The Settlement (and) the Cemeteries*. London.

Popham, M. R./E. Touloupa/L. H. Sackett 1982, »The Hero of Lefkandi«, in: *Antiquity* 56, 169–174.

Porter, B. W. 2016, »Assembling the Iron Age Levant: The Archaeology of Communities, Polities, and Imperial Peripheries«, in: *Journal of Archaeological Research* 24, 373–420.

Postgate, J. N. 1992, »The Land of Assur and the Yoke of Assur«, in: *World Archaeology* 23/3, 247–263.

Potts, D. T. 1999, *The Archaeology of Elam: Formation and Transformation of an Ancient Iranian State*. Cambridge.

Potts, D. T. (Hg.) 2013, *The Oxford Handbook of Ancient Iran*. New York.

Powell, W./M. Frachetti/C. Pulak/H. A. Bankof/G. Barjamovic/M. Johnson/R. Mathur/V. C. Pigot/M. Price/K A. Yener 2022, »Tin from Uluburun Shipwreck Shows Small-Scale Commodity Exchange Fueled Continental Tin Supply across Late Bronze Age Eurasia«, in: *Science Advances* 8/48:eabq3766. https://www.science.org/doi/10.1126/sciadv.abq3766.

Powell, W./M. Johnson/C. Pulak/K A. Yener/R. Mathur/H. A. Bankoff/L. Godfrey/M. Price/E. Galili 2021, »From Peaks to Ports: Insights into Tin Provenance, Production, and Distribution from Adapted Applications of Lead Isotopic Analysis of the Uluburun Tin Ingots«, in: *Journal of Archaeological Science* 134. https://doi.org/10.1016/j.jas.2021.105455.

Prent, M. 2014, »Ritual and Ideology in Early Iron Age Crete: The Role of the Past and the East«, in: Knapp/van Dommelen 2014, 650–664.

Pritchard, J. B. [1958] 2011, »The Journey of Wen-Amon to Phoenicia«, in: *The Ancient Near East: An Anthology of Literature of Texts and Pictures*, hg. J. B. Pritchard, 14–21. Princeton, NJ [Ndr. (mit neuem Vorwort) der Ausg. 1958].

Pritchard, J. B. (Hg.) 1978, *Recovering Sarepta, a Phoenician City: Excavations at Sarafund, 1969–1974, by the University Museum of the University of Pennsylvania*. Princeton, NJ.

Quinn, J. C. 2018a, *In Search of the Phoenicians*. Princeton, NJ.

Quinn, J. C. 2018b, »Were There Phoenicians?« *Ancient Near East Today* 6/7 (Juli).

Quinn, J. C. 2019, »Phoenicians and Carthaginians in Greco-Roman Literature Cities«, in: López-Ruiz/Doak 2019, 671–683.

Quinn, J. C./N. McLynn/R. M. Kerr/D. Hadas 2014, »Augustine's Canaanites«, in: *Papers of the British School at Rome* 82, 175–197.

Radner, K. 2011, »Assyrians and Urartians«, in: Steadman/McMahon 2011, 734–751.

Radner, K. 2012, »The Stele of Adad-nerari III and Nergal-ereš from Dur-Katlimmu (Tell Śaih Hamad)«, in: *Altorientalische Forschungen* 39/2, 265–277.

Radner, K. 2014a, »An Imperial Communication Network: The State Correspondence of the Neo-Assyrian Empire«, in: *State Correspondence in the Ancient World: From New Kingdom Egypt to the Roman Empires*, hg. K. Radner, 64–93. Oxford.

Radner, K. 2014b, »The Neo-Assyrian Empire«, in: *Imperien und Reiche in der Weltgeschichte: Epochenübergreifende und globalhistorische Vergleiche. Teil 1: Imperien des Altertums, Mittelalterliche und frühneuzeitliche Imperien*, hg. M. Gehler/R. Rollinger, 101–119. Wiesbaden.

Radner, K. 2015, *Ancient Assyria: A Very Short Introduction*. New York.

Radner, K. 2016, »Revolts in the Assyrian Empire: Succession Wars, Rebellions against a False King and Independence Movements«, in: *Revolt and Resistance in the Ancient Classical World and the Near East: In the Crucible of Empire*, hg. J. J. Collins/J. G. Manning, 41–54. Leiden.

Radner, K. 2017, »Economy, Society, and Daily Life in the Neo-Assyrian Period«, in: Frahm 2017a, 209–228.

Radner, K. 2018, »The City of Aššur and the Kingdom of Assyria: Historical Overview«, in: *The Assyrians: Kingdom of the God Aššur fom Tigris to Taurus*, hg. K. Köroğlu/S. F. Adali, 2–23. Istanbul.

Rassam, H. 1897, *Asshur and the Land of Nimrod*. Cincinnati, OH.

Reculeau, H. 2011, *Climate, Environment and Agriculture in Assyria*. Wiesbaden.

Redford, S. 2002, *The Harem Conspiracy: The Murder of Ramesses III*. DeKalb.

Redman, C. L. 2005, »Resilience Theory in Archaeology«, in: *American Anthropologist* 107/1, 70–77.

Redman, C. L./A. P. Kinzig 2003, »Resilience of Past Landscapes: Resilience Theory, Society, and the Longue Durée«, in: *Conservation Ecology* 7/1, 14. http://www.consecol.org/vol7/iss1/art14.

Reese, D. S. 1987, »Palaikastro Shells and Bronze Age Purple-Dye Production in the Mediterranean Basin«, in: *Annual of the British School at Athens* 82, 201–206.

Reese, D. S. 2010, »Shells from Sarepta (Lebanon) and East Mediterranean Purple-Dye Production«, in: *Mediterranean Archaeology and Archaeometry* 10/1, 113–141.

Reeves, N. 1990, *Valley of the Kings: The Decline of a Royal Necropolis*. London.

Reeves, N. 2000, *Ancient Egypt: The Great Discoveries*. London.

Reeves, N./R. H. Wilkinson 1996, *The Complete Valley of the Kings*. London.

Regev, D. 2021, *Painting the Mediterranean Phoenician: On Canaanite-Phoenician Trade-Nets*. Sheffield.

Reisner, G. A./C. S. Fisher/D. G. Lyon 1924, *Harvard Excavations at Samaria, 1908–1910*. 2 Bde. Cambridge, MA.

Renfrew, C. 1978, »Trajectory Discontinuity and Morphogenesis: The Implications of Catastrophe Theory for Archaeology«, in: *American Antiquity* 43/2, 203–222.

Renfrew, C. 1979, »Systems Collapse as Social Transformation«, in: *Transformations: Mathematical Approaches to Culture Change*, hg. C. Renfrew/K. L. Cooke, 481–506. New York.

Richelle, M. 2018, *The Bible & Archaeology*. Carol Stream, IL.

Richey, M. 2019, »Inscriptions«, in: López-Ruiz/Doak 2019, 223–240.

Roller, D. W. 2019, »Phoenician Exploration«, in: López-Ruiz/Doak 2019, 645–653.

Rollston, C. 2008, »The Dating of the Early Royal Byblian Phoenician Inscriptions: A Response to Benjamin Sass«, in: *Maarav* 15/1, 57–93.

Rollston, C. 2010, *Writing and Literacy in the World of Ancient Israel: Epigraphic Evidence from the Iron Age*. Leiden.

Rollston, C. 2011, »The Khirbet Qeiyafa Ostracon: Methodological Musings and Caveats«, in: *Tel Aviv* 38, 67–82.

Rollston, C. 2016, »Phoenicia and the Phoenicians«, in: *The World around the Old Testament: The People and Places of the Ancient Near East*, hg. B. T. Arnold/B. A. Strawn, 267–308. Grand Rapids, MI.

Rollston, C. 2019, »The Alphabet Comes of Age: The Social Context of Alphabetic Writing in the First Millennium BCE«, in: Yasur-Landau et al. 2019, 371–389.

Rollston, C. 2020, »The Emergence of Alphabetic Scripts«, in: *A Companion to Ancient Near Eastern Languages*, hg. R. Hasselbach-Andee, 65–81. London.

Rose, C. B. (Hg.) 2012, *The Archaeology of Phrygian Gordion, Royal City of Midas*. Philadelphia.

Rose, C. B./G. Darbyshire (Hgg.) 2011, *The New Chronology of Iron Age Gordion*. Philadelphia.

Rupp, D. W. 1987, »Vive le Roi: The Emergence of the State in Iron Age Cyprus«, in: *Western Cyprus Connections: An Archaeological Symposium*, hg. D. W. Rupp, 147–168. Göteborg.

Rupp, D. W. 1988, »The ›Royal Tombs‹ at Salamis (Cyprus): Ideological Messages of Power and Authority«, in: *Journal of Mediterranean Archaeology* 1/1, 111–139.

Rupp, D. W. 1989, »Puttin' on the Ritz: Manifestations of High Status in Iron Age Cyprus«, in: *Early Society in Cyprus*, hg. E. Peltenburg, 336–362. Edinburgh.

Ruppenstein, F. 2020a, »The End of the Bronze Age in Attica and the Origin of the Polis of Athens«, in: *Athens and Attica in Prehistory: Proceedings of the International Conference, Athens, 27–31 May 2015*, hg. N. Papadimitriou/J. C. Wright/S. Fachard/N. Polychronakou-Sgouritsa/E. Andrikou, 569–574. Oxford.

Ruppenstein, F. 2020b, »Migration Events in Greece at the End of the Second Millennium BC and Their Possible Balkanic Background«, in: *Objects, Ideas and Travelers: Contacts between the Balkans, the Aegean and Western Anatolia during the Bronze and Early Iron Age. Volume to the Memory of Alexandru Vulpe; Proceedings of the Conference in Tulcea, 10–13 November 2017*, hg. J. Maran/R. Băjenaru/S.-C. Ailincăi/A.-D. Popescu/S. Hansen, 107–122. Bonn.

Sabatini, S./F. Lo Schiavo 2020, »Late Bronze Age Metal Exploitation and Trade: Sardinia and Cyprus«, in: *Materials and Manufacturing Processes* 35/13, 1501–1518.

Sader, H. 2014, »The Northern Levant during the Iron Age I Period«, in: Steiner/Killebrew 2014, 607–623.

Sader, H. 2019a, »The Archaeology of Phoenician Cities«, in: López-Ruiz/Doak 2019, 125–138.

Sader, H. 2019b, *The History and Archaeology of Phoenicia*. Atlanta, GA.

Sagrillo, Troy L. 2015, »Shoshenq I and Biblical Šîšaq: A Philological Defense of Their Traditional Equation«, in: James/van der Veen 2015, 61–81.

Saltini Semerari, G. 2017, »Towards an Archaeology of Disentanglement«, in: *Journal of Archaeological Method and Theory* 24, 542–578.

Samaras, V. 2015, »Piracy in the Aegean during the Postpalatial Period and the Early Iron Age«, in: Babbi et al. 2015, 189–204.

Sagona, C. (Hg.) 2008, *Beyond the Homeland: Markers in Phoenician Chronology*. Löwen.

Sass, B. 2002, »Wenamun and His Levant – 1075 BC or 925 BC«, in: *Egypt and the Levant* 12, 247–255.

Sass, B. 2005, *The Alphabet at the Turn of the Millennium: The West Semitic Alphabet ca. 1150–850 B.C.E.* Tel Aviv.

Sass, B. 2021, »Was the Age of Solomon without Monumental Art? The Frankfort–Albright Dispute, More Than Sixty Years Later«, in: *Travels through the Orient and the Mediterranean World: Essays Presented to Eric Gubel*, hg. V. Boschloos/B. Overlaet/I. M. Swinnen/V. Van Der Stede, 345–366. Löwen.

Satraki, A. 2012, »Cypriot Polities in the Early Iron Age«, in: Iacovou 2012a, 261–283.

Schachner, A. 2009, *Assyriens Könige an einer der Quellen des Tigris. Archäologische Forschungen im Höhlensystem des sogenannten Tigris-Tunnels.* Tübingen.

Schachner, A. 2020a, »The 14th and 13th Centuries BC in the Hittite Capital City Hatuša: A (Re-)Assessment«, in: De Martino/Devecchi 2020, 381–410.

Schachner, A. 2020b, »Anatolia«, in: Lemos/Kotsonas 2020a, Bd. 2, 1107–1131.

Schaus, G. P./S. R. Wenn (Hgg.) 2007, *Onward to the Olympics: Historical Perspectives on the Olympic Games.* Waterloo, ON.

Scheffer, M. R./E. H. van Nes/D. Bird/R. K. Bocinsky/T. A. Kohler 2021, »Loss of Resilience Preceded Transformations of Pre-Hispanic Pueblo Societies«, in: *PNAS* 118/18:e2024397118.

Schipper, B. U. 2019, *A Concise History of Ancient Israel: From the Beginnings through the Hellenistic Era.* University Park, PA.

Schliemann, H. [1878] 1964, *Mykenae. Bericht über meine Forschungen und Entdeckungen in Mykenae und Tiryns.* Leipzig [Ndr. Darmstadt 1964].

Schnapp-Gourbeillon, A. 1979, »Le mythe dorien«, in: *A.I.O.N. Annali di archeologia e storia antica* 1, 1–11.

Schnapp-Gourbeillon, A. 2002, *Aux origins de la Grèce (XIIIe–VIIIe siècle avant notre ère): La genèse du politique.* Paris.

Schneider, T. J. 2014, »Mesopotamia (Assyrians and Babylonians) and the Levant«, in: Steiner/Killebrew 2014, 98–106.

Schniedewind, W. M. 1996, »Tel Dan Stela: New Light on Aramaic and Jehu's Revolt«, in: *Bulletin of the American Schools of Oriental Research* 302, 75–90.

Schwartz, G. M. 2006, »From Collapse to Regeneration«, in: Schwartz/Nichols 2006, 3–17.

Schwartz, G. M./J. J. Nichols (Hgg.) 2006, *After Collapse: The Regeneration of Complex Societies*. Tucson, AZ.

Scott, A./R. C. Power/V. Altmann-Wendling/M. Artzy/M. A. S. Martin/S. Eisenmann/R. Hagan/D. C. Salazar-García/Y. Salmone/D. Yegorovi/I. Milevski/I. Finkelstein/P. W. Stockhammer/C. Warinner 2020, »Exotic Foods Reveal Contact between South Asia and the Near East during the Second Millennium BCE«, in: *PNAS* 118/2:e2014956117. https://doi.org/10.1073/pnas.2014956117.

Scott, J. C. 2017, *Against the Grain: A Deep History of the Earliest States*. New Haven, CT.

Seeher, J. 2010, »After the Empire: Observations on the Early Iron Age in Central Anatolia«, in: *Ipamati kistamati pari tumatimis: Luwian and Hittite Studies Presented to J. David Hawkins on the Occasion of His 70th Birthday*, hg. I. Singer, 220–229. Tel Aviv.

Sergi, O. 2017, »The Battle of Ramoth-Gilead and the Rise of the Aramean Hegemony in the Southern Levant during the Second Half of the 9th Century BCE«, in: Berlejung et al. 2017, 81–97.

Sergi, O./A. Kleiman 2018, »The Kingdom of Geshur and the Expansion of Aram-Damascus into the Northern Jordan Valley: Archaeological and Historical Perspectives«, in: *Bulletin of the American Schools of Oriental Research* 379, 1–18.

Sergi, O./M. Oeming/I. J. de Hulster (Hgg.) 2016, *In Search for Aram and Israel: Politics, Culture, and Identity*. Tübingen.

Shalvi, G. 2018, »The Early Purple Dye Industry in Israel: A View from Tel Shikmona«, in: *Out of the Blue*, hg. O. Meiri/Y. Bloch/Y. Kaplan, 65–77. Jerusalem.

Shalvi, G. 2020, »Tel Shiqmona: A Forgotten Phoenician Site on the Carmel Coast«, in: *Un viaje entre el Oriente y el Occidente del Mediterráneo: IX Congreso Internacional de Estudios Fenicios y Púnicos, 22–26 de octubre de 2018, Mérida / A Journey between East and West in the Mediterranean: IX International Congress of Phoenician and Punic Studies*, hg. S. Celestino Pérez/E. Rodriguez González, Bd. 4, 1885–1892. Mérida.

Shalvi, G./A. Gilboa 2023, »Between Israel and Phoenicia: The Iron IIA–B Fortified Purple-dye Production Centre at Tel Shiqmona«, in: *Tel Aviv* 50, 75–110.

Sharon, I./A. Gilboa 2013, »The SKL Town: Dor in the Early Iron Age«, in: Killebrew/Lehmann 2013, 393–468.

Sherratt, A. G./S. Sherratt 1993, »The Growth of the Mediterranean Economy in the Early First Millennium BC«, in: *World Archaeology* 24/3, 361–378.

Sherratt, S. 1992, »Immigration and Archaeology: Some Indirect Reflections«, in: *Acta Cypria: Acts of an International Congress on Cypriote Archaeology Held in Göteborg on 22–24 August 1991*, hg. P. Åström, Bd. 2, 316–347. Jonsered.

Sherratt, S. 1994, »Commerce, Iron and Ideology: Metallurgical Innovation in 12th–11th Century Cyprus«, in: Karageorghis 1994a, 59–106.

Sherratt, S. 2000, »Circulation of Metals and the End of the Bronze Age in the Eastern Mediterranean«, in: *Metals Make the World Go Round: The Supply and Circulation of Metals in Bronze Age Europe*, hg. C. F. E. Pare, 82–98. Oxford.

Sherratt, S. 2003, »The Mediterranean Economy: ›Globalization‹ at the End of the Second Millennium BCE«, in: Dever/Gitin 2003, 37–62.

Sherratt, S. 2010, »Greeks and Phoenicians: Perceptions of Trade and Traders in the Early First Millennium BC«, in: *Social Archaeologies of Trade and Exchange: Exploring Relationships among People, Places, and Things*, hg. A. Agbe-Davies/A. Bauer, 119–142. Walnut Creek, CA.

Sherratt, S. 2015, »Cyprus and the Near East: Cultural Contacts (1200–750 BC)«, in: Babbi et al. 2015, 71–83.

Sherratt, S. 2016, »From ›Institutional‹ to ›Private‹: Traders, Routes and Commerce from the Late Bronze Age to the Iron Age«, in: Moreno García 2016, 289–301.

Sherratt, S. 2019, »Phoenicians in the Aegean and Aegean Silver, 11th–9th Centuries BC«, in: *Les phéniciens, les puniques et les autres: Échanges et identités en Méditerranée ancienne*, hg. L. Bonadies/I. Chirpanlieva/É. Guillon, 129–158. Paris.

Sherratt, S. 2020, »From the Near East to the Far West«, in: Lemos/Kotsonas 2020a, Bd. 1, 187–215.

Shibata, D. 2022, »The Assyrian King of the Broken Obelisk, the Date of the Archive from Giricano, and the Timing of the Assyrian Calendar Reform«, in: *Journal of Cuneiform Studies* 74, 109–129.

Simon, Z. 2012, »Where Is the Land of Sura of the Hieroglyphic Luwian Inscription KRKMIŠ A4b and Why Were Cappadocians Called Syrians by Greeks?«, in: *Altorientalische Forschungen* 39, 167–180.

Singer, I. 2012, »The Philistines in the North and the Kingdom of Taita«, in: Galil et al. 2012, 451–472.

Sinha, A./G. Kathayat/H. Weiss/H. Li/H. Cheng/J. Reuter/A. W. Schneider/M. Berkelhammer/S. F. Adali/L. D. Stott/R. L. Edwards 2019, »Role of Climate in the Rise and Fall of the Neo-Assyrian Empire«, in: *Science Advances* 5/11:eaax6656. https://www.science.org/doi/10.1126/sciadv.aax6656.

Smith, J. S. 2008, »Cyprus, the Phoenicians and Kition«, in: Sagona 2008, 261–303.

Smithson, E. L. 1968, »The Tomb of a Rich Athenian Lady, ca. 850 B.C.«, in: *Hesperia* 37, 77–116.

Smithson, E. L. 1969, »The Grave of an Early Athenian Aristocrat«, in: *Archaeology* 22/1, 18–25.

Snape, S. 1996, »The Deir El-Bahri Cache«, in: *Tombs, Graves & Mummies: 50 Discoveries in World Archaeology*, hg. P. G. Bahn, 188–191. New York.

Snape, S. 2012, »The Legacy of Ramesses III and the Libyan Ascendancy«, in: Cline/O'Connor 2012, 404–441.

Snodgrass, A. M. 1967, *Arms and Armour of the Greeks*. Ithaca, NY.

Snodgrass, A. M. 1971, *The Dark Age of Greece: An Archaeological Survey of the Eleventh to the Eighth Centuries BC*. Edinburgh.

Snodgrass, A. M. 1980, »Iron and Early Metallurgy in the Mediterranean«, in: Wertime/Muhly 1980, 335–374.

Snodgrass, A. M. 1982, »Cyprus and the Beginnings of Iron Technology in the Eastern Mediterranean«, in: Muhly et al. 1982, 285–294.

Snodgrass, A. M. 1988, *Cyprus and Early Greek History*. Nikosia.

Snodgrass, A. M. 1993, »The Rise of the Polis«, in: *The Ancient Greek City-State*, hg. M. Hansen, 30–40. Kopenhagen.

Snodgrass, A. M. 1994, »Gains, Losses and Survivals: What We Can Infer for the Eleventh Century B.C.«, in: Karageorghis 1994a, 167–175.

Sogas, J. M. 2019, »Was Knossos a Home for Phoenician Traders?«, in: *Greek Art in Motion: Studies in Honour of Sir John Boardman on the Occasion of his 90th Birthday*, hg. R. Morais/D. Leão/D. Rodríguez Pérez mit D. Ferreira, 408–416. Oxford.

Stampolidis, N. C. 2019, »The Aegean«, in: López-Ruiz/Doak 2019, 493–503.

Stampolidis, N. C./A. Kotsonas 2006, »Phoenicians in Crete«, in: Deger-Jalkotzy/Lemos 2006, 337–360.

Stampolidis, N. C./E. Papadopoulou/I. G. Laurentzatou/I. Fappas 2019, *Crete: Emerging Cities; Aptera, Eleutherna, Knossos; Three Ancient Cities Revived*. Athen.

Starr, C. G. 1961, *The Origins of Greek Civilization: 1100–650 B.C.* New York.

Starr, C. G. 1992, »History and Archaeology in the Early First Millennium BC«, in: Kopcke/Tokumaru 1992, 1–6.

Steadman, S. R./G. McMahon (Hgg.) 2011, *The Oxford Handbook of Ancient Anatolia: 10,000–323 B.C.E.* New York.

Steele, P. M. 2020, »Script and Literacy«, in: Lemos/Kotsonas 2020a, Bd. 1, 247–269.

Steiner, M. L. 2014, »Moab during the Iron Age II Period«, in: Steiner/Killebrew 2014, 770–781.

Steiner, M. L./A. E. Killebrew (Hgg.) 2014, *The Oxford Handbook of the Archaeology of the Levant, c. 8000–332 BCE*. Oxford.

Stern, E. 1998, »Buried Treasure: The Silver Hoard from Dor«, in: *Biblical Archaeological Review* 24/4, 46–62.

Stern, E. 2001, »The Silver Hoard from Tel Dor«, in: *Hacksilber to Coinage: New Insights into the Monetary History of the Near East and Greece; A Collection of Eight Papers Presented at the 99th Annual Meeting of the Archaeological Institute of America*, hg. M. S. Balmuth, 19–26. New York.

Stern, E. 2013, *The Material Culture of the Northern Sea Peoples in Israel*. Winona Lake, IN.

Stieglitz, R. R. 1994, »The Minoan Origin of Tyrian Purple«, in: *Biblical Archaeologist* 57/1, 46–54.

Storey, R./G. R. Storey 2016, »Requestioning the Classic Maya Collapse and the Fall of the Roman Empire: Slow Collapse«, in: Faulseit 2016a, 99–123.

Strobel, K. (Hg.) 2011, *Empires after the Empire: Anatolia, Syria and Assyria after Suppiluliuma II (ca. 1200–800/700 B.C.)*. Rom.

Strouhal, E. 1996, »Traces of a Smallpox Epidemic in the Family of Ramesses V of the Egyptian 20th Dynasty«, in: *Anthropologie* 34/3, 315–319.

Stub, S. T. 2020, »The Price of Purple«, in: *Archaeology*, November–Dezember. https://www.archaeology.org/issues/403-2011/letter-from/9133-israel-purple-dye?tmpl=component&print=1.

Stuckenberg, D. J./A. L. Contento 2018, »Water Scarcity: The Most Understated Global Security Risk«, in: *Harvard Law School National Security Journal*, 18. Mai. http://harvardnsj.org/2018/05/water-scarcity-the-most-understated-global-security-risk.

Sukenik, N./D. Iluz/Z. Amar/A. Varvak/O. Shamir/E. Ben-Yosef 2021, »Early Evidence of Royal Purple Dyed Textile from Timna Valley (Israel)«, in: *PLOS ONE* 16/1:e0245897.

Summers, G. D. 2000, »The Median Empire Reconsidered: A View from Kerkenes Dağ«, in: *Anatolian Studies* 50, 37–54.

Swaddling, J. 1999, *The Ancient Olympic Games*. London.

Tainter, J. A. 1988, *The Collapse of Complex Societies*. Cambridge.

Tainter, J. A. 1999, »Post-collapse Societies«, in: *Companion Encyclopedia of Archaeology*, hg. G. Barker, 988–1039. London.

Taleb, N. N. 2013a, *Narren des Zufalls. Die unterschätzte Rolle des Zufalls in unserem Leben*. München.

Taleb, N. N. 2013b, *Antifragilität. Anleitung für eine Welt, die wir nicht verstehen*. München.

Taleb, N. N. 2018, *Der Schwarze Schwan. Die Macht höchst unwahrscheinlicher Ereignisse*. 3. Aufl. München.

Tappy, R. E. 1992, *The Archaeology of Israelite Samaria*. Bd. 1: *Early Iron Age through the Ninth Century BCE*. Atlanta, GA.

Tappy, R. E. 2001, *The Archaeology of Israelite Samaria*. Bd. 2: *The Eighth Century*. Winona Lake, IN.

Taylor, J. G. 1865, »Travels in Kurdistan, with Notices of the Sources of the Western Tigris, and Ancient Ruins in Their Neighbourhood«, in: *Journal of the Royal Geographical Society of London* 35, 1865, 21–56. https://archive.org/details/jstor-3698077.

Tercatin, R. 2021, »Biblical ›Royal Purple‹ Found at Timna Offers Look at King David Wardrobe«, in: *The Jerusalem Post*, 29. Januar. https://www.jpost.com/

archaeology/biblical-royal-purple-found-at-timna-offers-look-at-king-david-wardrobe-657082.

Thareani, Y. 2016a, »The Empire and the ›Upper Sea‹: Assyrian Control Strategies along the Southern Levantine Coast«, in: *Bulletin of the American Schools of Oriental Research* 375, 77–102.

Thareani, Y. 2016b, »Enemy at the Gates? The Archaeological Visibility of the Aramaeans at Dan«, in: Sergi et al. 2016, 169–197.

Thareani, Y. 2019a, »Archaeology of an Imagined Community: Tel Dan in the Iron Age IIa«, in: *Research on Israel and Aram: Autonomy, Independence and Related Issues; Proceedings of the First Annual RIAB Center Conference, Leipzig, June 2016*, hg. A. Berlejung/A. M. Maeir, 263–276. Tübingen.

Thareani, Y. 2019b, »Changing Allegiances in Disputed Borderlands: Dan's Political Status on the Eve of the Aramaean Invasion«, in: *Palestine Exploration Quarterly* 151/3–4, 184–201.

Thomas, Z./E. Ben-Yosef 2023, »David and Solomon's Invisible Kingdom«, in: *Biblical Archaeology Review* 49/2 (Sommer), 40–45.

Thompson, C./S. Skaggs 2013, »King Solomon's Silver? Southern Phoenician Hacksilber Hoards and the Location of Tarshish«, in: *Internet Archaeology* 35. https://doi.org/10.11141/ia.35.6.

Thompson, J. 2015, *Wonderful Things: A History of Egyptology*. Bd. 2: *The Golden Age: 1881–1914*. Kairo.

Tronchetti, C. 2014, »Cultural Interactions in Iron Age Sardinia«, in: Knapp/van Dommelen 2014, 266–284.

Tsipopoulou, M. 2005, »›Mycenoans‹ at the Isthmus of Ierapetra: Some (Preliminary) Thoughts on the Foundation of the (Eteo)Cretan Cultural Identity« in: *Ariadne's Threads: Connections between Crete and the Mainland in Late Minoan III (LM IIIA2 to LM IIIC); Proceedings of an International Workshop Held in Athens, Scuola Archeologica Italiana, 5–6 April 2003*, hg. A. L. D'Agata/J. Moody, 303–333. Athen.

Tucker, D. J. 1994, »Representations of Imgur-Enlil on the Balawat Gates«, in: *Iraq* 56, 107–116.

Ussishkin, D. 2022, »The Function of the Iron Age Site of Khirbet Qeiyafa«, in: *Israel Exploration Journal* 72/1, 49–65.

Van Damme, T. 2023, »The Mycenaean Fountain and the Transformation of Space on the Athenian Acropolis: 1200 to 675 B.C.«, in: *Hesperia* 92/1, 111–190.

Van Loon, M. N. 1966, *Urartian Art: Its Distinctive Traits in the Light of New Excavations*. Istanbul.

Veropoulidou, R. 2014, »Molluscan Exploitation in the Neolithic and Bronze Age Communities at the Former Thermaic Gulf, North Aegean«, in: *PHYSIS: L'environnement naturel et la relation homme-milieu dans le monde égéen protohistorique; Actes de la 14e rencontre égéenne internationale, Paris,*

Institut national d'histoire de l'art (INHA), 11–14 décembre 2012, hg. G. Touchais/R. Laffineur/F. Rougemont, 415–422. Löwen.

Veropoulidou, R./S. Andreou/K. Kotsakis 2008, »Small Scale Purple-Dye Production in the Bronze Age of Northern Greece: The Evidence from the Thessaloniki Toumba«, in: *Purpureae vestes: II Symposium internacional sobre textiles y tintes del Mediterráneo en el mundo antiguo*, hg. C. Alfaro/L. Karali, 171–179. Valencia.

Voigt, M. M./R. C. Henrickson 2000, »Formation of the Phrygian State: The Early Iron Age at Gordion«, in: *Anatolian Studies* 50, 37–54.

Voskos, I./A. B. Knapp 2008, »Cyprus at the End of the Late Bronze Age: Crisis and Colonization or Continuity and Hybridization?« *American Journal of Archaeology* 112/4, 659–684.

Voutsaki, S. 2000, Rezension zu *Argolis, Lakonien. Messenien. Vom Ende der mykenischen Palastzeit bis zur Einwanderung der Dorier* (B. Eder), in: *Classical Review* 50/1, 232–233.

Waal, W. 2018, »On the ›Phoenician Letters‹: The Case for an Early Transmission of the Greek Alphabet from an Archaeological, Epigraphic, and Linguistic Perspective«, in: *Aegean Studies* 1, 83–125.

Waal, W. 2020, »Mother or Sister? Rethinking the Origins of the Greek Alphabet and Its Relation to the Other ›Western‹ Alphabets«, in: Boyes/Steele 2020a, 109–124.

Wachter, R. 2021, »The Genesis of the Local Alphabets of Archaic Greece«, in: *The Early Greek Alphabets: Origin, Diffusion, Uses*, hg. R. Parker/P. M. Steele, 21–31. Oxford.

Waldbaum, J. C. 1978, *From Bronze to Iron*. Göteborg.

Waldbaum, J. C. 1980, »The First Archaeological Appearance of Iron and the Transition to the Iron Age«, in: Wertime/Muhly 1980, 69–98.

Waldbaum, J. C. 1982, »Bimetallic Objects from the Eastern Mediterranean and the Question of the Dissemination of Iron«, in: Muhly et al. 1982, 325–347.

Waldbaum, J. C. 1994, »Early Greek contacts with the Southern Levant ca. 1000–600 B.C.: The Eastern Perspective«, in: *Bulletin of the American Schools of Oriental Research* 293, 53–66.

Waldbaum, J. C. 1999, »The Coming of Iron in the Eastern Mediterranean: Thirty Years of Archaeological and Technological Work«, in: *The Archaeometallurgy of the Asian Old World*, hg. V. C. Pigott, 27–57. Philadelphia.

Walker, B./C. S. Holling/S. R. Carpenter/A. Kinzig 2004, »Resilience, Adaptability and Transformability in Social-Ecological Systems«, in: *Ecology and Society* 9/2, 5. http://www.ecologyandsociety.org/vol9/iss2/art5.

Walker, B./D. Salt 2006, *Resilience Thinking: Sustaining Ecosystems and People in a Changing World*. Washington, DC.

Wallace, S. 2006, »The Gilded Cage? Settlement and Socioeconomic Change after 1200 BC: A Comparison of Crete and Other Aegean Regions«, in: Deger-Jalkotzy/Lemos 2006, 619–664.

Wallace, S. 2010, *Ancient Crete: From Successful Collapse to Democracy's Alternatives, Twelfth to Fifth Centuries BC*. Cambridge.

Wallace, S. 2017, »The Classic Crisis? Some Features of Current Crisis Narratives for the Aegean Late Bronze–Early Iron Age«, in: Cunningham/Driessen 2017, 65–85.

Wallace, S. 2018, *Travellers in Time: Imagining Movement in the Ancient Aegean World*. London.

Wallace, S. 2020, »Economies in Crisis: Subsistence and Landscape Technology in the Aegean and East Mediterranean after c. 1200 BC«, in: Middleton 2020a, 247–258.

Waters, M. 2013, »Elam, Assyria, and Babylonia in the Early First Millennium BC«, in: Potts 2013, 478–492.

Watrous, L. V. 2021, *Minoan Crete: An Introduction*. Cambridge.

Wedde, M. 1999, »War at Sea: The Mycenaean and Early Iron Age Oared Galley«, in: *Polemos: Le contexte guerrier en Égée à l'Âge du Bronze; Actes de la 7ième rencontre égéenne internationale*, hg. R. Laffineur, 465–474. Lüttich.

Wedde, M. 2000, *Towards a Hermeneutics of Aegean Bronze Age Ship Imagery*. Mannheim.

Wedde, M. 2006, »Pictorial Evidence for Partial System Survival in the Greek Bronze to Iron Age Transition«, in: *Pictorial Pursuits: Figurative Painting on Mycenaean and Geometric Pottery*, hg. E. Rystedt/B. Wells, 255–269. Stockholm.

Weeden, M. 2013, »After the Hittites: The Kingdoms of Karkamish and Palistin in Northern Syria«, in: *Bulletin of the Institute of Classical Studies* 56/2, 1–20.

Weiberg, E. 2012, »What Can Resilience Theory Do for (Aegean) Archaeology?«, in: *Matters of Scale: Processes and Courses of Events in Archaeology and Cultural History*, hg. N. M. Burström/F. Fahlander, 147–165. Stockholm.

Weiberg, E./M. Finné 2018, »Resilience and Persistence of Ancient Societies in the Face of Climate Change: A Case Study from Late Bronze Age Peloponnese«, in: *World Archaeology* 50/4, 584–602. https://doi.org/10.1080/00438243. 2018.1515035.

Weiberg, E./M. Lindblom/B. L. Sjöberg/G. Nordquist 2010, »Social and Environmental Dynamics in Bronze and Iron Age Greece«, in: *The Urban Mind: Cultural and Environmental Dynamics*, hg. P. J. J. Sinclair/G. Nordquist/F. Herschend/C. Isendahl, 149–194. Uppsala.

Weinstein, J. M. 2012, »Egypt and the Levant in the Reign of Ramesses III«, in: Cline/O'Connor 2012, 160–180.

Welton, L./H. Charaf 2019/20, »The Iron Age I in the Levant: A View from the North. Prologue«, in: *Archaeology & History in Lebanon* 50/51, 2–7.

Welton, L./H. Charaf 2020/21, »The Iron Age I in the Levant: A View from the North. Epilogue«, in: *Archaeology & History in Lebanon* 52/53, 133–154.

Welton, L/, T. Harrison/S. Batiuk/E. Ünlü/B. Janeway/D. Karakaya/D. Lipovitch/D. Lumb/J. Roames 2019, »Shifting Networks and Community Identity at Tell Tayinat in the Iron I (ca. 12th to Mid 10th Century B.C.E.)«, in: *American Journal of Archaeology* 123/2, 291–333.

Wente, E. F., jr. 2003, »The Report of Wenamon«, in: *The Literature of Ancient Egypt*, hg. W. K. Simpson, 116–124. 3. Aufl. New Haven, CT.

Wertime, T. A. 1980, »The Pyrotechnological Background«, in: Wertime/Muhly 1980, 1–24.

Wertime, T. A./J. D. Muhly (Hgg.) 1980, *The Coming of the Age of Iron*. New Haven, CT.

Whitley, J. 1991, *Style and Society in Dark Age Greece: The Changing Face of a Pre-literate Society 1100–700 BC*. Cambridge.

Whitley, J. 1993, »Response to Papadopoulos (II): Woods, Trees and Leaves in the Early Iron Age of Greece«, in: *Journal of Mediterranean Archaeology* 6/2, 223–229.

Wilkinson, T. J./E. Peltenburg/E. B. Wilkinson (Hgg.) 2016, *Carchemish in Context: The Land of Carchemish Project, 2006–2010*. Oxford.

Wilson, E. L. 1887, »Finding Pharaoh«, in: *Century Magazine* 34, 1–10.

Winter, I. J. 1995, »Homer's Phoenicians: History, Ethnography or Literary Trope?«, in: *The Ages of Homer: A Tribute to Emily Townsend Vermeule*, hg. J. B. Carter/S. P. Morris, 247–271. Austin, TX.

Wood, J. R. 2018, *The Transmission of Silver and Silver Extraction Technology across the Mediterranean in Late Prehistory: An Archaeological Science Approach to Investigating the Westward Expansion of the Phoenicians*. Diss. University College London.

Wood, J. R./C. Bell/I. Montero-Ruiz 2020, »The Origin of Tel Dor Hacksilver and the Westward Expansion of the Phoenicians in the Early Iron Age: The Cypriot Connection«, in: *Journal of Eastern Mediterranean Archaeology & Heritage Studies* 8/1, 1–21. https://www.jstor.org/stable/10.5325/jeasmedarcherstu.8.1.0001.

Wood, J. R./I. Montero-Ruiz/M. Martinón-Torres 2019, »From Iberia to the Southern Levant: The Movement of Silver across the Mediterranean in the Early Iron Age«, in: *Journal of World Prehistory* 32, 1–31. https://doi.org/10.1007/s10963-018-09128-3.

Woolley, C. L. 1920, *Dead Towns and Living Men*. London.

Yadin, Y. 1970, »Megiddo of the Kings of Israel«, in: *Biblical Archaeologist* 33, 66–96.

Yadin, Y. 1976, »In Defense of the Stables at Megiddo«, in: *Biblical Archaeology Review* 2, 18–22.

Yahalom-Mack, N. 2022, »Metalworking at Tel Rehov«, in: *Near Eastern Archaeology* 85/2, 159–163.

Yahalom-Mack, N./A. Eliyahu-Behar 2015, »The Transition from Bronze to Iron in Canaan: Chronology, Technology, and Context«, in: *Radiocarbon* 57/2, 285–305.

Yahalom-Mack, N./E. Galili/I. Segal/E. Boareto/S. Shilstein/I. Finkelstein 2014, »New Insights into Levantine Copper Trade: Bronze and Iron Ages in Israel«, in: *Journal of Archaeological Science* 45, 159–177.

Yamada, K. 2005, »›From the Upper Sea to the Lower Sea‹: The Development of the Names of Seas in the Assyrian Royal Inscriptions«, in: *Orient* 40, 31–55.

Yamada, S. 2000, *The Construction of the Assyrian Empire: A Historical Study of the Inscriptions of Shalmaneser III (859–824) Relating of His Campaigns to the West*. Leiden.

Yasur-Landau, A. 2010, *The Philistines and Aegean Migration at the End of the Late Bronze Age*. Cambridge.

Yasur-Landau, A. 2019, »The Memory Machine: How 12th-Century BCE Iconography Created Memories of the Philistines (and Other Sea Peoples)«, in: *MNHMH/MNEME: Past and Memory in the Aegean Bronze Age; Proceedings of the 17th International Aegean Conference, University of Udine, Department of Humanities and Cultural Heritage, Ca'Foscari University of Venice, Department of Humanities, 17–21 April 2018*, hg. E. Borgna/I. Caloi/F. M. Carinici/R. Laffineur, 413–421. Löwen.

Yasur-Landau, A./E. H. Cline/Y. Rowan (Hgg.) 2019, *The Social Archaeology of the Levant: From Prehistory to the Present*. Cambridge.

Yoffee, N. 2006, »Notes on Regeneration«, in: Schwartz/Nichols 2006, 222–227.

Yoffee, N. (Hg.) 2019, *The Evolution of Fragility: Setting the Terms*. Cambridge.

Yoffee, N./G. L. Cowgill (Hgg.) 1988, *The Collapse of Ancient States and Civilization*. Tucson, AZ.

Younger, K. L., jr. 2016, *A Political History of the Arameans: From Their Origins to the End of Their Polities*. Atlanta, GA.

Younger, K. L., jr. 2017, »Tiglath-Pileser I and the Initial Conflicts of the Assyrians with the Arameans«, in: Berlejung et al. 2017, 195–228.

Younger, K. L., jr. 2020, »Reflections on Hazael's Empire in Light of Recent Study in the Biblical and Ancient Near Eastern Texts«, in: *Writing and Rewriting History in Ancient Israel and Near Eastern Cultures*, hg. I. Kalimi, 79–102. Wiesbaden.

Younker, R. W. 1994, »Ammonites«, in: Hoerth et al. 1994, 293–316.

Younker, R. W. 2014, »Ammon during the Iron Age II Period«, in: Steiner/Killebrew 2014, 757–769.

Zimansky, P. E. 1985, *Ecology and Empire: The Structure of the Urartian State*. Chicago, IL.

Zimansky, P. E. 2011, »Urartian and the Urartians«, in: Steadman/McMahon 2011, 548–559.

Register

Kursive Seitenzahlen verweisen auf Abbildungen oder Tabellen. Fundorte mit dem Namensbeginn Tall, Tel/Tell, Til (= Siedlungshügel) sind unter dem Buchstaben T verzeichnet.

A

Abd el-Rasul 60
Abdi-Aštart (Abdastratos) 148, *278*, 283
Abibaal 71, 143, 147, *278*, 283
　Abibaal-Inschrift Amenophis' II. 147
Achsiv 310 A. 50
Adad-apla-iddina *274*, 283
Adad-nirari II. 91f., 96, *276*, 283, 300 A. 43, 317 A. 37
Adad-nirari III. 116f., *276*, 283
adaptiver Zyklus 215–219, *215*, *217f.*, 226, *240–243*, 254, 264
　Ägypten 233, *240*
　Griechenland *241*, 262f.
Ägypten 11, 16, *20*, 33–46, 47–49, 54f., 56, 59–61, 65–68, 69, 71–73, 86, 87, 106, 110, 117, 121, 126, 136–139, 144, 145–147, *146*, 151, 158, 164, 167, 185, 190, 191, 198, 213, 219, 226, 228, *230*, 233, 238, 239, *240*, 244, 246, 250, *251*, 251, 252, 256, *278*, *280*, 291 A. 8, 296f. A. 88, 303 A. 80
　Ober-/Unter- 40–42, 55
Ahab 62, 72, 108, 111, 148f., *279*, 283
Ahasja 111, *281*, 283
Ahiram 143, 144f., *144*, 148, *278*, 283
Ahmose-Nefertari 60
Akko *21*, 122, 310 A. 50, 311 A. 53
Al Mina *19*, 208
Aleppo *19*, 161, 163f., 165, 166f.
Alexander der Große 73, 160

Alphabet *siehe* Schrift
Amenemope 45, 46, 55, 136, 137, *278*, 283
Amari 134f., 309 A. 37
Amathus 132, 134
Amenophis II. 39, 42, 44
Amenophis III. 42, 126, 144
Amenophis IV. *siehe* Echnaton
Amun 40, 65, 136f.
Anatolien 11, *19*, 70, 83, 94, 99, 106, 110, 117, 126, 140, 158–164, 166, 170–176, 179, 180f., 185, 213, 214, 232, 236, 238, *241*, *243*, 246f., *251*, 263, 307 A. 19, 314 A. 10, 314f. A. 50. 54, 315 A. 21, 326 A. 37
Anpassung 13, 15, 16, 18, 130, 211, 220, 224, *226f.*, 227, 228f., *230*, 254, 256, *257*, 263, 326 A. 25, 327 A. 57
　Ägypten *230*, *240*
　Assyrien *230*, 232, *240*
　Babylonien *230*, 232
　Griechenland 181, 187, 209
　Kreta 232, *243*
　Neuhethiter *230*, *243*
Antifragilität (vgl. Fragilität, Resilienz, Verwundbarkeit) 124, 154, 225f., *226*, *230*, 230f., *242*, *243*, 306 A. 13
Apollonios Rhodios 125, 307 A. 17
Arwad *19*, *21*, 86, 104f., 108, 122, 123, 139, 158, 164, *242*
Aram-Damaskus *19*, *21*, 54, 108, 111, 112, 212f.
Aramäer, Aramäisch *19*, 50, 52, 75f., 82, 85, 89f., 91f., 97, 101, 107, 111, 113, 118, 119, 164, 178, 232, *240*,

389

241, *242*, 251, 302 A. 77, 303 A. 87, 305 A. 5
Aramu 170, 171, 175, *277*, 283
Archäologie (*vgl.* historische Quellen) 13, 15, 25–28, 29, 220, 223, 228, 239, 245, 264, 265, 266, 268, 289 A. 9, 319 A. 5, 329 A. 9
Ägypten 33–35, 39, 42–46, 60f., 126, 145–148, 149, 185, 190
Aramäer 111–114
Assyrien 77–79, 81f., 92f., 94–98, 99–103, 169, 172–174
Babylonien 79–81
Edom 55f., 113, 238, 203f.
Euböa 201–204, 322 A. 42
Griechenland 25–29, 125, 134, 142f., 183–189, 194f., 204, 208, 245f., 260f.
(Neu-)Hethiter 155–163, 165–169, 175f., 176–180
Israeliten 48f., 51–54, 55, 56f., 61–63, 66–70, 114–116, 149
Kanaan 47, 49, 55f., 56f., 66–70, 71f., 123, 135, 137, 139, 165, 185, 262, 306 A. 9
Kreta 125, 142f., 185, 189–192, 195f., 197–200, 207, 208
Phönizien 63, 94, 104f., 106f., 123, 124, 137, 139–148, 149, 151, 192f.
Zypern 125–136, 141, 152f., 185, 191, 196–200
Argišti I. 175, *277*, 283
Argos *23*, 195
Armenien 170, 176
Arwad *19*, *21*, 86, 104, 105, 108, 122, 123, 139, 158, 164, *242*
Asarhaddon 153
Aschdod *21*, 47
Aschkelon *21*, 47, 151
Assur (Aššur) *19*, 76, 86, 88f., 102, 109, 303 A. 81
Aššur-bel-kala 90, 171, *274*, 283, 298 A. 21, 317 A. 37
Aššur-dan I. 81, *274*, 283, 298 A. 18

Aššur-dan II.) 81f., 101, *274*, 283
Assurnasirpal I. 156f., *274*, 283
Assurnasirpal II. 96f., 99–104, *100*, 169f., 175, *276*, 283, 317 A. 37
Aššur-reša-iši I. 75f., 79, 81f., *274*, 283
Assyrian Pressure Paradigm 311 A. 52
Assyrien 11, 16, *19*, 74, 76–78, 81f., 92f., 103f., 118, 140, 156, 160, 164, 170f., 176, 180f., 213, 228, *230*, 231–33, 239, *240*, *241*, 244, 247–49, 250, *251*, 254
unter Assurnasirpal II. 96, 97, 99–105, *100*, 169
Kommunikationssystem 99, 107f.
Mittelassyrische Zeit 74–78, 79, 82–90
Neuassyrisches Reich 72, 91–93, 98–110, 113, 114–17, 149, 153, 158, 161, 163, 167, 169, 175, 213, 214
unter Salmanassar III. 72, 94, 96f., 105–110, *106*, 112, 114f., *115*, 117, 150, 167, 169, 171, 175, 176f., 178, 180
unter Tiglatpileser I. 82–90, *84*, 158
Assyrische und babylonische Chroniken 76f., 89f.
Assyrische Königsannalen 77, 176
Assyrische Königsliste 78
Aštar(t)-imn 148, *278*
Astiruwa *277*, 283
Astuwadammazza 157, *275*, 283
Atalja 148
Athen *23*, 125, 142, 195, 204–206, 245
'Ayn Dara 64, 166, 295 A. 67
Azarba'al-Inschrift 192

B

Baal-ma'zer (Baal-azor) *278*, 283
Baal-ma'zer (Baal-azor) II. 109, 150, *280*, 283

Baba-aḫa-iddina *276*, 283
Babylon *19*, 83, 88, 91f.
Babylonien 11, 16, *19*, 74, 76f., 78, 79–81, 82, 88, 80f., 101, 105f., 116, 117f., 228, *230*, 231f., 239, *240*, *241*, 248, 250, *251*
  Neubabylonisches Reich 117, 213, 232, *251*
Babylonische Chroniken siehe *Assyrische und babylonische Chroniken*
Balawat *19*, 93, 95, 97f., 99, 169, 300 A. 46, 302 A. 72, 303 A. 86, 317 A. 44
  Balawat-Tore 93–98, 102, 104f., 106f., *106*, 109, 169, 172f., 174f., 176, 177
Baltimore, Walters Art Gallery 95, 107
Bauernrevolte (Modell) 48
Beersheba *21*, 64
Beirut *19*, *21*, 122, 1349, 164
Bevölkerung 28, 29f., *30*, 85, 89, 92, 159
  Babylonien 81
  Griechenland 26f., 188, 194, 209, *241*, 289 A. 10
  Kreta 191, 196, 198, 207, 235
  Levante 48, 50f., 164
  Rückgang während Kollaps 29f., 50, 81, 194, 211, 213f., 327 A. 47
  Zypern 130f., 231
Bewältigung (Coping) 13, 16, 220, 222, 224, 225, *226*, 227, 229, *230*, *242*, 256, *257*, 258
  Ägypten 39, 227, 233, *240*
  Assyrien 227, 231f., *240*
  Babylonien 227, 231f., *241*
  Kreta 190, 210, *243*
  Neuhethiter 180f., 232f., *243*
  Phönizier 153f.
  Zypern 153f.
Bibel, hebräische 48, 50, 51, 52, 54, 55, 56, 57, 59, 60, 63f., 65f., 67f., 70, 75, 78, 98, 102, 108, 111f., 116, 117, 148, 161, 212, 260, 295 A. 66
Bienen, -wachs 69f., 111

Bit-Adini 101, 107
Bit-Agusi 107
Bit-Zamani 107
Bronze 38, 103, 104, 107, 113, 116, 125–127, 132, 133, 134, 135, 169, 195, 197, 200, 203, 205, 264
Brugsch, Emil (1842–1930) 61
Budge, E. A. Wallis 94f.
Byblos *19*, *21*, 71f., 86, 87, 104, 108, 110, 122, 123, 138, 143–148, *144*, *146*, 158, 164, 192, *242*, 303 A. 80, 310 A. 47, 312 A. 62

C

Codex Hammurabi 79, 80
Coldstream, Nicholas 29, 195f., 206, 261
Covid-19 14, 255

D

Damaskus *21*, 112–114, 116, 164, 232
Damaskus-Koalition 108f., 110
David 48, 50, 51–55, *53*, 56f., 58, 60, 66, 67, 111, *279*, 283
Deir el-Bahari, Cachette (Mumienversteck) von *20*, 34, 41f., 60f.
Deir el-Medina *20*, 35, 38, 39
Delphi *23*, 114
Desborough, Vincent 261
Diodor(os) von Agyrion (Diodorus Siculus) 120, 305 A. 3f.,
Dokumente *siehe* historische Quellen
Dorer 25–28, 125, 281 A. 4
Dorische Wanderung/ Invasion 25–29, 209, 214, 289 A. 9
Dürre (*vgl.* Klimawandel) 11, 35, 211, 214, 220, 222, 223, 257, 313 A. 81
  Ägypten *240*
  Anatolien 159, 214
  Assyrien 82, 90, 93, 118, 232, *241*, 248f.
  Babylonien 118, 232, *241*, 248f.
  Griechenland 187, 209, 214, 252

Levante 49f., 214
Zypern 131, 135, 152f.
Dunkles Zeitalter (Dark Age) 29f., *30*, 248, 259f., 261–264, 290 A. 14, 328 A. 1, 330 A. 11
Griechenland 25, 28f., 30f., 194, 197, 217f., 260–263, 320 A. 14, 329 A. 4. 7f., 330 A. 11

E

Echnaton (Amenophis IV.) 144
Edom *19*, *21*, 50, 54–56, 60, 71, 73, 113, 116f., 119, 164, 212, 236, 237, 238, *242*, *251*, 263
Edom Lowlands Regional Archaeology Project 55f.
Eisenstadt, Shmuel
Eisenverarbeitung 25, 31, 64, 103, 116, 134, 169, 197, 201f., 228
Griechenland 26, 195, 204
Zypern 124–129, 134f., 152, 15, 134f., 152, 154, 197, 204, 206, 230f., *243*
Ekron *21*, 47, 57
el-Hibe *20*, 46, 136
Elam *19*, 79–81, 118, 232
Eleutherna *23*, 152, 208
Elibaal 71, 143, 145–147, *146*, *278*, 283
Elissa (Dido) 150f.
Enkomi *22*, 130, 131
Enlil-nadin-aḫi *274*, *283*
Eponymenlisten 78, 299 A. 34
Eretria *23*, 113f.
Ernährungskrisen 11, 49, 79, 209, 211, 300 A. 37
Ägypten 35, 38, 39, 40, *240*,
Assyrien 89f., 92, 93, 101, 118, *240*, 248, 249
Babylonien 91, 118, *241*, 248, 249
Eroberung (Modell) 48
Ethbaal (Kg. von Byblos) 143, 144f., *144*, *278*, 283
Ethbaal (Kg. von Tyros) 111, 148, 149f., *280*, 283

Euphrat 75, 82, 85, 97, 110, 114, 167, 169, 177, 248, 249, 250

F

Faruk (Kg. von Ägypten 1936–1952) 43
Flüsse 77, 248–250
Fragilität/Verwundbarkeit (*vgl.* Antifragilität) 222, 225, *227*, 229, 234, 244–250, 255, 258
Friedliche Infiltration (Modell) 48

G

Gat (Tell es-Safi) *21*, 47, 57, 112
Gaza *21*, 47
Gaziantep, Museum 149
Genubat 55
Gezer (in der Bibel: Geser) *21*, 57–59, *58*, 62, 63, 295 A. 64
Global Systemic Risk Project 247
Goliath 56f.
Gordion *19*, 159f., 314f. A. 14
Grabräuberei 34, 38f., 40, 41
Grabräuberpapyri 38f.
Griechenland (*vgl.* Kreta, mykenisches Griechenland) 11, 14, 25–28, 30f., 113, 117, 120, 124, 126, 133, 142, 183–189, 193–195, 198f., 202, 203, 204–206, 208–210, 214, 217f., 226, 234f., 245, *251*, 251, 253, 260–262, 267

H

Hadad 55, 60, *279,* 283
Hadad (Gott) 53, 113f.
Hadad-ezer 108, 110f., *280*, 283
Hala Sultan Tekke *22*, 131, 313 A. 81
Halparuntija 167, *277*, 284
Hamat *19*, *21*, 108f., 164, 165
Hamilton (Musical 2015) 17, 215
Handel 30, 79, 124, 129, 211, 213, 231, 248, 249, 251, 256
Ägypten 46, 73, 185, 226, 233, *240*
Griechenland 25, 185, 186f., 193f., 226

Kanaan 87, 185, 231
Kreta 189f., 191, 226, 235
Levante 46, 113, 123, 124, 165
Phönizier 98, 121, 123f., 129, 142, 150, 152, 154, 193f., 213, 226, 230f.
Zypern 121, 126, 127, 128, 129, 134f., 136, 152, 185, 226, 230, *243*, 297 A. 88
Haremsverschwörung 33–35
Harmageddon 51
Hartapu-Inschrift 160
Hasaël 12, 111–114, *280*, 284
Hatiba 138, 284
Ḫattuša *19*, 87, 158, 245, 247
Hayya 177f.
Hazor *21*, 62f., 111
Henuttaui 41
Herihor 40f., *278*, 284, 285
Herodes der Große 148
Herodot(os von Halikarnassos) 119, 185, 214, 314f. A. 14
Heros von Lefkandi *siehe* Lefkandi
Hesiod(os von Askra) 30f., 185, 188, 209, 267
Hethiterreich (*vgl.* Neuhethiter) 11, 79, 110, 126, 158f., 161–163, 166, 167, 168, 170, 176, 180, 219, 225f., *230*, 232, 236, *241*, 244, 246f., 249f., *251*, 251f., 253, 254
Hiram I. 63f., 142, 148, *278*, 284
historische Quellen (*vgl.* Archäologie) 16, 113f., 121, 143–150, 160, 192, 244f., 248f.
   Ägypten 33f., 35, 36, 38, 39, 40f., 46f., 48, 66f., 68, 71f., 136–139, 143, 145–147, *146*, 162
   Assyrien 75–78, 81–87, *84*, 88–90, 92f., 96, 99–104, *100*, 105–110, 112, 114–117, *115*, 158, 169f., 171–175, 176–179
   Babylonien 79–81, 90, 91
   Griechenland 25, 27, 31, 119f.
   Israeliten 51–55, 57–60, 63f., 66–68, *67*, 70, 111f., 114–116, *115*, 148f.

Kreta 191, 193
mykenisches Griechenland 187f.
Neuhethiter 156–158, 166f., 175, 178, 179f.
Zypern 132f., 143
Homer 9, 12, 122, 124, 133, 185, 188, 197, 198–200, 202, 209, 245, 260, 267, 306 A. 8, 319 A. 4
Honig 69f.
Huelva *22*, 65, 135, 140, 149
Hungersnot *siehe* Ernährungskrise
Hurrikan Katrina (2005) 219

I

Iberische Halbinsel *siehe* Spanien
Idalion *22*, 132
Inhapi 60
Initesub (eisenzeitlicher Kg.) 156, 158, 163, *274*, 284
Innovationen 102, 213, 224, 228, 238, 256, *257*, 258, 259, 263
   im adaptiven Zyklus 216, 226, 262f.
   Griechenland 26, 329 A. 7, 263
   Phönizien 120f., 125, 153f., 193, 228, 230f.
   Zypern 125, 153f., 228, 230f., *243*,
Intergovernmental Panel on Climate Change (IPCC) 219–225, *221*, *226*, 228, 250, 255, 259, 325 A. 15
Inušpua 175, *277*, 284
Isarwila-muwa 180, *277*, 284
Iš-Aštart 148, *278*, 284
Ischbaal (Ischboschet) 51
IS (Terrororganisation) 97
Išpuini 175, *277*, 284
Israel (antik), Israeliten *19*, *21*, 44, 67f., 70, 73, 108, 111, 114–117, *115*, 148, 184, 212, 214, 236, 237f., *242*, *251*, 251, 263, 267
   Eroberung Kanaans 48–50, 73
   Großreich 51–54, 62–65, 213
   Siedlungen 49, 51, 67
Italien 13, 27, 35, 119, 124, 127, 128, 161f., 171, 214, 226

J

Jariri *284*
Jehu 70, 109, 111f., 114–116, *115*, *281*, 284
Jerobeam 67f.
Jerobeam II. 62
Jerusalem *19*, *21*, 56, 60, 63, 65f., 68, 112, 117, 149
   Israel Museum 46, 149
   Tempel 63f.
Jesebel 111, 148
J(eh)oasch (Israel) 116, *281*, 284, 304 A. 97
J(eh)oasch (Juda) 112, 304 A. 97
Joram *53*, 53, 111, *281*, 284
Jordan 52
Josephus, Flavius 109, 148, 149f.
Juda *19*, *21*, 50, 51, 67, 71, 73, 111, 112, 117, 148, 164, 212, 236, 237f., *242*, *251*, 251, 263

K

Kairo, Ägyptisches Museum 45, 61
Kairo, Nationalmuseum der ägyptischen Zivilisation 61
Kalah-Inschrift 116
Kalavassos-Ag. Dimitrios 130, 131
Kalḫu 102
Kamani 179, *277*, 284
Kanaan, Kanaaniter (*vgl.* Libanon, Phönizien) 11, 27, 37, 47–50, 57, 59, 63, 67, 68f., 87, 119, 122f., 124, 184, 185, 214, *230*, 230f., 236f., 238, *242f.*, *251*, 252, 263, 306 A. 13, 321 A. 20, 326 A. 39
   Assimilation 73f., 232, 236f., *242, 251*
   Fremdherrschaft über 47, 49, 184
Kannibalismus 89
Karkemiš 94, 97, 104, 155–158, 161–163, 164, 165, 167–170, 176, 177, 178–181, 232, *243*,
   Landesherren von 155, 157, 179f.
Karnak *20*, 66, 68, 136
Karthago

Kaššu-nadin-aḫi 91, *274*, 284
Katastrophen, Risikomanagement und Milderung 11, 12, 15f., 18, 88, 219f., 222–224, 267
Katmuhi (Katmuhu) 90
Katuwa 157, *275*, 284
Kfar Vradim 192
Khayyam, Omar (1048–1131) 252
Khirbet Qeiyafa *21*, 56f.
King, Leonard W. (1869–1919) 95
Kition *22*, 123, 130, 131f., 149, 153
Klimawandel (*vgl.* Dürre) 11, 14, 28, 50, 75, 87, 214, 220, 223, *227*, 247, 249, 250, 267 A. 3, 293 A. 42, 300 A. 37, 328 A. 25
   Assyrien 82, 89, 92f., 214
   Griechenland 214
   Neuhethiter 159
   Zypern 131, 153, 214
Knossos *23*, 134, 135, 142f., 152, 190, 191, 195f., 197, 199f., 207, 322 A. 33
Knossos Urban Landscape Project 196
Kollaps am Ende der Bronzezeit 11–14, 15f., 26, 29, *30*, 31, 36, 49, 56, 59, 65, 73f., 75f., 87, 118, 123, 129f., 136, 140, 165, 166, 176, 181, 185, 187, 189, 190, 195, 208, 210, 211–213, 220, 221–223, 228, 232, 233, 234, 238f., 244, 245f., 250, *251*, 253, 256, *257*, 258, 263, 268
   adaptiver Zyklus 215–219, *217f.*, 226, *240–243*, 233, 254
   Alternativgeschichten 252
   Eisenbearbeitung nach 126–129
   Fragilität/Verwundbarkeit fördern 225, *227*, 229, 245, 247
   und Klimawandel 35, 131, 152f., 232
   Modell 29f., *30*, 200, 216–219, *217f.*, 259
   Migration aufgrund 26f., 28, 51, 110, 130f., 132, 160, 209, 213f., 238

Resilienztheorie und 14, 17, 76, 98, 124, 153, 190, 225, 226f., 229, *230*, 231, 234, 236, 247–250
Zerfall internationaler Netzwerke 11, 17, 46, 73, 98, 129, 211f., 213f., 223, 249, 255, 269
Kolonialismus 78, 95, 130
Kommos 142f., 152
Kommunikationswege 29, 186f., 190, 203, 208f., 244, 260, 329 A. 7
  Assyrien 99, 107f., 158
  Phönizien 134, 136, 139, 141, 150, 193
  Zypern 133f., 135, 143, 152
Konya 160
Kopais-Becken 246
Kreta, Minoer, minoische Kultur (*vgl.* Griechenland) 9, *10*, 11, 12, 14f., 17, 125, 134, 135, 142f., 152, 171, 185, 192, 195f., 197, 198–200, 207, 208, 210, 213, 219, 228, *230*, 235, 237, 239, *243*, *251*, 268, 310 A. 43
  kulturelle Kontinuität 188–191, 235
Kriegerbestattungen 132–134, 136, 196–203
Kriegervase *siehe* Mykene, Kriegervase
Kulamuwa 178, *277*, 284
Kulturkontinuität 26, 130, 180, 186f., 191, 210, *230*, 231, 234f., *241*, *243*, 253, 254, 308 A. 28
Kupapiya 167, 284
Kupferbergwerke 37, 46, 55f., 71, 113, 127, 132, 153, 203f., 292 A. 33, 304 A. 92
Kurion-Kaloriziki 134
Kurkh/Ziyarat Tepe *19*, 99f., 172, 174
  Kurkh-Monolith 99–101, *100*, 301 A. 62
Kusch 40, 72, *240*
Kuwalana-muwa 277, 284
Kuzitesub 156, 157, 163, *274*, 284

L

Lachisch 52, 117
Landwirtschaft *58*, 59, 79, 89f., 127, 159, 165, 168, 187, 211, 248, 250, 256, 318 A. 51
Lapithos-Kastros *22*, 134
Lawrence, T. E. (1888–1935) 161
Layard, Austen Henry (1817–1894) 78, 93, 95, 102, 109, 114
Lefkandi *23*, 125, 134, 142f., 201–203
  Heros von 201–203, 322 A. 42
Levante *19*, *21*, 37, 42, 46–58, 61–74, 83, 116, 122–124, 125, 135, 139–154, 164, 166, 176–178, 201, 213, 214, 230, 236f., 262, 328 A. 59
  Tempelformen 64
Libanon (*vgl.* Kanaan, Phönizien) 63, 86, 89, 136
Linear B 26, 187, 193
London, British Museum *84*, 93–98, *100*, 101, *106*, 114, *115*, 172, 179, 298 A. 14
Loret, Victor (1859–1946) 42
Lubarna I. *277*, 284
Lubarna II. *277*, 284
Luwisch 70, 110, 160, 162, 165, 214, 298 A. 19
Luxor *20*

M

Maa-Palaiokastro 130
Manana 167, *275*, 284
Marduk-balassu-iqbi 294
Marduk-nadin-aḫḫe 88, *274*, 294
Marduk-šapik-zeri *274*, 294
Marduk-zakir-sumi 105, *276*, 294
Maroni *22*, 130, 131
Maspero, Gaston (1846–1916) 61
Mattan I. 150, *280*, 284
Maya 13, 17, 216, 272, 328 A. 58
Megiddo *21*, 37, 51, 61–63, 66–68, 69, 111
  Ställe Salomos 62f.
Menua 175, *277*, 284

Merenptah 42, 44, 48
Mescha *279*, 284
  Mescha-Stele 54
Mesopotamien *siehe* Assyrien, Babylonien
Mesopotamische Chroniken 76
Methusastratos 148, *278*, 284
Midas 159
Migration 11, 28, 132, 209, 213f., 222, 289 A. 11
  Griechenland 28, 209
  während des Zusammenbruchs 110, 126, 130, 213, 223
Minoer *siehe* Kreta
Mittelassyrische Zeit *siehe* Assyrien, Mittelassyrische Zeit
Moab *19*, *21*, 50, 71, 73, 119, 164, 212, 236, 237, 238f., *251*, 263
Monotheismus 48, 148, 237
Morris, Ian 187, 194–196, 203, 208, 217f., 260f.
Mossul, Museum 97f.
Muški 160
Mutnedjmet 45, 46, 284
Mykene *23*, 183f., 188, 245, 249
  Kriegervase 183f., *184*
mykenisches Griechenland (*vgl.* Griechenland) 11, 12, 17, 25f., 110, 130, 181, 185–187, 188f., 191, 193, 195, 196, 200, 208, 209f., *230*, 235, 237, 239, *241*, 245f., 249f., *251*, 252, 253, 258, 260, 320 A. 14
  Fragilität/Verwundbarkeit 225, 234, 245, 247
  Keramik
  Kulturkontinuität 184, 186, 187, 194, 210, 219

N

Nabu-apla-iddina 101, *276*, 284
Nabu-mukin-apli 91, *274*, 284
Nairi *19*, 83, 171, 172, 173, 175, 317 A. 48
Nebukadnezar I. 76, 79–81, 82, 88, *274*, 284

Neuassyrisches Reich *siehe* Assyrien
Neuhethiter (*vgl.* Hethiter) 70, 155–170, 176–181, 212, *230*, 232f., 236, *242f.*, *251*, 253, 298 A. 19
Nil *20*, 35, 41, 72, 250
Nimrud 102, 109, 114, 116
Ninive 75f., 86, 89, 90, 92, 93
Nubien *20*, 38, 40, 72, *240*

O

Olympia *23*, 204
Omri 54, 62, 72, 109, 115, *115*, 148f., *279*, 284
Onomastikon des Amenemope 46f., 136f.
Opheltas, Obelos des 132–134
Osorkon der Ältere (21. Dyn.) 65
Osorkon I. 71f., 145–147, *146*, *278*, 285
Osorkon II. 72, 108, 110, 149, *280*, 285, 296f. A. 88

P

Page, Denys (1908–1978) 260
Palaipaphos *22*, 133, 134, 141, 197
Palistin, Land *19*, 165–167, 177
Panarchie 218f., 324f. A. 13
Panamuwa I. 285
Paphos *22*, 132, 133,
Patina *siehe* Palistin, Land
Papyrus Abbott 38
Papyrus Leopold-Amherst 38
Papyrus Mayer B 38
Peleset *siehe* Philister
Pentawere 33f., 35
Perati *23*, 125, 185
Petrie, William Mathew Flinders (1853–1942) 48
Phaistos *23*, 191
Philister, Philistäa *19*, *21*, 47f., 50, 51, 57, 67, 112, 118f., 164, 165, 236, *242*, *251*, 269
Phönizien (*vgl.* Arwad, Byblos, Kanaan, Libanon, Sidon, Tyros) *19*, *21*, 65, 71, 86, 87, 97, 103, 104f.,

107, 108, 109, 111, 118, 119–124, 129, 131, 133f., 136, 137, 139–151, 153f., 178, 198, 203, 207, 218, 224, 225f., 228, *230*, 230f., *242*, *251*, 258, 269, 292 A. 33, 296f. A. 88, 310f. A. 50
Alphabet 52, 57, 58, *58*, 119–121, 154, 191–194, 228, 230, 263, 305 A. 5, 306 A. 13, 321 A. 20
Handel 69, 98, 129, 139–142, 150, 154, 213, 226, 231, 307 A. 16, 310 A. 43, 311 A. 52
Kommunikationssystem 123
Selbstverständnis 122, 124
Territorium 122, 139, 164
Phrygien 160, 180, 214, 238, *251*, 314f. A. 14
Pi-Ramesse *20*, 41
Pilles *278*, 285
Pinudjem I. 41f., *278*, 285, 291f. A. 22
Pinudjem II. 60
Piyaššili (Šarri-Kušuḫ) 163
Pocken 36
Porto Rafti 125, 319 A. 6
Psusennes I. 42–46, 55, 71, 73, *278*, 285
Psusennes II. 43, 45, 65, *278*, 285
Pummayon (Pygmalion) 150, *280*, 285
punktiertes Gleichgewicht 325 A. 14
Purpurherstellung 121f., 140f., 230
Pyla-Kokkinokremmos *22*, 130
Pylos *23*, 186, 235, 245, 250

Q

Qarqar, Schlacht bei *19*, *21*, 72, 101, 108f., 110, 178, 303 A. 80
Qalparunda II. *277*, 285
Qurila 285

R

Ramses III. 33–36, 37, 47, 60, 137, 161f., *278*, 285
Ramses IV. 36, *278*, 285
Ramses V. 36f., 42, *278*, 285
Ramses VI. 37, 38f., 42, *278*, 285
Ramses VII. 37, *278*, 285
Ramses VIII. 37, *278*, 285
Ramses IX. 37f., 39, *278*, 285
Ramses X. 38, 39, *278*, 285
Ramses XI. 38, 39–41, 86, 139, 233, 244, *278*, 285
Ras ibn Hani *21*, 165
Rassam, Hormuzd (1826–1910) 76, 93–97, 107, 169
Rawlinson, Henry (1810–1895) 174
Reisebericht des Wenamun 40, 41, *136–139*, *143*, *144*
R.E.M. (Band) 12
Renfrew, Colin 29f., 200, 251
Resilienz (*vgl.* Fragilität/Verwundbarkeit) 18, 256f., *257*, 269f., 272
im adaptiven Zyklus 215, *215*, *217f.*, 219, 254
Ägypten 39, 233, *240*, 250
Assyrien 81, 88, 98, 231f., 239, *240*, 247–249, 250, 254
Babylonien 81, 88, 231f., 239, *241*, 248, 250
Begriff und Theorie 13, 223f., *226f.*
Elamiter 81
Faktoren für 224
Griechenland 209, 234., 239, *241*, 249f.
Kanaan 230f., 232f., 236f., 237, *242*
im Kollaps der Spätbronzezeit 13, 15, 17f., 219, 229, *230*, 230–239, 247, 249f., 254
Kreta 235, 239; *243*
Neuhethiter 164f., 232f., *243*
Phönizien 123f., 125, 153f., 230f.
verwandte Begriffe 13, *226f.*, 227, 229, 245
Zypern 125, 136, 153f., 230f., *243*
Rib-Hadda 144
»Rich Athenian Lady« 204f.
Risikomanagement *siehe* Katastrophen

S

Ša'il 178, *277*, 285
Salamis (griech. Insel) *23*, 133
Salamis (Zypern) *22*, 131, 133, 134
Salmanassar I. 170
Salmanassar II. 157, 178, *274*, 285
Salmanassar III. 72, 78, 94, 96f., 101, 105–110, *106*, 112, 114–117, *115*, 150, 169, 171–179, *276*, 285, 303 A. 86, 317 A. 37
   Monolith-Inschrift 99f., *100*, 107, 108, 172, 175, 177, 301 A. 62, 317 A. 43
   Schwarzer Obelisk 114f., *115*, 318 A. 49
Salmanassar V. 117
Salomo 46, 48, 51, 54, 55, 58, 59f., 62–66, 67f., *279*, 285
Sam'al (Zincirli) *19*, 162, 164, 177f.
Samaria *21*, 72, 116, 148f., 303 A. 80
Samaria-Elfenbein 149
Šamaš-mudammiq *276*, 285
Samos *23*, 113
Šamši-Adad V. 106, 178, *276*, 285
Sangara 169, 176f., 178–180, *277*, 285
Sanherib 117
Sapaziti 156, 157, *277*, 285
Sardinien *22*, 27, 34, 124, 127, 128, 135, 140, 149f., 154, 228, 231, 308 A. 25
Sarduri I. 175f., *277*
Sarepta *21*, 139, 142
Sargon II. 117
Saul 48, 50, 51
Šerden (Šardana) 47
Scheschonq I. 36, 60, 65–68, 71, 73, 147, *240*, *278*, 285
Scheschonq IIa 43, 45, *278*, 285
Scheschonq III. 72, *278*, 285
Schipitbaal 143, 145, *278*, 285
   Schipitbaal-Inschrift 145
Schischa *siehe* Scheschonq I.
Schliemann, Heinrich (1822–1890) 183
Schrift, Schriftlichkeit 16, 29, *30*, 57, 119–121, 125, 129, 154, 191–194, 228, 230f., 259, 263
   Assyrien 16, 75, 76–79, 81f., 107, 244, 248, 249
   Babylonien 16, 80, 81
   Griechenland 119f., 185, 188, 191–194, 244, 260
   Hethiter/Neuhethiter 160, 178, 180, 192, 244
   Kanaan 57–59, 244, 263f.
   Luwisch 160, 162, 168
   Phönizier 119–121, 263
   als Resilienzfaktor 193f., 249, 263f.
   Verlust nach Kollaps 82, 129, 185, 188, 189, 244f., 259, 328 A. 1
Schwarzer Obelisk *siehe* Salmanassar III., Schwarzer Obelisk
Seevölker 33, 35, 44, 47, 49f., 125, 137, 162, 165, 244, 249, 252
Serabit el-Chadim *21*, 37
Seuchen 11, 36f., 79, 85, 90, 118, 213, 232, *240f.*, 248
Sherratt, Susan 125, 262
Siamun 43, 45, 59f., 65, *278*, 285
Sidon *21*, 86, 87, 94, 103f., 106f., 109, 110, 116f., 122, 123, 124, 133, 139, 150, 158, 164, 198, *242*
Silber 42–45, 64, 65, 104, 107, 116, 137f., 139f., 150, 154, 169, 198, 231
Sinda *22*, 130
Sippar 91, 298 A. 14
Šitti-Marduk 80
Sizilien *22*, 27, 120, 124, 128, 135, 154, 226, 231
Smendes 41, 42, 137, *278*, 285
Snodgrass, Anthony 204, 217, 261, 329 A. 5
Spanien (Iberische Halbinsel) *22*, 65, 121, 135, 139, 140, 141, 142, 149, 154, 226, 231, 296 A. 88
Starr, Chester G. (1914–1999) 260f., 329 A. 5

Strabon 121, 125, 314f. A. 14
Suḫi I. 155–157, 189, *275*, 285
Suḫi II. 157, *275*, 285
Suḫi III. 157, *277*, 285
Šuppiluliuma I. (Großkönig) 161, 163, 167
Suppiluliuma I. (Karkemiš) 167, *275*, 285
Suppiluliuma II./Sapalulme 167, 176, *277*, 285
Syrien 50, 64, 86, 99, 107, 110, 114, 116, 122, 124, 135, 137, 142, 155, 158, 161, 164, 166, 171, 178, 207, 208, 232, *242f.*, 247, 295 A. 67

T

Tabal *19*, 110
Taita I. 166f., 177, *275*, 285
Taita II. 167, 177, *275*, 285
Takelot I. 71, *278*, 285
Takelot II. 110, *280*, 285
Tal der Könige *20*, 37, 41f., 44
Taleb, Nassim Nicholas 124, 306 A. 13
Tanetamun 41, 137
Tarsis 64f.
Tegea *23*, 133
Tel Dan *21*, 52f., 69, 111
  Tel Dan-Inschrift 53, *53*, 111
Tel Dor *21*, 124, 137, 139, 143, 304 A. 92, 311 A. 53
Tel Kabri 311 A. 53
Tel Miqne *siehe* Ekron
Tel Rehov *21*, 68f., 111, 112
Tel Shiqmona 140
Telipinu 163
Tell Abu Hawam 310 a. 50, 311 A. 53
Tell Erani 124, 306 A. 14
Tell er-Rimah, Stele von 116
Tell es-Safi *siehe* Gat
Tell Keisan 301 A. 50
Tell Tayinat *19*, 114, 165f., 177, 181, 232
Terramare-Kultur 128
Thasos 125

Theben (Ägypten) *20*, 40f., 60, 65
Theben (Griechenland) *23*, 120, 245, 250
Thukydides 25, 185
Tiglatpileser I. 76, 82–90, *84*, 158, 160, 161, 163, 171, 174, *274*, 286, 298 A. 19, 300 A. 38, 317 A. 37
Tiglatpileser III. 113, 114, 117, 180
Tigris *19*, 76, 99, 173, 249, 250
Tigristunnel 174, 317 A. 44
Til Barsip *19*, 164
Timna, Bergwerke von *21*, 37, 46, 54, 56, 292 A. 33
Tiryns *23*, 134, 185f., 187f., 246
Tiye 33f.
Tjekker 47, 137
Tjekkerbaal 138, 144, *278*, 286
Tonprismen 83, *84*, 153
Transformation 256, *257*, 258, 270
  Ägypten *251*
  Assyrien *230*, 240, 244, *251*,
  Babylonien *230*, *251*,
  Begriff 220, 224, *227*, 227f., 229, 326 A. 25
  Edom 238
  Griechenland 187, 218, 234, *240*, *251*,
  Israeliten 238
  Kanaan 73, 164f., *230*, 230, 236f., *242*, *251*,
  Kreta 190, *243*, *251*,
  Neuhethiter 164f., 180, *230*, *243*, *251*, 326 A. 37
  Phönizien 218, 228, 230, *251*,
  Spätbronzezeit 211, 229, 244, 253f., 263
  Zypern 218, 228, *243*, *251*, 254
Troja 160
Trojanischer Krieg 25, 133, 183, 185, 196f., 198–200, 260, 315 A. 14
Tudḫalija II. *274*, 286
Tukulti-Ninurta I. 81, 171, *274*, 286
Tukulti-Ninurta II. 96, 99, *276*, 286, 317 A. 37
Türkmen-Karahöyük 160

Turiner Gerichtspapyrus 33
Tuschan 99
Tušpa (Tušupa) 176
Tutanchamun 37, 39, 42, 45, 61, 126
Tylissos *23*, 125
Tyros *21*, 63, 87, 94, 103, 104, 105, 106f., *106*, 109f., 111, 116f., 122, 123, 139, 141f., 143, 148–150, 164, *242*, 302 A. 75

U

Ugarit *21*, 79, 123, 124, 154, 165f., 186, 191, 226, 231, *242*, 245, 252
Uluburun, Schiffswrack von 307 A. 19
Unsichtbare Israeliten (Modell) 48, 237
Uratarḫunza 156f., *274*, 286
Urartu *19*, 92, 94, 97, 106, 170–176, 180, *251*, 263
Uschebti (Statuetten) 42, 46

V

Vansee *19*, 170f., 176, 307 A. 16
Vatikanische Museen 179
Vergil 133, 150
Versorgungskrise *siehe* Ernährungskrise
Verwaltungsstruktur 56, 256
  Ägypten 40, 233, 250
  Assyrien 77, 107, 249, 298 A. 19
  Babylonien 250
  Griechenland 188, 193, 202, 213, 245, 250
  als Resilienzfaktor 168, 249f., 236, 263
  Zusammenbruch 29, *30*, 161, 213, 249f., 259
Verwundbarkeit *siehe* Fragilität/Verwundbarkeit
Vieh(zucht) 103, 105, 159

W

Wadi Araba *21*, 46, 55, 113
Wadi Faynan *21*, 46, 55f., 71, 113, 203f., 304 A. 92

Wein 103, 137, 176, 198, 318 A. 51
Wenamun 40f., 136–138, 143f., 284, 310 A. 47
Wirtschaft (*siehe auch* Eisen, Handel, Kupfer, Landwirtschaft, Silber) 189, 255, 256
  Ägypten 35, 37, 72, 250
  Assyrien 79, 104, 248f.
  (Neu-)Hethiter 159, 186, 250
  Kollaps der 10, 29f., *30*, 188, 213, 248, 259, 328 A. 61
  Levante 186
  Mykene 126, 188, 189, 245f., 250, 252
  als Resilienzfaktor 248f., 250, 263
  Verwundbarkeit 245f., 252
  Zypern 127, 129
Woolley, Leonard (1880–1960) 162, 167f.

X

Xenophon 125, 307 A. 17

Y

Yehimilk 143, 145, 147, *278*, 286

Z

Zakarbaal *siehe* Tjekkerbaal
Zedern 63, 86, 89, 102f., 106, 136, 158
Zincirli *siehe* Sam'al
Ziyarat Tepe *siehe* Tuschan
Zypern 11, 17, *22*, 27, 46, 56, 69, 113, 118, 121, 122, 124–136, 138, 141, 143, 149, 152–154, 185, 191, 195, 196–199, 200, 201, 203f., 207, 213, 214, 218, 224, 226, 228, *230*, 230f., *243*, *251*, 254, 263, 294 A. 52, 309 A. 37, 310 A. 43
  Gründungsmythen 133